THESIS ON ADMINISTRATIVE ACTION

抗告訴訟論

法學博士 陳 英 光 著

도서출판 미산
Misan Publishing Co.

Thesis on Administrative Action

(First Edition)

By

Dr. Young-Kwang, Jin

Incheon
Misan Publishing Co.

序 文

1998년 3월 1일자로 行政法院이 출범하였다. 국민의 권리의식이 높아지면서 행정청의 행정작용으로 인해 권익을 침해받은 국민이 행정청을 상대로 이의 시정을 요구하는 욕구가 커지고 있다. 그리고 行政의 現實을 보면 행정의 행위형식이 매우 다양함을 알 수 있다.

오늘날 세계의 많은 나라가 소위 행정국가를 지향하고 있어 행정의 영역이 방대해지고 있는데, 공법영역에서 종래의 행정행위개념 이외에 다양한 행정작용, 즉 사실행위, 행정지도, 공법상계약, 행정계획 등 개념들을 논의하고 있는 중요한 이유는, 무엇보다도 실질적 법치주의의 관점에서 법률유보, 법치행정의 원칙을 각 행정작용에 가능한 한 관철시켜 행정작용에 대한 법적 구속력과 통제를 강화함으로써 국민의 자유와 권리가 실질적으로 보장되도록 도모하기 위해서라고 할 수 있으며, 광범위한 대상영역과 정보를 가지고 있는 행정기관이 행정편의를 위해서 법적 구속에서 벗어날 수 있는 비권력적 행정작용으로의 도피를 가능한 한 막아보자는 데 있는 것이다.

행정소송의 주기능이 국민의 권리구제 뿐만 아니라 행정통제에 있다고 할 때 국민의 입장에서 보면 우리법원은 행정소송의 원고적격의 인정범위 내지 대상으로서의 처분성을 지나치게 좁게 해석하고 있다는 인상을 받고 있는 게 사실이다. 처분성을 판단함에 있어 단순히 형식 논리적 관점에서만 판단이 이루어져서는 안 될 것이며 보다 실질적인 차원에서 그 처분성을 가려봐야 할 것이다. 즉, 오늘날 기본권은 의도적이고 직접적인 침해에 대해서 뿐만 아니라 사실적이고 간접적인 침해에 대하여도 보호기능을 발휘할 수 있다는 점을 주목하여야 할 것이며, 따라서 기본권의 충실한 보장이 바람직하다는 관점에서 抗告訴訟의 對象으로서의 '處分'槪念에 대한 再定立과 그에 따른 原告適格의 擴大解釋이 必要하게 되었다.

최근 논의 중에 있는 행정소송법 개정론의 요체는 처분 및 소의 이익의 개념을 확장함으로써 당사자로 하여금 본안판단을 받을 수 있는 길을 넓혀 주자는 데 있는 것도, 결국 행정소송의 대상을 포섭할 수 있는 개념정립에 그 초점이 모아지고 있다. 그리하여 궁극적으로는 국민의 권리구제에 만전을 기해보자는 것이다.

사법시험 등의 행정법 과목의 최근의 출제경향도 이러한 문제의식을 반영하여 조례에 대한 통제방법, 거부처분을 둘러싼 법적 문제, 제재적 행정처분과 권리보호의 필요성 여부 판단, 건축관련 내지 공매처분을 둘러싼 위법성 심사 등을 다루고 있는데, 항고소송의 법적 쟁점을 판례와 관련지어 일목요연하게 정리하는 것이 그 어느 때보다도 중요하다고 하겠다.

 이 책은 변호사개업 20주년을 맞아 저자의 박사학위논문을 토대로 그 이후의 대법원과 헌법재판소의 중요 판례를 보강하여 재구성한 것이다. 아무쪼록 이 책이 이 분야의 연구자는 물론이고 각종 고급시험에서 고득점을 얻으려는 수험생들에게 반려자가 되고 아울러 이번 행정소송법의 개정논의에 일조를 했으면 하는 바람이다.

2005년 3월 1일
저자 진 영 광 씀

目 次

xii

參考文獻

Ⅰ. 國內文獻

1. 單行本

姜求哲, 『講義行政法Ⅰ』, 螢雪出版社, 1998.

姜儀中, 『行政法講義』, 敎學硏究社, 1999.

姜昌雄, 『行政法演習』, 博英社, 1988.

權寧星, 『憲法學原論』, 法文社, 2001.

金南辰, 『行政法Ⅰ』, 法文社, 2000.

_____, 『行政法의 基本問題』, 法文社, 1996.

金道昶, 『一般行政法論(上)』, 靑雲社, 1992.

金東熙, 『行政法Ⅰ』, 博英社, 2000.

_____, 『行政法Ⅱ』, 博英社, 2000.

金性洙, 『行政法Ⅰ』, 法文社, 2000.

金哲洙, 『憲法學槪論』, 博英社, 2001.

金鐵容, 『行政法Ⅰ』, 博英社, 2001.

金學世, 『行政訴訟의 體系』, 一潮閣, 1998.

金香基, 『行政法槪論』, 三英社, 2001.

柳明建, 『實務行政訴訟法』, 博英社, 2001.

柳至泰, 『行政法新論』, 新英社, 2001.

_____, 『行政法事例演習』, 新英社, 2000.

孟長燮, 『新行政法學(上)』, 螢雪出版社, 1988.

朴圭河, 『行政法學(上)』, 韓國外國語大學校出版部, 2001.

朴均省, 『行政法總論』, 博英社, 2001.

_____, 『行政救濟法』, 博英社, 2000.

朴鈗炘, 『行政法講義(上)』, 博英社, 2000.

朴鍾局, 『新行政法論』, 法志社, 1999.

卞在玉, 『行政法講義(Ⅰ)』, 博英社, 1998.

徐元宇, 『現代行政法論(上)』, 博英社, 1979.

_____, 『轉換期의 行政法理論』, 博英社, 1997.

石琮顯, 『一般行政法(上)』, 三英社, 2000.

_____, 『行政法演習』, 三英社, 1999.

愼保晟, 『行政法의 諸問題』, 교학연구사, 1992.

劉尙炫, 『韓國行政法(上)』, 桓仁出版社, 1995.

尹世昌·李虎乘, 『行政法(上)』, 博英社, 1993.

李光潤, 『行政法理論』, 성균관대학교 출판부, 2000.

李鳴九, 『新行政法原論』, 大明出版社, 1998.

李尙圭, 『新行政法論(上)』, 法文社, 1993.

_____, 『行政爭訟法』, 法文社, 2000.

_____, 『英美行政法』, 法文社, 2001.

李在華, 『行政法의 爭點』, 文英社, 2000.

_____, 『行政法演習』, 文英社, 2001.

鄭夏重, 『行政法事例研究』, 成玟社, 1999.

趙淵泓, 『韓國行政法原論(上)』, 螢雪出版社, 2000.

千炳泰, 『行政法總論』, 三英社, 2000.

_____, 『行政救濟法』, 三英社 2000.

韓堅愚, 『現代行政法 I』, 도서출판 인터벡, 2000.

洪井善, 『行政法原論(上)』, 博英社, 2001.

_____, 『行政法原論(下)』, 博英社, 1996.

_____, 『行政法演習』, 新潮社, 2001.

洪準亨, 『행정법총론』, 한울아카데미, 1997.

_____, 『행정구제법』, 한울아카데미, 2001.

_____, 『判例行政法』, 斗聖社, 1999.

尹世昌 譯, 『美國行政法의 再構成』(Richard B. Stewart, The Reformation of American Administration Law, Harvard Law Review, vol. 88, No. 8, 1975), 三英社, 1983.

徐元宇敎授華甲紀念論文集, 『現代行政과 公法理論』, 博英社, 1991.

心泉桂禧悅博士華甲紀念論文集, 『公法學의 現代的 地平』, 博英社 1995.

法院行政處, 『行政訴訟에 관한 諸問題(上)』, 裁判資料 第67輯, 1995.

法院行政處, 『行政訴訟에 관한 諸問題(下)』, 裁判資料 第68輯, 1995.

法院行政處, 『法院實務提要(行政)』, 1997.

서울고등법원 재판실무개선위원회, 『行政訴訟實務便覽』, 韓國司法行政學會, 1998.

서울행정법원, 『행정법원의 좌표와 진로』, 1999.

법원행정처,『대법원판례해설』통권 제20호(1993년 하반기).

법원도서관,『대법원판례해설』통권 제24권(1995년 하반기).

_____,『대법원판례해설』통권 제26호(1996년 하반기).

_____,『대법원판례해설』통권 제30호(1998년 상반기).

_____,『대법원판례해설』통권 제35호(2000년 하반기).

2. 論文

姜儀中, 「行政計劃의 法的形式」,『考試研究』, 1989. 5.

_____, 「行政指導와 法治主義」,『裵俊相敎授停年紀念論文集』, 法元社, 1997. 2.

姜仁崖, 「稅務訴訟에 있어서 更正處分과 訴訟物」,『人權과 正義』통권 제210호, 1994. 2.

_____, 「資産讓渡差益과 稅額의 豫定決定通知의 法律的性格」,『判例月報』通卷 238號,
　　　　1990. 7.

姜昌雄, 「行政處分後의 事情變更과 訴의 利益」,『法曹』通卷 352號, 1986. 1.

權純亨, 「處分性의 認定基準」,『裁判과判例』第7輯, 대구판례연구회, 1998. 12.

권은민, 「공매결정·통지의 처분성 및 소송상 문제점」,『人權과 正義』통권 제280호,
　　　　1999. 12.

金南辰, 「取消訴訟의 對象」,『行政法의 基本問題』, 法文社, 1996.

_____, 「都市再開發事業計劃의 取消와 計劃裁量」,『行政法의 基本問題』,
　　　　法文社, 1996.

_____, 「排他的競爭者訴訟에 있어서의 法律問題」,『行政法의 基本問題』,
　　　　法文社, 1996.

_____, 「部令이 정한 聽聞을 缺한 處分의 效力」,『行政法의 基本問題』,
　　　　法文社, 1996.

_____, 「不作爲違法確認訴訟의 原告適格」,『行政法의 基本問題』, 法文社, 1996.

_____, 「行政行爲의 規準力과 旣決力」,『行政法의 基本問題』, 法文社, 1996.

_____, 「行政行爲의 瑕疵承繼論과 規準力理論」,『행정법연구』제2호, 행정법이론실무
　　　　연구회, 1998. 4.

_____, 「行政上事實行爲와 行政爭訟」,『考試研究』, 1994. 10.

_____, 「行政處分의 槪念과 徵表」,『月刊考試』, 1985. 7.

_____, 「行政上의 警告·推薦·示唆」,『月刊考試』, 1994. 7.

_____, 「건축신고반려조치의 법적 성질」, 法律新聞 제2942호, 2000. 12. 28.

金東建, 「大法院 判例에 비추어 본 法規命令과 行政規則」,『考試界』, 1998. 11.

金東熙, 「프랑스 行政法上의 統治行爲에 관한 考察」,『法學』제25권 제4호, 서울대학교 법학연구소, 1984. 12.

_____, 「行政行爲의 附款에 관한 考察」,『法學』제36권 제1호, 서울대학교 법학연구소, 1995. 5.

金性洙, 「行政行爲의 存續力(下)」,『月刊考試』, 1990. 8.

金成源, 「經濟行政과 行政指導」,『現代公法理論의 展開』許永敏教授華甲 紀念論文集, 1993. 12.

金完燮, 「運轉免許停止期間倒過後의 取消訴訟과 訴의 利益」,『行政判例研究』제1집, 靑雲社, 1992. 2.

金容燮, 「다른 行政廳의 協力을 缺한 行政行爲의 效力(上)」,『判例月報』通卷 316號, 1997. 1.

_____, 「다른 行政廳의 協力을 缺한 行政行爲의 效力(下)」,『判例月報』通卷 317號, 1997. 2.

_____, 「行政行爲의 瑕疵承繼論의 再檢討(下)」,『判例月報』通卷 331號, 1998. 4.

_____, 「法規命令形式의 制裁的 處分基準」,『判例月報』通卷 340號, 1999. 1.

_____, 「行政法上 申告와 受理」,『判例月報』通卷 352號, 2000. 1.

_____, 「行政規則의 對外的拘束力」,『法曹』통권 제534호, 2001. 3.

_____, 「行政上 事實行爲의 法的問題」,『人權과 正義』통권 283호, 2000. 3.

_____, 「行政行爲의 附款에 관한 法理」,『행정법연구』제2호, 행정법이론실무연구회, 1998. 4.

_____, 「行政代執行과 그에 대한 權利救濟」,『考試界』, 1998. 4.

_____, 「統治行爲에 대한 司法的 統制」,『考試研究』, 2000. 10.

金元主, 「行政規則의 性質과 效力」,『考試界』, 1988. 6.

金裕煥, 「行政廳의 不作爲에 대한 救濟」,『考試界』, 1997. 6.

_____, 「法規命令과 行政規則의 區別基準」,『考試界』, 1998. 11.

_____, 「取消訴訟에 있어서의 權利保護의 必要」,『考試研究』, 1995. 11.

_____, 「行政訴訟法上의 處分槪念의 實體法的 意義」,『公法研究』제24집 제2호, 韓國公法學會, 1996. 6.

_____, 「形式的拒否處分에 대한 取消訴訟에 있어서의 審理範圍」,『判例月報』 318號, 1997. 3.

_____, 「還買權의 法理 : 判例理論의 分析과 檢討」,『人權과正義』통권 제251호, 1997. 7.

金載鎬, 「違法한 行政行爲의 附款에 대한 司法的審査」, 『判例月報』通卷275號, 1993. 8.

金重權, 「行政自動化節次에 관한 法的 考察」, 고려대학교 박사학위논문, 1993.

_____, 「行政法上의 申告와 관련한 判例의 問題點에 관한 小考」, 『人權과正義』통권 제307호, 2002. 3.

_____, 「建築法上의 建築申告의 問題點에 관한 小考」, 『저스티스』第34卷 第3號, 한국 법학원, 2001. 6.

_____, 「行政自動機械決定의 法的性質 및 그의 能否」, 『公法研究』第22輯 第3號, 韓國 公法學會, 1994. 6.

金敏祚, 「取消訴訟의 訴의 利益(日本法制를 중심으로)」, 慶北大學校 博士學位論文, 1994.

金昌鍾, 「行政代執行法上 代執行」, 『行政訴訟에 관한 諸問題(下)』, 裁判資料 제68집, 法院行政處, 1995.

金鐵容, 「行政規則論의 課題」, 『考試界』, 1998. 11.

金學世, 「法規命令과 行政規則」, 『判例研究』第13輯, 서울지방변호사회, 2000.

金海龍, 「段階的行政決定에 관한 法理」, 『考試界』, 1994. 4.

金香基, 「無名抗告訴訟의 可否」, 『判例月報』通卷 293號, 1995. 2.

_____, 「行政規則의 外部效果」, 『現代公法理論의 展開』許永敏教授華甲紀念論文集, 1993. 12.

_____, 「行政審判의 請求人適格과 法律上 利益」, 徐元宇教授華甲紀念論文集 『現代行 政과 公法理論』, 博英社, 1991.

_____, 「行政法上 申請」, 『考試研究』, 1999. 12.

_____, 「行政處分의 槪念」, 『月刊考試』, 1993. 7.

柳鍾洛, 「抗告訴訟의 對象에 관한 研究」, 全南大學校 博士學位論文, 1994.

孟長變, 「行政上의 事實行爲」, 『月刊考試』, 1989. 4.

_____, 「行政行爲의 拘束力」, 『考試界』, 1989. 7.

文尙德, 「法令의 授權에 관한 行政規則(告示)의 法的 性格과 그 統制」, 『행정법연구』創刊號, 행정법이론실무연구회, 1997. 6.

朴圭河, 「抗告訴訟의 對象으로서의 行政處分의 範圍」, 『考試研究』, 1987. 8.

朴圭河, 「行政契約理論과 公法上契約理論」, 『考試研究』, 1993. 4.

_____, 「行政行爲의 흠의 承繼」, 『考試研究』, 1997. 9.

朴均省, 「行政立法不作爲에 관한 考察」, 『人權과 正義』통권 제225호, 1995. 5.

_____, 「20세기 행정법분야의 주요판례의 소개와 해설」, 『人權과 正義』통권 제284호, 2000. 4.

_____, 「行政立法에 대한 司法的 統制」, 『考試界』, 1996. 12.

_____, 「行政法上 申告」, 『考試研究』, 1999. 11.

_____, 「行政立法不作爲에 대한 法的 救濟」, 『判例月報』通卷302號, 1995. 11.

_____, 「프랑스법상 施設設置許可에 대한 取消訴訟에서의 隣近住民 및 環境團體의 原告適格」, 『判例實務研究』Ⅳ 比較法實務研究會 編, 博英社, 2000. 9.

_____, 「프랑스법상 원고적격(소의 이익)과 판결필요없음」, 『判例實務研究』Ⅴ, 比較法實務研究會 編, 博英社, 2001. 12.

朴聖悳, 「抗告訴訟의 當事者 適格(訴의 利益포함)」, 『行政訴訟에 관한 諸 問題(上)』裁判資料 第67輯, 法院行政處, 1995.

朴鈗炘, 「法令과 條例와의 關係」, 『考試界』1992. 11.

朴正勳, 「取消訴訟의 性質과 處分槪念」, 考試界, 2001. 9.

_____, 「環境危害施設의 設置・稼動許可處分을 다투는 取消訴訟에서 隣近住民의 原告適格」, 『判例實務研究』Ⅳ, 比較法實務研究會編, 博英社, 2000. 9.

_____, 「獨逸法上 取消訴訟의 權利保護必要性」, 『判例實務研究』Ⅴ, 比較法實務研究會編, 博英社, 2001. 12

朴鍾局, 「附款의 可能性에 관한 考察」, 『韓日法學研究』9輯, 한일법학회, 1990. 6.

_____, 「先行行政行爲의 後行行政行爲에 대한 拘束力」, 『公法研究』제24집 제2호, 韓國公法學會, 1996. 6.

_____, 「計劃裁量에 관한 考察」, 『安岩法學』vol. 7, 안암법학회, 1998.

白潤基, 「美國行政訴訟法上의 嚴格審査原理에 관한 研究」, 서울대학교 박사학위논문, 1995.

_____, 「拒否處分의 處分性認定要件으로서의 申請權」, 『행정법연구』창간호, 행정법이론실무연구회, 1997. 6.

_____, 「法規的內容의 行政規則과 法規命令形式의 行政規則」, 『裁判과 判例』第4輯, 大邱判例研究會, 1995. 8.

徐元宇, 「行政處分槪念小考」, 『轉換期의 行政法理論』, 博英社, 1997.

_____, 「行政行爲의 附款論에 대한 再檢討」, 『轉換期의 行政法理論』, 博英社, 1997.

_____, 「不作爲違法確認訴訟」, 『考試研究』, 1986. 12.

_____, 「現代의 行政訴訟과 訴의 利益」, 『考試研究』, 1990. 9.

_____, 「集團的利益保護制度」, 『考試研究』, 1991. 3.

徐廷範, 「行政訴訟에 있어서의 權利保護의 必要」, 『公法學의 現代的 地平』, 心泉桂禧悅

博士華甲紀念論文集, 博英社, 1995.

宣正源, 「獨逸 行政法上 行政行爲 擴張理論들의 登場과 發展」, 『公法研究』第27卷 第2號, 韓國公法學會, 1999. 6.

石琮顯, 「個別土地價格 등의 處分性과 個別土地價格合同調查指針의 法規性 與否」, 『判例月報』通卷 286호, 1994. 7.

_____, 「無瑕疵裁量行使請求權」, 『考試研究』, 1990. 1.

孫東源, 「美國 環境法上의 市民訴訟에 관한 研究」, 全南大學校 博士學位論文, 1988

愼保晟, 「不作爲違法確認訴訟과 訴의 利益」, 『司法行政』, 1992. 1.

_____, 「行政上의 確約」, 『月刊考試』, 1991. 7.

_____, 「行政行爲와 行政處分」, 『考試研究』, 1984. 7.

_____, 「營業의 免許와 競業者訴訟」, 『考試研究』, 1989. 5.

_____, 「行政訴訟의 機能과 限界」, 『考試研究』, 1991. 3.

辛奉起, 「計劃裁量 및 衡量命令理論에 대한 再檢討」, 『考試研究』, 1989. 12.

梁承斗, 「取消訴訟에 있어서의 訴의 利益」, 『행정판례연구』제1집, 靑雲社, 1992. 2.

禹成萬, 「無名抗告訴訟, 當事者訴訟」, 『行政訴訟에 관한 諸問題(下)』裁判資料 제68집, 法院行政處, 1995.

劉尙炫, 「第3者의 原告適格」, 『考試界』, 1998. 2.

尹 駿, 「미국에서의 행정행위에 대한 사법심사」, 『행정법원의 좌표와 진로』, 서울행정법원, 1999.

李景民, 「行政指導 와 憲法訴願」, 『憲法論叢』제7집, 憲法裁判所, 1996.

李憲衍, 「무하자재량행사청구권의 법리재검토」 法律新聞 제2990호, 2001. 6. 28.

李尙圭, 「入札參加資格制限行爲의 法的性質」, 『判例月報』通卷 189號, 1986. 6.

_____, 「申告의 性質과 基本行爲의 無效를 原因으로 한 申告受理無效確認訴訟」, 『判例月報』通卷 281號, 1994. 2.

李相千, 「行政訴訟에 있어서의 訴의 利益」, 『辯護士』(26), 서울地方辯護士會, 1996. 1.

이상철, 「行政法上의 信賴保護原則」, 金南辰教授停年紀念論文集『現代公法學의 再照明』, 고려대학교법학연구소, 1997

李榮眞, 「行政訴訟法上 取消訴訟의 原告適格」, 『法曹』통권 472호, 1996. 1.

李元雨, 「現代 行政法關係의 構造的 變化와 競爭者訴訟의 要件」, 『競爭法研究』제7권, 韓國競爭法學會, 2001. 4.

_____, 「抗告訴訟의 對象인 處分의 概念要素로서 行政廳」, 晴潭崔松和教授華甲紀念『現代公法學의 課題』, 博英社, 2002. 6.

李日世, 「行政行爲의 附款과 行政訴訟」, 『公法學의 現代的 地平』 心泉桂禧悅博士華甲紀念論文集, 博英社, 1995.

李林成, 「行政訴訟法 第12條 2문의 權利保護의 必要」, 『辯護士』(28), 서울지방변호사회, 1998. 1

李鴻薰, 「檢事任用拒否處分의 行政處分性 및 無瑕疵裁量行使請求權」, 『재판실무연구』, 광주지방법원, 1999. 1.

_____, 「都市計劃과 行政拒否處分」, 『判例月報』 通卷 178號, 1985. 7.

張台柱, 「西獨에 있어서 行政法上 隣人保護에 관한 判例의 最近動向」, 『행정판례연구』 제1집, 靑雲社, 1992. 2.

정연주, 「敎授再任用拒否處分에 대한 公法的 救濟」, 『人權과 正義』 통권 제285호, 2000. 5.

鄭夏重, 「法規命令과 行政行爲의 限界設定」, 『저스티스』 第30卷 第2號, 한국법학원, 1997. 6.

_____, 「多段階行政節次에 있어서 事前決定과 部分許可의 意味」, 『저스티스』 第32卷 第1號, 한국법학원, 1999. 3.

_____, 「附款에 대한 行政訴訟」, 『저스티스』 第34權 第2號, 한국법학원, 2001. 4.

趙淵泓, 「集團的 行政訴訟制度에 관한 研究」, 朝鮮大學校 博士學位論文, 1987.

趙龍鎬, 「抗告訴訟의 對象인 行政處分」, 『行政訴訟에 관한 諸問題(上)』, 裁判資料 제67집, 法院行政處, 1995.

趙弘植, 「分散利益訴訟에서의 當事者適格」, 『判例實務研究』 Ⅳ, 比較法實務研究會 編, 博英社, 2000. 9.

蔡羽爽, 「行政節次法에 있어서의 申告」, 『考試界』, 1997. 7.

崔世英, 「行政規則의 法規性 認定與否」, 『判例月報』 通卷 178號, 1985. 7.

崔松和, 「無效等確認訴訟에서의 訴의 利益」, 『考試界』, 1993. 5.

韓堅愚, 「行政訴訟의 訴訟觀과 우리나라 行政訴訟의 問題點」, 『考試研究』, 1991. 1

洪井善, 「大法院 全員合議體判決 1995. 10. 17. 선고, 94누14148 事件에 관하여」, 『法學論集』 창간호, 梨花女子大學校法學研究所, 1996. 5.

_____, 「私人의 公法行爲로서 申告」, 『法政考試』, 1996. 7.

_____, 「制裁的 行政處分의 基準」, 『法制』, 1998. 11.

_____, 「取消訴訟과 消의 利益」, 『司法行政』, 1992. 1.

_____, 「行政行爲의 瑕疵의 承繼論의 論理構造」, 『考試界』, 1995. 5.

_____, 「檢事任用拒否處分取消請求事件」, 『法律新聞』 제2968호, 2001. 4. 9.

Ⅱ. 外國文獻

1. 單行本

阿部泰隆(あべ やすたか)，『行政訴訟改革論』，有斐閣，1993.

_____，『行政の法システム(下)』，有斐閣，1999.

杉村敏正(すぎむら としまち)・兼子 仁(かねこ まさい)，『行政手續・行政爭訟法』，筑摩書房，1973.

兼子 仁(かねこ まさし)，『行政法總論』，筑摩書房，1983.

_____，『行政法學』，岩波書店，1997.

塩野 宏(しおの ひろし)，『行政法Ⅰ』，有斐閣，2001.

_____，『行政法Ⅱ』，有斐閣，2001.

_____，『法治主義の諸相』，有斐閣，2001.

芝池義一(しばいけよしかず)，『行政法總論講義』，有斐閣，1996.

_____，『行政救濟法講義』，有斐閣，2000.

_____，『判例行政法入門』，有斐閣，2001.

杉本良吉(すぎもと りようきち)，『行政事件訴訟法の解說』，法曹會，1981.

田中二郎(たなか じろう)，『行政法』上卷，弘文堂，1995.

原田尙彦(はらたなおひこ)，『訴えの 利益』，弘文堂，1982.

_____，『行政法要論』，學陽書房，2000.

廣岡 隆(ひろおか たかし)，『行政法總論』，ミネルヴァ書房，1995.

藤田宙靖(ふじた ときやす)，『行政法Ⅰ』，青林書院，2000.

南 博方(みなみ ひろまさ)編，『註釋行政事件訴訟法』，有斐閣，1983.

_____，『條解行政事件訴訟法』，弘文堂，1987.

南 博方(みなみ ひろまさ) 等編，『行政法(1)』，有斐關，1998.

南 博方(みなみ ひろまさ)・小高 剛(こたか つよし)，『註釋 行政不服審査法』，第一法規，1988.

小高 剛(こたか つよし)，『行政法總論』，ぎょうせい，2000.

宮崎 良夫(みやざき よしお)，『行政訴訟の法理論』，三省堂，1984.

_____，『行政爭訟と行政法學』，弘文堂，2001.

宮田三郎(みやた さぶろう)，『行政訴訟法』，信山社，1998.

室井 力(むろい つとむ)編，『現代行政法入門(1)』，法律文化社，1999.

室井 力(むろい つとむ)・塩野 宏(しおの ひろし) 編，『行政法を學ぶ1』，有斐閣，1978.

大橋洋一(おおはしよういち)，『行政法』，有斐閣，2001.

山內一夫(やまのうち かずお)，『行政指導の理論と實際』，ぎょうせい，1984.

山村恒年(やまむら つねとし)，『行政過程と行政訴訟』，信山社，1995.

菊井康郎(きくい やすろう)，『行政行爲の存在法』，有斐閣，1982.

乙部哲郎(おとべ てつろう)，『行政上の確約の法理』，日本評論社，1988.

伊藤 眞(いとう まこと)，『民事訴訟の當事者』，弘文堂，1978.

見上崇洋(みかみたかひろ)，『行政計劃の法的統制』，信山社，1996.

千葉勇夫(ちばいさお)，『行政指導の研究』，法律文化社，1987.

塩野 宏(しおの ひろし) 等編，『行政判例百選Ⅰ』，有斐閣，1993.

_____，『行政判例百選Ⅱ』第4版，有斐閣，1999.

森島昭夫(もりしま あきお) 等編，『公害・環境判例百選』，有斐閣，1994.

藤倉皓一郎(ふじくら こういちろう) 等編，『英米判例百選』第3版，有斐閣，1996.

成典賴明(なりた よりあき) 編，『行政法の爭點』，有斐閣，1990.

田中二郎先生 古稀記念『公法の理論,中』，有斐閣，1983.

田中二郎先生 古稀記念，『公法の理論 下Ⅰ』，有斐閣，1983.

『實務民事訴訟講座』8(行政訴訟Ⅰ)，日本評論社，1970.

『新・實務民事訴訟講座』9(行政訴訟Ⅰ)，日本評論社，1983.

『行政法講座』第3卷(行政救濟)，有斐閣，1965.

『行政法講座』第6卷(行政作用)，有斐閣，1978.

『現代行政法大系』4(行政爭訟Ⅰ)，有斐閣，1983.

Bernard Pacteau, Contentieux administratif, 4e éd., Paris, 1997.

Friedhelm Hufen, Verwaltuhgsprozeβrecht, München, 1994.

Hans J. Wolff/Otto Bachof/Rolf Stober, Verwaltungsrecht Ⅰ, 10.Aufl. München, 1994.

Hartmut Maurer, Allgemeines Verwaltungsrecht, 11. Aufl. München, 1997.

Michael Kloepfer, Umweltrecht, 2.Aufl. München, 1998.

Schmitt Glaeser, Verwaltungsprozeβrecht, 13. Aufl. 1994.

2. 論文

阿部泰隆(あべやすたか)，「違法性の 承繼」，『行政判例百選Ⅰ』，有斐閣，1993.

_____，「取消訴訟の 對象」，『現代行政法大系4』，有斐閣，1983.

_____，『判例研究』84卷 10號，法學協會

塩野 宏(しおの ひろし)，「行政指導」，『行政法講座』第6卷，有斐閣，1978.

芝池義一(しばいけよしかず)，「行政決定と 第三者利益の 考慮」，『法學論叢』，1992.

＿＿＿＿，「行政手續法における申請・届出に關する一考察」，『法學論叢』，139巻6號，1996.

杉本良吉(すぎもと りょうきち)，「行政事件訴訟法の解説」，『法曹時報』15巻，法曹會，1963. 3.

加藤泰守(かとう やすもり)，「行政廳の不作爲に對する救濟」，『行政法講座』第3巻，有斐閣，1965.

橋本公亘(はしもと きみのぶ)，「行政訴訟の原告適格」，田中二郎 古稀記念『公法の理論,中』，有斐閣，1983.

菊井康郎(きくい やすろう)，「西ドイッにおける行政法上の確約」，田中二郎 古稀記念『公法の理論，下，I』，有斐閣，1983.

宮崎良夫(みやざき よしお)，「原告適格」，『行政法の爭點』(成田賴明 編)，有斐閣，1990.

藤谷正博(ふじや まさひろ)，「處分後の事情變更と取消の利益」，『行政法を學ぶ1』(室 井力・塩野 宏 編)，有斐閣，1978.

山田二郎(やまだ じろう)，「不作爲の違法確認の訴えにおける 原告適格及び訴えの利益」，『實務民事訴訟講座8』，日本評論社，1970.

山村恒年(やまむら つねとし)，「訴えの利益の諸問題」，『公法研究』第37號，日本　公法學會

小早川光郎(こばやかわみつお)，『抗告訴訟の本質と體系』，『現代行政法大系4』，有斐閣，1983.

室井 力(むろいつとむ)，「形式的行政處分について」，田中二郎先生古稀記念，『公法の理論 下I』，有斐閣，1983

遠藤博也(えんどう ひろや)，「取消訴訟の原告適格」，『實務民事訴訟講座8』，日本評論社，1970.

園部逸夫(そのべ いつお)，「制裁的處分における回復すべき 法律上の 利益」，『現 代行政と 行政訴訟』，弘文堂，1987.

原田尙彦(はらたなおひこ)，「訴えの利益」，『訴えの利益』，弘文堂，1982.

＿＿＿＿，「行政上の豫防訴訟と義務づけ訴訟」，『訴えの利益』，弘文堂，1982.

田村悦一(たむらよしかず)，「裁量權の逸脱と濫用」，『行政法の爭點』(成典賴明 編)，有斐閣，1990.

池田敏雄(いけだ としお)，「形式的行政行爲」，成田賴明 編『行政法の爭點』(成典賴明 編)，有斐閣，1990.

泉德治(いずみ とくじ)，「取消訴訟の原告適格・訴えの利益」，『新・實務民事訴訟 講座』9，日本評論社，1984.

＿＿＿＿，「行政事件訴訟法 第9條（原告適格)」，『注解 行政事件訴訟法』(園部逸 夫編)，有斐閣，1989.

村上武則(むらかみ たけのり)，「二段階論，行政行爲一元論および形式的行政行爲論」，『政經論叢』24巻 3號

木村 實(きむら みのゐ)，「買受權」，『行政法の爭點』(成典賴明 編)，有斐閣，1990.

第1章　序論

第1章 序論

 1998년 3월 1일자로 行政法院이 출범하였다. 국민의 권리의식이 높아지면서 행정청의 행정작용으로 인해 권익을 침해받은 국민이 행정청을 상대로 이의 시정을 요구하는 욕구가 커지게 되었고 이에 따라 행정쟁송이 급증하면서 종전의 행정심판전치제도 아래 전국에 5개 밖에 없는 고등법원만이 행정소송을 담당하는 행정소송제도는 매우 불편하였다.

 이에 우리나라도 행정심판전치제도를 원칙적으로 지양하고 지방법원이 행정소송을 담당하게 되었는바, 이는 국민의 권리신장을 위해 매우 바람직한 일이다. 이처럼 과거 지역적 불편 때문에 행정소송을 포기할 수밖에 없었던 많은 국민이 가까운 지방법원에 손쉽게 행정소송을 제기할 수 있어 매우 편리하게 되었을 뿐만 아니라 액수가 비교적 적은 조세부과처분 취소소송이나 운전면허정지 내지 취소 등에 대한 다툼이 현실적으로도 많아졌고 앞으로 증가할 것임이 틀림없다.

 오늘날 行政의 현실을 보면 행정의 행위형식이 매우 다양함을 알 수 있다. 세계의 많은 나라가 소위 행정국가를 지향하고 있어 행정의 영역이 방대해지고 있는데, 공법영역에서 종래의 행정행위개념 이외에 다양한 행정작용, 즉 사실행위, 행정지도, 공법상계약, 행정계획 등 개념들을 논의하고 있는 중요한 이유는, 무엇보다도 실질적 법치주의의 관점에서 법률유보, 법치행정의 원칙을 각 행정작용에 가능한 한 관철시켜 행정작용에 대한 법적 구속력과 통제를 강화함으로써 국민의 자유와 권리가 실질적으로 보장되도록 도모하기 위해서라고 할 수 있으며, 광범위한 대상영역과 정보를 가지고 있는 행정기관이 행정편의를 위해서 법적 구속에서 벗어날 수 있는 비권력적 행정작용으로의 도피를 가능한 한 막아보자는 데 있는 것이다.

 행정소송의 주기능이 국민의 권리구제 뿐만 아니라 행정통제에 있다고 할 때 국민의 입장에서 보면 우리법원은 행정소송의 원고적격의 인정범위 내지 대상으로서의 처분성을 지나치게 좁게 해석하고 있다는 인상을 받고 있는 게 사실이다. 처분성을 판단함에 있어 단순히 형식 논리적 관점에서만 판단이 이루어져서는 안 될 것이며 보다 실질적인 차원에서 그 처분성을 가려봐야 할 것이다. 즉, 오늘날 기본권은 의도적이고 직접적인 침해에 대해서 뿐만 아니라 사실적이고 간접적인 침해에 대하여도 보호기능을 발휘할 수 있다는 점을 주목하여야 할 것이며, 따라서 기본권의 충실한 보장이 바람직하다는 관점에서 抗告訴訟의 對象으로서의 '處分'槪念에 대한 再定立과 그에 따른 原告適格의 擴大解

釋이 必要하게 되었다.

이에 이 책은, 原告適格의 再檢討와 多樣化된 行政形式에 대하여 抗告訴訟의 對象으로 서의 處分性을 가지는지를 理論的으로 糾明하고, 그와 관련된 우리나라의 判例를 分析함으로써 오늘날 관심이 높아지고 있는 行政訴訟에서의 國民의 權益救濟와 行政統制를 위한 裁判實務에의 그 理論的 根據, 그리고 최근 개정 논의 중인 행정소송법의 논의자료를 제공하고자 하는데 그 목적을 둔다.

현행 行政訴訟法은 행정소송절차를 통하여 행정청의 위법한 처분 그밖에 공권력의 행사·불행사 등으로 인한 국민의 권리 또는 이익의 침해를 구제하고, 공법상의 권리관계 또는 법적용에 관한 다툼을 적정하게 해결함을 目的으로 한다. 行政訴訟의 種類로 抗告訴訟, 當事者訴訟, 民衆訴訟, 機關訴訟으로 구분하고 다시 抗告訴訟을 取消訴訟, 無效等確認訴訟, 不作爲違法確認訴訟으로 나누고 있다. 여기서 抗告訴訟은 行政廳의 處分 등이나 不作爲에 대하여 제기하는 소송으로 그 대상은 '處分 等'과 '不作爲'이다. 그리고 行政訴訟法은, '處分 等'이라 함은 행정청이 행하는 구체적 사실에 관한 법집행으로서의 공권력의 행사 또는 그 거부와 그밖에 이에 준하는 行政作用(處分) 및 行政審判에 대한 裁決을 말한다고 정의하고 있다. 그리고 항고소송은 법률상이익이 있는 자만이 제기할 수 있는 것으로 되어 있다. 그러나 앞서 본 바와 같이 오늘날 행정의 행위형식은 다양화되어 있어 위와 같은 추상적인 처분이나 법률상의 이익개념만 가지고는 그 개념정립이 어려울 때가 많다.

따라서 이 책에서는 행정소송 중 항고소송에 한정하여 그 대상으로서의 처분성과 소의 이익을 논하되, 이와 관련된 대법원 판례(2004년 12월 31일 까지)를 분석함으로써 理論과 實務의 接合을 찾아보고자 한다(다만 일본 판례는 보충하는 의미에서만 인용하기로 한다).

그리고 항고소송의 가장 중심적 위치에 있는 것은 취소소송이고, 항고소송의 한 종류인 행정청의 처분 등의 효력유무 또는 존재여부를 확인하는 소송, 즉 무효등확인소송의 경우도 그 대상은 '行政廳의 處分 等'으로 취소소송의 대상과 같을 뿐만 아니라 우리나라 判例에 의하면 취소소송은 엄격한 의미에서의 취소·변경을 구하는 것과 무효선언을 구하는 뜻에서의 취소소송이 허용되고, 반대로 행정처분의 무효확인을 구하는 청구에는 특별한 사정이 없는 한 그 처분의 취소를 구하는 취지까지 포함되어 있다고 보고 있는바,[1] 이처럼 抗告訴訟 相互間에는 서로 包容關係에 있다고 할 것이어서 별도의 항목으로 나눠 논하지 않고 관련부분에서 언급하는데 그치기로 한다.

---

1) 前者의 예로는 대법원 1987. 9. 22. 선고 87누842 판결, 대법원 1990. 8. 28. 선고 90누1892 판결, 대법원 1990. 12. 26. 선고 90누6279 판결 등이 있고, 後者의 예로는 대법원 1987. 4. 28. 선고 86누887 판결, 대법원 1994. 12. 23. 선고 94누477 판결 등이 있다.

먼저 우리나라 行政訴訟法上 抗告訴訟의 構造와 特性을 검토한 뒤 傳統的 意味에서의 抗告訴訟의 對象을 살펴보고, 오늘날 확대경향을 보이고 있는 항고소송의 대상을 이해하기 위한 전 단계로 抗告訴訟에 있어서의 原告適格과 訴의 利益, 그리고 오늘날 변화된 행정환경에서 多樣한 行政形式의 處分性을 구체적이고 개별적으로 검토해보면서 한편으로는 처분성관련 大法院 判例의 基準에 따라 抗告訴訟의 對象과 그 訴의 利益을 把握한 다음 이 책의 結論을 맺고자 한다.

第2章 行政訴訟法上 抗告訴訟의 構造와 特性

第2章 行政訴訟法上 抗告訴訟의 構造와 特性

第1節 序說

현행 행정소송법 제1조는 "행정청의 위법한 처분 그밖에 공권력의 행사·불행사 등으로 인한 국민의 권리 또는 이익의 침해를 구제하고, 공법상의 권리관계 또는 법적용에 관한 다툼을 적정하게 해결함을 목적으로 한다."라고 규정하고 있다. 이처럼 행정소송은 국민의 권익구제와 행정법규의 적용에 관한 분쟁해결을 위하여 제3자적 지위에 있는 법원으로 하여금 판단하도록 하는 행정쟁송을 말한다.

행정에 관한 법률상 분쟁을 해결하는 재판제도를 어떻게 구성할 것인가는 그 나라의 역사적·정치적 배경의 차이에 따라 입법·정책적으로 결정될 문제이다. 행정소송은 행정사건에 대한 재판작용이므로 그 본질이 행정작용이냐 사법작용이냐 하는 문제가 제기되는 바, 행정법규의 적용 또는 행정목적의 실현이라는 면을 중시하는 입장에서는 행정작용이라고 하고, 반면 국민의 권리·이익구제라는 면을 중시하는 입장에서는 사법작용이라고 한다. 이처럼 행정소송의 본질은 행정소송제도의 성립과 관련된 역사적 산물이지만, 행정소송의 본질을 어떻게 보느냐에 따라 행정소송의 특수성이나 행정소송의 한계가 달라진다.

독일·프랑스 등 公法과 私法의 2원적 체계를 가지고 있는 대륙법계 국가에서는 종래 행정소송의 본질을 행정작용이라고 보고 있었다. 즉, 프랑스의 경우에는 사법권으로부터 행정권의 독립이라는 權力分立의 原則에서, 독일의 경우에는 행정소송의 기능이 지닌 특수성 때문에 전문·기술적인 행정사건의 재판은 일반법원이 관장하는 것이 기술적으로 부적당하다는 이유에서 행정작용에 관한 분쟁에 대하여 일반법원(사법재판소)의 관여를 배제하고 독립한 행정재판소를 행정권 내부에 설치하여 행정사건을 관할하게 하였다.

일본의 경우 명치헌법(明治22年, 1889년) 아래에서는 독일의 제도를 계수하여 행정재판소제도를 인정하였으나 일본 헌법의 제정과 더불어 대륙법적인 행정재판소 제도를 폐지하고 일체의 법률상 쟁송은 사법재판소가 담당하게 되어 행정사건에 대해서도 사법재판소에 제소하도록 하였다. 그러나 당초에는 행정사건의 특수성을 강조하여 소원전치주의를 채용하는 등 민사소송법에 대한 특례만을 정한 12개조의 行政事件訴訟特例法(昭和23年, 1948년)을 마련하였다가 그 후 행정상의 불복신청에 관한 일반법으로서 行政

不服審査法(昭和37年, 1962년)과 행정사건소송에 관한 일반법으로서 行政事件訴訟法 (昭和37年, 1962년)을 제정·시행하여 오늘에 이르고 있다. 이처럼 종래 대륙법계국가에서는 헌법상의 사법권의 개념을 민사·형사의 재판권으로 이해한 결과 행정재판의 본질을 일반적으로 행정작용으로 보게 되었다.

 그러나 최근에는 이들 대륙법계국가들도 사법제도국가화(司法制度國家化)하고 있다. 즉, 프랑스의 경우 행정권의 일부조직으로서의 행정법원인 國參事院(Conseil d'Etat)이 19세기말부터 행정권과 행정재판권을 분리시켰으며, 독일에서는 제2차 세계대전 후 Bonn 기본법 아래에서 대법원의 하급법원으로서의 행정법원이 관장하는 행정재판권을 사법권의 일부로 규정하게 되었다. 또한 일본의 경우에도 오늘날 일반법원에서 행정사건을 담당하게 됨에 따라 행정소송의 본질을 사법작용으로 보는 것이 일반적이다.

 한편, 영국·미국 등 영미법계 국가에서는 「법의 지배」의 원칙이 확립되어 국가나 행정권에 대하여 특수한 지위를 인정하지 않았다. 종래 영미법계에서는 행정권으로부터의 사법권의 독립이라는 권력분립의 견지에서 사법재판소와 별개의 행정재판소를 두지 않고 민사·형사·행정 등 일체의 법률적 분쟁을 사법재판소의 통일적 관할아래 둠으로써 국민의 권리구제실현이 보다 잘 보장될 수 있다는 관점에서 행정재판의 본질을 사법작용으로 보았다. 그러나 오늘날 영미법계에서도 ① 행정행위에 대한 사법심사가 지니는 절차상의 복잡성과 불명확성, ② 행정법 체계 내지 법리의 불비, ③ 법관의 행정사건에 대한 지식부족 등을 이유로 행정위원회의 설치, 행정기관의 사실인정권 등 행정제도국가(行政制度國家)에 접근하는 경향을 보이고 있다.

第2節 우리나라 行政訴訟法의 沿革

 우리나라의 행정소송에 관한 일반법인 행정소송법은 1951. 8. 24. 제정·시행되어 오다가 1984. 12. 15. 전면 개정되어 1985. 10. 1. 시행되었으며, 그러다가 같은 법은 다시 1994. 7. 27. 일부 개정되었고 이어 위 개정 법률은 1998. 3. 1.부터 시행되고 있다. 그리고 2002. 1. 26. 민사소송법과 민사집행법의 분리에 따라 사건의 이송, 법적용례 등 부분 개정되어 2002. 7. 1.부터 시행된다.

 1951. 8. 24. 법률 제213호로 제정된 행정소송법은 일본의 행정사건소송특례법을 본받은 것으로 본문 14개조로 되어 있었으며, 민사소송법에 대한 특례를 규정한 특별법의 성격을 가지고 있었다. 이 최초의 행정소송법은 행정소송의 종류에 관하여 별도의 규정을 두지 않고, 다만 행정청의 위법한 처분의 취소 또는 변경에 관한 소송과 공법상의 권리관계에 관한 소송을 인정하고 있었으나 소송의 종류·요건 등에 관해 많은 법적 미비

점을 안고 있었다. 그 후 이 법은 기본골격을 유지한 채 1955. 7. 5. 법률 제363호, 1963. 5. 2. 법률 제1339호로 부분개정을 거치다가 1984. 12. 15. 법률 제3754호로 전면 개정되어 1985. 10. 1.부터 시행되었다.

1984년의 개정 행정소송법은 행정소송을 항고소송, 당사자소송, 민중소송, 기관소송으로 대별하고, 항고소송을 다시 취소소송, 무효등확인소송, 부작위위법확인소송으로 구분하였다. 특히 부작위위법확인소송을 신설하여 그 판결의 기속력으로서 행정청의 처분의무 및 간접강제를 인정하였다. 또 1984년 개정 행정소송법은 항고소송의 대상이 되는 처분의 개념을 확대하는 동시에 행정소송을 제기할 수 있는 자격을 '법률상 이익'을 가진 자로 명시함으로써 원고적격을 확대하였다.

다시 1984년 개정 행정소송법은 헌법재판소의 신설에 따라 1988. 8. 5. 법률 제4017호로 부분개정 되었으며 1994. 7. 27. 사법제도개혁의 일환으로 행정소송과 관련한 일련의 법제도의 변혁을 가져왔는데, 행정소송법(법률 제4770호) 법원조직법(법률 제4765호) 등 행정소송 관련 법률의 개정이 이루어졌고, 이들 개정 법률은 1998. 3. 1부터 시행되게 되었다.

이로써 행정소송에 대한 전문법원으로서의 행정법원이 신설되게 되었고 결과적으로 행정소송이 권리구제기능 뿐만 아니라 행정통제기능을 수행하여 공익과 사익의 조정을 꾀할 수 있는 법적 변화가 이루어졌다.

여기서 항고소송의 대상과 법률상 이익에 대한 규정의 변천과정을 간단히 살펴보기로 한다.

1951년의 제정 행정소송법에 의하면 항고소송으로 행정청의 위법한 처분의 취소 또는 변경에 관한 취소소송을 인정하고 있었을 뿐이고 그 당시 '변경'을 소극적 변경, 즉 일부취소의 의미로 보통 해석하여 행정청의 부작위에 대해서는 항고소송을 제기할 수 없었다. 그리고 취소소송의 대상이 법률상으로는 거부처분을 포함한 전통적인 행정행위라는 것을 의미하였으나 대다수 학자들은 행정소송의 대상으로서의 '처분'을 강학상의 행정행위뿐만 아니라 공권력적 사실행위도 포함되는 것으로 해석하였다.

1984년의 개정 행정소송법에 의하면 항고소송을 행정청의 처분 등이나 부작위에 대하여 제기하는 소송으로 정의하고(제3조 제1호), 행정청의 위법한 처분 등을 취소 또는 변경하는 취소소송, 행정청의 처분 등의 효력유무 또는 존재여부를 확인하는 무효등확인소송, 행정청의 부작위가 위법하다는 것을 확인하는 부작위위법확인소송을 인정하고 있다(제4조). 그리고 '처분 등'이라 함은 행정청이 행하는 구체적 사실에 관한 법집행으로서의 공권력의 행사 또는 그 거부와 그밖에 이에 준하는 행정작용 및 행정심판에 대한 재결을 말한다고 하고(제2조 제1호), '부작위'라 함은 행정청이 당사자의 신청에 대하여 상당한 기간 내에 일정한 처분을 하여야 할 법률상 의무가 있음에도 불구하고 이를 하지 아니하는 것을 말한다고 규정하였었다(제2조 제2호).

특히 취소소송의 원고적격과 관련하여 "취소소송은 처분 등의 취소를 구할 법률상 이익이 있는 자가 제기할 수 있다. 처분 등의 효과가 기관의 경과, 처분 등의 집행 그 밖의 사유로 인하여 소멸된 뒤에도 그 처분 등의 취소로 인하여 회복되는 법률상 이익이 있는 자의 경우에는 또한 같다"(제12조)고 규정하고 무효등확인소송의 원고적격과 관련해서는 "무효등확인소송은 처분 등의 효력유무 또는 존재여부의 확인을 구할 법률상 이익이 있는 자가 제기할 수 있다"(제35조), 부작위위법확인소송의 원고적격과 관련해서는 "부작위위법확인소송은 처분의 신청을 한 자로서 부작위의 위법의 확인을 구할 법률상 이익이 있는 자만이 제기할 수 있다"고 각 규정하였다. 그리고 취소소송의 대상에 관해서는 같은 법 제19조에서 "취소소송은 처분 등을 대상으로 한다. 다만, 재결취소소송의 경우에는 재결 자체에 고유한 위법이 있음을 이유로 하는 경우에 한한다."고 규정하였다.

현행 행정소송법은 1984년의 개정 행정소송법이 규정한 항고소송의 대상과 원고적격 규정을 그대로 답습하였다.

우리나라 현행 헌법은 "사법권은 법관으로 구성된 법원에 속하며, 법원은 최고법원인 대법원과 각급 법원으로 조직된다."(제101조), "명령·규칙·처분이 헌법이나 법률에 위반되는 여부가 재판의 전제가 된 경우에는 대법원은 이를 최종적으로 심사할 권한을 가진다."(제107조 제2항)라고 규정하여 독립된 행정재판소의 설치를 인정하지 아니하고 행정사건에 관한 최종적인 심사권을 대법원에 부여하여 일반법원이 사법권행사의 일환으로 행정재판을 관장할 수 있게 하였다.

또한 법원조직법 제2조는 "법원은 헌법에 특별한 규정이 있는 경우를 제외하고는 일체의 법률상의 쟁송을 심판한다."고 규정하고 있다. 이 역시 행정사건에 대한 재판권도 당연히 사법권에 포함된다는 것을 의미하고 행정소송의 본질이 사법작용이라는 것을 명백히 한 것이다.

한편, 헌법 제107조 제3항은 "재판의 전심절차로서 행정심판을 할 수 있다. 행정심판의 절차는 법률로 정하되, 사법절차가 준용되어야한다"라고 규정함으로써 행정사건에 있어서는 민사소송에 대한 여러 가지 절차적 특례를 인정하고 있다. 이처럼 우리나라는 영미법계와 같은 사법국가주의를 채택하면서도 행정소송에 있어서 일반민사소송과 다른 특수성을 인정하고 있다.

第3節 抗告訴訟의 性質

행정소송제도는 근대 법치국가원리의 소산이라 할 수 있다. 法治國家의 原理는 행정권의 자의적 행사로부터 국민의 권익보호를 궁극적인 목적으로 한다. 그렇기 때문에 모든 행정작용은 법에 적합하여야 할뿐만 아니라(행정의 합법성) 법의 테두리 안에서의 행정작용은 다시 행정목적과 공익에 적합하지 않으면 안 된다(행정의 합목적성·공익적합성). 따라서 행정소송제도는 법치국가의 원리에 따라 국민의 권익보호와 행정의 합법성·행정의 합목적성의 보장을 위한 제도적 장치로서의 기능을 가지고 있다.1)

우리나라 행정소송법도 제1조에서 행정소송의 목적 또는 기능이 "행정소송절차를 통하여 행정청의 위법한 처분 그밖에 공권력의 행사·불행사 등으로 인한 국민의 권리 또는 이익의 침해를 구제하고, 공법상의 권리관계 또는 법적용에 관한 다툼을 적정하게 해결"하는 것에 있음을 천명하고 있는바, 이처럼 행정소송은 국민의 권리구제기능과 행정통제기능(행정의 적법성 보장기능)을 병렬적으로 수행하고 있음을 알 수 있다.2)

실질적 법치주의는 법우위의 원칙을 그 내용으로 하고 있다. 이 法優位의 原則은 모든 행정작용의 合法性을 요구하지만 현실적으로는 행정권의 행사가 법의 기속으로부터 벗어나 위법·부당하게 행하여짐으로써 국민의 권익이 침해되는 경우가 많다. 이처럼 행정작용에 의하여 국민의 권익이 침해된 경우 그 행정작용의 취소 또는 변경을 통하여 행정의 합법성을 회복함으로써 행정통제와 국민의 침해된 권익을 구제하고자 하는데 이 행정소송제도의 존재 이유가 있는 것이다.

행정소송법은 행정법원이 '행정청의 위법한 처분 등', '국가 또는 공공단체의 기관이 법률에 위반되는 행위' 등을 심사함으로써 행정통제기능을 수행하도록 하고 있으며, 그와 같은 기능을 원활히 수행하도록 하기 위해 민사소송에서와는 달리 職權審理制度를 채택하는 등(행정소송법 제26조) 여러 가지 특례를 인정하고 있다.

행정법상 법률관계는 행정주체가 우월한 의사의 주체로서 일방적으로 법률관계를 형성하거나 법률관계의 존부를 결정할 수 있기 때문에 행정청의 상대방은 행정기관이 행한 행위의 취소 또는 변경을 구하는 항고소송을 제기하여 다투게 된다. 이러한 항고소송은 행정청의 공권력행사로서의 처분의 존재를 전제로 한 불복소송이므로 覆審的訴訟에 속하며 事後審査的構造를 가진다.

여기서 抗告訴訟 특히 取消訴訟의 法的 性質을 살펴보기로 하되, 이 책에서는 원고적격

---

1) 洪井善 敎授는, 行政訴訟의 機能을 權利救濟機能, 行政統制機能, 任務輕減機能의 세 가지로 설명하고 있다(『行政法原理(上)』(博英社, 2001), 771~773쪽).
2) 대부분의 학자들은 국민의 권리구제기능이 행정소송의 주기능이고, 행정통제기능은 행정소송의 종된 기능이자 권리구제기능의 부수적 효과에 지나지 않는다고 한다(姜求哲, 『講義行政法Ⅰ』(螢雪出版社, 1998), 822~823쪽 ; 金南辰, 『行政法Ⅰ』(法文社, 2000), 723~724쪽 ; 金性洙, 『行政法Ⅰ』(法文社, 2000), 756쪽 ; 金香基, 『行政法槪論』(三英社, 2001), 403쪽 ; 柳至泰, 『行政法新論』(新英社, 2001), 458쪽 ; 石琮顯, 『一般行政法(上)』(三英社, 2000), 769쪽 ; 愼保晟, 「行政訴訟의 機能과 限界」(考試研究, 1991. 3), 81쪽).

및 처분성의 확대논의와 관계있는 사항으로 과연 우리나라 항고소송, 특히 취소소송은 대다수 학자들이 주장하듯 주관소송인지 여부에 대해서만 논하기로 한다.[3]

독일기본법 제19조 제4항은 "누구든지 공권력에 의해 자신의 권리가 침해된 때에는 소송을 제기할 수 있다."고 규정하여 포괄적 권리구제를 보장하고 있다. 그리고 독일 행정재판소법 제42조 제2항은 취소소송과 의무화소송의 원고적격과 관련하여 "법률에 달리 정함이 없는 한, 원고가 행정행위 또는 그 거부나 부작위에 의해 자신의 권리가 침해되었음을 주장하는 때에만 소송이 허용된다."고 규정하여 '권리침해의 주장'을 요구하고 있다. 또한 같은 법 제113조 제1항 제1문은 취소소송의 본안요건과 관련하여 "행정행위가 위법하고 이로 인해 원고자신의 권리가 침해된 때에는 법원은 당해 행정행위와 존재하는 재결을 취소한다."고 규정하여 행정행위의 객관적 위법성과 권리침해를 요구하고 있다.

이처럼 독일의 경우 취소소송은 '권리침해'와 밀접한 관련이 있기 때문에 독일의 취소소송은 원고의 권리침해를 구제하기 위한 주관소송으로 구성되어 있다고 하겠다.

이에 따라 취소소송의 대상도 원고의 권리의무에 직접 변동을 초래하는 구체적인 행정작용, 즉 최협의의 행정행위에 한정되고 있는 것이다. 즉, 독일 행정절차법 제35조 제1문은 행정행위를 "행정청이 공법영역에서 개별적 사항을 규율하기 위해 행하며 또한 외부에 대하여 직접 법적 효과를 발생시키는 處分(Verfügung), 決定(Entscheidung), 기타 高權的 措置(Hoheitliche Massnahme)"라고 개념지우고 있다.

하지만, 우리나라 헌법 제107조 제2항은 "처분이 헌법이나 법률에 위반되는 여부를 대법원이 최종적으로 심사한다."고 규정하고 있고, 행정소송법 제4조 제1호 역시 취소소송을 "행정청의 위법한 처분 등을 취소 또는 변경하는 소송"이라고 정의함으로써 행정소송의 대상은 '위법한 처분'이면 족하고 독일의 경우와 같이 권리침해를 요구하지 않고 있다.

종래 우리나라의 대부분의 학자들은 취소소송을 주관소송으로 파악하여 왔다. 다만 韓堅愚 敎授만이 "항고소송으로 대표되는 행정소송의 기능은 기본적으로 행정의 합법성·적법성통제에 찾아야 할 것이며, 따라서 항고소송은 그 성질상 주관소송으로 볼 수 없고 항고소송은 객관소송으로 보아야 한다."고 하였다.[4]

---

3) 그 밖에 취소소송의 법적성질과 관련하여 形成訴訟說(姜求哲, 前揭書, 847쪽 ; 金南辰, 前揭書, 747쪽 ; 金東熙, 『行政法Ⅰ』(博英社, 2000), 615쪽 ; 金性洙, 前揭書, 779쪽 ; 金鐵容, 『行政法Ⅰ』(博英社, 2001), 456쪽 ; 柳至泰, 前揭書, 468쪽 ; 朴鈗炘, 『行政法講義(上)』(博英社, 2000), 871쪽 ; 徐元宇, 『現代行政法論(上)』(博英社, 1979), 795쪽 ; 石琮顯, 前揭書, 789쪽 ; 李尙圭, 『行政爭訟法』(法文社, 2000), 294쪽 ; 洪井善, 前揭書, 790쪽 ; 洪準亨, 『행정구제법』(한울아카데미, 2001), 523쪽), 確認訴訟說(朴正勳, 「取消訴訟의 性質과 處分槪念」(考試界, 2001. 9), 21~29쪽 ; 「獨逸法上 取消訴訟의 權利保護必要性」, 『判例實務硏究Ⅴ』(比較法實務硏究會編, 博英社, 2000. 9), 437~440쪽), 救濟訴訟說(違法狀態排除說 ; 南 博方 編, 『條解行政事件訴訟法』(弘文堂, 1987), 244面) 등이 거론되고 있다.
4) 韓堅愚, 『現代行政法Ⅰ』(도서출판 인터벡, 2000), 775쪽 ; 「行政訴訟의 訴訟觀과 우리나라 行政

생각건대 우리나라 행정소송법상 취소소송은 앞서 본대로 독일의 취소소송과 그 구조가 다르기 때문에 주관소송이라고 단정하기는 곤란하다고 하겠다.[5] 취소소송의 본질은 계쟁 행정행위가 원고의 권리를 침해하였기 때문이 아니라 객관적 법질서에 위반되었기 때문에 이를 취소한다는데 있는 것으로 취소소송의 주된 목적은 어디까지나 행정의 적법성 통제에 있고, 취소판결에 의해 동시적으로 또는 부수적으로 개인의 권리·이익을 구제하는데 기여할 수 있다고 하겠다. 그리고 취소소송의 소송물을 '위법성 일반'으로 파악하는 것이 통설 판례이고 보면 위법성 판단의 대상이 되는 행정작용은 모두 취소소송의 대상이 되어야 할 것이다.

현대의 행정법관계에서 공익과 사익이 상대화 되어가고 특히 개발행정·공해방지행정·환경보호행정 등에서 볼 수 있는 바와 같이 행정의 결정을 둘러싸고 시민과 사회의 다원적 이해가 서로 대립되게 되는 것을 피할 수 없게 됨에 따라 항고소송이 개인의 권리·이익의 보호와 행정의 적법성의 확보를 위해 적극적인 역할을 담당할 것이 요청되는 것이다. 따라서 항고소송에서 법관은 행정행위를 취소 또는 확인하는데 그치고 원고의 실제손해를 전보하는 것이 아니기 때문에 항고소송의 존재의의 내지 기능은 기본적으로 행정의 합법성·적법성 통제에서 찾아야 할 것이다.

이처럼 취소소송의 본질적 기능이 행정의 적법성 통제와 아울러 권리구제에 있고, 현행 행정소송법의 목적, 취소소송에 관한 법문상의 비교법적 구조 등에 비추어 볼 때, 우리나라 취소소송은 주관소송과 객관소송의 성격을 아울러 가지고 있다고 보아야 할 것이다.

第4節 行政訴訟의 限界

I. 序言

법치국가에 있어서 권리구제의 유형에는 여러 가지가 있는데, 그 중 행정소송은 사법기관에 의한 행정사건에 대한 재판이라는 점에서 한계를 내재하고 있는바, 사법의 본질에서 오는 한계와 권력분립에서 오는 한계가 그것이다.

법원조직법 제2조 제1항은 "법원은 헌법의 특별한 규정이 있는 경우를 제외하고는 일체의 법률상의 쟁송을 심판하고 기타 법률에 의하여 법원에 속하는 권한을 가진다."라고 규정하고 있고, 앞서 본대로 행정소송의 본질이 司法作用임에 틀림없는바, 그로 인한 司法內在的 限界가 있게 마련이다. 사법작용은 그 대상에 있어서 법률상의 쟁송만을 대상

訴訟의 問題點」(考試研究, 1991. 1), 111~112쪽.
5) 朴正勳, 前揭論文, 12~21쪽 ; 李元雨, 「現代 行政法關係의 構造的 變化와 競爭者訴訟의 要件」(競爭法研究 제7권, 韓國競爭學會, 2001. 4), 147~148쪽.

으로 하는 바, 여기서 법률상의 쟁송이란 당사자 사이의 구체적인 권리·의무에 관한 법률적용상의 분쟁을 의미하며, 具體的 事件性과 法律適用上의 紛爭을 그 요소로 한다. 소송은 당사자 사이에 구체적인 권리·의무에 관한 분쟁이 존재하는 것을 전제로 한다. 따라서 이러한 분쟁이 아닌 경우는 구체적 사건성을 결여한 것으로 행정소송의 대상이 되지 못한다. 행정소송은 법률의 적용에 의하여 해결 될 수 있는 분쟁에 한하여 제기할 수 있다. 따라서 법률적용의 문제가 아닌 정치적 문제, 행정의 공익목적상의 문제 등은 행정소송의 대상이 될 수 없다.

여기서는 행정소송의 한계 중 사법의 본질에서 오는 한계로서 종래 사법심사의 대상에서 제외되었던 영역인 통치행위와 자유재량행위에 대한 현대적 시각에서의 재해석을 시도하고, 삼권분립에서 오는 한계의 문제는 第4章 第3節 制度的 限界에서 논하기로 한다.

Ⅱ. 統治行爲

統治行爲는 고도의·정치적 색채를 가지는 국가기관의 행위로서(政治的 行爲性), 사법심사의 대상으로 하기에 부적합뿐만 아니라(司法的 審査不適合性) 그에 대한 판결이 있는 경우에도 집행이 곤란한 국가작용(判決의 執行困難性)이라고 정의되고 있다.6) 이와 같은 統治行爲의 觀念이 현실적으로 論議되기 위해서는 行政訴訟對象의 槪括主義 및 國家賠償制度의 完備 등 公權力行使에 대한 司法的 審査가 高度로 發達되어 있음을 前提로 한다고 하겠다.7)

현행 행정소송법이 행정소송사항에 관하여 개괄주의를 채택하고 있는 이상 모든 행정작용은 사법심사의 대상이 되어야 한다는 점에서 통치행위관념 자체를 전적으로 부인하는 견해도 있을 수 있다. 다만 이 견해에 의하더라도 헌법에 명문의 규정이 있거나 명문규정의 문언해석 또는 의미관련에 의하여 사법심사가 배제되어 있는 것이 명백한 경우까지 부정하는 것은 아니다.8)

그러나 대부분의 학자들은 그 根據9)는 다르지만 통치행위를 긍정하고 있다. 학자에 따

---

6) 金南辰, 前揭書, 9쪽 ; 柳至泰, 前揭書, 16쪽 ; 朴圭河,『行政法學(上)』(韓國外國語大學校出版部, 2001), 17쪽 ; 石琮顯, 前揭書, 10~11쪽.
   統治行爲의 개념을 사법심사의 배제를 전제로 하지 않고 실체법적으로 이해하여 統治行爲는 최고 통치권자인 대통령의 국가지도 작용으로 일반 행정·입법·사법과 구별되는 제4의 국가작용이라고 정의하는 견해도 있다(金容燮,「統治行爲에 대한 司法的 統制」(考試研究, 2000. 10), 115쪽).
7) 朴圭河, 前揭書, 17쪽 ; 朴鈗炘, 前揭書, 15쪽.
8) 金鐵容, 前揭書, 7~8쪽.
   金性洙 敎授는 統治行爲라는 관념 보다는 학자들이 열거하고 있는 統治行爲의 내용은 대통령과 국회의 헌법상 권한으로 보아야 옳지 않을까하는 의견을 제시하고 있다(前揭書, 52~58쪽).
9) 그 이론적 근거로는 權力分立說(憲法上 입법·사법·행정이 분립되어 있고 統治行爲는 행정부의 전속적 권한에 속하는 사항이므로 사법심사의 대상에서 제외되어야 한다), 內在的 限界說(사법권에는

라서는 統治行爲를 絶對的 統治行爲와 相對的 統治行爲로 區分하여, 대통령이 국가안위에 관한 중요정책을 국민투표에 붙이는 행위, 법률안에 대한 대통령의 재의 요구권, 외국의 승인, 외교사절의 신임과 접수, 憲法 제60조 제1항에 규정되지 아니한 조약의 체결 등 대통령의 일반외교에 관한 행위 등을 '絶對的 統治行爲'로 보아, 이에 대하여는 사법적 통제가 허용되지 않는다고 하면서, 고도의 정치적 성격을 띠고 있는 행위 일지라도 헌법이나 법률에 그 행사요건이 구체적으로 규정되거나 국민의 기본권보장에 중대한 영향을 미치는 행위는 '相對的 統治行爲'로서 사법심사의 대상이 된다고 한다.10)

우리나라 판례상 統治行爲로 認定된 境遇로는, 大統領의 戒嚴宣布(대법원 1979. 12. 7. 선고 79초70 재결 ; 대법원 1981. 9. 22. 선고 81도1833 판결 ; 대법원 1982. 9. 14. 선고 82도1847 판결 ; 대법원 1997. 4. 17. 선고 96도3376 판결), 大統領의 緊急措置(대법원 1978. 5. 23. 선고 78도813 판결), 大統領의 緊急財政命令(憲法裁判所 1996. 2. 29. 선고 93헌마186 결정), 軍事施設保護法에 의한 軍事施設保護區域의 設定・變更 또는 解除와 같은 行爲(대법원 1983. 6. 14. 선고 83누43 판결), 赦免(憲法裁判所 2000. 6. 1. 선고 97헌바74 결정)11) 一般士兵 이라크 派兵(헌법재판소 2004. 4. 29. 2003헌마814 결정)12), 南北頂上會談 關聯 送金行爲(대법원 2004. 3. 26. 선

그에 내재하는 일정한 한계가 있다는 점에서 統治行爲의 근거를 찾는다), 自由裁量行爲說 또는 合目的性說(統治行爲는 정치문제에 관한 것이며 정치문제는 자유재량에 속하는 문제이므로 統治行爲는 사법심사를 받지 않는다), 司法府自制說(統治行爲에 대하여 재판통제가 배제되는 것은 사법부의 자제의 결과이다), 獨自性說(統治行爲는 국가지도적인 최상위의 행위로서 본래적으로 사법권의 판단에 적합한 사항이 아닌 독자적인 정치행위이다) 등이 제시되고 있다.

10) 權寧星, 『憲法學原論』(法文社, 2001), 794~795쪽 ; 朴圭河, 前揭書, 24쪽 ; 趙淵泓, 『韓國行政法原論(上)』(螢雪出版社, 2000), 47~48쪽 ; 韓堅愚, 前揭書, 80~81쪽.

11) 종래 사면행위에 대해 사법심사의 대상이 될 수 없다고 하였으나 최근에는 사면이 사면법에 의한 올바른 절차에 따라 행하여졌는지 또는 자의적인 사면권 행사에 의하여 헌법상의 평등의 원칙이 침해되었는지 또는 비례의 원칙이 준수되었는지 여부에 대하여 사법심사가 이루어져야 한다는 유력한 견해가 대두되고 있다(Hans J. Wolff/Otto Bachof/Rolf Stober, Verwaltungsrecht Ⅰ, 10. Aufl.(München, 1994), §45 Rn.39, S.623~624 ; Schmitt Glaeser, Verwaltungsprozeβrecht, 13. Aufl. Rn.41, S.39~40).

12) 외국에의 국군의 파견결정은 파견군인의 생명과 신체의 안전뿐만 아니라 국제사회에서의 우리나라의 지위와 역할, 동맹국과의 관계, 국가안보문제 등 궁극적으로 국민 내지 국익에 영향을 미치는 복잡하고도 중요한 문제로서 국내 및 국제정치관계 등 제반 상황을 고려하여 미래를 예측하고 목표를 설정하는 등 고도의 정치적 결단이 요구되는 사안이다. 따라서 그와 같은 결정은 그 문제에 대해 정치적 책임을 질 수 있는 국민의 대의기관이 관계분야의 전문가들과 광범위하고 심도 있는 논의를 거쳐 신중히 결정하는 것이 바람직하며 우리 헌법도 그 권한을 국민으로부터 직접 선출되고 국민에게 직접 책임을 지는 대통령에게 부여하고 그 권한행사에 신중을 기하도록 하기 위해 국회로 하여금 파병에 대한 동의여부를 결정할 수 있도록 하고 있는바, 현행 헌법이 채택하고 있는 대의민주제 통치구조 하에서 대의기관인 대통령과 국회의 그와 같은 고도의 정치적 결단은 가급적 존중되어야 한다. 이 사건 파견결정이 헌법에 위반되는지의 여부 즉 국가안보에 보탬이 됨으로써 궁극적으로는 국민과 국익에 이로운 것이 될 것인지 여부 및 이른바 이라크전쟁이

고 2003도7878 판결)[13] 등을 찾아볼 수 있다.

한편, 대통령에 의한 '地方自治團體長의 選擧日 不公告行爲'가 통치행위에 해당하는가 여부가 헌법소원에서 다투어진 바 있으나 헌법재판소는 "대통령의 법률안 제출행위는 국가기관간의 내부적 행위에 불과하므로 국민에 대하여 직접적인 법률효과를 발생시키는 행위가 아니므로 憲法裁判所法 제68조에서 말하는 공권력의 행사에 해당되지 않는다."[14]고 판시한 바 있다.

국제규범에 어긋나는 침략전쟁인지 여부 등에 대한 판단은 대의기관인 대통령과 국회의 몫이고, 성질상 한정된 자료만을 가지고 있는 우리 재판소가 판단하는 것은 바람직하지 않다고 할 것이며, 우리 재판소의 판단이 대통령과 국회의 그것보다 더 옳다거나 정확하다고 단정 짓기 어려움은 물론 재판결과에 대하여 국민들의 신뢰를 확보하기도 어렵다고 하지 않을 수 없다. 이 사건 파병결정은 대통령이 파병의 정당성뿐만 아니라 북한 핵 사태의 원만한 해결을 위한 동맹국과의 관계, 우리나라의 안보문제, 국·내외 정치관계 등 국익과 관련한 여러 가지 사정을 고려하여 파병부대의 성격과 규모, 파병기간을 국가안전보장회의의 자문을 거쳐 결정한 것으로, 그 후 국무회의 심의·의결을 거쳐 국회의 동의를 얻음으로써 헌법과 법률에 따른 절차적 정당성을 확보했음을 알 수 있다. 그렇다면 이 사건 파견결정은 그 성격상 국방 및 외교에 관련된 고도의 정치적 결단을 요하는 문제로서, 헌법과 법률이 정한 절차를 지켜 이루어진 것임이 명백하므로, 대통령과 국회의 판단은 존중되어야 하고 헌법재판소가 사법적 기준만으로 이를 심판하는 것은 자제되어야 한다. 이에 대하여는 설혹 사법적 심사의 회피로 자의적 결정이 방치될 수도 있다는 우려가 있을 수 있으나 그러한 대통령과 국회의 판단은 궁극적으로는 선거를 통해 국민에 의한 평가와 심판을 받게 될 것이다.

13) 입헌적 법치주의국가의 기본원칙은 어떠한 국가행위나 국가작용도 헌법과 법률에 근거하여 그 테두리 안에서 합헌적·합법적으로 행하여질 것을 요구하며, 이러한 합헌성과 합법성의 판단은 본질적으로 사법의 권능에 속하는 것이다. 다만, 국가행위 중에는 고도의 정치성을 띤 것이 있고, 그러한 고도의 정치행위에 대하여 정치적 책임을 지지 않는 법원이 정치의 합목적성이나 정당성을 도외시한 채 합법성의 심사를 감행함으로써 정책결정이 좌우되는 일은 결코 바람직한 일이 아니며, 법원이 정치문제에 개입되어 그 중립성과 독립성을 침해당할 위험성도 부인할 수 없으므로, 고도의 정치성을 띤 국가행위에 대하여는 이른바 통치행위라 하여 법원 스스로 사법심사권의 행사를 억제하여 그 심사대상에서 제외하는 영역이 있다. 그러나 이와 같이 통치행위의 개념을 인정한다고 하더라도 과도한 사법심사의 자제가 기본권을 보장하고 법치주의 이념을 구현하여야 할 법원의 책무를 태만히 하거나 포기하는 것이 되지 않도록 그 인정을 지극히 신중하게 하여야 하며, 그 판단은 오로지 사법부만에 의하여 이루어져야 하는 것이다.(중략) 피고인들의 대북송금 행위 및 이에 수반된 각 행위들은 남북정상회담에 도움을 주기 위한 시급한 필요에서 비롯된 이른바 통치행위로서 사법부에 의한 사법심사의 대상이 되지 않는다는 피고인들의 주장에 대하여, 남북정상회담의 개최는 고도의 정치적 성격을 지니고 있는 행위라 할 것이므로 특별한 사정이 없는 한 그 당부를 심판하는 것은 사법권의 내재적·본질적 한계를 넘어서는 것이 되어 적절하지 못하지만, 남북정상회담의 개최과정에서 위 피고인들이 공모하여 재정경제부장관에게 신고하지 아니하거나 통일부장관의 협력사업 승인을 얻지 아니한 채 위와 같이 북한측에 사업권의 대가 명목으로 4억 5,000만 달러를 송금한 행위 자체는 헌법상 법치국가의 원리와 법 앞에 평등원칙 등에 비추어 볼 때 사법심사의 대상이 된다고 판단하였는바, 원심의 위와 같은 판단은 앞서 본 법리에 비추어 정당한 것으로 수긍되고, 거기에 주장과 같은 이른바 헌법상 통치행위에 대한 법리오해의 위법이 있다고 할 수 없다.

14) 헌법재판소 1994. 8. 31. 선고 92헌마126 결정.

헌법재판소는 "통치행위를 포함하여 모든 국가작용은 국민의 기본권적 가치를 실현하기 위한 수단이라는 한계를 반드시 지켜야 하는 것이고, 헌법재판소는 헌법의 수호와 국민의 기본권보장을 사명으로 하는 국가기관이므로 비록 고도의 정치적 결단에 의하여 행해지는 국가작용이라고 할지라도 그것이 국민의 기본권침해와 직접 관련되는 경우에는 당연히 헌법재판소의 심판대상이 된다."15)고 판시하여 국민의 기본권 침해와 직접 관련되는 국가작용에 대하여는 통치행위의 관념을 긍정하면서도 統治行爲의 限界를 인정하고 있다.

통치행위의 관념은 각국의 학설과 판례에서 인정하고 있는 것이 일반적인 추세이나, 통치행위는 사법심사의 면역화를 가져오기 때문에 국민의 기본권보장과 재판청구권의 취지에 어긋나지 않도록 그 개념의 객관적 요건을 제한적으로 해석하여야 할 것이다. 통치행위의 범위는 구체적인 행위가 갖는 정치적 측면과 법률적 측면의 비교, 그 행위가 국민의 기본권보장에 미치는 영향, 그리고 재판제도의 특수성이라는 관점에서 법원이 구체적·개별적으로 판단할 문제이기 때문에, 統治行爲의 範圍는 극히 制限的으로 解釋하여야 할 것이다.16)

어찌되었든 현재의 統治行爲論은 法治主義에 대한 例外로서 過渡期的現象으로 보아야 할 것이고,17) 향후 實質的 法治主義의 定着과 함께 그 관념이 사라질지도 모르겠다.

Ⅲ. 自由裁量行爲

전통적 행정법 이론에 의하면, 裁量行爲를 법기술적 요청에 따라 기속재량(羈束裁量) 또는 법규재량(法規裁量)과 자유재량(自由裁量) 또는 편의재량(便宜裁量)으로 나누고, 기속재량의 경우 그 재량을 그르친 행위는 기속행위에 있어서의 기속위반과 마찬가지로 위법이 되어 사법심사의 대상이 되지만, 자유재량의 경우 그 재량을 그르치더라도 부당행위가 되는 데 불과하여 사법심사의 대상이 되지 않으며 행정의 자율적 시정의 대상이 됨에 그친다.18)

그러나 이러한 유형의 재량행위 구분은 구체적인 경우에 있어서 다음의 비판에 직면하

---

15) 헌법재판소 1996. 2. 29. 선고 93헌마186 결정.
16) 姜求哲, 前揭書, 20쪽 ; 權寧星, 前揭書, 794쪽 ; 金南辰, 前揭書, 739쪽 ; 金東熙, 前揭書, 14쪽 ; 千炳泰, 『行政救濟法』(三英社 2000), 35쪽.
    千炳泰 敎授는 고도의 정치적인 국가행위 중에서도 ① 헌법상의 최상급국가기관 상호간의 행위, ② 국정의 기본적인 상태에 결정적인 영향을 주는 내용의 행위, ③ 현실적으로 국민의 정치적 비판에 맡겨야 할 행위에 한하여 統治行爲를 인정해야 한다고 주장한다(前揭書, 35쪽).
17) 金東熙, 「프랑스 行政法上의 統治行爲에 관한 考察」(法學 제25권 제4호, 서울대학교법학연구소, 1984. 12), 202쪽.
18) 李尙圭, 『新行政法論(上)』(法文社, 1993), 337쪽 ; 韓堅愚, 前揭書, 214～215쪽 ; 田中二郎, 『行政法上卷』(弘文堂, 1995), 118面.

고 있다. 우선 이 구분에 의하면 기속재량과 기속행위의 구분이 불명확하게 되며, 또한 기속재량과 자유재량의 구분이 현실적으로 명확한 것이 아니고, 재량권의 남용이나 일탈의 경우에는 기속재량이거나 자유재량이거나를 불문하고 사법심사의 대상이 된다는 점에서 기속재량과 자유재량의 구별의 실익이 없게 된다. 또한 '무엇이 법인가를 판단하는 것'은 오히려 사법의 권한이지 행정의 재량에 맡겨질 수 없는 것이기 때문이다. 우리 행정소송법은 행정청의 위법처분에 대하여 개괄적으로 행정소송의 제기를 허용함으로써 행정심판법에서의 행정심판사항인 행정청의 '위법 또는 부당한 처분'과 구별하고 있고 行政訴訟法 제27조는 行政廳의 裁量權行使의 限界를 明示하고 있다. 자유재량행위를 원칙으로 부당성의 문제로서 고찰하여 사법심사의 대상에서 제외하려는 것은 재량행위도 사법심사의 대상으로 하고 있는 현행 行政訴訟法 제27조의 해석에 비추어 타당할 수 없을 것이다. 따라서 논거나 실익에 있어서 이러한 구분은 아무런 의미를 갖지 못하므로 오늘날은 지양하는 것이 타당할 것이다.[19]

이처럼 현대 법 이론에서는 自由裁量行爲와 羈束裁量行爲의 區別은 相對的이며 量的 問題라고 함에 있어서는 별 이론(異論)이 없는 것 같다. 판례도 "어느 행정행위가 기속재량행위인지 또는 자유재량에 속하는 것인지의 여부는 이를 일률적으로 규정지을 수 없는 것이고, 당해처분의 근거가 된 규정의 형식이나 체제 또는 문언에 따라 개별적으로 판단하여야 한다."[20]라고 판시하는가 하면, "행정행위가 그 재량성의 유무 및 범위와 관련하여 이른바 기속행위 내지 기속재량행위와 재량행위 내지 자유재량행위로 구분된다고 할 때, 그 구분은 당해 행위의 근거가 된 법규의 체제·형식과 그 문언, 당해 행위가 속하는 행정 분야의 주된 목적과 특성, 당해 행위 자체의 개별적 성질과 유형 등을 모두 고려하여 판단하여야 하고, 이렇게 구분되는 양자에 대한 사법심사는, 전자의 경우 그 법규에 대한 원칙적인 기속성(羈束性)으로 인하여 법원이 사실인정과 관련 법규의 해석·적용을 통하여 일정한 결론을 도출한 후 그 결론에 비추어 행정청이 한 판단의 적법 여부를 독자의 입장에서 판정하는 방식에 의하게 되나, 후자의 경우 행정청의 재량에 기한 공익판단의 여지를 감안하여 법원은 독자의 결론을 도출함이 없이 당해 행위에 裁量權의 逸脫·濫用이 있는지 與否만을 審査하게 되고, 이러한 재량권의 일탈·남용 여부

---

19) 姜求哲, 前揭書, 345쪽 ; 金南辰, 前揭書, 227쪽 ; 金東熙, 前揭書, 238~239쪽 ; 金性洙, 前揭書, 179쪽 ; 柳至泰, 前揭書, 67쪽 ; 朴鈗炘, 前揭書, 333쪽 ; 石琮顯, 前揭書, 245쪽 ; 洪井善, 前揭書, 287쪽 ; 洪準亨, 『행정법총론』(한울아카데미, 1997), 157~158쪽 ; 芝池義一, 『行政法總論講義』(有斐閣, 1996), 78~80面.
   日本의 阿部泰隆은 이와 같은 취지에서 전통적 분류에 갈음하여 全面司法審査對象行爲, 裁量濫用司法審査對象行爲로 구분하고 있다(『行政の法システム(下)』(有斐閣, 1999), 641~642面).
20) 대법원 1998. 4. 28. 선고 97누21086 판결(폐기물처리사업부적정통보취소) : 대법원 1997. 12. 26. 선고 97누15418 판결(주택건설사업영업정지처분취소) : 대법원 1996. 8. 23. 선고 96누 1665 판결.

에 대한 심사는 사실오인, 비례·평등의 원칙 위배, 당해 행위의 목적 위반이나 동기의 부정 유무 등을 그 판단대상으로 한다."21)라고 판시함으로써 이 구별이 성질 자체에서 오는 것은 아님을 밝히고 있으며, 모두 사법심사의 대상에서 제외되는 것은 아니고 다만 심사방식에 있어 차이가 있음을 선언하고 있다.

그리고 "재량권을 부여한 내재적 목적에 반하여 다른 목적을 위하여 행정처분을 하는 것과 같은 재량권의 남용이나 재량권의 행사가 그 법적 한계를 벗어나는 경우와 같은 재량권의 일탈(逸脫)은 재량권이 기속재량이거나 자유재량이거나를 막론하고 사법심사의 대상이 된다."22)고 판시하고 있다. 이들 판례에 의하면, 재량권의 문제가 항상 當·不當의 問題에 그치는 것은 아니고, 재량권의 일탈·남용이 있는 경우에는 적법, 위법의 문제가 될 수 있다는 것으로 재량한계론(裁量限界論)에 바탕을 둔 재량통제를 인정하고 있는 것이다.

이처럼 오늘날 문제 상황은 재량영역의 확장에 따른 통제수단의 다양화라고 집약할 수 있겠다. 재량영역의 확대는 요건재량의 승인이라는 모습으로 등장하고 나아가 기속행위와 재량행위의 상대화가 두드러지게 되면 그에 대한 통제를 강구하지 않을 수 없다.

이 경우 사용되는 일반적 방식이 裁量權의 逸脫·濫用의 統制인데, 그 道具로는 ① 重大한 事實誤認, ② 目的違反 내지 動機의 不正, ③ 平等原則違反, ④ 比例原則 違反 등이 제시되고 있다.23)

第5節 小結

행정소송은 국민의 권익구제와 행정법규의 적용에 관한 분쟁해결을 위하여 제3자적 지위에 있는 법원으로 하여금 판단하도록 하는 행정쟁송을 말한다.

우리나라의 행정소송에 관한 일반법인 행정소송법은 1951. 8. 24. 제정·시행되어 오다가 1984. 12. 15. 전면 개정되어 1985. 10. 1. 시행되었으며, 그러다가 같은 법은 다시 1994. 7. 27. 사법제도개혁의 일환으로 일부 개정되었고 이어 위 개정 법률은 1998. 3. 1.부터 시행되고 있다. 이로써 행정소송에 대한 전문법원으로서의 행정법원이 신설되게 되었고 결과적으로 행정소송이 권리구제기능 뿐만 아니라 행정통제기능을 수행하여 공익과 사익의 조정을 꾀할 수 있는 법적 변화가 이루어졌다.

취소소송의 본질적 기능 또는 목적이 행정의 적법성 보장(행정통제기능)과 아울러 국

---

21) 대법원 2001. 2. 9. 선고 98두17593 판결(건축물용도변경신청거부처분취소).
22) 대법원 1990. 8. 28. 선고 89누8255 판결.
23) 塩野 宏, 『行政法 I』(有斐閣, 2001), 105~113面 ; 田村悅一, 「裁量權의 逸脫과 濫用」(『行政法의 爭點』(成典賴明 編), 有斐閣, 1990), 74面 이하.

민의 권리구제에 있고, 현행 행정소송법의 목적, 취소소송에 관한 법문상의 비교법적 구조 등에 비추어 볼 때, 우리나라 취소소송은 주관소송과 객관소송의 성격을 동시에 가지고 있다고 보아야 할 것이다.

 그리고 법치국가에 있어서 권리구제의 유형에는 여러 가지가 있는데, 그 중 행정소송은 사법기관에 의한 행정사건에 대한 재판이라는 점에서 한계를 내재하고 있는바, 사법의 본질에서 오는 한계와 권력분립에서 오는 한계가 그것이다. 행정소송의 한계 중 사법의 본질에서 오는 한계로서 종래 사법심사의 대상에서 제외되었던 영역인 통치행위와 자유재량행위에 대해 현대적 시각에서 재해석을 시도하였다. 즉, 통치행위의 관념은 각국의 학설과 판례에서 인정하고 있는 것이 일반적인 추세이나, 통치행위는 사법심사의 면역화를 가져오기 때문에 국민의 기본권보장과 재판청구권의 취지에 어긋나지 않도록 그 개념의 객관적 요건을 제한적으로 해석하여야 할 것이고, 統治行爲의 範圍는 극히 制限的으로 解釋하여야 할 것이다. 自由裁量行爲와 羈束裁量行爲의 區別은 相對的이며 量的 問題라고 함에 있어서는 별 이론(異論)이 없는 것 같고, 모두 사법심사의 대상에서 제외되는 것은 아니며 다만 심사방식에 있어 차이가 있을 뿐이다.

第3章 傳統的 意味에서의 抗告訴訟의 對象

第3章 傳統的 意味에서의 抗告訴訟의 對象

第1節 序說

 항고소송 특히 취소소송은 행정청의 위법한 처분 등을 대상으로 위법한 행정처분의 효력을 배제하기 위한 소송이므로 行政廳의 處分 등이 存在하여야 한다. 이처럼 현행 행정소송법이 인정하고 있는 법정항고소송이 모두 처분개념을 전제로 하고 있어 행정소송법상 항고소송을 이해하기 위해서는 처분개념의 이해가 필수적이다.

 항고소송에 있어서 대상이 되는 行政處分의 存否는 광의의 소의 이익의 하나인 소송요건으로서 職權調査事項이기도 하다.1) 더구나 항고소송 중 취소소송의 구조상 원고는 권익을 침해당한 국민이 되는데다가 소송의 형식 및 대상을 원고가 특정하도록 되어 있어 취소소송의 대상을 적법하게 특정하지 못함으로써 원고가 불이익을 받을 우려가 있으므로 취소소송의 대상을 명확하게 할 필요가 있다.

 원래 行政處分 및 行政行爲의 槪念은 행정재판제도를 가진 나라들의 행정법학 내지 법제도에 그 淵源이 있다. 예컨대 과거 독일 행정법이론에서는 취소소송을 공정력을 가진 행정행위를 매개로 하여 생긴 위법상태의 제거를 목적으로 하는 소송형태로 보았기 때문에, 취소소송의 대상을 기본적으로는 공정력을 수반하는 강학상의 행정행위로 보되, 개인의 권리구제를 넓힌다는 뜻에서 공권력적 사실행위도 취소소송의 대상에 포함시켰다. 그러나 독일 기본법은 제19조 제4항에서 "누구든지 공권력에 의해 자신의 권리가 침해된 때에는 소송을 제기할 수 있다"고 하여 포괄적인 권리구제를 규정하고, 이어 1960년의 행정재판소법도 행정재판상의 개괄주의를 채택하고 소송형태가 다양화됨에 따라 위와 같은 이론은 그 존재이유를 잃게 되었다. 독일 행정소송에서 개괄주의의 채택은 모든 행정행위에 대하여 소제기가 가능해야 한다는 점과 비헌법적 종류의 모든 공법상의 사건들에 대하여 행정소송의 제기가 가능해야 한다는 요청에서 비롯된 것이다.2)

 日本 行政事件訴訟法 역시 취소소송의 대상을 "行政廳의 處分 기타의 公權力 行使에 該當하는 行爲"라고 규정하여(같은 법 제3조 제2항) 독일법제를 계승하고 있는데, 일본의 통설적 견해는 여기서 '處分'은 강학상의 행정행위를 의미하고 '기타의 公權力 行使에 該

---

1) 대법원 1995. 2. 3. 선고 94누910 판결 ; 대법원 2004. 12. 24. 선고 2003두15195 판결.
2) 宣正源, 「獨逸 行政法上 行政行爲 擴張理論들의 登場과 發展」(公法研究 第27卷 第2號 , 韓國公法學會, 1999. 6), 549쪽.

當하는 行爲'는 공권력적 사실행위를 의미한다고 보고 있다.3)

우리나라의 舊 行政訴訟法(1951. 8. 24. 법률 제213호) 제1조는 "行政廳 또는 그 所屬機關의 違法에 대한 그 處分의 取消 또는 變更에 관한 訴訟과 기타 公法上의 權利關係에 관한 訴訟節次는 이 법에 의한다"고 규정하여 '처분'을 취소소송의 대상으로 하였는데, 통설적 견해는 이 '처분'에는 강학상의 행정행위 이외에 공권력적 사실행위가 포함되는 것으로 보아왔다.

그런데 現行 行政訴訟法(1984. 12. 15. 법률 제3754호)은 取消訴訟을 "行政廳의 違法한 處分을 取消 또는 變更하는 訴訟"이라고 하고(같은 법 제4조 제1호), 취소소송의 대상과 관련하여 槪括主義를 취하면서도 '처분 등'의 개념을 비교적 구체적으로 규정하고 있다. 즉, '처분 등'이라 함은 "행정청이 행하는 구체적 사실에 관한 법집행으로서의 공권력의 행사 또는 그 거부와 그밖에 이에 준하는 행정작용(이하 '處分'이라 한다) 및 행정심판에 대한 재결을 말한다."고 정의하고 있다(같은 법 제2 제1항 제1호).

이처럼 행정소송법은 처분과 행정심판에 대한 재결을 합하여 취소소송의 대상을 '처분 등'이라고 표현하고 있다. 따라서 行政訴訟法상의 '處分등'의 槪念的 要素는 ① 行政廳의 行爲, ② 具體的 事實에 관한 法執行, ③ 行政廳의 公權力의 行使 또는 그 拒否, ④ 公權力行使나 그 拒否에 준하는 行政作用, ⑤ 行政審判에 대한 裁決로 나누어 볼 수 있다.4)

먼저 항고소송의 대상으로서의 처분성을 이해하기 위해 행정행위의 개념을 검토해 보기로 한다.

第2節 行政行爲의 槪念

역사적으로 行政行爲라는 用語가 誕生한 것은 19세기 초 프랑스의 l'acte administratif이고, 다음으로 이 말이 19세기 중엽 독일에 이식되어 Verwaltungsakt라고 번역되었으며 다시 일본의 경우 明治 말기에서 大正 초기 행정법학에 계수되어 行政行爲라고 飜譯되었다.

이와 같은 행정행위의 개념을 역사적으로 볼 때 대륙법계의 제국에 있어서는 재판소의 이원제를 채택하고 있어 행정행위라고 하는 것은 사법재판소와의 관계에서 행정재판소의 재판관할을 확정한다고 하는 극히 실천적 기능을 가지고 있었다.

독일의 행정재판제도는 19세기 후반에 생성되었는데, 법률상 열거된 경우에 한하여 행정소송의 제기를 허용하는 이른바 열기주의(列記主義; Enumerationsprinzip)를 채

---

3) 田中二郎, 前揭書, 104面, 326面 ; 塩野 宏, 『行政法Ⅱ』(有斐閣, 2001), 89面.
4) 石琮顯, 前揭書, 819쪽.

택하고 있었다. 그러나 제2차 세계대전 후 독일의 行政裁判所法(Verwaltungsgericht sordnung)이 1960. 1. 21. 제정되어 같은 해 4. 1.부터 시행되었는데, 行政裁判所法 제40조 제1항은 "비헌법적인 성질의 모든 공법상의 쟁송에 관하여는 행정소송을 제기할 수 있다. 다만, 연방법률이 명시적으로 그 쟁송을 어떤 다른 법원의 관할로 한 경우에는 예외로 한다. 주법률(州法律)도 또한 주법(州法)의 영역에 있어서의 공법상의 쟁송을 어떤 다른 법원의 관할로 할 수 있다."라고 규정하여, 소송유형의 여하를 불문하고 행정소송에 대해서는 행정재판소가 원칙적으로 모든 재판권을 가지게 되었다.

行政裁判所法 제42조 제1항은 "소를 제기함으로써 행정행위의 취소(取消訴訟 ; Anfechtungsklage) 또는 거부되었거나 방치된 행정행위의 발급을 위한 선고(義務化訴訟 ; Verpflichtungsklage)를 구할 수 있다.", 제2항은 "법률에 달리 정함이 없는 한, 원고가 행정행위 또는 그 거부나 부작위에 의해 자신의 권리가 침해되었음을 주장하는 때에만 소송이 허용된다."고 하여 取消訴訟과 義務化訴訟을 함께 규정하고 있다. 한편 행정행위의 발동을 구하는 義務化訴訟과 달리 行政行爲가 아닌 作爲, 受忍, 또는 不作爲를 구하는 公法上의 給付訴訟인 一般履行訴訟(allgemeine Leistungsklage) 또는 單純履行訴訟(einfache Leistungsklage)이 학설, 판례상 인정되고 있다. 그와 같은 예로는 의도된 행정행위 기타 직무행위에 의하여 권리를 침해당할 우려가 있는 자에게 인정되는 豫防的 不作爲訴訟과 행정행위가 위법하여 취소되거나 또는 기타의 위법한 직무행위가 행하여지고 그것에 의하여 권리침해의 결과가 발생한 경우에 피해자에게 인정되는 結果除去請求訴訟이 그것이다.

다음으로 行政裁判所法 제43조 제1항은 "원고가 어떤 법률관계의 존부의 확인 또는 어떤 행정행위의 무효의 확인에 관하여 정당한 이해관계가 있는 때에는 소를 제기함으로써 그 확인을 구할 수 있다(確認訴訟 ; Feststellungsklage).", 제2항은 "전항의 확인은 원고가 形成訴訟(Gestaltungsklage) 또는 履行訴訟(Leistungsklage)에 의하여 자기의 권리를 추구할 수 있거나 또한 그러한 가능성이 있는 때에는 이를 구할 수 없다. 다만, 어떤 行政行爲의 무효의 확인을 구하는 때에는 예외로 한다."고 규정하여 확인소송에 대하여 규정하면서 確認訴訟의 形成訴訟 또는 履行訴訟에 대한 補充性을 規定하고 있다.

獨逸 行政法上의 行政行爲概念은 1976년에 제정된 行政節次法(Verwaltungsverfahrensgesetz)에 명문화되어 있는데 같은 법 제35조를 보면 "행정행위는 행정청이 공법영역에서 개별적 사항을 규율하기 위해 행하며 또한 외부에 대하여 직접 법적 효과를 발생시키는 處分(Verfügung), 決定(Entscheidung), 기타 高權的 措置(Hoheitliche Maβnahme)를 말한다. 一般處分(Allgemeinverfügung)은 일반적 기준에 의하여 확정되거나 또는 확정될 수 있는 인적 범위에 미치거나, 또는 물건의 공법적 성질이나 일반 공중에 의한 물건의 이용에 관계되는 행정행위를 말한다."고 규정하고 있다.

　위와 같이 독일에서는 행정의 행위형식의 다양화에 맞추어 소송형태를 다양화하여, 취소소송의 대상을 명문으로 행정행위로 한정하고 행정행위 이외의 비권력적 작용은 다른 소송형태에 의하여 구제받도록 되어 있다. 이에 반해 우리나라에서는 그동안 다양한 소송형식이 발전되지 못하고 행정활동의 적부를 다투는 행정상의 분쟁은 주로 취소소송에 의하여 해결되어 왔기에 현행 행정소송법도 義務履行訴訟이나 結果除去請求訴訟 등 소송형태를 다양화하지 못하였으며 當事者訴訟도 제대로 활용되지 못하고 있는 실정이다.

　영미법계 국가에서는 보통법의 전통에 따라 법의 지배를 기본으로 하고 공법과 사법의 이원적 법체계가 인정되지 않음으로써 행정청의 행위도 사인의 법률행위와 같이 일반법원에서 보통법에 의한 심판의 대상이 되기 때문에 행정행위의 개념을 따로 정립할 필요가 없었다. 하지만 19세기에 들어서면서 행정기능의 확대에 따라 행정작용을 절차적으로 규제할 현실적인 필요에 직면하게 되었다. 여기서 행정절차 및 행정작용에 대한 사법심사와의 관계에서 일정한 범주의 행정작용을 행정처분이라는 개념으로 파악하게 되었다.

　美國의 行政節次法 제551조 (13)항은 行政處分(agency action)을 "行政廳의 規則·命令·許可·制裁·救濟 또는 그와 類似한 行爲나 그의 拒否行爲 또는 不作爲의 全部 또는 一部를 말한다."라고, 같은 법 제551조(6항)에서는 "命令은 행정청의 종국적인 처분의 전부나 일부로서 규칙제정을 제외하되 허가를 포함하며, 그 형식이 긍정적·부정적·금지적 또는 선언적인 것임을 가리지 아니 한다"고 규정하고 있어 '규칙'을 제외하고는 우리나라의 행정처분의 내용과 크게 다를 게 없다. 하지만 영국의 경우는 행정처분을 명시한 실정법의 규정을 찾아보기 어렵고, 판례를 통하여 그 개념이 정립되고 있는 데 보통 사법심사의 대상이 되는 처분을 '사법적으로 행위를 할 의무(duty to act judicially) 또는 공정하게 행위를 할 의무(duty to act fairly)가 있는 행정청이 한 개인의 권리에 영향을 미칠 결정'이라고 하고 있다.[5]

　우리나라에 있어서는 독일과는 달리 行政處分(Verwaltungsverfügung)은 실정법상의 개념으로 강학상으로는 보통 行政行爲(Verwaltungsakt)라는 용어가 사용되고 있다. 종래부터 講學上(學問上) 行政行爲는 最廣義, 廣義, 狹義, 最狹義로 나뉘어 설명되고 있으나, 최협의의 행정행위의 개념이 우리나라의 통설적 입장이다. 最狹義의 行政行爲는 行政主體가 具體的 事實에 대한 法執行으로서 하는 公權力의 發動으로서의 單獨的 行政行爲를 意味하는 바, 공법상계약 및 공법상합동행위는 제외된다. 원래 행정행위의 개념이 행정재판의 대상을 정하기 위하여 정립된 것이라면, 행정행위에 대한 명문의 규정이 없고 행정소송형태가 다양화되지 못한 우리나라의 경우, 현대복지국가에 있어서 행정작용 행위형식의 다양화에 수반하여 행정행위의 개념을 재구성할 필요가 있는 것이

---

5) 李尙圭,『英美行政法』(法文社, 2001), 187~188쪽.

다 .이 책에서 강학상 행정행위라고 하면 통설적 견해에 따라 최협의의 의미로 사용키로
한다.

처분성의 인정기준을 살피기에 앞서, 行政行爲의 槪念定立의 實益과 行政行爲槪念의
再定立 必要性을 살펴보기로 한다.

전통적으로 행정법 이론에 있어서 行政行爲의 槪念定立의 實益은 실체법적으로 특수한
법적 효력이 인정된다는 점에 있고 쟁송법적으로는 항고소송의 대상이 된다고 하는 점
에 있다고 한다.

먼저 실체법상으로 行政行爲에는 公定力,[6] 確定力, 强制力 등의 特殊한 效力이 인정된
다는 점에서 논하여지는 행정행위개념의 실체법상 개념정립의 실익도 오늘날의 행정행
위효력론의 관점에서 반드시 수긍되는 것만은 아니다.

첫째로 行政行爲의 公定力은 행정행위라는 행위 양식 자체에 본질적으로 부수되는 효
력이라고 할 수 없고 取消訴訟의 排他的 管轄制度에 따른 反射的 效果에 불과한 것이
며,[7] 둘째로 行政行爲의 不可爭力[8]도 행정행위의 효력으로 관념할 것이 아니라 특히
쟁송제기기간의 경과에 따른 불가쟁력은 전형적인 행정쟁송제도의 반사적 효력이라는
것이고,[9] 셋째로 强制力이나 不可變力은 행정행위 자체의 효력이라기보다는 법규에 의
해 부여되거나 그밖에 다른 제도적 고려에 의해 특수한 몇몇 행정행위에 대해 외부적으
로 부여되는 것이므로 그것의 부여대상이 반드시 강학상의 행정행위에 국한되어야 한다
거나 행정행위전체에 이러한 효력이 부여된다고 주장할 아무런 논리필연적인 이유는 없
다는 것이다.[10]

---

6) 대법원은, 行政行爲의 公定力을 "행정행위가 하자가 있더라도 당연 무효가 아닌 한 권한 있는 기관
에 의하여 취소될 때까지는 잠정적으로 유효한 것으로 통용되는 효력에 지나지 않는 것이다"(대법
원 1993. 11. 9. 선고 93누14271 판결 ; 대법원 1994. 4. 12. 선고 93누21088 판결)라고 판시
하여 절차법적 효력으로 보고 있으며 민사소송에서 수소법원은 선결문제로서 행정행위의 위법성
여부에 대한 심사를 할 수 있다고 한다.
7) 金南辰, 前揭書, 301쪽 ; 朴鈗炘, 前揭書, 130~131쪽 ; 石琮顯, 前揭書, 316쪽 ; 李尙圭, 前揭
書(上), 405쪽 ; 洪井善, 前揭書, 329쪽 ; 洪準亨, 前揭書, 221쪽 ; 塩野 宏, 前揭書(Ⅰ),
116~117面 ; 藤田宙靖, 『行政法Ⅰ』(靑林書院, 2000), 203面 ; 室井 力 編, 『現代行政法入門
(1)』(法律文化社, 1999), 140~142面.
8) 대법원은, 不可爭力의 의미에 대하여, "행정처분이나 행정심판 재결이 불복기간의 경과로 인하여
확정될 경우 그 확정력은 그 처분으로 인하여 법률상이익을 침해받은 자가 당해처분이나 재결의
효력을 더 이상 다툴 수 없다는 의미일 뿐, 더 나아가 판결에서 인정되는 기판력과 같은 효력이
인정되는 것은 아니어서 그 처분의 기초가 된 사실관계나 법률적 판단이 확정되고, 당사자들이나
법원이 이에 기속되어 모순되는 주장이나 판단을 할 수 없게 되는 것은 아니다."라고 판시하고 있
다(대법원 1993. 8. 27. 선고 93누5437 판결).
9) 大橋洋一, 『行政法』(有斐閣, 2001), 323面.
10) 卞在玉, 『行政法講義(Ⅰ)』(博英社, 1998), 336쪽 ; 李尙圭, 前揭書, 415~416쪽 ; 千炳泰, 『行政法
總論』(三英社, 2000), 325쪽. 학자들은 이를 法規效力說이라고 한다.

요컨대, 학문상의 행정행위개념정립의 실익의 하나로 말하여지는 특수한 법적 효력이라는 것은 강학상의 행정행위자체의 고유한 속성으로부터 부여되는 것이라기보다 항고소송제도나 기타의 제도적 고려에 의해 법규나 법원리(法原理)로부터 부여되는 것이라고 할 것이다.11)

다음 쟁송법적으로, 현행 행정소송법에서의 처분개념은 반드시 전통적인 행정행위개념과 일치하는 것이 아닌 바, 항고소송대상의 인정기준으로서 행정행위개념정립의 실익도 없다.

생각건대, 취소소송의 대상을 실체법상 행정행위로 제한하고 그 외의 행정작용에 대하여는 다른 소송형식을 규정하여 국민의 권리구제를 보장할 것인지, 처분개념의 확대를 통해 취소소송의 탄력적 운용을 도모하여 국민의 권리구제를 보장할 것인지는 입법정책의 문제라고 할 것이다. 행정소송법이 독일과 달리 다양한 소송형태를 규정하지 않고 대신 행정심판법과 행정소송법에서 처분의 개념을 "행정청이 행하는 구체적 사실에 대한 법집행으로서의 공권력의 행사 또는 그 거부와 그밖에 이에 준하는 행정작용"이라고 정의하여 처분개념에 '公權力의 行使' 이외에 '그밖에 이에 준하는 行政作用'이라는 불확정 개념을 포함시킨 것은, 현대 산업사회에 있어서의 행정작용의 적극화 및 행위형식의 다양화에 부응하여 행정쟁송사항을 확대함으로써 국민의 권리구제의 길을 넓히려는 것으로 보인다.12)

第3節   處分性의 認定 基準

Ⅰ. 學說

行政審判法은 "處分이라 함은 行政廳이 행하는 具體的 事實에 관한 法執行으로서의 公權力의 行使 또는 그 拒否와 그밖에 이에 준하는 行政作用을 말한다."(제2조 제1항 제1호)고 정의하고, 行政訴訟法 역시 같은 처분개념을 받아들이는 동시에 그 處分과 行政審判에 대한 裁決을 합쳐 '處分 등'(제2조 제1항 제1호)이라고 정의하고 있다.

---

11) 金裕煥,「行政訴訟法上의 處分槪念의 實體法的 意義」(公法研究 제24집 제2호, 1996. 6), 213~214쪽.

12) 처분성의 확대가 반드시 권리구제에 더 유리한 것만은 아니라는 비판도 제시되고 있다. 즉 행정소송법상의 처분개념이 지나치게 넓고 애매하다고 비판하면서 본래 학문적 의미의 행정행위개념이 최소소송의 대상을 밝혀 보려는 의도에서 구성된 것이므로 양자를 구별할 이유가 없다고 하고, 獨逸 行政節次法 제35조의 행정행위 개념을 우리의 행정처분 해석에 참고할 것을 주장한다(金南辰,「取消訴訟의 對象」(『行政法의 基本問題』, 法文社, 1996), 575584쪽 ; 愼保晟,「行政行爲와 行政處分」(考試研究, 1984. 7), 49쪽).

行政節次法도 행정심판법에서의 처분개념을 답습하여 "行政廳이 행하는 具體的 事實에 관한 法執行으로서의 公權力의 行使 또는 그 拒否와 기타 이에 준하는 行政作用"(제2조 제2호)으로 정의하고 있다. 이에 따라 강학상의 행정행위개념과 행정쟁송법에서의 처분 개념을 동일한 것으로 볼 것인지, 아니면 다른 것으로 볼 것인지의 문제가 제기되었다. 앞서 본대로 현행 행정소송법은 '處分'의 개념을 광의로 정의하고 있어 먼저 행정청의 어떠한 행위를 행정소송법에서 취소소송의 대상이 되는 '處分'으로 볼 것이냐 하는 문제와 관련하여 학설과 판례를 살펴보기로 한다.

1. 實體法上 概念說[13]

講學上의 行政行爲(實體法上 處分概念)와 行政爭訟法에서의 處分을 같은 것으로 보는 견해로, 行政行爲一元說 또는 一元論이라고도 한다. 이는 먼저 행위의 성질을 기준으로 실체법적으로 행정행위의 개념을 정립해 놓고서 그 정의에 해당되는 행정청의 행위에 대해서만 연역적으로 쟁송법상의 처분성을 인정하려는 입장이다.

實體法上概念說의 立場은, 抗告訴訟의 機能을 公定力을 가진 行政行爲를 매개로 하여 생긴 違法狀態를 除去하여 相對方의 權益을 救濟하는, 즉 行政行爲의 自己確認的 公定力을 깨기 위한 再審査節次로 理解하면서 抗告訴訟의 對象을 이른바 公定力을 가진 行政行爲에 限定하려는 것이다.

이 견해는 취소소송의 대상인 처분은 공정력이 인정되는 행위만으로 한정하고, 처분에 해당하는지의 여부는 행위의 성질의 문제이므로 획일적으로 결정되어야 한다고 한다. 이 경우 행정행위는 행정주체가 공법의 영역에 속하는 구체적 사실을 규율하기 위하여 외부에 대하여 직접적인 법률효과를 발생케 하는 권력적인 단독행위를 말하는바, 이 견해에서의 처분에는 행정행위 이외에 준법률행위적 행정행위 및 공권력적 사실행위도 포함된다.

위와 같은 전통적 實體法上概念說은 다음과 같은 特色을 지니고 있다.[14]

첫째, 공권력의 행사란 국민의 권리의무를 형성하는 행위로서 공권력의 행사에는 선험적으로 공정력이 존재하며 공정력을 배제하는 유일한 소송형식이 취소소송이라고 하여 공정력 존부를 기준으로 처분성 유무를 판단하려 한다.

둘째, 실체법상의 행위의 성질과 항고소송의 대상이라고 하는 소송법상의 문제가 항상 일치되는 것으로 보아 행위의 성질을 기준으로 처분성 유무를 획일적으로 결정하려 한다.

셋째, 취소소송의 이용가능성을 행정행위개념을 기준으로 개념 범주적으로 결정하려

---

13) 姜求哲, 前揭書, 872~876쪽 ; 金性洙, 前揭書, 165~166쪽, 804쪽 ; 柳至泰, 前揭書, 110쪽 ; 石琮顯, 前揭書, 200쪽 ; 愼保晟, 『行政法의 諸問題』(교학연구사, 1992), 519~523쪽.
14) 阿部泰隆, 「取消訴訟의 對象」(『現代行政法大系4』, 有斐閣, 1983), 201面.

하고, 처분성의 범위를 강학상의 행정행위개념과 일치시켜 개념 연역적으로 판단하려 한다.

넷째, 국가, 공공단체와 국민간의 관계는 상하명령복종의 관계(權力關係)와 대등한 관계(管理關係와 私法關係)로 2대별 되며, 민사소송(管理關係에 대하여는 公法上 當事者訴訟)은 성질상 대등한 당사자간의 이해조정절차로서 대등한 관계에 대하여서만 적용된다는 것을 전제로 하여, 항고소송은 민사소송이 적용되지 못함으로써 생기는 권리구제의 공백을 메우기 위한 것으로 본다.

위와 같은 실체법상개념설에 원칙적으로 동조하면서 그 이론적 구성을 달리하는 변형된 이론을 주장하는 학자들도 있다.

金裕煥 敎授는, 실천적 경험적인 의미와 기능을 가지는 처분개념 그 자체를 실체법상 개념으로 제시한다.15) "국민의 권익구제를 위하여 처분개념의 확대가 불가피하게 요구되는 측면이 있으나 처분성의 확대와 그를 통한 항고소송의 확대는 전체 행정소송제도의 균형발전에 장애요소로 작용할지도 모르며 …… 현재와 같이 행정소송의 유형이 제한적으로 이해되고 있는 상황 하에서도 합리적인 범위를 벗어나는 처분성 개념의 확대는 장차 법 발전을 위하여 자제되어야 할 것이다. 이러한 까닭에 궁극적으로는 처분개념의 해석에 실체적인 의미부여가 필요하다고 생각한다. 요컨대 처분개념을 단순히 쟁송법적 관점에서만 이해할 것이 아니라 실체법적 의미관련에서의 일정한 행위개념과 결부시켜 이해하고 이런 관점에서 처분개념을 실체법적 개념으로 구성하여 이를 유지해 나가는 노력이 필요하지 않은가 하는 것이다. 이러한 입장은 기본적으로 행정행위개념과 처분개념의 일원론이라 할 수 있지만 종래의 일원론이 강학상의 행정행위개념에 처분개념을 맞추려고 한 것에 반하여 역으로 처분개념에 실체법적 의의를 부여하고 동시에 실체법적 관점에서의 해석의 기준을 준수하도록 하여 결국 실체법, 쟁송법 일원적 법해석을 하자고 하는 것이다. …… 기존의 행정행위개념의 방법론적 의의는 오늘날의 변화된 행정상황에 비추어 현저히 감소되었고, 더구나 기존의 행정행위개념과 처분개념을 분리 해석하는 입장〔爭訟法上槪念說〕에서는 행정작용에 대한 고정된 인식관념 이상(以上)으로서의 방법론적 의의를 찾아보기 힘들다."라고 한다.

洪井善 敎授는, 원칙적으로 일원론에 따르되 입법 내지 판례에 의해 해결되기까지 잠정적으로 처분개념을 인정하자는 견해를 피력하고 있다.16) "행정소송법상 취소소송, 무효등확인소송, 부작위위법확인소송과 관련하는 한, 그리고 취소소송의 본질이 위법성의 소급적 제거를, 무효등확인소송의 본질이 법적 행위의 효력의 유무 등의 확인을, 부작위위법확인소송에서 문제되는 부작위가 취소소송의 대상인 처분에 대한 부작위와 동일한

---

15) 金裕煥, 前揭論文, 224~225쪽, 247쪽.
16) 洪井善, 前揭書, 263~264쪽.

개념으로 이해하는 한, 행정소송법상 처분개념 중 '행정청이 행하는 구체적 사실에 관한 법집행으로서의 공권력의 행사 또는 그 거부'의 부분(公權力行使의 部分)은 실체법상 행정행위의 개념과 그 의미가 동일하다. 그리고 행정소송법의 문면 상 '그밖에 이에 준하는 행정작용'이라는 표현이 있음으로 인해, 그리고 권력적 단독행위가 아니라 '공권력 행사'라는 표현으로 인해, 행정소송법상 처분개념은 실체법상 행정행위개념보다 그 의미가 넓다고 하겠으나, '그 밖에 이에 준하는 행정작용'이라는 문구가 무엇을 뜻하는지는 분명하지 않다"고 주장한다.

한편 "순수한 사실행위는 취소소송, 무효등확인소송, 부작위위법확인소송의 대상이 되는 처분이 아니나 그러한 행위들은 법적 기술을 활용하여 무명항고소송으로 해결되는 것이 바람직하다. 다만 무명항고소송이 입법으로 해결되거나 판례에 의해 인정되기 전까지는 일시적, 잠정적으로 정책적인 관점에서 사실행위를 행정소송법상 처분개념에 포함시키는 것으로 새겨서 개인의 권리보호에 만전을 기하는 것은 의미 있을 것이다."라고 한다.

姜求哲 敎授는, 실체법상개념설이 논리적 타당성을 갖는다고 하면서 현행 행정소송법 규정의 논리적 분석을 통한 현실적 한계를 지적하고 있다.[17] 즉 "① 실체법상 개념설은 논리적 정합성을 갖추고 있으나 적어도 행정쟁송법상 처분을 학문상 행정행위에 한정하는 것은 동 법[행정소송법]상 처분의 정의에 부합하지 않는다, ② 행정쟁송법상 처분에는 법적 규율성이 나타나지 않으며 '그밖에 이에 준하는 행정작용'이 포함된다는 점에서 실체적 행정행위개념보다 넓다. 그러나 그것은 구체적 사실에 대한 법집행작용과 권력적 행정작용에 한정된다는 점에서 형식적 행정행위로 논의되는 비권력적 사실행위, 행정 내부적 결정 또는 일반적 기준설정행위 등이 여기에 포함될 여지는 없다. 이런 점에서 우리 행정쟁송법은 형식적 행정행위의 개념을 도입한 것이 아니라 실체법상 행정행위와 형식적 행정행위의 중간정도의 범위에서 처분성을 인정하는 확장된 처분개념을 취하고 있다."고 한다.

2. 爭訟法上　槪念說[18]

17) 姜求哲, 前揭書, 872~876쪽.
18) 金南辰, 前揭書, 208쪽, 775쪽 ; 金道昶, 『一般行政法論(上)』(靑雲社, 1992), 359쪽 ; 金東熙, 前揭書, 644쪽 ; 金香基, 前揭書, 172쪽, 425쪽 ; 朴均省, 『行政救濟法』(博英社, 2000), 280~281쪽 ; 朴鈗炘, 前揭書, 915쪽 ; 朴鍾局, 『新行政法論』(法志社, 1999), 298쪽, 899쪽 ; 卞在玉, 前揭書, 263쪽 ; 李鳴九, 『新行政法原論』(大明出版社, 1998), 228쪽, 696~697쪽 ; 李尙圭, 前揭書, 330쪽, 808쪽 ; 千炳泰, 前揭書, 247쪽, 252~253쪽 ; 韓堅愚, 前揭書, 798~799쪽 ; 芝池義一, 前揭書, 127面 ; 徐元宇, 「行政處分槪念小考」(『轉換期의 行政法理論』, 博英社, 1997), 541~545쪽 ; 趙龍鎬, 「抗告訴訟의 對象인 行政處分」(『行政訴訟에 관한 諸問題(上)』裁判資料 제67집, 法院行政處, 1995), 103쪽.

현대 행정의 적극화·다양화와 더불어 行政訴訟의 權益救濟機能을 重視하여 爭訟法上의 處分概念을 實體法上의 行政行爲槪念과 別途로 定立하고 전자의 내포(內包)를 확대하려는 견해로 이는 行政行爲二元說 또는 二元論이라고도 한다. 즉 행정쟁송법상 처분개념을 실체법상의 행정행위개념보다는 넓은 행정쟁송법상의 독자적인 개념으로 보고 있다. 오늘날 행정기능이 확대됨에 따라 행정작용의 행위형식이 종래의 행정행위 이외에 행정계획, 행정지도, 비권력적 행정조사 등으로 다양화되어 행정의 중심이 권력행정에서 비권력 행정으로 옮겨지고 국민의 권익이 비권력 행정에 의해 크게 영향을 받게 되었는바, 종래와 같이 항고소송의 대상을 공정력을 가진 행정행위에 한정하는 것은 행정소송의 권리구제기능을 충분히 발휘할 수 없다는 것이다. 이 견해에서는 항고소송의 대상인 처분은 행정행위에 한정되지 아니하고, 그 외에도 권력적 사실행위도 이에 포함되고, 또한 공권력 행사로서의 실체는 가지지 아니하나, 실질적으로 국민에게 계속적으로 사실상의 지배력을 미치는 행정작용에 대하여도 일정 한도에서 그 처분성을 인정할 수 있는 여지가 있다고 본다. 이에 비권력적 행위도 처분개념에 포함시켜 취소소송의 대상을 확대하여야 한다고 주장한다.

이 쟁송법상개념설에 따르면서 形式的行政處分이라는 槪念을 導入하는 학자도 있다.[19]
즉, 전통적인 행정법에서 취소소송의 배타적 관할에 속하는 행정작용으로서 공정력을 가진 행정처분을 實體的行政處分(本來的 行政行爲)[20]이라고 칭하고, '행정기관의 행위로서 공권력행사의 실체는 갖지 않으나 일정한 행정목적을 위하여 국민개인의 법익에 대하여 계속적으로 사실상의 지배력을 미치는 행위'를 법해석상의 '形式的 行政處分'이라고 칭하여 취소소송의 대상인 행정처분에는 위와 같은 본래적 행정행위 이외에 공정력·불가쟁력이 없는 형식적 행정행위가 포함된다고 한다. 이처럼 국민 개인의 법익에 대하여 사실상의 지배력이 미치는 행정기관의 행위를 구제하기 위하여 뒤에서 볼 행정기관 내부적 행위 또는 권고, 주의 등 사실상의 행정지도적 행위에 대해서도 행정처분성을 인정하게 된다.

그리고 形式的 行政處分에는 法定 形式的 行政處分과 理論上(解釋上) 形式的 行政處分이 있다고 한다. 전자는 법률상 취소소송의 대상으로 하는 것이 인정된 행위(예컨대,

---

19) 金東熙, 前揭書, 645~646쪽 ; 杉村敏正·兼子 仁, 『行政手續·行政爭訟法』(筑摩書房, 1973), 273~280面 ; 兼子 仁, 『行政法總論』(筑摩書房, 1983), 228~229面 ; 室井 力, 「形式的行政處分について」(田中二郞先生古稀記念, 『公法の理論 下Ⅰ』, 有斐閣, 1983), 1741面, 1746面 ; 村上武則, 「二段階論, 行政行爲一元論および形式的行政行爲論」(政經論叢 24卷 3號), 50~51面. 하지만 학자에 따라 그 용어를 사용하는 방법은 다르다(塩野 宏, 前揭書(Ⅱ), 94~95面 ; 池田敏雄,「形式的行政行爲」,(『行政法の爭點』(成田賴明 編, 有斐閣, 1990), 62~63面).
20) 兼子 仁은 공권력 발동의 실체를 수반하는 행정처분을 實體的行政處分이라 칭하고, 村上武則은 本來的行政行爲라고 칭하며, 室井 力은 實質的行政行爲라고 칭한다.

日本의 경우 生活保護法 제69조에 의한 보호의 결정 및 실시에 관한 처분, 國家公務員法 제92조의 2에 의한 국가공무원에 대한 면직 등의 불이익 처분)이고, 후자는 이론상 또는 해석상 행정처분으로 보는 행위라고 한다. 이는 취소소송의 권리구제기능에 대한 적극적 평가가 형식적 행정처분론의 구성논거라고 하는 바,21) 취소소송의 권리구제기능을 중시하여 국민의 권리구제에 충실을 기하기 위한 처분성의 확대경향이 반영된 것이라고 하겠다.

하지만 이 爭訟法上槪念說에 대한 反論도 만만치 않다.

먼저 실체법상개념설에서의 반론이 제기된다.

處分性 擴大論을 주장하는 爭訟法上處分槪念論 내지는 形式的行政行爲論은 '公權力行使'에 비권력적 작용을 포함시키고, 또한 '公權力行使'에의 해당여부를 법적 효과가 아니고 사실상의 영향을 기준으로 정한다는 점에서 이론상 난점이 있다고 하면서, 형식적 행정행위론이 실정법의 해석상 공정력을 갖는 행정행위 이외에 본래는 비권력적 행위이지만 국민을 사실상 지배하여 그 법익에 중대한 영향을 미치는 것에 대하여서도 구제의 편의를 도모하기 위하여 그것을 항고소송의 대상으로 보아 취소소송을 활용하게 하려는 것이라면 그것은 해석론의 범위를 넘어 立法論이라는 것이다.22)

다음 취소소송의 대상인 처분은 강학상의 행정행위로 한정하고, '법률상쟁송'에 해당되지마는, 취소소송의 대상에는 해당되지 아니한 것은 공법상의 당사자소송 또는 민사소송에 의하여 구제받도록 하면 될 것이지 굳이 형식적 행정행위개념을 도입할 이유가 없다고 하면서 이런 경우에는 公法上 當事者訴訟의 活用을 提唱한다.23)

그리고 형식적 행정행위론은 결국 비권력적 행정작용에 대해서까지 취소소송의 대상인 처분성을 확대하려는 것이지만 이러한 결론은 취소소송이 갖는 행정행위의 공정력과의 관계에 비추어 받아들이기 어렵다. 즉 행정행위의 공정력이 취소소송 등의 실정법 제도가 있음으로 생겨난 하나의 반사적 효과로서 인정된 것이라면 비권력적 행정작용인 단순한 사실행위 등에 대한 취소소송을 인정하는 경우 이러한 사실행위에 대해서도 공정력이 인정된다고 볼 수 있는 것인가 하는 의문이 제기된다.

또한 處分性 擴大論은 '국민의 재판을 받을 권리'를 바로 '항고소송의 개괄주의'와 연결시키고 있는데 그것은 잘못이라고 한다. 그것은 모든 국민이 재판을 받을 권리를 갖고 사법재판소가 모든 법률상쟁송에 대한 재판권을 가진다는 것은 '訴訟事項의 槪括主義'의 채용을 의미하는 것이며, 행정에 관한 모든 법률상쟁송을 항고소송에 의하여 해결하여

21) 兼子 仁, 前揭書, 228~229面 ; 芝池義一, 『行政救濟法講義』(有斐閣, 2000), 28面.
22) 原田尙彦, 『訴えの利益』(弘文堂, 1982), 107面.
　　하지만 우리나라의 경우 '그밖에 준하는 행정작용'이라는 개념이 처분개념에 포함되기 때문에 논리적으로는 취약하다(金裕煥, 前揭論文, 219쪽).
23) 金性洙, 前揭書, 165~166쪽 ; 柳至泰, 前揭書, 94쪽.

야 한다는 '항고소송의 개괄주의'를 의미하는 것은 아니기 때문이라고 한다.24)

하지만, 위와 같은 爭訟法上槪念說에 대한 批判들도 우리 현행 행정소송법 아래에서는 再檢討되어야 할 것이다. 왜냐하면, 현행 행정소송법은 처분을 "행정청이 행하는 구체적 사실에 관한 법집행으로서의 공권력의 행사 또는 그 거부와 그밖에 이에 준하는 행정작용"이라고 규정하여 실체법상 행정행위 이외의 행정작용에 대한 항고소송의 대상으로서의 처분성 인정을 전제로 하고 있기 때문이다. 그리고 오늘날 행정행위의 공정력도 행정행위의 성질상 당연히 안정되는 것이 아니라 취소소송의 배타성에서 우러나오는 반사적 효과에 지나지 않는다는 것이고, 취소소송의 조기(早期) 권리보호 및 기성사실의 방지기능, 분쟁일거해결기능, 행정규범통제적기능이 효력을 발휘할 수 있을 경우에는 취소소송의 적용범위를 확대함으로써 국민의 권리구제를 기할 수 있다는 측면을 간과한 것이라고 할 수 있다.25)

II. 判例의 傾向

우리나라 대법원 판례는 실체법상개념설 또는 쟁송법상개념설에 대한 명시적인 입장을 보이고 있지 않으나 대체로 실체법상개념설을 따르면서 국민의 권리구제측면에서 처분의 범위를 넓게 보려는 취지로 볼 수 있을 것 같다.

"항고소송의 대상이 되는 행정처분은 행정청의 공법상의 행위로서 특정사항에 대하여 법규에 의한 권리의 설정 또는 의무의 부담을 명하거나, 기타 법률상의 효과를 발생하게 하는 등 국민의 권리·의무에 직접 관계가 있는 행위를 가리키는 것이고 상대방 기타 관계인들의 법률상 지위에 직접적인 법률적 변동을 일으키지 아니하는 행위는 항고소송의 대상이 되는 행정처분이 아니다."26)는 것이 주류적 판례의 내용이다.

한편 대법원 판례 중에는 처분성의 인정과 관련하여 목적론적 해석방법에 입각하여 행위의 성질, 효과 외에 행정소송제도의 목적 또는 사법권에 의한 국민의 권리보호의 기능도 충분히 고려하여 합목적으로 판단해야 한다는 판례가 있다.

"행정소송법 제1조의 행정청의 처분이라 함은 행정청의 공법상의 행위로서 특정사항에 대하여 법규에 의한 권리설정 또는 의무의 부담을 명하며, 기타 법률상의 효과를 발생케 하는 등 국민의 권리·의무에 직접 관계되는 행위를 말한다고 할 것이므로, 어떤 행정청

---

24) 南 博方 編, 前揭書, 83~92面 ; 小早川光郎,「抗告訴訟の本質と體系」(『現代行政法大系4』, 有斐閣, 1983), 146面.

25) 權純亨,「處分性의 認定基準」(裁判과判例 7輯, 대구판례연구회, 1998. 12), 683~692쪽 참조. 여기서 權純亨 判事는 특히 爭訟法上槪念說에 대해 국민의 권리구제에 오히려 불리할 수 있다는 비판에 대한 반론을 여러 측면에서 제시하고 있다.

26) 대법원 1999. 10. 22. 선고 98두18435 판결 ; 대법원 1996. 8. 23. 선고 95누18185 판결 ; 대법원 1995. 7. 28. 선고 94누8853 판결 ; 대법원 1992. 2. 11. 선고 91누4126 판결.

의 행위가 행정소송의 대상이 되는 행정처분에 해당하는 가는 그 행위의 성질, 효과 외에 행정소송제도의 목적 또는 사법권에 의한 국민의 권리보호의 기능도 충분히 고려하여 합목적적으로 판단되어야 할 것이다."27)라고 판시한 예가 그것이다.

위와 같은 대법원 판례를 종합하면 특정행위에 대한 처분성 인정의 판단기준과 관련하여 ① 공권력발동으로서의 행위이어야 한다는 것(公權力性), ② 국민에 대하여 권리설정 또는 의무부담을 명하며, 기타 법률상 효과를 발생하게 하는 행위라야 한다는 것(法的 效果性), ③ 국민의 권리·의무에 직접 관계가 있는 행위, 즉 행정의사를 구체화하기 위한 일련의 행정과정을 구성하는 행위 중에서 최종적으로 직접적 효과를 발생시키는 행위단계라야 하며, 당해 행위에 의하여 '일반적 추상적인 법상태의 변동'이 있는 것만으로는 부족하다는 것(紛爭의 成熟性)을 대전제로 하여, ④ 행정소송제도의 목적 또는 사법권에 의한 국민의 권리보호의 기능도 충분히 고려하여 합목적적으로 판단해야 한다는 것으로 요약할 수 있다.

Ⅲ. 所見

행정처분의 개념은 행정실체법과 행정소송법이 교차하는 장(場)이다. 처분의 개념을 확장하여 개인의 권리구제를 확대하려는 시도는 쟁송법상의 행정행위개념을 구체화시키는데 아직 성공하지 못하고 있으며, 여전히 담론(談論) 수준에 머물고 있는 실정이다. 특히 쟁송법상의 행정행위의 개념에서 문제가 제기되고 있는 여타의 행정작용에 처분성을 인정하여 취소소송의 대상으로 할 경우에 이들에게 공정력 내지 형식적 존속력이 부여되기 때문에 실체법상의 행정행위개념과의 한계 설정이 어렵게 될 수도 있다. 또한 우리의 행정소송은 행정행위를 대상으로 하는 抗告訴訟과 공법상의 법률관계에 관한 분쟁을 대상으로 하는 當事者訴訟으로 나눌 수 있고 후자의 소송의 형태를 履行訴訟과 確認訴訟으로 분류하는 것이 일반적이다.

생각건대, 실체법적으로 발전해온 전통적 행정행위의 개념 자체를 그대로 인정하되 실체법상의 행정행위가 아닌 행정작용도 항고소송의 성질에 반하지 않는 한 그 대상에 포함시켜도 행정법 이론체계의 혼란을 방지하고 국민의 권익구제에도 별 문제가 없다고 본다. 게다가 우리 행정소송법 제2조 제2항 제1호가 "그밖에 이에 준하는 행정작용"을 명문화하고 있어 굳이 절차법상 행정행위개념을 도입할 필요도 없다고 하겠다.28) 따라서, 항고소송 중 취소소송의 대상으로서의 공권력의 행사에는 강학상의 행정행위와 공권력적 사실행위가 포함되고, '그밖에 이에 준하는 법적 작용'에는 공권력의 행사 또는 그 거부로 볼 수 없는 행정작용이라도 현실적으로 행정구제의 필요성이 인식되는 행정

---

27) 대법원 1984. 2. 14. 선고 82누370 판결 ; 대법원 1991. 8. 13. 선고 90누9414 판결.
28) 劉尚炫, 『韓國行政法(上)』(桓仁出版社, 1995), 609쪽.

작용으로 볼 수 있겠다.29)

처분성은 취소소송의 성질, 목적, 다른 소송과의 위치관계 및 공권력과의 관계와 행정행위의 공권력성, 협의의 소의 이익 등의 문제와 관련하여 확정될 문제라 할 것이다.30)

처분의 개념을 어떻게 구성할 것인가 하는 문제보다는 오늘날 다양한 행정의 행위형식에 걸맞게 그에 상응하는 행정 구제를 모색하는 것이 권리구제의 폭을 넓히고 행정통제를 강화하는 것이라고 할 수 있다. 앞으로 기회가 있으면 국민의 권익구제와 행정통제를 위해 訴訟形態의 多樣化를 꾀하는 방향으로 行政訴訟法의 改正이 있었으면 좋겠다.

행정심판법이나 행정소송법상 '처분'개념을 해석하는 문제와 이를 바탕으로 새로이 형식적 행정행위의 개념을 정립하는 문제는 별개의 문제로서 이 '처분'에 해당되지 않는 행위형식에 대한 행정쟁송유형을 강구하는 것이 행위형식의 다양화를 특징으로 하고 있는 현대행정과 관련하여 시급한 문제로 제기된다고 할 것이다.

第4節 公權力의 行使

Ⅰ. 序言

취소소송의 대상으로서의 '處分 등' 중 가장 대표적인 것이 행정청의 공권력 행사작용이다. 행정청의 공권력 행사작용에서 '公權力'이란 대한민국의 공권력으로서 단독으로 또는 어느 기관을 통하여 대표되는 권력을 의미하며 이는 어떠한 형태로 수행되건 문제가 되지 아니한다고 할 것이다. 예컨대 작위·부작위를 불문하며 직접적인 국가권력의 작용뿐 아니라 간접적 국가권력의 작용도 포함된다.

따라서 행정청의 공권력 행사작용이란 행정청이 공권력의 소지자인 행정기관의 지위에 서서 법의 집행으로 하는 권력적 활동을 의미하며, 행정청이 법에 의거하여 우월한 의사의 발동 기타의 공권력행사로서 개인에 대한 구체적인 사실에 관하여 권리의 설정 또는 의무의 부담을 명하거나 기타 법률상 효과를 발생케 하는 행위를 지칭하는 것으로 행정소송의 가장 기본적인 대상이 되는 유형이라고 하겠다.

이와 같은 行政廳의 公權力 行使作用은 講學上의 行政行爲(行政廳이 법 아래에서 구체적 사실에 대한 법집행으로서 행하는 權力的 單獨行爲인 公法行爲)가 중심이지만, 權力的 事實行爲도 包含된다. 따라서 행정청의 행위일지라도 우월한 공권력의 행사로서의 성질을 가지지 않는 사법행위나 공법상계약, 공법상합동행위 등은 처분이 아니다.

이하 행정청의 공권력 행사작용을 강학상 행정행위(行政廳의 處分的 行爲)와 권력적

---

29) 李尙圭, 前揭書, 809~811쪽.
30) 洪準亨, 前揭書(救濟法), 535~536쪽.

사실행위로 나누어 논하고자 한다.

Ⅱ. 講學上 行政行爲 (行政廳의 處分的 行爲)

1. 行政廳의 行爲

(1) '處分등'은 行政廳의 行爲이다. 여기서 行政廳(Verwaltungsbehörde)의 의미와 관련하여 종래 통설은 행정소송법상의 행정청을 행정조직법상의 행정청에 권한의 위임을 받은 행정기관과 공공단체 및 그 기관 또는 사인이 포함된다고 하고 있다. 그리고 행정조직법상의 행정청을 행정주체의 의사를 결정하고 이를 외부에 표시할 수 있는 권한을 가진 행정기관, 즉 의사결정권과 의사표시권을 가진 행정기관으로 좁게 해석하고 있다.31)

판례도 스스로 의사를 결정하고 이를 대외적으로 표시할 수 있는 기관이 아니어서 독립하여 행정처분이나 재결을 할 수 있는 행정청이 아니라고 하고 있는데, 그 예로는 구 국가유공자예우등에관한법률 소정의 국가보훈처 산하 보훈심사위원회 위원장(대법원 1989. 1. 24. 선고 88누3314 판결), 서울특별시지하철공사 사장(대법원 1989. 8. 8. 선고 89누2257. 판결 ; 대법원 1989. 9. 12. 선고 89누2103 판결), 광주민주화운동관련자보상등에관한법률 제15조 소정의 광주민주화운동관련자보상심의위원회(대법원 1992. 12. 24. 선고 92누2547 판결 ; 대법원 1992. 12. 24. 선고 92누3335 판결), 징병검사시 신체등위판정을 하는 군의관(대법원 1993. 8. 27. 선고 93누3356 판결), 세무자격시험위원회 위원장(대법원 1994. 12. 23. 선고 94누5915 판결) 등이 있다.

하지만, 우리 행정소송법상 처분이 행정행위뿐만 아니라 권력적 사실행위도 포함된다는 것이 학설·판례이므로, 행정소송법상 행정청의 개념을 정의함에 있어서 행정청을 의사표시기관으로 좁게 해석할 이유가 없다고 하겠다. 우리 행정소송법은 항고소송 특히 취소소송의 대상을 행정행위로 한정하고 있지 않고 행정행위 이외의 행정작용도 항고소송의 대상인 처분으로 규정하고 있는 만큼 우리나라 행정소송법에서는 항고소송의 대상인 처분의 주체개념으로서의 행정청을 반드시 의사표시기관에 한정할 것이 아니라 널리 행정사무의 처리권한을 부여받은 모든 기관이 포함된다고 보는 것이 옳을 것이다.32)

또 專決·代決규정에 의하여 의사표시권은 원권한청(原權限廳)에 유보된 채 의사결정권만이 다른 기관에 이전되는 소위 內部委任의 경우는 원권한청이 행정청이다.

---

31) 이에 대하여 실질적·기능적 의미의 행정청이라는 개념을 쓰는 학자들(洪井善, 前揭書, 629쪽 ; 洪準亨, 前揭書, 548~549쪽 ; 石琮顯, 前揭書, 202쪽)도 있다.

32) 李元雨, 「抗告訴訟의 對象인 處分의 槪念要素로서 行政廳」(晴潭崔松和敎授華甲紀念 『現代公法學의 課題』, 博英社, 2002. 6), 868~871쪽.
특히 이원우 교수는 행정조직법상의 행정청을 "행정권한을 독립적으로 수행하는 독립적 행정행위를 의미하며, 국가 또는 그밖에 다른 행정주체의 구성부분"으로 파악하고 있다(前揭論文, 870쪽).

　이에 대해 대법원은, "행정권한의 위임은 행정관청이 법률에 따라 특정한 권한을 다른 행정관청에 이전하여 수임관청의 권한으로 행사하도록 하는 것이어서 권한의 법적인 귀속을 변경하는 것이므로 법률이 위임을 허용하고 있는 경우에 한하여 인정된다 할 것이고, 이에 반하여 행정권한의 내부위임은 법률이 위임을 허용하고 있지 아니한 경우에도 행정관청의 내부적인 사무처리의 편의를 도모하기 위하여 그의 보조기관 또는 하급행정관청으로 하여금 그의 권한을 행사하게 하는 것이므로, 권한위임의 경우에는 수임관청이 자기의 이름으로 그 권한행사를 할 수 있지만 내부위임의 경우에는 수임관청은 위임관청의 이름으로만 그 권한을 행사할 수 있을 뿐 자기의 이름으로는 그 권한을 행사할 수 없는 것이다"[33]라고 판시하고 있다. 그러므로 의사결정권만을 가진 각종 징계위원회의 징계에 관한 의결은 항고소송의 대상이 될 수 없고, 의사표시권을 유보한 위임청의 행위만이 항고소송의 대상이 된다.

　그리고 권한의 대리가 있는 경우에는 행정권한이 이전된 것이 아니므로 원래의 행정청이 행정청이다.

(2) 行政訴訟法은 行政廳이라 함은 "법령에 의하여 행정권한의 위임 또는 위탁을 받은 행정기관, 공공단체 및 그 기관 또는 사인(私人)이 포함된다"고 규정하고 있다(같은 법 제2조 제2항).

　행정권한의 위임 또는 위탁[34]을 받은 행정기관에는 보조기관(예컨대, 차관·차장·국과장), 하급행정기관(예컨대, 청장이나 외국장·특별시, 광역시의 동장)이 포함되고 공공단체에는 지방자치단체와 공공조합·영조물법인(예컨대, 정부투자기관인 공사·재단) 등의 공법인이 포함되며, 공공단체의 기관에는 지방자치단체의 장이 포함된다. 또, 행정권한의 위임 또는 위탁을 받은 사인에는 행정사무의 처리 권한이 부여된 사법인(私法人) 또는 자연인 등이 포함된다.

　대법원도, "행정청에는 처분 등을 할 수 있는 권한이 있는 국가 또는 지방자치단체와 같은 행정기관뿐만 아니라 법령에 의하여 행정권한의 위임 또는 위탁을 받은 행정기관, 공공단체 및 그 기관 또는 사인이 포함되는바, 특별한 법률에 근거를 두고 행정주체로서의 국가 또는 지방자치단체로부터 독립하여 특수한 존립목적을 부여받은 특수한 행정주체로서 국가의 특별한 감독 하에 그 존립목적인 특정한 공공사무를 행하는 공법인인 특수행정조직 등이 이에 해당한다."[35]고 하였다.

---

33) 대법원 1989. 3. 14. 선고 88누10985 판결 ; 대법원 1989. 9. 12. 선고 89누671 판결 ; 대법원 1992. 4. 24. 선고 91누5792 판결.
34) 위임행정청의 직접적인 지휘·감독 아래에 있지 아니하는 행정청이나 공공단체 또는 사인에 대한 권한의 위임을 특히 權限의 委託이라고 부른다.
35) 대법원 1992. 11. 27. 선고 92누3618 판결(단독주택용지공급신청에대한거부처분취소).

판례상 인정된 공법인인 특수행정조직에는 토지구획정리조합(대법원 1965. 6. 22. 선고 64누106 판결), 토지개량조합(대법원 1966. 12. 6. 선고 66다2015 판결), 농지개량조합(대법원 1977. 7. 26. 선고 76다3022 판결 ; 헌법재판소 2000. 11. 30. 선고 99헌마190 결정), 농촌근대화촉진법 제68조의 4에 근거한 농지개량조합연합회(대법원 1984. 6. 26. 선고 84누100 판결 ; 대법원 1995. 6. 9. 94누10870 판결 ; 대법원 1999. 12. 28. 선고 99다8834 판결), 대한주택공사(대법원 1992. 11. 10. 선고 92누1629 판결 ; 대법원 1992. 11. 27. 선고 92누3618 판결 ; 대법원 1994. 5. 24. 선고 92다35783 판결), 한국토지개발공사(대법원 1992. 10. 27. 선고 92누1643 판결 ; 대법원 1994. 1. 28. 선고 93누14080 판결), 부산 제3지구 의료보험조합(대법원 1988. 3. 22. 선고 87다카1509 판결), 의료보험연합회·공무원 및 사립학교직원의료보험조합(대법원 1993. 12. 10. 선고 93누12619 판결), 농어촌진흥공사[36](대법원 1994. 6. 14. 선고 94누1197 판결), 성업공사[37](대법원 1997. 2. 28. 선고 96누1757 판결), 재개발조합(헌법재판소 1997. 4. 24. 선고 96헌가3, 96헌바70 결정) 등이 있다.

(3) 행정청은 원칙적으로 단독제의 기관이나 방송법 제21조상의 방송위원회, 독점규제 및공정거래에관한법률 제37조 소정의 공정거래위원회, 교원지위향상을위한특별법 제7조 상의 교원징계위원회, 농지법 제47조 상의 농지관리위원회, 노동위원회법 제2조, 제6조에 의한 각종노동위원회(대법원 1968. 9. 17. 선고 68누151 판결 ; 대법원 1968. 11. 11. 선고 68두2 판결), 토지수용법 제30조, 제30조의 2에 의한 토지수용위원회 등과 같이 합의제행정기관도 있다.

(4) 삼권분립의 원칙상 입법행위와 사법행위는 행정행위의 개념에서 제외되나 국회나 법원 등의 기관(예컨대, 국회사무총장, 법원행정처장, 헌법재판소사무처장)도 그 소속 직원의 임면 등 실질적 행정작용을 행하는 경우에는 그 한도에서 행정청의 지위를 가진다. 그리고 지방자치단체의 의결기관 즉 지방의회도 공법상의 효과의 발생을 목적으로 하는 의결을 하거나 처분을 하는 경우에는 행정청이 될 수 있다. 따라서 地方自治法 제78조 내지 제81조의 규정에 의한 지방의회의 의결에 의한 의원의 징계처분(대법원 1993. 11. 26. 선고 93누7341 판결[38]) ; 대법원 1996. 2. 9. 선고 95누14978 판결), 지방의회 의장에 대한 불신임 의결(대법원 1994. 10. 11. 선고 94두23 결정 ; 대법원

---

36) 앞에서 본 농지개량조합, 농지개량조합연합회, 농어촌진흥공사는 1999. 2. 5. 법률 제5759호 농업기반공사 및 농지관리기금법의 제정으로 모두 해산되고 농업기반공사에 합병됨.
37) 1997. 8. 22. 법률 제5371호로 금융기관부실자산등의효율적처리및한국자산관리공사의설립에관한법률이 제정되면서 한국자산관리공사로 바뀜.
38) 이 판결에 대한 평석은, 『대법원판례해설』통권 제20호, 253~264쪽 참조.

1995. 6. 30. 선고 95누955 판결), 지방의회의 의장선거(대법원 1995. 1. 12. 선고 94누2602 판결)는 행정처분의 일종으로서 항고소송의 대상이 된다고 한다. 이와 같은 지방의회의장선거 및 의장불신임결의는 지방의회의 자율권 행사에 속하나 한편 특정인의 법적지위 내지 권한에 직접 영향을 미치는 공권적 행위로서의 합성행위인 것이어서 행정소송의 대상인 처분이라고 할 수 있다.39)

(5) 취소소송에 있어서 행정청은 당해처분 또는 재결을 한 행정청을 의미하는 것이 원칙이나, 처분이나 재결이 있은 뒤에 그 처분이나 재결에 관한 권한이 다른 행정청에 승계된 경우에는 새로이 그 권한을 승계한 행정청이 처분청 또는 재결청이 된다(行政訴訟法 제13조 제1항 단서).

2. 具體的 事實에 관한 法執行行爲

행정처분은 행정청의 구체적 사실에 관한 법집행 행위이다. '法執行으로서의 公權力의 行使'는 法的秩序에 대한 變更 또는 影響을 주는 執行的 決定을 말한다.

대법원도 "행정처분은 적어도 그것이 공권력행사에 관한 행위인 점에 비추어 그 처분의 대상인 국민에 대하여 구체적 사실에 관하여 법적규제를 하려는 요건을 갖춘 행위",40) "국민에 대하여 구체적으로 권리를 설정하거나 의무를 명하는 등 법률적 규제를 하려는 요건을 갖춘 행위",41) "권리·의무나 법적이익에 영향을 미치는 등 법률상효과"42)로 표현하고 있다. 따라서 인식을 위한 관념의 통지에 불과하고 법적인 규제를 하려는 성질의 것이 아닌 이상 행정처분이라고 할 수 없다고 한다.

하지만 '법집행으로서의 공권력 행사'를 직접적 법적효과의 발생이라고 좁게 해석할 필요는 없다.

이는 헌법과 법률에 규정된 법목적을 실현하기 위해 법적 판단을 거쳐 행하는 행정작용을 의미하는 것으로 보아야 할 것이다. 권력적 사실행위는 물론 행정지도 등 비권력적 사실행위도 그것이 법목적의 실현을 위해 법적 판단에 의거한 공적 결정에 의거한 것이라면 법집행이라고 할 수 있다.

이러한 관점에서 현재 문제가 되고 있는 거부처분, 부관, 관계행정기관의 동의·협의도 그것이 법적 판단에 기한 일방적인 결정으로서 위법성 판단의 대상이 되는 이상, 처분성을 인정하여 취소소송을 허용하여야 할 것이다.43)

---

39) 李尙圭, 前揭書(爭訟法), 318쪽.
40) 대법원 1966. 10. 25. 선고 65누23 판결.
41) 대법원 1984. 5. 22. 선고 83누485판결.
42) 대법원 1996. 9. 20. 선고 95누8003판결.
43) 朴正勳, 「取消訴訟의 性質과 處分槪念」, 31쪽.

　어떤 행위가 입법행위인지 행정행위인지의 여부는 그 상대방이 일반적인지 개별적인지에 따라 결정할 것이 아니라 그 효과가 추상적(일반적)인지 구체적인지에 따라 결정할 것이다.44) 여기서 '구체적 사실'의 의미는 규율의 인적 범위가 개별적이고 규율대상이 구체적이라는 뜻이다. 보통 일반적인가 개별적인가의 문제는 규율대상에 대한 것으로 그 인적규율대상이 불특정다수인인 경우는 '일반적'이라고 하고, 그 규율대상이 특정인인 경우는 개별적이라고 한다. 그리고 추상적인가 구체적인가의 문제는 적용되는 사안에 관한 것으로 불특정다수의 사안에 반복적으로 적용되는 것을 추상적이라고 하고, 시간적·공간적으로 특정한 사안에 적용되는 것을 '구체적'이라고 한다.45)

　요즘에는 一般處分(一般的 行爲)과 자동기기에 의한 행정자동결정 등이 법적관심을 끌고 있는 바, 이에 대하여 살펴보기로 한다.

　一般處分(Allgemeineverfügung)이란 예컨대, 도로통행금지, 야간통행금지, 입산금지 등과 같이 구체적 사실과 관련하여 불특정다수인을 대상으로 하여 발하여지는 行政廳의 單獨的·權力的 規律行爲이다.46) 독일 行政節次法 제35조 후단은 "일반처분이란 일반적 기준에 의하여 확정되거나 또는 확정될 수 있는 인적범위에 미치거나, 또는 물건의 공법적 성질이나 일반 공중에 의한 물건의 이용에 관계되는 행정행위를 말한다."고 일반처분에 관하여 명문의 규정을 두고 있다.

　一般處分은 인적규율대상 즉 상대방이 불특정다수로서 일반적이나 그 내용이 시간적·공간적으로 특정된 사안을 규율한다는 점에서 구체적인 성격을 가진다.47)

　一般處分은 불특정다수인에 대하여 일반적으로 발하여지는 점에서 행정입법의 외관을 보이기도 하나, 행정입법은 행정청에 의한 일반적·추상적인 규범의 정립인데 대하여 일반처분은 일반적·구체적인 법집행 행위로서 행정행위의 일종인 점에는 개별처분과 다를 바가 없어 항고소송이 대상이 된다고 하겠다.48) 보통 일반처분은 공시의 필요상 '告示'형식을 취하는 경우가 많은 데, 이는 불특정 다수의 국민의 법익에 대하여 구체적으로 규율하는 행정조치인 것이다.

---

44) 趙龍鎬, 前揭論文, 140쪽.

45) 金香基, 「行政處分의 槪念」(月刊考試, 1993. 7), 106쪽.

46) 일방통행, 주차금지 등 교통표지가 행정행위인가 규범으로서의 명령인가에 대하여는 다툼이 있는 바, 일부는 物的 行政行爲(dinglicher Verwaltungsakt)라고도 하고(金南辰, 前揭書, 215쪽 ; 鄭夏重, 「法規命令과 行政行爲의 限界設定」(저스티스 第30卷 第2號(1997. 6), 73쪽)), 獨逸 行政節次法은 一般處分으로 규정하고 있다.

47) 金南辰, 前揭書, 215쪽 ; 金東熙, 前揭書, 232쪽 ; 石琮顯, 前揭書, 204~205쪽 ; 洪準亨, 前揭書(總論), 147쪽 ; 芝池義一, 前揭書(總論), 127面.

48) 金南辰, 前揭書, 215쪽 ; 石琮顯, 前揭書, 826쪽 ; 李尙圭, 前揭書(上), 357쪽 ; 洪井善, 前揭書, 267쪽 ; 洪準亨, 前揭書, 149쪽.
이에 대해 一般處分은 일반추상성을 띠고 있다고 보아 집행행위와 입법행위 중간영역에 속하는 것으로 보는 견해도 있다(金道昶, 前揭書, 225쪽).

대법원은 횡단보도설치행위에 대하여 "도로교통법 관련규정의 취지에 비추어 볼 때 지방경찰청장이 횡단보도를 설치하여 보행자의 통행방법 등을 규제하는 것은 행정청이 특정사항에 대하여 부담을 명하는 행위이고, 이는 국민의 권리의무에 직접 이해관계가 있는 행위로서 행정처분이라고 보아야 한다."[49]고 판시하고 있다. 이는 교통표지, 주차금지구역의 지정 등 직접적으로는 물건의 성질이나 상태를 규율하지만 그 결과 사람에 대하여 간접적으로 권리·의무의 발생, 변경, 소멸 등의 효과를 발생하는 소위 物的行政行爲 또는 一般處分으로 보는 것과 마찬가지 이유에서 橫斷步道設置行爲의 處分性을 認定한 것으로 보인다.

한편 오늘날과 같은 자동기계화시대에 있어서는 학생의 학교배정과 같은 자동기기(自動機器)를 통한 行政自動決定도 行政處分의 一種으로 보아야 할 것이다.[50]

Ⅲ. 權力的 事實行爲

1. 意義

行政作用은 法的 行爲와 事實行爲에 의하여 행하여진다. 법적 행위란 법적 효과발생(권리·의무)을 목적으로 하는 행위형식이고 사실행위란 사실상의 결과발생만을 직접적 목적으로 하는 행위형식이다.

행정법학상 법적 행위에 대하여는 입법·법이론이 많이 발전되어 왔지만, 사실행위에 대한 입법·법이론은 아직 미미하다. 하지만 현대 복지국가의 실현을 위한 행정작용은 복잡·다양화·전문화·기술화되어 감에 따라 이에 능동적으로 대처하려는 행정작용형식의 다양화 및 이를 규율할 법이론의 발전에 따라 사실행위의 중요성이 더욱 부각되고 있다. 이에 따라 行政上 事實行爲(Verwaltungsrealakt)에 대한 정의도 학자에 따라 다양하다.

여러 학자들이 행정법 관련 저서에서 정의한 行政上 事實行爲의 槪念 중 공통분모를 추출하면, 행정상 사실행위는 ① 행정의 행위형식의 일종이라는 점, ② 법적 효과를 지향하

---

49) 대법원 2000. 10. 27. 선고 98두8964 판결.
50) 姜求哲, 前揭書, 339쪽 ; 金南辰, 前揭書, 427쪽 ; 金性洙, 前揭書, 406쪽 ; 金香基, 前揭書, 296쪽 ; 柳至泰, 前揭書, 267쪽 ; 朴圭河, 前揭書, 372쪽 ; 朴鈗炘, 前揭書, 308쪽 ; 石琮顯, 前揭書, 240쪽 ; 李鳴九, 前揭書, 433쪽 ; 趙淵泓, 前揭書, 438쪽 ; 韓堅愚, 前揭書, 557쪽 ; 洪準亨, 前揭書, 384쪽 ; 金重權, 「行政自動化節次에 관한 法的 考察」(고려대학교 博士學位論文, 1993), 280쪽 ;「行政自動機械決定의 法的性質 및 그의 能否」(公法研究 第22輯 第3號, 韓國公法學會, 1994. 6), 380쪽.
독일의 경우 행정절차법에 자동기계에 의한 행정자동결정에 관한 명문규정(제37조 제3항, 제4항, 제39조 제2항, 제28조 제1항, 제2항)을 두고 있어 이는 행정행위임을 전제로 한 것으로 보이며 이에 대한 자세한 내용은 Hartmut Maurer, *Allgemeines Verwaltungsrecht*, 11. Aufl.(München, 1997), §18 ff. S.438~446 참조.

지 않고 사실적 결과발생만을 목적으로 한다는 점이다. 따라서 論者는 행정상 사실행위는 일정한 법적효과를 지향하지 않고 단지 사실상 결과발생만을 가져오는 행정주체의 행위형식의 일종이라고 정의하고자 한다.

그리고 최근에는 警告, 推薦(勸告) 및 示唆와 같이 행정청이 어떤 정보를 국민에게 알리는 행정상의 홍보작용도 事實行爲의 한 類型으로 논의되고 있다.[51]

2. 權力的 事實行爲의 處分性

행정상 사실행위는 직접적인 법적효과가 발생하지는 않지만 행정상 사실행위도 법질서에 부합하여야 하고 만약 그것이 위법한 경우에는 그에 따른 권리구제문제가 대두된다. 그렇기 때문에 행정상 사실행위가 항고소송의 대상이 되는 처분성이 문제되는 것이다.

여기서 權力的事實行爲와 非權力的事實行爲로 나누어 살펴보기로 한다.[52] 여기서는 권력적사실행위의 처분성 여부에 대해서만 논하기로 하고, 비권력적 사실행위의 경우는 第4章 第3節 1. 非權力的 事實行爲에서 논하기로 한다.

행정상 즉시강제와 같은 行政廳의 權力的 事實行爲가 行政訴訟法 제2조상의 '處分'에 該當한다는 점에 대하여는 현재 이론(異論)이 없다.[53]

大法院이나 憲法裁判所가 抗告訴訟의 對象된다고 判示한 權力的 事實行爲로는, 財産押留處分(대법원 1969. 4. 29. 선고 69누12 판결), 公賣處分(대법원 1984. 9. 25. 선고 84누201 판결), 斷水處分(대법원 1979. 12. 28. 선고 79누218 판결), 未決收容 중인 자에 대한 移送處分(대법원 1992. 8. 7. 고지 92두30결정), 관할행정청의 주민등록 직권말소행위(대법원 1994. 8. 26. 선고 94누3223 판결), 수형자의 서신을 교도소장이 검열하는 행위(헌법재판소 1998. 8. 27. 선고 96헌마398 결정), 금융기관을 통한 부실기업정리에 있어서 행정지도 등 정부의 개입행위(헌법재판소 1993. 7. 29. 선고 89헌마31 결정)[54] 등이 있다.

代執行의 實行은 권력적 사실행위이지만 行政代執行法(제7조, 제8조)이 행정심판과 행정소송을 제기할 수 있다고 하였기 때문에 처분성이 승인됨은 당연하다.

다만, 권력적 사실행위가 처분개념에 포함된다고 하더라도 그 설명방법은 학자마다 다

---

51) 金南辰, 前揭書, 407~409쪽.
52) 權力的事實行爲, 非權力的事實行爲에 대체하여 强制的事實行爲, 任意的事實行爲로 부르는 것이 적절하다는 견해도 있다(南 博方 編, 前揭書, 64面).
53) 金南辰, 前揭書, 407쪽 ; 金東熙, 前揭書, 183쪽, 644쪽 ; 朴鈗炘, 前揭書, 566쪽 ; 石琮顯, 前揭書, 414쪽 ; 李尙圭, 前揭書, 507쪽, 810쪽 ; 趙淵泓, 前揭書, 623쪽 ; 韓堅愚, 前揭書, 516쪽 ; 洪井善, 前揭書, 416쪽.
54) 이 경우는 소위 국제그룹해체사건에 관한 것인데, 非權力的 事實行爲로 본 예(헌법재판소 1994. 5. 6. 선고 89헌마35 결정, 소위 대한전선주식회사정리사건)도 있다.

르다. 첫째, 항고소송의 대상이 되는 사실행위를 행정소송법상 '公權力行使'에 해당하는 것이라고 보는 견해가 있다.[55) 행정청의 권력적 사실행위 중 비교적 단시간 내에 목적을 달성하고 종료되는 경우에는 그 취소 또는 변경을 구하기 위한 행정소송의 대상으로 삼기에 적합하지 아니하지만, 계속적 성질을 가지는 내용의 권력적 사실행위는 행정소송의 대상인 처분으로서의 행정청의 '公權力行使'에 해당한다는 견해이다. 여기서 繼續的 性質의 事實行爲란 행정소송절차를 통한 구제를 받을 만한 시간적 여유가 있는 사실행위를 뜻하는 것으로 개인의 신체·재산에 공권력을 행사함으로써 구체적인 사실상태에 변동을 가져온다거나 기타 권익침해를 초래하는 사실행위로서 위와 같은 계속적 성질을 가지는 것은 행정청의 공권력행사에 해당하는 처분이라는 것이다.

日本 行政不服審査法 제2조 제1항은 행정사건 소송의 대상인 처분에는 "공권력의 행사에 해당하는 사실상의 행위로서 사람의 수용, 물건의 유치 기타 그 내용이 계속적 성질을 갖는 것"이 처분에 포함된다고 명시하고 있어 일단 사실행위의 해석에 대한 방향을 제시하고 있다.

둘째, 權力的 事實行爲는 受忍下命이라는 行政處分과 물리적인 純粹한 事實行爲가 結合된 것(合成處分)이고 그 受忍下命이 取消訴訟의 對象이 된다는 소위 合成的行政處分의 理論이다.[56) 취소판결이 있게 되면 행정청은 판결의 기속력에 따라 판결에 배치되는 행위를 하여서는 안 될 의무 내지는 판결의 취지를 이행하여야 할 의무를 지게 되는 것이므로, 외관상 수인하명과 결합되어 있는 사실행위까지 취소소송의 대상이 되는 것 같이 보이는 것이라고 말할 수 있다고 한다. 그리고 행정소송을 통해서 수인하명이 취소되었음에도 불구하고 여전히 위법한 사실행위가 계속되고 있는 경우에는, 이른바 공법상 결과제거청구권에 입각한 그 사실행위의 제거를 청구하는 소송(履行訴訟)의 제기가 가능하다고 주장한다.

다만 柳至泰 敎授는 약간 설명을 달리하여 "권력적 사실행위는 그 실체에 있어서 이를 통해 상대방의 법적 영역에 개입하여 일정한 법적 규율(특히 수인의무의 부과)이 행해지는 측면과, 이를 물리적으로 집행하는 행위가 동시에 포함되어 있는 이중적인 성격을

---

55) 金學世, 『行政訴訟의 體系』(一潮閣, 1998), 118쪽 ; 金香基, 前揭書, 279쪽 ; 孟長燮, 『新行政法學(上)』(螢雪出版社, 1988), 222쪽 ; 朴圭河, 前揭書, 353쪽 ; 朴鈗炘, 前揭書, 566쪽 ; 尹世昌·李虎乘, 『行政法(上)』(博英社, 1993), 238쪽 ; 李尙圭, 前揭書(爭訟法), 322쪽 ; 韓堅愚, 前揭書, 803쪽 ; 南 博方·小高 剛, 『註釋 行政不服審査法』(第一法規, 1988), 54面 ; 小高 剛, 『行政法總論』(ぎょうせい, 2000), 150面 ; 金學世, 「法規命令과 行政規則」(『判例研究』第13輯, 서울지방변호사회, 2000), 118쪽. 金香基, 朴圭河 敎授는 더 나아가 계속적 성질의 것이 아닌 사실행위라 하더라도 그 집행의 정지가 가능한 것인 때에는 가구제로서의 집행정지결정을 전제로 행정쟁송은 가능하다고 한다(金香基, 前揭書, 279쪽 ; 朴圭河, 前揭書, 353쪽).
56) 姜求哲, 前揭書, 528~529쪽 ; 金南辰, 前揭書, 407쪽 ; 石琮顯, 前揭書, 414~415쪽 ; 鄭夏重, 『行政法事例研究』(成玟社, 1999), 221~222쪽 ; 洪井善, 前揭書, 416쪽.

갖는 것이라고 이해될 수 있다. 따라서 전자의 측면에서는 일반적인 행정행위와 마찬가지로 특정법적효과를 지향한 행정작용으로서, 行政訴訟法 제2조 제1호에서 말하는 '公權力의 行使'에 해당한다고 보게 되며, 이로 인해 취소소송의 대상이 된다고 보아야 할 것이다."라고 한다.[57]

셋째, 국민의 신체, 재산에 직접적으로 실력을 가하여 행정목적을 실현하는 권력적 사실행위에 있어서는 행정청은 그에 불복하는 국민에 대하여 행사되는 자력강제에 따른 수인의무를 부과하는 일종의 절차적 효과가 수반된다고 보고, 이러한 권력적 사실행위의 취소는 단지 당해 행위의 위법선언에 그치지 아니하고 국민에게 과하여진 수인의무의 해제의 효과도 가지는 것으로 보는 견해이다. 合成行爲說(權力的 事實行爲를 受忍下命과 非法的 事實行爲의 合成으로 보는 견해)은 독일에서 즉시강제와 관련하여 일부 학설에서 주장되고 있는 이론이기는 하나, 이러한 이론구성이 권력적 사실행위 일반에 적용된다고 보기는 어렵고, 또한 우리나라에서는 사실행위라는 관념이 넓게 파악되고 있다는 점에서 합성행위설에 대해 반론을 제기하고 있다.[58]

넷째, 사실행위는 직접 법적 효과를 발생하지 않는 행위이므로 원칙적으로 권력적 사실행위의 경우 법적 효력을 소멸시키기 위한 소송제도인 취소소송을 활용할 수는 없으나 국민의 권익구제를 위해 부득이한 경우 극히 제한적으로 처분성을 인정하여야 한다는 견해이다.[59] 즉 사실행위에 대한 처분성의 인정은 법체계를 혼란시키고 법논리의 정합성(整合性)을 깨뜨리기 때문에 바람직하지 않으며 국민권익구제의 공백을 메우기 위해 부득이 하다고 하더라도 법논리의 조작을 통하여 간접적으로나마 그 법적 행위성이 인정되는 경우에 한정하여 제한적으로 처분성을 인정함에 그쳐야 할 것이며 장기적으로는 독일과 같이 사실행위에 대해서는 다른 유형의 쟁송제도를 마련하거나 당사자소송 등을 활용하도록 하여야 한다고 주장한다. 또한 당사자소송, 민사소송 등과의 관계에서 소송의 병용을 허용한다는 것은 소송법의 일반적인 취지에 맞지 않고, 법적 혼란을 가져올 뿐만 아니라 소송법과 실체법체계와의 관련구조의 정합성을 손상시키는 것이어서 바람직하지 않다고 주장한다.

다섯째, 취소소송의 형성소송으로서의 본질이나 국민의 권익구제제도로서의 행정소송의 확충 및 활용문제를 감안할 때 처분성을 부정하여야 할 것이나, 처분성 인정설이 지니는 타당성을 부인할 수도 없으므로, 국민의 입장에서 권력적 사실행위에 대한 취소소송과 이를 원인으로 하는 공법상 당사자소송을 선택적으로 또는 병합하여 제기하는 것

---

57) 柳至泰, 前揭書, 230쪽.
58) 金東熙, 前揭書, 645쪽.
　　한편 金東熙 教授는 같은 책 183~184쪽에서 첫 번째 설명방법에 따른 듯한 인상을 주기도 한다.
59) 金裕煥, 前揭論文, 241쪽.

이 바람직하며 또한 가능하다고 보는 견해이다.60)

앞의 여러 견해들은 권력적 사실행위에 대하여 처분성을 인정하기 위한 법 논리적 조작에 지나지 않는다고 보이고, 따라서 실제적으로 국민의 권익침해가 있고 구제의 필요성이 있는 경우에는 폭넓게 취소소송을 활용할 수 있을 것이다. 현행 행정소송법 제2조 제1항 제1호에서 행정소송의 대상인 처분을 "구체적 사실에 관한 법집행으로서의 공권력의 행사"라고 정의한 것만 봐도 公權力的 事實行爲에 대해 處分性을 認定하는 것은 당연하다고 본다.

권력적 사실행위는 일정한 법령 또는 행정행위를 집행하기 위하여, 공권력의 행사로써 행하는 행정상 사실행위를 말하는바, 여기서 '權力的'이라는 개념 속에는 강제력을 수반한 집행의 의미가 담겨져 있기 때문에 이러한 권력적 사실행위는 당연히 항고소송의 대상이 된다고 하겠다. 다만 그 이론구성에 있어서 위법한 권력적 사실행위에 대한 항고소송을 사실행위의 합목적성 내지 합법성이 전제된 수인의무를 제거하기 위한 것으로 이해하는 경우61)와 사실행위의 위법성 그 자체의 선언을 구하는 것으로 이해하는 경우62)가 있을 수 있다.

第5節 公權力行使의 拒否

I. 意義

행정소송법 제2조 제1항 제1호에서 항고소송의 대상이 되는 처분을 "행정청이 행하는 구체적 사실에 관한 법집행으로서의 공권력행사 또는 거부와 그밖에 이에 준하는 행정작용"이라고 규정하고 있어 현행 행정소송법은 拒否處分도 抗告訴訟의 對象이 될 수 있음을 명백히 하고 있다.

이와 같은 명문규정이 없었던 舊 行政訴訟法 아래에서도 통설·판례는 법규상 또는 조리상 신청인에게 신청한 행정행위를 행정청이 하여 줄 것을 요구할 권리 소위 申請權이 있을 경우에는 행정청의 거부행위로 인하여 신청자가 當該 신청을 법령이 정하는 정당한 절차에 따라서 법령소정의 요건 및 재량권의 범위 내에서 적법한 판정을 받아 신청내용인 허가나 인가 등을 받을 수 있는 법률상의 지위 내지 법적 이익이 침해된다는 점에

---

60) 洪準亨 ,前揭書, 152쪽 ; 前揭書(救濟法), 540쪽.
61) 註 58) 參照.
62) 韓堅愚, 前揭書, 516쪽 ; 金容燮, 「行政上 事實行爲의 法的 問題」(인권과 정의 통권 283호, 2000. 3), 150쪽. 金容燮 敎授는 만약에 권력적 사실행위로서 취소소송의 대상이 된다고 할지라도 행정청의 행위의 효과로서 행정청의 사실이 취소될 수는 없고, 단지 사실행위의 위법의 확인을 구하는 정도에 그칠 것이라고 한다.

서 拒否處分에 대한 行政處分性을 認定하였다.

公權力行使의 拒否는 개인이 행정청에 대하여 일정한 공권력을 행사하여 줄 것을 신청할 경우에 그 신청에 따르는 공권력행사를 거부하는 것을 내용으로 하는 행정행위를 의미한다.

判例는 拒否處分을 "행정청이 국민으로부터 어떤 신청을 받고서 그 신청에 따르는 내용의 행위를 하여 그에 대한 만족을 주지 아니하고 형식적 요건의 불비를 이유로 그 신청을 각하 하거나 또는 이유가 없다고 하여 신청된 내용의 행위를 하지 않을 뜻을 표시하는 이른바 거부처분도 행정처분의 일종"[63]이라고 정의 내리고 있다.

거부행위를 행정처분으로 보는 것은 그로 인하여 현재의 법 상태에 직접적인 변동을 초래하는 것은 아니지만 때로는 그 거부행위가 법령에 규정된 신청권을 침해하고, 또 때로는 신청의 실체에 관하여 적법여부의 판단이 내려져 신청인으로서는 동일한 조건하에서는 자기가 의도한 처분을 받을 수 없는 등 불이익을 끼치기 때문이다.

이러한 거부처분은 현재의 법률상태에 아무런 변동을 가져오지 않는 소극적 행정행위로 행정청의 부작위와 다르다. 거부처분에 있어서는 상대방의 신청을 거부하는 것이지만 행정청의 의사가 표명되어 있으므로 상대방의 신청에 대해 행정청의 의사가 아무것도 표명되어 있지 아니하는 행정청의 부작위와 구별되고 이런 부작위가 위법한 경우에는 취소소송을 제기할 수 없다. 즉, 거부처분은 외관상으로는 행정청의 일정한 행정행위가 행하여지기 때문에 소극적 효과를 발생한다는 점을 제외하고는 공권력행사작용과 크게 다를 게 없다.

이에 따라 행정청이 당사자의 신청에 대하여 거부처분을 한 경우에는 거부처분에 대하여 취소소송을 제기하여야 하는 것이지 행정처분의 부존재를 전제로 한 부작위 위법확인소송을 제기할 수는 없다.[64]

Ⅱ. 拒否處分의 成立要件

1. 拒否處分의 要件

행정법이론에 의하면 행정소송법상 행정청의 거부행위가 항고소송의 대상이 되는 처분이 되기 위해서는 ① 신청한 행위가 행정청의 공권력 행사 또는 이에 준하는 것일 것, ② 그 거부행위가 신청인의 법률관계에 영향을 미칠 것, ③ 신청인에게 그러한 신청을 할 권리가 있을 것을 요한다고 한다. 이는 대법원 판례도 같은 입장이다. 즉 국민의 적극적 행위신청에 대하여 행정청이 그 신청에 따른 행위를 하지 않겠다고 거부한 행위가

---

63) 대법원 1995. 5. 26. 선고 93누21729 판결.
64) 대법원 1992. 4. 28. 선고 91누875 판결.

항고소송의 대상이 되는 행정처분에 해당하는 것이라고 하려면, 그 신청한 행위가 공권력의 행사 또는 이에 준하는 행정작용이어야 하고, 그 거부행위가 신청인의 법률관계에 어떤 변동을 일으키는 것이어야 하며, 그 국민에게 그 행위발동을 요구할 법규상 또는 조리상의 신청권이 있어야 한다고 한다.65) 여기서 '신청인의 법률관계에 어떤 변동을 일으키는 것'이라는 의미는 신청인의 실체상의 권리관계에 직접적인 변동을 일으키는 것은 물론 그렇지 않더라도 신청인이 실체상의 권리자로서 권리를 행사함에 중대한 지장을 초래하는 것도 포함한다고 해석하여야 할 것이다.66) 행정청이 국민의 신청에 대하여 한 거부행위가 항고소송의 대상이 되는 행정처분에 해당하려면, 행정청의 행위를 요구할 법규상 또는 조리상의 신청권이 그 국민에게 있어야 하고, 이러한 신청권의 근거 없이 한 국민의 신청을 행정청이 받아들이지 아니한 경우에는 그 거부로 인하여 신청인의 권리나 법적 이익에 어떤 영향을 주는 것이 아니므로 이를 항고소송의 대상이 되는 행정처분이라고 할 수 없다는 것이다.

 그리고 신청인의 권리의무에 대해 직접적인 영향을 미치는 경우, 특히 거부처분에 대해 항고소송으로 다투는 이외에 다른 권리구제방법이 없거나 수인의무를 넘는 불이익을 용인하도록 기대할 수 없는 경우에는 조리상의 신청권을 적극적으로 인정하여 항고소송의 권리구제기능이 순기능 할 수 있도록 하여야 할 것이다.

 이와 같은 맥락에서 行政訴訟의 對象으로 認定된 拒否處分의 例를 들면, ① 건축허가신청서반려처분(대법원 1987. 3. 10. 선고 85누942 판결), ② 공유수면 점용기간연장거부처분(대법원 1982. 2. 23. 선고 81누7 판결), ③ 압류해제거부처분(대법원 1988. 10. 11. 선고 87누226 판결 ; 대법원 1996. 12. 20. 선고 95누15193 판결67)), ④ 교도소장의 接見許可拒否處分(대법원 1992. 5. 8. 선고 91누7552 판결), ⑤ 토지거래계약신고에 대하여 행정청이 직접적으로 신고필증교부의 거부의사를 표명하지는 않았으나 계약체결중지권고문의 송달 및 매수의사통보로써 거부처분이 있는 것으로 본 사례(대법원 1992. 9. 14. 선고 91누8807 판결), ⑥ 택지개발촉진법에 따른 사업시행자가 公共用地의取得및損失補償에관한特例法 제8조 제1항 소정의 이주대책을 세워달라고 요구한 자에게 이를 민원 회신 형식으로 거부한 행위(대법원 1999. 8. 20. 선고 98두17043

---

65) 대법원 2003. 10. 23. 선고 2002두12489 판결 ; 대법원 2003. 4. 11. 선고 2001두9929 판결 ; 대법원 2003. 9. 23. 선고 2001두10936 판결.
66) 대법원 2002. 11. 22. 선고 2000두9229 판결.
67) 과세관청이 체납처분의 일환으로 납세자의 재산을 압류하였으나 그 후 국세징수법 제53조 제1항 각호가 정하는 압류해제사유가 발생한 경우 세무서장은 압류를 해제하여야 하고, 납세자 및 압류해제에 대하여 법률상이익을 갖는 자는 압류해제사유가 있는 한 언제든지 과세관청에 대하여 압류해제를 신청할 수 있으며, 만일 과세관청이 당사자의 압류해제신청을 거부한 경우에는 그 상대방은 그 거부처분을 항고소송의 대상으로 삼을 수 있다.

판결), ⑦ 지적법령상의 토지분할신청거부행위(대법원 1993. 3. 23. 선고 91누8968 판결), ⑧ 사회단체등록거부행위(대법원 1989. 12. 26. 선고 87누308호 전원합의체판결), ⑨ 등기촉탁거부(대법원 2000. 12. 22. 선고 99두11349 판결 ; 대법원 2000. 12. 22. 선고 98두18824 판결), ⑩ 아파트입주권부여거부(대법원 1992. 1. 21. 선고 91누2649 판결), ⑪ 공장설립신고거부(대법원 1994. 6. 28. 선고 93누15922 판결)68), ⑫ 학력인정 학교형태의 평생교육시설의 설치자 명의변경 신청에 대한 거부(대법원 2003. 4. 11. 2001두9929 판결)69), ⑬ 행정정보비공개결정(대법원 2003. 3. 11. 선고 2001두6425 판결), ⑭ 문화재보호구역 내 토지 소유자의 문화재보호구역 지정해제 신청에 대한 행정청의 거부행위(대법원 2004. 4. 27. 선고 2003두8821 판결)70), ⑮ 도시계획구역 내 토지 소유자의 도시계획안 신청에 대한 도시계획 입안권자

---

68) 공장설립신고가 舊 工業配置및工場設立에관한法律(1994. 1. 7. 법률 제4720호로 개정되기 전의 것) 제13조 제1항, 같은 법 시행령 제19조 제1항, 같은 법 시행규칙 제6조 제1항 소정의 형식적 요건을 모두 갖추었다면 시장, 군수, 구청장은 일단 이를 수리하여야 하는 것이고, 만일 신고한 사항이 같은 법 소정의 입지 기준에 적합하지 아니하다고 판단된다면 같은 법에서 정한 바에 따라 공장입지의 변경을 권고하거나 입지기준에 적합하도록 시설의 설치를 권고 할 수 있으며, 이러한 권고를 받은 자가 권고응낙의 통보를 하면 시장, 군수, 구청장은 공장설립신고확인서를 교부하고, 이에 응하지 아니한다면 공장입지의 변경 또는 공장설립계획의 조정을 명할 수 있을 뿐이지 공장 설립신고서의 수리 자체를 거부할 수는 없는 것이며, 공장배치법 제52조는 공장입지 조정명령에 위반한 자에 대한 벌칙을 규정하고 있으므로 공장입지 조정명령에 대하여 불복이 있으면 항고소 송으로 이를 다툴 수 있다(대법원 1994. 6. 28. 선고 93누15922판결)고 한다.

69) 평생교육법은 평생교육시설 설치자의 지위승계를 명문으로 금지하지 아니하고 있고 그 지위승계 를 금지하여야 할 합리적인 필요성도 인정된다고 할 수 없으므로, 같은 법이 설치자의 지위승계 절차에 관한 명문규정을 두지 않고 있다고 하여 그 지위의 승계를 금지하는 취지라고 해석되지는 아니하고, 또한 같은 법은 제8조, 제20조 제4항, 제29조 등에서 평생교육시설 설치자의 법적 지 위에 관하여 규정하고 있을 뿐만 아니라 현실적으로 설치자의 지위승계를 허용하여야 할 필요성 도 있다고 할 것이므로 법규에 따른 적법성과 타당성의 요건을 구비하는 한 설치자의 지위승계가 허용된다고 보아야 할 것이고, 따라서 법규상 내지 조리상으로 신청인에게 학력인정 학교형태의 평생교육시설 설치자 명의의 변경을 요구할 권리가 있다고 할 것이며, 이러한 신청에 대한 거부 처분은 신청인의 법률관계에 영향을 주는 것으로서 항고소송의 대상이 된다.

70) 문화재보호법은 문화재를 보존하여 이를 활용함으로써 국민의 문화적 생활의 향상을 도모함과 아 울러 인류문화의 발전에 기여함을 목적으로 하면서도, 문화재보호구역의 지정에 따른 재산권행사 의 제한을 줄이기 위하여, 행정청에게 보호구역을 지정한 경우에 일정한 기간마다 적정성 여부를 검토할 의무를 부과하고, 그 검토사항 등에 관한 사항은 문화관광부령으로 정하도록 위임하였으 며, 검토 결과 보호구역의 지정이 적정하지 아니하거나 기타 특별한 사유가 있는 때에는 보호구역 의 지정을 해제하거나 그 범위를 조정하여야 한다고 규정하고 있는 점, 같은 법 제8조 제3항의 위 임에 의한 같은법시행규칙 제3조의2 제1항은 그 적정성 여부의 검토에 있어서 당해 문화재에 보 존 가치 외에도 보호구역의 지정이 재산권 행사에 미치는 영향 등을 고려하도록 규정하고 있는 점 등과 헌법상 개인의 재산권 보장의 취지에 비추어 보면, 문화재보호구역내에 있는 토지소유자 등 으로서는 위 보호구역의 지정해제를 요구할 수 있는 법규상 또는 조리상의 신청권이 있다고 할 것 이고, 이러한 신청에 대한 거부행위는 항고소송의 대상이 되는 행정처분에 해당한다.

의 거부행위(대법원 2004. 4. 28. 선고 2004두1806 판결)[71] 등이 있고, 행정소송의 대상으로 인정되지 않는 거부처분의 예를 들면, ① 산림계의 국유림무상양여신청을 거부한 행위(대법원 1983. 9. 13. 선고 83누240 판결 ; 대법원 1984. 12. 11. 선고 83누291 판결), ② 都市計劃施設決定의 變更 또는 廢止申請不許(대법원 1989. 10. 24. 선고 89누725 판결-공원조성계획취소신청거부), ③ 지방자치단체가 도로를 무단점유하고 있는 사인의 토지에 대한 소유자의 보상신청을 거부하는 내용의 회신(대법원 1997. 5. 9. 선고 96누5933 판결), ④ 학원의 수강료나 시설의 변경승인신청서 반려행위(대법원 1997. 5. 16. 선고 97누3163 판결), ⑤ 행정청이 국가공무원법 및 구 공무원복무규정〔현행 국가공무원복무규정〕에 따른 연가보상비를 지급하지 아니한 행위(대법원 1999. 7. 23. 선고 97누10857 판결), ⑥ 구 독점규제및공정거래에관한법률(1998. 2. 24. 법률 제5528호로 개정되기 전의 것) 제49조 제2항에 의한 위반사실 신고[72]에 대하여 거부하는 취지로 무혐의 또는 각하 처리한다는 내용의 회시를 한 행위(대법원 2000. 4. 11. 선고 98두5682 판결), ⑦ 개인이 도지사에 한 도지정문화재지정처분의 취소 또는 해제신청을 거부한 행위(대법원 2001. 9. 28. 선고 99두8565판결)[73], ⑧

---

71) 구 도시계획법(2002. 2. 4. 법률 제 6655호 국토의계획및이용에관한법률 부칙 제2조부칙 제2조로 폐지)은 도시계획의 수립 및 집행에 관하여 필요한 사항을 규정함으로써 공공의 안녕질서를 보장하고 공공복리를 증진하며 주민의 삶의 질을 향상하게 함을 목적으로 하면서도 도시계획시설 결정으로 인한 개인의 재산권행사의 제한을 줄이기 위하여, 도시계획시설부지의 매수청구권, 도시계획시설결정의 실효에 관한 규정과 아울러 도시계획 입안권자인 특별시장, 광역시장, 시장 또는 군수로 하여금 5년마다 관할 도시계획구역 안의 도시계획에 대하여 그 타당성 여부를 전반적으로 재검토하여 정비하여야 할 의무를 지우고, 도시계획입안제안과 관련하여서는 주민이 입안권자에게 '1. 도시계획시설의 설치 · 정비 또는 개량에 관한 사항 2. 지구단위계획구역의 지정 및 변경과 지구단위계획의 수립 및 변경에 관한 사항'에 관하여 '도시계획도서와 계획설명서를 첨부'하여 도시계획의 입안을 제안할 수 있고, 위 입안제안을 받은 입안권자는 그 처리결과를 제안자에게 통보하도록 규정하고 있는 점 등과 헌법상 개인의 재산권 보장의 취지에 비추어 보면, 도시계획구역 내 토지 등을 소유하고 있는 주민으로서는 입안권자에게 도시계획입안을 요구할 수 있는 법규상 또는 조리상의 신청권이 있다고 할 것이고, 이러한 신청에 대한 거부행위는 항고소송의 대상이 되는 행정처분에 해당한다.

72) 판례에 의하면 舊 獨占規制 및 公正去來에관한 法律 제49조 제2항 소정의 '신고'는 공정거래위원회에 대하여 같은 법에 위반되는 사실에 관한 조사의 직권발동을 촉구하는 단서를 제공하는 것에 불과하다고 한다.

73) 구 문화재보호법(1995. 12. 29. 법률 제5073호로 개정되기 전의 것) 제55조 제1항, 제5항, 구 경상남도문화재보호조례(1999. 10. 11. 개정되기 전의 것) 제11조 제1항에 의하여 행하여지는 도지사의 도지정문화재 지정처분은, 문화재를 보존하여 이를 활용함으로써 국민의 문화적 향상을 도모함과 아울러 인류문화의 발전에 기여할 목적에서(같은 법 제1조), 도지사가 그 관할구역 안에 있는 문화재로서 국가지정문화재로 지정되지 아니한 문화재 중 보존가치가 있다고 인정되는 것을 도지정문화재로 지정하는 행위이므로, 그 입법목적이나 취지는 지역주민이나 국민 일반의 문화재 향유에 대한 이익을 공익으로서 보호함에 있는 것이지, 특정 개인의 문화재 향유에 대한 이익을 직접적·구체적으로 보호함에 있는 것으로 해석되지 아니하고, 달리 같은 법과 같은 조례에

광주광역시문화예술회관장의 시립합창단원에 대한 재위촉 거부(대법원 2001. 12. 11. 선고 2001두7794 판결), ⑨ 國土利用計劃上의 用途地域變更許可申請拒否(대법원 1995. 4. 28. 선고 95누627 판결-국토이용계획변경승인신청반려처분취소), ⑩ 宅地開發計劃 變更 및 實施計劃承認取消申請拒否(대법원 1990. 9. 28. 선고 89누8101 판결),[74] ⑪ 請願[75) 또는 陳情[76)에 대한 回信 拒否 등이 있다.

서 위 지정처분으로 침해될 수 있는 특정 개인의 명예 내지 명예감정을 보호하는 것을 목적으로 하여 그 지정처분에 제약을 가하는 규정을 두고 있지도 아니하므로, 설령 위 지정처분으로 인하여 어느 개인이나 그 선조의 명예 내지 명예감정이 손상되었다고 하더라도, 그러한 명예 내지 명예감정은 위 지정처분의 근거 법규에 의하여 직접적·구체적으로 보호되는 이익이라고 할 수 없으므로 그 처분의 취소를 구할 법률상의 이익에 해당하지 아니한다. 구 문화재보호법(1995. 12. 29. 법률 제5073호로 개정되기 전의 것) 제55조 제5항의 위임에 기하여 도지정문화재의 지정해제에 관한 사항을 정하고 있는 구 경상남도문화재보호조례(1999. 10. 11. 개정되기 전의 것) 제15조는, 도지사는 도지정문화재가 문화재로서의 가치를 상실하거나 기타 특별한 사유가 있는 때에 위원회의 심의를 거쳐 그 지정을 해제한다고 규정하고 있을 뿐이고, 같은 법과 같은 조례에서 개인이 도지사에 대하여 그 지정의 취소 또는 해제를 신청할 수 있다는 근거 규정을 별도로 두고 있지 아니하므로, 법규상으로 개인에게 그러한 신청권이 있다고 할 수 없고, 같은 법과 같은 조례가 이와 같이 개인에게 그러한 신청권을 부여하고 있지 아니한 취지는, 도지사로 하여금 개인의 신청에 구애됨이 없이 문화재의 보존이라는 공익적인 견지에서 객관적으로 지정해제사유 해당 여부를 판정하도록 함에 있다고 할 것이므로, 어느 개인이 문화재 지정처분으로 인하여 불이익을 입거나 입을 우려가 있다고 하더라도, 그러한 개인적인 사정만을 이유로 그에게 문화재 지정처분의 취소 또는 해제를 요구할 수 있는 조리상의 신청권이 있다고도 할 수 없다.

74) 宅地開發促進法 제23조 제1항, 제13조는 건설부장관에게 택지개발예정지구 또는 시행자의 지정이나 개발계획 또는 실시계획의 작성, 변경에 대한 승인의 취소를 요구할 수 있는 권리를 예정지구로 지정, 고시된 지역 내의 토지소유자 등에게 부여한 것이 아니고, 건설부장관이 개발계획이나 실시계획에서 승인하고 이를 고시하여 그 행정처분이 일단 확정되었다면, 그 후에 시행자가 위 실시계획에서 주거용지 중의 상가용지로 포함시킨 토지 등을 적격실수요자에게 분양하기로 건설부장관의 택지공급승인을 얻어 일반 공개경쟁입찰방법에 의하여 상업업무용지로 분양한다는 공고를 하였으나 분양되지 아니하였다는 사정이 생겼다고 하여 위 토지의 소유자 등이 그 개발계획이나 실시계획의 승인의 취소를 요구할 수 있는 권리가 조리에 의하여 발생하였다고 볼 수도 없으므로, 위 토지의 수용 당시의 소유자가 건설부장관에게 개발계획의 변경 및 실시계획에 대한 승인을 취소하여 달라고 한 신청에 대한 거부처분은 항고소송의 대상이 되는 행정처분이라고 볼 수 없다(대법원 1990. 9. 28. 선고 89누8101 판결).

75) 憲法 제26조 제1항의 규정에 의한 청원권은 국민이 국가기관에 대하여 어떤 사항에 관한 의견이나 희망을 진술할 권리로서 단순히 그 사항에 대한 국가기관의 선처를 촉구하는 데 불과한 것이므로 같은 조 제2항에 의하여 국가가 청원에 대하여 심사할 의무를 지고 청원법 제9조 제4항에 의하여 주관관서가 그 심사처리결과를 청원인에게 통지할 의무를 지고 있더라도 청원을 수리한 국가기관은 이를 성실, 공정, 신속히 심사, 처리하여 그 결과를 청원인에게 통지하는 이상의 법률상 의무를 지는 것은 아니고, 따라서 국가기관이 그 수리한 청원을 받아들여 구체적인 조치를 취할 것인지 여부는 국가기관의 자유재량에 속할 뿐만 아니라 이로써 청원자의 권리의무, 그 밖의 법률관계에는 하등의 영향을 미치는 것이 아니므로 청원에 대한 심사처리결과의 통지의 유무는 행정소송의 대상이 되는 행정처분이라고 할 수 없다(대법원 1990. 5. 25. 선고 90누1458 판결).

76) 진정을 수리한 국가기관이 진정을 받아들여 구체적인 조치를 취할 것인지 여부는 자유재량으로서 위 진정을 거부하는 '民願回示'의 통지를 하였더라도 이로써 진정인의 권리의무에는 하등의 영향

판례에 의하면 행정청의 거부가 취소소송의 대상인 거부처분이 되기 위해서는 법규상, 조리상의 신청권이 존재해야 한다고 하면서, 그 신청권을 관계법규의 해석에 따른 추상적 신청권으로 이해함으로써 그 범위를 확대해석하고 있다. 즉, "거부처분의 처분성을 인정하기 위한 전제요건이 되는 신청권의 존부는 구체적 사건에서 신청인이 누구인가를 고려하지 않고 관계 법규의 해석에 의하여 일반 국민에게 그러한 신청권을 인정하고 있는가를 살펴 추상적으로 결정되는 것이고, 신청인이 그 신청에 따른 단순한 응답을 받을 권리를 넘어서 신청의 인용이라는 만족적 결과를 얻을 권리를 의미하는 것은 아니다. 따라서 국민이 어떤 신청을 한 경우에 그 신청의 근거가 된 조항의 해석상 행정 발동에 대한 개인의 신청권을 인정하고 있다고 보여 지면 그 거부행위는 항고소송의 대상이 되는 처분으로 보아야 할 것이고, 구체적으로 그 신청이 인용될 수 있는가 하는 점은 본안에서 판단하여야 할 사항인 것이다."77)라고 한다.

2. 申請權 問題

(1) 여기서는 거부처분의 성립요건 중 논란이 많은 신청권에 한하여 구체적으로 살펴보기로 한다.

從來 主流的 判例에 의하면, 행정청이 국민으로부터 어떤 적극적 행정행위의 신청을 받고도 그 신청에 따른 내용의 행위를 하지 아니하고 신청을 반려한 조치가 抗告訴訟의 對象인 拒否處分이 되기 위해서는 국민이 행정청에 대하여 그 신청에 따른 행정행위를 하여 줄 것을 요구할 수 있는 法規上 또는 條理上의 權利가 있어야 한다고 한다. 즉, "행정청이 국민으로부터 신청을 받고서 한 거부행위가 행정처분이 되기 위하여는 국민이 행정청에 대하여 신청에 따른 행정행위를 해 줄 것을 요구할 수 있는 법규상 또는 조리상의 권리가 있어야 하는 것이고, 그러한 신청권에 기하지 아니한 국민의 신청을 행정청이 받아들이지 아니하였다고 하여 신청인의 권리나 법적 이익에 어떤 영향을 주는 것이 아니므로 이를 행정소송의 대상이 되는 행정처분이라고 할 수 없다."고 한다.78)

따라서 그러한 신청권에 기하지 아니한 신청자의 신청을 행정청이 받아들이지 않았다 하여 이를 거부처분이라고 볼 수는 없다는 것인데, 이러한 근거 없이 한 국민의 신청을 행정청이 받아들이지 아니하고 거부한 경우에는 이로 인하여 신청인의 권리나 법적 이익에 어떤 영향을 주는 것이 아니므로 이를 행정처분이라고 할 수 없기 때문이라고 설명

을 미치지 아니한다(대법원 1991. 8. 9. 선고 91누4195 판결).

77) 대법원 1996. 6. 11. 선고 95누12460 판결.

78) 대법원 1994. 12. 9. 선고 94누8433 판결 ; 대법원 1996. 5. 14. 선고 95누13081 판결 ; 대법원 1997. 5. 9. 선고 96누5933 판결 ; 대법원 1997. 9. 30. 선고 97누3200 판결 ; 대법원 1998. 10. 13. 선고 97누13764 판결 ; 대법원 1999. 12. 7. 선고 97누17568 판결.

하고 있다. 다시 말해 申請權의 存否는 구체적 사건에서 신청인이 누구인가를 고려하지 않고 관계법규의 해석에 의해 일반국민에게 그러한 신청권을 인정하고 있는가를 살펴 추상적으로 결정되는 것이므로 구체적 사건과의 관련성을 의미하는 원고적격의 문제라기보다는 對象適格의 問題라고 본다.

한편, 일정한 신청에 대한 거부처분이 있은 후에 다시 동일한 내용의 신청을 하여 또 거부의 의사표시가 있으면 그것은 별개의 거부처분이 되는 것이다.

판례도, "거부처분은 관할 행정청이 국민의 처분신청에 대하여 거절의 의사표시를 함으로써 성립되고, 그 이후 동일한 내용의 새로운 신청에 대하여 다시 거절의 의사표시를 한 경우에는 새로운 거부처분이 있는 것으로 보아야 한다."고 하여 그 점을 분명히 하고 있다.79)

(2) 여기서 거부처분의 처분성을 인정하기 위한 요건으로서의 申請權이 무엇을 意味하는지에 대해서 의론이 있다. 日本의 通說과 判例는 이 신청권을 節次的 申請權과 實體的 申請權으로 나누고 있다. 전자는 행정청에 대하여 실체적 판단을 받을 권리로서 이것을 거부하는 처분은 節次的 拒否處分(形式的 拒否處分)이 되고, 나아가 이러한 절차적 거부까지 없다면 행정청의 부작위가 된다고 한다. 후자는 신청내용을 인용하여 허가·인가 등을 받을 권리로서 이것에 대한 거부는 實體的 拒否處分(實質的 拒否處分)이 된다고 설명하고 있다.

節次的 拒否處分은 신청의 내용의 당부를 판단하지 아니하고 신청절차·형식 등의 불비를 이유로 하여 그 신청을 거부하는 처분으로, 이는 법령에 신청을 인정하는 명문의 규정이 있는 경우와 그렇지 않은 경우가 있는데 앞의 것은 국민이 법규에 기하여 신청을 하였음에도 불구하고 행정청이 그 절차, 형식의 불비를 이유로 해서 통상 却下 또는 不受理, 返戾등의 形式으로 행하여지는데, 그것이 보정명령의 실체를 가지는 경우를 제외하고는 원칙적으로 항고소송의 대상이 되며, 법령에 신청을 인정하는 명문의 규정이 없는 경우에도 조리상·해석상 신청권이 인정되는 경우 신청의 절차적 거부는 행정처분에 해당된다고 보아야 할 것이다.

實體的 拒否處分은 행정청이 신청을 수리하고서 신청내용의 당부를 판단해서 실체요건의 흠결을 이유로 신청을 거부하는 처분으로, 통상 棄却의 形式으로 행하여지는데 이 역시 법령에 기한 신청에 대한 拒否處分에 의하여 신청인의 권리·이익이 침해된 경우에는 처분성이 인정됨은 물론이고 법령상 명문규정이 없더라도 조리상·해석상 신청권이 인정되는 경우에는 그 신청에 대한 거부 역시 행정처분이라고 보아야 할 것이다.

---

79) 대법원 2002. 3. 29. 선고 2000두6084 판결 ; 대법원 1997. 3. 28. 선고 96누18014 판결 ; 대법원 1992. 12. 8. 선고 92누7542 판결 ; 대법원 1992. 10. 27. 선고 92누1643 판결.

따라서 법령상은 물론 조리상·해석상으로도 신청권이 없는 경우에는 절차적 거부든 실체적 거부든 신청권의 침해는 없고 위법의 문제도 생기지 않으므로 행정청의 거부 내지 거절행위는 항고소송의 대상이 되는 행정처분이라고 할 수 없다는 것이다.

우리 대법원도 앞서 본대로 "행정청이 국민으로부터 어떤 신청을 받고서 그 신청에 따르는 내용의 행위를 하여 그에 대한 만족을 주지 아니하고 형식적 요건의 불비를 이유로 그 신청을 각하 하거나 또는 이유가 없다고 하여 신청된 내용의 행위를 하지 않을 뜻을 표시하는 이른바 거부처분도 행정처분의 일종"이라고 판시하여 거부처분의 개념에는 형식적 요건 불비를 이유로 하는 거부처분과 실체적 이유의 결여를 이유로 하는 거부처분으로 나눌 수 있음을 시사하고 있다.

한편, 이 신청권에 대하여 개인이 자기의 이익을 위하여 그 상대방에게 일정한 행위(作爲·不作爲·給付·受忍)을 요구할 수 있도록 공법상 개인에게 부여되어 있는 법적인 힘을 의기하는 소위 강학상 個人的公權에 해당한다고 설명하는 견해도 있다.[80]

여하튼 거부처분의 처분성을 인정하기 위한 요건으로 들고 있는 신청권이란 국민이 행정청에 대하여 허가나 인가 등의 특정행위 혹은 어떤 행위를 요구할 수 있는 권리로서 그것이 반드시 실체적인 권리만을 의미하는 것은 아니다.

헌법상 기본권에 관한 제 규정, 법치행정의 원칙에 비추어 볼 때 법령에 기한 신청에 관하여 신청자는 당해신청을 그 법령이 정하는 절차와 요건 및 재량권의 범위 내에서 허가나 인가 등의 처분을 받을 수 있는 법률상 지위에 있다고 할 것이다. 반면 행정청으로서도 당해신청을 적법한 절차와 재량권의 범위 내에서 적법하게 판단 내지는 응답할 의무를 부담한다고 할 것이다. 그러므로 신청자로서는 위와 같은 법률상의 지위에 터 잡아 당해 행정청과의 관계에 있어서 행정청의 위 의무에 상응하는 구체적인 법적 권리가 있다고 할 것이고, 이러한 권리가 바로 거부처분에 있어서의 신청권이라고 할 것이다.

위밭한 거부처분은 그것이 절차적인 것이거나 실체적인 것이거나 막론하고 또 그것이 자유재량행위에 속하는 거부처분이라도 재량권의 남용이나 일탈이 인정되는 한, 신청자의 위와 같은 권리를 침해한다는 점에서 행정처분성을 가지게 된다고 할 것이다.[81]

독일의 행정소송제도는 거부처분을 받은 신청인에게 신청에 따른 수익적 처분을 구하는 의무화소송을 인정함과 동시에 거부처분에 의한 권리침해의 존재를 그 요건으로 하고 있다. 이에 반해 의무이행소송이 인정되지 않는 우리 행정소송제도 아래에서는 거부처분의 경우 취소소송의 방법으로 처리되고 그 쟁점도 특정의 신청에 대한 거부결정이

---

80) 白潤基, 「拒否處分의 處分性認定要件으로서의 申請權」(행정법연구 창간호, 행정법이론실무연구회, 1997. 6), 222~223쪽.

81) 李鴻薰, 「檢事任用拒否處分의 行政處分性 및 無瑕疵裁量行使請求權」(재판실무연구, 광주지방법원, 1999. 1), 497쪽.

취소소송의 대상인 처분에 해당되는지 여부에 있으며, 거부결정의 처분성의 유무를 판단함에 있어서도 신청권의 존부를 기준으로 하고 있다.

(3) 하지만 이런 태도에 대하여 李尙圭 辯護士는 거부처분을 "행정청이 일정한 신청 등에 대한 거부의 의사표시를 대외적으로 분명하게 하는 경우 뿐 만 아니라, 거부의 의사결정이 어떠한 형식으로든 행정청의 권한 있는 자에 의하여 외부로 표시되고 그 신청이 거부 내지 각하되었다는 취지가 신청자에게 오해 없이 정확하게 전달되어 이를 알 수 있는 상태에 놓여 짐으로써 성립하는 것이다"라고 정의하면서 거부처분은 일정한 신청에 대하여 적극적인 처분을 거부하는 의사표시를 함으로서 성립되는 것이며, 그 신청을 함에 관한 법적 권리의 유무는 당해 소를 통한 청구가 이유 있는 것인지의 여부 내지 권익의 침해 유무를 판단하는 바탕이 되는데 그치는 것일 뿐 아니라, 신청에 관한 '조리상의 권리'라는 것은 매우 애매한 것이어서 소송당사자의 예측가능성을 기대할 수 없는 것이기 때문에 이해할 수 없다고 강한 의문을 표시하고 있다.[82]

생각건대 행정청의 거부행위는 분명 행정소송법이 규정하고 있는 '處分 등'의 하나임에 틀림없다. 그렇다면 거부행위에 해당하느냐 않느냐 하는 문제는 取消訴訟의 對象에 관한 問題이지 원고적격의 문제는 아니라고 본다. 따라서 신청권의 유무 문제는 거부처분의 성립여부에서 다툴 문제가 아니고 원고적격의 인정여부에서 판단하여야 할 사항인바, 종전의 주류적인 대법원 판결의 문맥만 보면 행정소송법 제12조와 제19조를 아울러 판단함으로써 논리성을 벗어나고 있다고 하겠다.[83]

III. 拒否處分에 대한 具體的 檢討

1. 公務員任用

공무원임용 중 특히 檢事任用拒否의 경우를 살펴보도록 하겠다.

우리 憲法 제25조는 "모든 국민은 법률이 정하는 바에 의하여 공무담임권을 가진다."고 규정하고 있다.

위 憲法上의 공무담임권의 규정에 관하여 종래에는 공직자로서 권리의무의 주체가 될 수 있는 자격, 즉 권리능력에 불과하다는 資格說(權利能力說)이 지배적이었으나 오늘날은 법률에 의하여 일정한 자격이 구비되는 국민은 국가, 지방자치단체 기타 일체의 공공단체의 직무를 담임할 수 있는 권리가 있다는 權利說이 유력하다.[84]

먼저 檢事任用處分의 性質에 관하여 보기로 한다. 檢察廳法 제29조는 검사의 임용요건

---

82) 金南辰, 『行政法의 基本問題』(法文社, 1996), 584쪽, 952~953쪽 ; 李尙圭, 前揭書, 323~325쪽.
83) 洪井善, 前揭書, 794쪽.
84) 權寧星, 前揭書, 548쪽 ; 金哲洙, 『憲法學槪論』(博英社, 2001), 838쪽.

으로 사법시험에 합격하고 사법연수원의 소정의 과정을 이수하거나 변호사자격이 있어야 한다는 일반적 자격요건만을 규정하고 검사의 임용에 있어서의 구체적인 선발기준에 관하여는 아무런 규정을 두고 있지 아니하므로 임용권자가 합목적성과 공익정합성의 기준에 따라 판단할 재량권을 가진다고 할 것이고, 검사의 임용행위는 자유재량으로서의 성질을 가진다고 할 것이다.

법치행정의 원칙 아래에서는 행정청의 재량도 법에 의하여 인정되는 것이므로 법의 테두리 안에서 행하여져야하고 행정청의 자의적인 판단이 허용된다는 취지는 아니며 행정청은 공평의 원칙, 비례의 원칙, 평등의 원칙 등 법적 기준에 따라 그 재량권을 행사하여야 할 의무를 부담하게 된다. 따라서 대법원도 "자유재량에 있어서도 무제한의 재량권을 인정할 수 없고, 그 범위의 넓고 좁은 차이는 있다 하더라도 일정한 범위의 한도가 있어야 할 것이며, 그 한도는 법의 규정뿐만 아니라 관습법 또는 일반조건에 의하여 책정하여야 할 것이다. 그러므로 이상과 같은 조리 등에 비추어 심히 부당하다고 인정되는 경우에는 재량권의 행사가 부당하다고 하기보다는 위법이라고 아니할 수 없다."[85]고 판시하고 있으며, "재량권을 부여한 내적 목적에 반하여 명백히 다른 목적을 위하여 행정처분을 하는 것과 같은 재량권의 남용이나, 재량권의 행사가 그 법적 한계를 벗어난 경우와 같은 재량권의 일탈은 그 재량권이 기속재량이거나 자유재량이거나를 막론하고 사법심사의 대상이 된다."[86]고 판시하고 있다.

그리고 최근에는 재량권의 한계문제와 관련하여 행정청에 재량권이 인정되는 경우라도 그것이 하자 없이 행사하도록 청구할 수 있는 권리, 이른바 無瑕疵裁量行使請求權 또는 瑕疵없는 裁量行使 내지 裁量決定을 구하는 權利(請求權)를 가진다는 주장이 나타나고 있다.[87]

헌법상의 공무담임권을 권리로 파악할 경우 사법시험에 합격하여 사법연수원 소정의 과정을 이수한 자에게는 검사임용 신청권 즉 검사의 직에 임용해 줄 것을 요구할 수 있는 권리가 있다고 할 것이다. 대법원은 검사임용과 관련하여, "검사의 임용에 있어서 임용권자가 임용 여부에 관하여 어떠한 내용의 응답을 할 것인지는 임용권자의 자유재량에 속하므로 일단 임용거부라는 응답을 한 이상 설사 그 응답내용이 부당하다고 하여도

---

85) 대법원 1962. 4. 26. 선고 4294행사15 판결.
86) 대법원 1984. 1. 31. 선고 83누451 판결.
87) 李尙圭 변호사는 無瑕疵裁量行使請求權을 절차적 권리로 파악하여 재량권행사에 대한 실체법상의 권리구제를 하면 족하기 때문에 인정할 실익이 없으며, 無瑕疵裁量行使請求權을 인정하게 되면 원고적격을 부당하게 넓혀 실질적으로는 민중소송의 위험이 있다고 하나(李尙圭, 前揭書(上), 200쪽), 행정청에게 재량이 부여되는 경우는 실체법에도 있을 수 있고 절차법에도 있을 수 있으며, 無瑕疵裁量行使請求權은 당해 재량법규가 공익 뿐 만 아니라 개인의 이익보호를 아울러 보호하고 있는 경우에만 존재하기 때문에 민중소송의 위험이 없다고 한다(鄭夏重, 前揭書, 84쪽).

사법심사의 대상으로 삼을 수 없는 것이 원칙이나, 한계일탈이나 남용이 없는 위법하지 않은 응답을 할 의무가 임용권자에게 있고 이에 대응하여 임용신청자로서도 재량권의 한계일탈이나 남용이 없는 적법한 응답을 요구할 권리가 있다고 할 것이며, 이러한 신청권에 기하여 재량권남용의 위법한 거부처분에 대하여는 항고소송으로서 그 취소를 구할 수 있다고 보아야 한다."[88]라고 판시하였는바, 이는 법령상 명문의 규정이 없는데도 조리상의 신청권을 인정한 대표적인 사례로서 특히 자유재량행위에 속하는 처분을 신청한 경우에도 신청인용을 받을 권리, 이른바 실체적 청구권은 없다하더라도 신청에 대한 응답을 받을 권리, 이른바 절차적 청구권은 있다는 점을 명백히 하고 있다. 그리고 여기서 재량권의 한계일탈이나 남용이 없는 적법한 응답을 요구할 권리는 강학상 無瑕疵裁量行使請求權을 의미한다고 하겠다.[89]

 즉 행정법의 일반원칙의 하나인 평등원칙의 중요한 기능중의 하나는 행정청의 재량을 축소시켜 특정처분을 해야 하는 법적 의무를 발생시킨다는 것인바,[90] 여기에서 無瑕疵裁量行使請求權은 구체적 내용을 갖는 권리로 실체화 된다고 하겠다.

 다음 검사임용에서 제외한 조치가 행정소송의 대상이 되는 거부처분으로 볼 수 있는지 즉, 檢事任用拒否處分의 處分性이 문제된다. 동일한 검사신규임용의 기회에 임용신청을 낸 다수의 검사 지원자 중 그 일부만을 선정하여 검사로 임용함에 있어 임용권자가 임용대상으로 선정한 자에 대하여서만 임용의 의사표시를 하여 이를 공표하고 임용대상에서 제외하여 임용하지 않기로 한 나머지 지원자에 대하여서는 형식상 별다른 의사표시를 하지 않았다고 하더라도 실질적으로 보면 임용권자가 검사를 추가로 임명한다는 등 특별한 사정이 없는 한 임용권자의 임용대상자에 대한 임용의 의사표시는 동시에 임용대상에서 제외된 자에 대한 임용거부의 소극적 의사표시도 함께 포함된 것으로 보아야 할 것이다. 따라서 위 대법원 판례가 검사지원자 중 한정된 수의 임용대상자에 대한 임용결정은 한편으로는 그 임용대상에서 제외한 자에 대한 임용거부결정이라는 양면성을 지닌다고 판시함으로써 검사임용대상에서 제외한 조치를 단순한 부작위로 보지 아니하고 거

88) 대법원 1991. 2. 12. 선고 90누5825 판결(이 판결에 대한 평석은 洪準亨, 『判例行政法』(斗聖社, 1999), 409~424쪽 참조).
89) 金東熙, 前揭書, 94쪽 ; 金性洙, 前揭書, 205쪽 ; 鄭夏重, 前揭書, 79쪽 ; 白潤基, 前揭論文, 226쪽 ; 李鴻薰, 前揭論文, 517쪽.
    이에 대하여 洪井善 敎授는, 신청권의 유무는 원고적격의 문제로 다뤄야 한다고 하면서 이 판결을 독자적인 권리로서 無瑕疵裁量行使請求權을 인정한 판례로 보는 것은 타당하지 않다고 반박하고 있다(洪井善, 「檢事任用拒否處分取消請求事件」(法律新聞 제2968호, 2001. 4. 9), 14~15쪽). 또한 李惠衍 敎授는 洪井善 敎授의 평석의 핵심결론에는 동의하면서도 無瑕疵裁量行使請求權의 법리구성에 의문점을 제시하면서 비판적 보론(補論)을 밝히고 있다(李惠衍, 「무하자재량행사청구권의 법리재검토」(法律新聞 제2990회, 2001. 6. 28), 13~14쪽).
90) 金性洙, 前揭書, 91~93쪽.

부처분으로 본 것은 일단 타당하다고 하겠다. 왜냐하면 행정행위는 반드시 명시적이어야 하는 것은 아니고 묵시적으로도 가능하기 때문이다.

2. 記錄謄寫 拒否

헌법재판소는 국민의 신청에 대하여 한 거부행위가 항고소송의 대상이 되는 행정처분이 되기 위해서는 신청인이 행정청에 대하여 그 신청에 따른 행정행위를 하여 줄 것을 요구할 수 있는 법규상 또는 조리상의 근거가 있어야 하며 이러한 권리에 의하지 아니한 국민의 신청을 행정청이 받아들이지 아니하고 거부한 경우에는 이로 인하여 신청인의 권리나 법적 이익에 어떤 영향을 주는 것이 아니므로 그 거부행위를 행정소송의 대상이 되는 행정처분이라고는 할 수 없다91)는 점을 재확인하면서, "1994. 1. 1.부터 시행된 개정 검찰보존사무규칙에 기록의 열람 등과 관련하여 제6장이 신설되어 제20조(재판확정기록의 열람·등사청구)에서 사건관계인 등의 재판확정기록, 불기소사건기록 및 진정·내사사건기록 등에 대한 일정한 범위의 열람등사청구권을 규정하고, 제21조(허가 여부의 결정)에서 위와 같은 청구가 있는 경우 검사는 그 허가 여부를 결정하여 통지할 의무를 지도록 규정하였다. 그리고 제22조(열람·등사의 제한)에서는 검사가 기록의 열람 및 등사를 제한할 수 있는 8가지의 사유를 각호로 나열하여 규정하였다. 이와 같이 검찰청이 일정한 행정처분을 하여야 한다. 실정법상의 근거규정이 명백히 마련됨에 따라 굳이 구 정부공문서규정92)에 의하지 않더라도 그 처분성이 분명해졌다."93)라고 선고하였다.

위 결정의 요지는 검사가 보존 중인 확정된 형사기록에 대한 열람·등사신청권이 법규상 근거가 있으므로 수사기록에 대한 열람·등사청구를 거부하는 것은 항고소송의 대상이 되는 행정처분에 해당한다는 것이다.

비록 하급심 판결이긴 하나 서울고등법원은 1998. 1. 14. 선고한 97구19986호 行政情報公開拒否處分取消請求訴訟에서 수사기록에 대한 열람·등사청구권은 자기에게 정당한 이해관계가 있는 정부보유정보에 대한 청구권으로서 헌법에 의하여 보장되고 있는 알권리에 포함된다고 하면서 국가기밀의 누설이나 증거인멸, 증인협박, 사생활침해, 관련사건수사의 현저한 지장 등 공개를 거부하는 정당한 사유를 밝히지 아니한 채 청구를 거부한 것은 부당하다며 무혐의 처분된 기록의 공개를 명하는 판결을 하였는바, 이로써

---

91) 헌법재판소 1991. 5. 13. 선고 90헌마133 결정.
   다만 이 헌법재판소 결정에서 복사신청거절행위가 행정소송의 대상이 될 수 없다고 하고 있으나 뒤에서 보는 바와 같이 그 결론에 논자는 찬성할 수 없다.
92) 1991. 10. 1부터 사무관리규정이 시행되면서 정부공문규정은 폐지됨.
93) 헌법재판소 1999. 9. 16. 선고 98헌마246 결정.

열람·등사거부행위가 항고소송의 대상이 됨을 분명히 하였다.

이와 관련하여 謄寫拒否處分과 關聯하여 그 根據라고 할 수 있는 規定들을 찾아보면, 檢察保存事務規則 제20조 제1항은 "피고인이었던 자, 피고인이었던 법인의 대표자 및 형사소송법 제28조 규정에 의한 특별대리인은 별지 제5호 서식에 의한 사건기록열람·등사청구서에 의하여 재판확정기록의 열람·등사를 청구할 수 있다."고 규정하고 있고, 같은 규칙 제21조 제1항은 "검사는 제20조의 규정에 의한 청구가 있는 경우에는 신속하게 허가 여부를 결정하여야 한다."고 규정하고 있다. 한편 위 규칙 제22조는 검사가 기록의 열람·등사를 제한할 수 있는 경우들을 열거하면서 같은 조 제4호에서 "기록의 공개로 인하여 사건관계인의 명예나 사생활의 비밀 또는 생명·신체의 안전이나 생활의 평온을 침해할 우려가 있는 경우"를, 같은 조 제8호에서 "기타 기록을 공개함이 적합하지 아니하다고 인정되는 현저한 사유가 있는 경우"를 규정하고 있다.

일반적으로 국민은 국가기관에 대하여 기밀에 관한 사항 등 특별한 경우 이외에는 국가기관이 보관하고 있는 문서의 열람 및 복사를 청구 할 수 있다고 할 것이고, 더 나아가 오늘날은 정보공개관련 법률이 제정되어 있어 정보공개청구권이 헌법상 보장된 알권리의 하나가 아니라 구체적 권리로 인정된 이상 공문서 복사신청거부조치 위법판결(대법원 1989. 10. 24. 선고 88누9312 판결)과 함께 위 헌법재판소의 결정은 타당하다고 하겠다.

3. 教授再任用 拒否

大法院은 종래 재임용거부처분에 대한 행정소송사건에서 일관되게 소극적인 입장을 취하고 있었다.[94] 국·공립과 사립의 경우를 막론하고 교수를 재임용하지 아니하기로 한 결정 및 통지는 교수에 대한 임기만료에 따른 당연 퇴직의 확인에 불과하고, 재임용제청이나 그 철회 등은 학교 내부의 의사결정과정의 하나일 뿐 상대방의 권리를 침해하는 어떠한 법률효과를 가져오지 아니하므로 행정소송의 대상이 되는 거부처분이 아니라고 보고 있다. 아울러 재임용할 것인가의 여부도 임용권자의 판단에 따르는 재량행위에 불과하다는 것이다.[95]

---

94) 대법원은 같은 맥락에서 교원임용거부처분에 대하여 "국·공립 대학교원에 대한 임용권자가 임용지원자를 대학교원으로 임용할 것인지 여부는 임용권자의 판단에 따른 자유재량에 속하는 것이어서, 임용지원자로서는 임용권자에게 자신의 임용을 요구할 권리가 없을 뿐 아니라, 임용에 관한 법률상 이익을 가진다고 볼 만한 특별한 사정이 없는 한, 임용 여부에 대한 응답을 신청할 법규상 또는 조리상 권리가 있다고도 할 수 없다"(대법원 2003. 10. 23. 선고 2002두12489 판결)고 판시하고 있다.

95) ① 私立學校法 제53조의2 제2항에 의하여 계약기간을 정하여 임용된 교원은 그 기간이 만료된 때에는 재임용계약을 체결해야 하고, 만약 재임용계약을 체결하지 못하면 재임용거부결정 등 특별

憲法裁判所도 敎授再任用推薦拒否 등에 대한 憲法訴願事件에서 "대학의 교수재임용제도는 일명 교수계약임용제도 또는 교수임기계약제도라고도 말하는 것으로 합리적인 교수인사를 위하여 외국의 각 대학의 예에 따라 우리나라도 1976년도부터 교수신규채용과 모든 승진심사의 인사에 일괄 적용하고 있는 교수채용 및 재임용방법의 한 형태이며, 이러한 교수재임용제도는 미국, 독일 등 외국에서도 우리나라의 현행 교수재임용제도와 유사하게 교수·부교수와 조교수·전임강사에 따라 재임용을 달리 적용하고 있음을 쉽게 찾아 볼 수 있어서 결코 교수재임용제도는 청구인의 주장과 같이 연임이 보장되어 자동적으로 재임용되어 임기가 계속되도록 되어 있는 것이 아니며, 나아가 대통령이 청구인을 당연히 재임용하지 아니하면 안 되는 연임보장규정이라고 해석할 수 없다."96)는 취지로 각 판시하였다.

하급심 판결이긴 하나 교수재임용거부처분에 대해 적극적인 입장을 취한 것이 있어 여기에 소개하기로 한다.

즉, 서울행정법원은 2000. 1. 18. 선고 99구683 판결에서 "대학의 자율성과 학문의 자유, 교원지위법정주의에 관한 헌법규정과 그 정신에 비추어 학문연구의 주체인 교수의 신분은 일정한 범위 내에서 보장되어야 할 필요가 있으며, 이러한 신분보장의 필요성은 기간제로 임용된 교수라 할지라도 헌법이념상 달리 볼 수는 없다. 또한 이러한 헌법이념의 토대 이외에도, 아래에서 보는 바와 같이 교육부장관이 각 대학에 시달한 대학교원인사관리지침을 통하여 기간제로 임용된 교수의 재임용심사방법, 연구실적물의 범위와 인정기준, 심사위원선정방법 등을 상세히 규정함으로써 재임용심사에 대해 일정한 기준을 제시하고 있고, 대학들도 자체 규정에 의하여 재임용심사에 관한 일련의 규정을 마련하고 있는 점, 임용기간이 만료된 교수들의 거의 대부분이 위 인사관리지침과 각 대학 내부의 심사기준에 따라 재임용되어 왔으며, 이러한 현실적인 제도 운용의 결과 교수

한 절차를 거치지 않아도 당연 퇴직되는 것이므로, 학교법인이 교원인사위원회의 심의결정에 따라 교원을 재임용하지 아니하기로 한 결정 및 통지는 교원에 대하여 임기만료로 당연 퇴직됨을 확인하고 알려주는 데 지나지 아니하고, 이로 인하여 교원과 학교법인 사이에 어떠한 법률효과가 발생하는 것은 아니어서 교원은 이에 대한 무효확인을 구할 소의 이익이 없다(대법원 1987. 6. 9. 선고 86다카2622 판결 ; 同旨, 대법원 1991. 6. 25. 선고 91다1134 판결 : 대법원 1991. 7. 23. 선고 91다12820 판결 : 대법원 1993. 7. 27. 선고 92다40587 판결 ; 대법원 1994. 7. 29. 선고 93다61789 판결). ② 기간을 정하여 임용된 대학교원은 임용기간의 만료로 그의 대학교원으로서의 신분관계는 당연히 종료되며, 교육법[이 법은 1997. 12. 13. 법률 제5437호로 교육기본법이 제정되면서 폐지됨]상 대학교수 등에게는 고도의 전문적인 학식과 교수능력 및 인격 등을 갖출 것을 구하고 있어서 임용기간이 만료되면 임용권자는 이와 같은 여러 가지 사정을 참작하여 재임용 여부를 결정할 수 있어야 할 필요성이 있으므로, 임용기간이 만료된 자를 다시 임용할 것인지 여부는 결국 임용권자의 판단에 따른 재량행위에 속한다(대법원 1994. 10. 14. 선고 94다12852 판결 : 대법원 1997. 6. 10. 선고 97다3132 판결).
96) 헌법재판소 1993. 5. 13. 선고 91헌마190 결정.

등 대학 사회의 구성원뿐만 아니라 사회 일반인들도 교수의 지위가 기간만료에 따라 당연히 상실되는 것이라고 인식하고 있지는 않은 점 등을 종합하여 보면, 임용권자에게 임용기간이 만료된 교수를 당연히 재임용하여야 할 의무는 없다 할지라도, 재임용 여부에 대하여 합리적인 기준에 따른 공정한 심사를 할 의무는 있고, 이에 대응하여 기간제로 임용된 교수도 '재임용 여부에 대하여 합리적인 기준에 따른 공정한 심사를 신청할 조리상의 권리'를 가지게 된다(이와 견해를 달리하여 '임용기간이 만료된 교수에게 아무런 권리도 인정되지 않는다'고 해석하거나 '임용권자의 자의에 따라 재임용여부를 결정할 수 있다'고 해석하는 것은 기간임용제가 원래의 입법취지에서 일탈하여 헌법이념을 훼손시키는 것을 방치하는 결과를 낳을 수밖에 없다). 따라서 임용기간이 만료된 교수의 재임용신청을 거부하는 행정청의 행위는 거부처분으로서의 성격을 가지는 것이다(재임용거부처분의 전후를 통하여 어떠한 형성적 법률효과가 발생하지 않는다 하더라도 이는 거부처분의 당연한 속성에 불과한 것이므로, '교원을 재임용하지 않기로 하는 결정을 하고서 이를 통지하였다고 하더라도 이로 인하여 어떠한 법률효과가 발생하는 것은 아니라는 점'은 재임용거부처분의 처분성을 부인할 근거가 될 수 없다)."라고 판시한 바 있다.

여기서 교수 재임용거부가 항고소송의 대상이 되는 행정처분인지를 검토하여 보기로 한다.

이와 관련하여 법규정을 살펴보면 敎育公務員法 제11조의 2는 "대학의 교원은 大統領令이 정하는 바에 의하여 근무기간 …… 등 계약조건을 정하여 임용할 수 있다."라고 규정하고, 사립대학의 경우 私立學校法 제53조의 2 제3항은 "이 경우 근무기간에 관하여는 국·공립대학의 교원에게 적용되는 관련 규정을 준용한다."고 규정하고 있을 뿐이고, 그 위임을 받은 교육공무원임용령 제5조의2 제1항에서 부교수의 경우 정년인 65세까지의 기간 또는 계약으로 정하는 기간으로, 조교수의 경우 계약으로 정하는 기간 각 근무기간을 정하여 임용할 수 있다고 규정함으로써 일정한 직위의 대학교수에 대해 기간 임용제를 채택하고 있을 뿐 재임용에 관하여는 명문으로 규정하고 있지 않다.

기간 임용제는 일정기간 교수를 임용하고 그 기간 중 능력이나 자질에 하자가 있는지 여부를 판별하여 재임용하도록 함과 동시에 재임용 과정에 임용권자의 자의를 배제함으로써, 한번 임용되면 정년까지 신분이 보장되는 정년제의 폐단을 보완하는 한편, 교수가 임용권자의 부당한 처우로부터 독립하여 학문 활동에 전념할 수 있도록 하는데 그 취지가 있다고 볼 수 있다.

위 하급심 판결도 대학의 자율성과 학문의 자유, 교원지위법정주의에 관한 헌법규정과 그 정신에 비추어 학문연구의 주체인 교수의 신분은 일정한 범위 내에서 보장되어야 할 필요가 있으며, 이러한 신분보장의 필요성은 기간제로 임용된 교수라고 해서 달라지는 것은 아니라는 점을 지적하고 있다.

 이렇게 볼 때 법해석상 '임기만료 대학교원에 대하여는 일정한 재임용심사기준에 따라 재임용을 한다'는 재임용제도가 인정되고, 기간제 임용제의 근거 법령은 재임용제도의 근거규정으로도 기능하고 있다고 보아야 할 것이다. 이에 따라 임용권자에게 임용기간이 만료된 교수를 당연히 재임용하여야 할 의무는 없다고 할지라도,97) 적어도 재임용 여부에 대하여 합리적인 기준에 따른 공정한 심사를 할 의무는 있으며, 이에 대응하여 기간제로 임용된 교수도 재임용 여부에 대하여 합리적인 기준에 따른 공정한 심사를 신청할 법률상 또는 조리상의 권리를 가진다고 보아야 할 것이다.98)
 즉 원고에게는 재임용심사에 대한 법률상의 신청권이 법해석상 또는 조리상 인정되고 대학측은 재임용 여부에 대하여 합리적인 기준에 따른 공정한 심사를 할 의무를 지며, 또한 원고에게 학문의 자유, 대학의 자율성, 교육의 전문성, 자주성, 정치적 중립성 보장, 공무담임권 또는 직업의 자유 등의 일정한 법률상이익이 인정되기 때문에 교수를 재임용하지 아니하기로 한 결정 및 통지는 교수에 대한 임기만료에 따른 당연 퇴직의 확인에 불과하고 이로써 상대방의 권리를 침해하는 그 어떤 법률효과도 발생되지 않으므로 소송대상이 되는 거부처분이 아니라는 대법원 판례들은 설득력이 없다고 하겠다.
 본인이 2000년도에 박사학위 논문을 쓰면서 위와 같이 교수재임용거부처분이 항고소송의 대상인 행정처분성을 갖는다는 주장에 응답이라도 하듯이 대법원은 2004. 4. 22. 선고 2000두7735 전원합의체 판결에서 대학교원의 임용권자가 임용기간이 만료된 조교수에 대하여 재임용을 거부하는 취지로 한 임용기간만료의 통지가 행정소송의 대상이 되는 처분에 해당하는지 여부와 관련하여, "대학의 자율성 및 교원지위법정주의에 관한 헌법규정과 그 정신에 비추어 학문연구의 주체인 대학교원의 신분은 기간제로 임용된 교원의 경우에도 일정한 범위 내에서 보장되어야 할 필요가 있고, 비록 관계 법령에 임용기간이 만료된 교원에 대한 재임용의 의무나 그 절차 및 요건 등에 관하여 아무런 규정을 두지 않았다고 하더라도, 1981년도 이래 교육부장관은 기간제로 임용된 교원의 재임용 심사 방법, 연구실적물의 범위와 인정기준, 심사위원 선정방법 등을 상세히 규정한 인사관리지침을 각 대학에 시달함으로써 재임용 심사에 관하여 일정한 기준을 제시하여 왔고, 대학들도 자체 규정에 의하여 재임용 심사에 관한 기준을 마련하고 있어, 이에 따라 임용기간이 만료된 교원들은 위 인사관리지침과 각 대학의 규정에 따른 심사기준에 의하여 재임용되어 왔으며, 그 밖에 기간제로 임용된 교원의 재임용에 관한 실태 및 사회적 인식

---

97) 이에 대해 위 헌법재판소의 판례에서 "대학교원에 대한 재임용여부는 능력이나 자질에 뚜렷한 하자가 없는 한 재임용해야할 의무가 있는 기속행위에 속한다"고 본 반대의견도 있다. 柳至泰 敎授도 임용기간이 만료된 대학교수에 대한 재임용여부는 기속행위라고 한다(『行政法事例演習』(新英社, 2000), 481쪽).
98) 정연주, 「敎授再任用拒否處分에 대한 公法的 救濟」(人權과 正義 통권 제285號, 2000. 5), 178쪽.

등 기록에 나타난 여러 사정들을 종합하면, 기간제로 임용되어 임용기간이 만료된 국·공립대학의 조교수는 교원으로서의 능력과 자질에 관하여 합리적인 기준에 의한 공정한 심사를 받아 위 기준에 부합되면 특별한 사정이 없는 한 재임용되리라는 기대를 가지고 재임용 여부에 관하여 합리적인 기준에 의한 공정한 심사를 요구할 법규상 또는 조리상 신청권을 가진다고 할 것이니, 임용권자가 임용기간이 만료된 조교수에 대하여 재임용을 거부하는 취지로 한 임용기간만료의 통지는 위와 같은 대학교원의 법률관계에 영향을 주는 것으로서 행정소송의 대상이 되는 처분에 해당한다."고 판시하고 있다.

이에 앞서 헌법재판소는 2003. 2. 27. 2000헌바26 결정에서, "교육은 개인의 잠재적인 능력을 계발하여 줌으로써 개인이 각 생활영역에서 개성을 신장할 수 있도록 해 주며, 국민으로 하여금 민주시민의 자질을 길러줌으로써 민주주의가 원활히 기능하기 위한 정치문화의 기반을 조성할 뿐만 아니라, 학문연구결과 등의 전수의 장이 됨으로써 우리 헌법이 지향하고 있는 문화국가의 실현을 위한 기본적 수단이다. 교육이 수행하는 이와 같은 중요한 기능에 비추어 우리 헌법은 제31조에서 학교교육 및 평생교육을 포함한 교육제도와 그 운영, 교육재정 및 교원의 지위에 관한 기본적 사항을 법률로 정하도록(제6항) 한 것이다. 따라서 입법자가 법률로 정하여야 할 교원지위의 기본적 사항에는 교원의 신분이 부당하게 박탈되지 않도록 하는 최소한의 보호의무에 관한 사항이 포함된다. 이 사건 법률조항은 임용기간이 만료되는 교원을 별다른 하자가 없는 한 다시 임용하여야 하는지의 여부 및 재임용대상으로부터 배제하는 기준이나 요건 및 그 사유의 사전통지 절차에 관하여 아무런 지침을 포함하고 있지 않을 뿐만 아니라, 부당한 재임용거부의 구제에 관한 절차에 대해서도 아무런 규정을 두고 있지 않다. 그렇기 때문에 이 사건 법률조항은, 정년보장으로 인한 대학교원의 무사안일을 타파하고 연구분위기를 제고하는 동시에 대학교육의 질도 향상시킨다는 기간임용제 본연의 입법목적에서 벗어나, 사학재단에 비판적인 교원을 배제하거나 기타 임면권자 개인의 주관적 목적을 위하여 악용될 위험성이 다분히 존재한다. 첫째, 재임용 여부에 관한 결정은 인사에 관한 중요 사항이므로 교원인사위원회의 심의를 받아야 하나, 교원인사위원회의 심의과정을 거치지 않거나 형식적인 절차만 거친 경우가 많았고 심지어는 교원인사위원회에서는 재임용 동의가 있었음에도 불구하고 특별한 이유없이 최종 임면권자에 의해 재임용이 거부되기도 하였다. 둘째, 이 사건 법률조항이 재임용의 거부사유 및 구제절차에 대하여 아무런 언급을 하지 않고 있기 때문에 사립대학의 정관이 교원의 연구실적, 교수능력과 같은 비교적 객관적인 기준을 재임용 거부사유로 정하지 아니하고 자의가 개입될 수 있는 막연한 기준에 의하여 재임용을 거부하는 경우에는 피해 교원을 실질적으로 구제할 수 있는 대책이 없다. 셋째, 절대적이고 통제받지 않는 자유재량은 남용을 불러온다는 것이 인류 역사의 경험이라는 점에서 볼 때, 자의적인 재임용거부로부터 대학교원을 보호할 수 있도록 구제수단을 마련해 주는 것은 국가의 최소한의 보호의무에 해당한다. 즉, 임면권자가 대학교원을 왜 재임용하지 않으려 하는지 이유를 밝히고 그 이유에 대하여 당해 교원이 해명할 기회를 주는 것은 적법절차의 최소한의 요청인 것이다. 넷째, 재임용심사의 과정에서 임면권자에 의한 자의적인 평가를 배제하기 위하여 객관적인 기준의 재임용 거부사유와 재임용에서 탈락하게 되는 교원에게 자신의 입장을 진술하고 평가결과에 이의를 제기할 수 있는 기회를 주는 것은 임면권자에게 지나친 부담이 아니라고 할 것이며, 나아가 재임용이 거부되는 경우에 이의 위법 여부를 다툴 수 있는 구제절차를 마련하는 것은 대학교원에 대한 기간임용제를 통하여 추구하려는 입법목적을 달성하는 데에도 아무런 장애가 되지 않는다고 할 것이다. 이상 본 바와 같이 객관적인 기준의 재임용 거부사유와 재임용에서 탈락하게 되는 교원이 자신의 입장을 진술할 수 있는 기회 그리고 재임용거부를 사전에 통지하는 규정 등이 없으며, 나아가 재임용이 거부되었을 경우 사후에 그에 대해 다툴 수 있는 제도적 장치를 전혀 마련하지 않고 있는 이 사건 법률조항은, 현대사회에서 대학교육이 갖는 중요한 기능과 그 교육을 담당하고 있는 대학교원의 신분의 부당한 박탈에 대한 최소한의 보호요청에 비추어 볼 때 헌법 제31조 제6항에서 정하고 있는 교원지위법정주의에 위반된다고 볼 수밖에 없다."고 하고, 헌법재판소 2003.12.18. 2002헌바14·32(병합) 결정에서 "임기가 만료된 교원이 '재임용을 받을 권리 내지 기대권'을 가진다고는 할 수 없지만 적어도 학교법인으로부터 재임용 여부에 관하여 '합리적인 기준과 정당한 평가에 의한 심사를 받을 권리'를 가진다고 보아야 한다. 그러므로 예컨대 학교법인이 아무런 기준을 정하지 아니하고 자의적으로 재임용 여부를 결정하는 경우, 학교법인이 정한 기준이 심히 불합리한 경우, 합리적인 기준이 있다고 하더라도 부당한 평가를 하여 재임용을 거부하는 경우, 그리고 관계법령 등에 정한 사전 고지 및 청문절차의 의무를 위반한 경우 등은 모두 임기만료 교원의 재임용 여부에 관하여 '합리적인 기준과 정당한 평가에 의한 심사를 받을 권리'를 침해하는 것에 해당한다고 할 것이다. 그렇다면, 위와 같은 경우 임기만료 교원에 대한 재임용거부는 교원지위향상을위한특별법(1991. 5. 31. 법률 제4376호로 제정된 것) 소정의 '징계처분 기타 그 의사에 반하는 불리한 처분'에 버금가는 효과를 가진다고 보아야 하므로 이에 대하여는 마땅히 교육인적자원부 교원징계재심위원회의 재심사유, 나아가 법원에 의한 사법심사의 대상이 되어야 한다."고 하였는데 대법원이 헌법재판소의 결정을 인용함으로써 앞으로 국·공립 대학 교수의 재임용거부와 관련하여 행정소송으로 다툴 수 있는 길이 트였다고 하겠다.

또한 현행 사립학교법 제53조의2 제3항은 "이 경우 근무기간에 관하여는 국·공립대학의 교원에게 적용되는 관련 규정을 준용한다."라는 내용이 추가되어 사립대학 교수의 임용에 있어 국·공립대학 교수에게 적용되는 임용기간을 준용함으로써 사립대학 교수의 지위를 국·공립대학 교수와 같이 보장하고 있는바, 사립대학교수의 재임용거부도 같은 논리로 해결할 수 있을 것이다.[99] 헌법재판소나 대법원은 교수재임용의 성격에 대해선 재량행위설에 입각하고 있지만, 하자없는 재량행위, 즉 합리적 기준에 의한 공정한 심사를 해 줄 것을 요구할 수 있는 신청권이 있다는 것으로 재임용제외결정에 있어서 하자가 있으면 이는 권리의 침해가 되고 그에 대한 사법적 심사대상이 된다는 것으로 해석할 수 있겠다.

그리고 더 나아가 대법원은 2004. 6. 11. 선고 2001두7053 판결에서 대학교원의 신규채용에 있어서 유일한 면접심사 대상자로 선정된 임용지원자에 대한 교원신규채용 중단조치가 항고소송의 대상이 되는 행정처분에 해당하는지 여부와 관련해서도, "구 교육공무원법(1999. 1. 29. 법률 제5717호로 개정되기 전의 것) 및 구 교육공무원임용령(1999. 9. 30. 대통령령 16564호로 개정되기 전의 것) 등 관계 법령에 대학교원의 신규임용에 있어서의 심사단계나 심사방법 등에 관하여 아무런 규정을 두지 않았다 하더라도, 대학 스스로 교원의 임용규정이나 신규채용업무시행지침 등을 제정하여 그에 따라 교원을 신규임용하여 온 경우, 임용지원자가 당해 대학의 교원임용규정 등에 정한 심사단계 중 중요한 대부분의 단계를 통과하여 다수의 임용지원자 중 유일한 면접심사 대상자로 선정되는 등으로 장차 나머지 일부의 심사단계를 거쳐 대학교원으로 임용될 것을 상당한 정도로 기대할 수 있는 지위에 이르렀다면, 그러한 임용지원자는 임용에 관한 법률상 이익을 가진 자로서 임용권자에 대하여 나머지 심사를 공정하게 진행하여 그 심사에서 통과되면 대학교원으로 임용해 줄 것을 신청할 조리상의 권리가 있다고 보아야 할 것이고, 또한 유일한 면접심사 대상자로 선정된 임용지원자에 대한 교원신규채용업무를 중단하는 조치는 교원신규채용절차의 진행을 유보하였다가 다시 속개하기 위한 중간처분 또는 사무처리절차상 하나의 행위에 불과한 것이라고는 볼 수 없고, 유일한 면접심사 대상자로서 임용에 관한 법률상 이익을 가지는 임용지원자에 대한 신규임용을 사실상 거부하는 종국적인 조치에 해당하는 것이며, 임용지원자에게 직접 고지되지 않았

---

99) 서울고등법원 2004. 5. 20. 선고 2002누3456 판결은, "기간제로 임용돼 임용기간이 만료된 사립대의 부교수 또는 조교수는 재임용 여부에 관해 합리적인 기준에 의한 공정한 심사를 요구할 법규상 또는 조리상 신청권을 가진다."며 "따라서 임용권자가 임용기간이 만료된 교원에 대해 재임용을 거부하는 것은 대학교원의 법률관계에 영향을 주는 것으로, 거부처분의 성격을 가지는 것이므로 교원지위향상을위한특별법 제9조의 '징계처분 기타 그 의사에 반하는 불리한 처분'에 해당한다."고 밝혔다. 재판부는 이어 "대법원 판결(2000두7735)은 국·공립대학의 교원에 관한 사안이나 국·공립대학의 교원뿐만 아니라 사립대학의 교원도 헌법 제31조 제6항이 의미하는 교원의 개념에 포함되는 점, 구 사립학교법 제53조의2 제3항이 사립대학 교원의 임용에 있어 국·공립대학 교수에게 적용되는 임용기간을 준용함으로써 사립대학 교수의 지위를 국·공립대학 교수와 같이 보장하고 있는 점 등을 종합하여 보면, 사립대학 교원의 경우에도 마찬가지로 해석할 수 있다."고 판시했다.

다고 하더라도 임용지원자가 이를 알게 됨으로써 효력이 발생한 것으로 보아야 할 것이므로, 이는 임용지원자의 권리 내지 법률상 이익에 직접 관계되는 것으로서 항고소송의 대상이 되는 처분 등에 해당한다."고 판시하고 있다.

4. 地籍公簿 登錄事項 變更

종래 대법원은 지적공부의 복구신청거부나 그 등재사항에 대한 변경신청을 거부한 행위와 관련하여 그 처분성을 인정하지 않았었다.[100]

하지만 헌법재판소는 일찌감치 1999. 6. 24. 97헌마315 결정에서, "지적법 제38조 제2항에 의하면 토지소유자에게는 지적공부의 등록사항에 대한 정정신청의 권리가 부여되어 있고, 이에 대응하여 소관청은 소유자의 정정신청이 있으면 등록사항에 오류가 있는지를 조사한 다음 오류가 있을 경우에는 등록사항을 정정하여야 할 의무가 있는바, 피청구인의 반려행위는 지적관리업무를 담당하고 있는 행정청의 지위에서 청구인의 등록사항 정정신청을 확정적으로 거부하는 의사를 밝힌 것으로서 공권력의 행사인 거부처분이라 할 것이므로 헌법재판소법 제68조 제1항 소정의 '공권력의 행사'에 해당한다. 지목은 토지에 대한 공법상의 규제, 공시지가의 산정, 손실보상가액의 산정 등 각종 토지행정의 기초로서 공법상의 법률관계에 법률상·사실상의 영향을 미치고 있으며, 토지소유자는 지목을 토대로 한 각종 토지행정으로 인하여 토지의 사용·수익·처분에 일정한 제한을 받게 되므로, 지목은 단순히 토지에 관한 사실적·경제적 이해관계에만 영향을 미치는 것이 아니라 토지의 사용·수익·처분을 내용으로 하는 토지소유권을 제대로 행사하기 위한 전제요건으로서 토지소유자의 실체적 권리관계에 밀접히 관련되어 있다고 할 것이고, 따라서 지목에 관한 등록이나 등록변경 또는 등록의 정정은 단순히 토지행정의 편의나 사실증명의 자료로 삼기 위한 것에 그치는 것이 아니라, 해당 토지소유자의 재산권에 크건 작건 영향을 미친다고 볼 것이며, 정당한 지목을 등록함으로써 토지소유자가 누리게 될 이익은 국가가 헌법 제23조에 따라 보장하여 주어야 할 재산권의 한 내포(內包)로 봄이 상당하다. 이 사건 토지는 택지조성을 목적으로 행위허가를 받고 그 준공검사를 거친 다음 '대'로 지목변경이 된 것으로서 그 지목변경은 적법한 것으로 추정되고, 그 후 이 사건 토지의 현황이 '대'에서 '전'으로 변경된 바 없음에도 불구하고 피청구인 강서구청장이 직권으로 이 사건 토지의 지목을 '대'에서 '전'으로 변경한 조치는 '대'에서 '전'으로의 토지이동(土地異動)이 없었음에도 지목을 변경한 것으로서 지적법 제3조 제2항 단서의 요건을 갖추지 못하여 위법하다고 할 것이므로, 이 사건 토지에 관하여는 지적법 제38조 제2항이 규정하는 바와 같이 지적공부의 등록사항에 오류가 있는 경우에 해당하여 피청

---

100) 대법원 1991. 12. 24. 선고 91누8357 판결 등 다수.

구인으로서는 청구인의 등록사항 정정신청에 응하여 이 사건 토지의 지목을 '대'로 정정해 주어야 할 의무가 있음에도 불구하고 부당한 이유를 들어 이를 거부하였고, 이로 인하여 이 사건 토지의 정당한 등록을 통하여 토지소유자인 청구인이 누리게 될 재산권이 침해당하였다."고 함으로써 위와 같은 지목변경신청반려처분에 대한 행정소송을 통한 구제의 길이 없음을 지적한 바 있다.

그런데 최근 대법원이 헌법재판소의 견해를 수용하여 지적공부 소관청의 지목변경신청 반려행위가 항고소송의 대상이 되는 행정처분이라고 판시하면서 종래 지목변경(정정이나 등록전환 등 포함)신청에 대한 반려(거부)행위를 항고소송의 대상이 되는 행정처분에 해당한다고 할 수 없다고 판시한 대법원 1981. 7. 7. 선고 80누456 판결, 1991. 2. 12. 선고 90누7005 판결, 1993. 6. 11. 선고 93누3745 판결, 1995. 12. 5. 선고 94누4295 판결 등과 지적공부 소관청이 직권으로 지목변경한 것에 대한 변경(정정)신청 반려(거부)행위를 항고소송의 대상이 되는 행정처분에 해당한다고 할 수 없다고 판시한 대법원 1971. 8. 31. 선고 71누103 판결, 1972. 2. 22. 선고 71누196 판결, 1976. 5. 11. 선고 76누12 판결, 1980. 2. 26. 선고 79누439 판결, 1980. 7. 8. 선고 79누309 판결, 1985. 3. 12. 선고 84누681 판결, 1985. 5. 14. 선고 85누25 판결 등을 비롯한 같은 취지의 판결들을 모두 변경한 바 있다. 즉, 대법원 2004. 4. 22. 선고 2003두9015 전원합의체 판결은, "구 지적법(2001. 1. 26. 법률 제6389호로 전문 개정되기 전의 것) 제20조, 제38조 제2항의 규정은 토지소유자에게 지목변경신청권과 지목정정신청권을 부여한 것이고, 한편 지목은 토지에 대한 공법상의 규제, 개발부담금의 부과대상, 지방세의 과세대상, 공시지가의 산정, 손실보상가액의 산정 등 토지행정의 기초로서 공법상의 법률관계에 영향을 미치고, 토지소유자는 지목을 토대로 토지의 사용·수익·처분에 일정한 제한을 받게 되는 점 등을 고려하면, 지목은 토지소유권을 제대로 행사하기 위한 전제요건으로서 토지소유자의 실체적 관리관계에 밀접하게 관련되어 있으므로 지적공부 소관청의 지목변경신청 반려행위는 국민의 권리관계에 영향을 미치는 것으로서 항고소송의 대상이 되는 행정처분에 해당한다고 할 것이다."고 하였다. 이로써 지목변경거부와 관련해서는 행정소송을 통한 구제의 길이 열렸다고 할 것이다.

Ⅳ. 拒否處分의 法的 效果

行政廳의 拒否處分에 대하여 取消訴訟을 提起하는 理由는 이 소송에서 승소하는 경우 取消判決의 羈束力 때문이다. 즉 行政訴訟法은 "판결에 의하여 취소되는 처분이 당사자의 신청을 거부하는 것을 내용으로 하는 경우에는 그 처분을 행한 행정청은 판결의 취지에 따라 다시 이전의 신청에 대한 처분을 하여야 한다."(제30조 제2항)고 규정하였다. 따라서 국민의 허가신청에 대한 거부처분의 경우 행정청은 당연히 허가를 하여야 함에도 불구하고 이를 거부하는 것이 위법이라는 이유로 취소판결을 한 경우 처분청은 판결의 취지에 따라 허가를 하여야 한다. 거부처분취소소송의 경우 그 인용판결은 행정소송법 제30조 제2항과 결부하여 행정청에게 신청에 따른 처분의무를 부과한다는 점에서 판결시의 법적·사실적 상황에서 청구권의 존재여부가 결정적인의미를 갖기 때문에 행정청의 거부의 위법성판단기준시점은 사실심변론종결시를 기준으로 하여야 할 것이다.101)

한편 거부처분에 대한 취소의 확정판결이 있음에도 행정청이 아무런 재처분을 하지 아니하거나, 재처분을 하였다 하더라도 그것이 종전 거부처분에 대한 취소의 확정판결의 기속력에 반하는 등으로 당연무효라면 이는 아무런 재처분을 하지 아니한 때와 마찬가지라 할 것이므로 이러한 경우에는 행정소송법 제30조 제2항, 제34조 제1항 등에 의한 간접강제를 신청할 수 있다.102)

여기서 거부처분취소의 확정판결을 받은 행정청이 사실심 변론종결 이후 발생한 새로운 사유를 내세워 다시 거부처분을 할 수 있는가가 문제될 수 있다. 대법원은 이 경우 "행정소송법 제30조 제2항의 규정에 의하면 행정청의 거부처분을 취소하는 판결이 확정된 경우에는 그 처분을 행한 행정청이 판결의 취지에 따라 이전의 신청에 대하여 재처분할 의무가 있으나, 이 때 확정판결의 당사자인 처분 행정청은 그 행정소송의 사실심 변론종결 이후 발생한 새로운 사유를 내세워 다시 이전의 신청에 대한 거부처분을 할 수 있고 그러한 처분도 위 조항에 규정된 재처분에 해당된다."103)고 판시하고 있다.

101) 취소소송에서 처분의 위법성판단기준시점에 관하여는 判決時說과 處分時說로 나뉘나 판례는 처분시설을 취하고 있다. 즉, 행정소송에서 행정처분의 위법 여부는 행정처분이 있을 때의 법령과 사실상태를 기준으로 하여 판단하여야 하고, 처분 후 법령의 개폐나 사실상태의 변동에 의하여 영향을 받지는 않는다(대법원 2002. 7. 9. 선고 2001두10684 판결 ; 대법원 2002. 10. 25. 선고 2002두4464 판결). 항고소송에 있어서 행정처분의 위법 여부를 판단하는 기준 시점에 대하여 판결시가 아니라 처분시라고 하는 의미는 행정처분이 있을 때의 법령과 사실상태를 기준으로 하여 위법 여부를 판단할 것이며 처분 후 법령의 개폐나 사실상태의 변동에 영향을 받지 않는다는 뜻이고 처분 당시 존재하였던 자료나 행정청에 제출되었던 자료만으로 위법 여부를 판단한다는 의미는 아니므로, 처분 당시의 사실상태 등에 대한 입증은 사실심 변론종결 당시까지 할 수 있고, 법원은 행정처분 당시 행정청이 알고 있었던 자료뿐만 아니라 사실심 변론종결 당시까지 제출된 모든 자료를 종합하여 처분 당시 존재하였던 객관적 사실을 확정하고 그 사실에 기초하여 처분의 위법 여부를 판단할 수 있다(대법원 1993.5.27. 선고92누19033 판결 ; 대법원 1995.11.10. 선고 95누8461 판결).
102) 대법원 2002. 12. 11. 2002무22 결정(주택건설사업 승인신청 거부처분의 취소를 명하는 판결이 확정되었음에도 행정청이 그에 따른 재처분을 하지 않은 채 위 취소소송 계속 중에 도시계획법령이 개정되었다는 이유를 들어 다시 거부처분을 한 사안에서, 개정된 도시계획법령에 그 시행 당시 이미 개발행위허가를 신청 중인 경우에는 종전 규정에 따른 재처분을 하여야 함에도 불구하고 개정 법령을 적용하여 새로운 거부처분을 한 것은 확정된 종전 거부처분 취소판결의 기속력에 저촉되어 당연무효라고 한 사례).
103) 대법원 1997. 2. 4. 선고 96두70 판결.

第6節 行政廳의 不作爲

I. 序說

오늘날 행정국가적 상황 아래에서는 행정청의 적극적 행위에 의한 국민의 권익침해뿐만 아니라 소극적 부작위에 의한 권익침해도 매우 중요한 문제이다. 행정청의 개입이 없어야 할 곳에 행정청의 개입이 이루어지는 것도 문제이지만 행정청이 당연히 국민의 생존배려와 권익보호를 위하여 필요함에도 불구하고 방관하는 것 역시 법치국가에서는 용인될 수 없는 일이다.

현행 行政訴訟法이 1984. 12. 15. 개정되면서 행정소송의 종류를 항고소송, 당사자소송, 민중소송, 기관소송의 4가지로 구분한 뒤, 항고소송에는 다시 취소소송, 무효확인소송, 부작위위법확인소송의 3가지가 있음을 정하고, 不作爲 違法確認訴訟은 "행정청의 부작위가 위법하다는 것을 확인하는 소송"이라고 개념 지음으로써 비로소 이 소송제도가 인정되었다.

그러나 행정청의 모든 부작위가 행정소송의 대상이 되는 것은 아니다. 즉 행정소송법 제2조 제1항 제2호에서 "不作爲라 함은 행정청이 당사자의 신청에 의하여 상당한 기간 내에 일정한 처분을 하여야 할 법률상의 의무가 있음에도 이를 하지 아니하는 것을 말한다."고 규정하고 있다.

II. 不作爲의 槪念

行政廳의 不作爲란 廣義로는 "행정청이 일정한 작위의무가 있음에도 불구하고 하여야 할 작위적 행위를 하지 아니하는 것"을 의미한다. 이러한 광의의 행정청의 부작위는 行政審判法(제2조 제2호)이나, 行政訴訟法(제2조 제2호)이 규정하고 있는 '신청에 의한 처분의 부작위'만이 아니라 신청이 없어도 행정청이 일정한 처분을 행하여야 할 의무에 위반한 부작위, 나아가 처분 이외의 공법적 행정작용을 할 의무가 있음에도 불구하고 이를 행하지 않는 경우의 부작위 등을 포함하는 개념이다.[104]

하지만, 行政訴訟法上의 不作爲는 '행정청이 당사자의 신청에 대하여 상당한 기간 내에 일정한 처분을 하여야 할 법률상 의무가 있음에도 불구하고 이를 하지 않는 것'을 의미하는 것으로 狹義로 解釋하여야 할 것이다.

왜냐하면, 현행 행정소송법이 처분의 부작위에 대한 쟁송만을 명문으로 규정하여, 부작위의 개념 규정조차도 '처분의 신청에 대한 행정청의 부작위'로 특정하고 있기 때문이다.

이러한 不作爲의 槪念要素는 ① 당사자의 신청, ② 상당한 기간의 경과, ③ 처분을 할

---

104) 헌법재판소 1995. 7. 21. 선고 94헌마136 결정.

법률상 의무의 존재, ④ 처분의 부존재로 분석할 수 있겠다.

따라서 이 책에서는 공무원의 부작위에 대한 국가배상책임이라든가 처분 이외의 공법상 행정작용의 부작위, 行政立法不作爲,[105] 헌법소원에 의한 부작위에 대한 구제문제는 거론하지 아니하고 행정청의 처분의 부작위만을 논의의 대상으로 삼기로 한다.

Ⅲ. 不作爲의 要件

1. 當事者의 申請

不作爲가 成立하려면 當事者의 申請이 있어야 한다. 따라서 당사자가 행정청에 대하여 어떠한 행정행위를 하여 줄 것을 신청하지 아니하였을 경우에는 항고소송의 대상인 부작위가 있다고 볼 수 없다.[106]

여기서 當事者의 申請이란 행정청의 처분을 유발하는 행위로서, 雙方的行政行爲인 申請을 要하는 行政行爲에 있어서의 申請을 意味한다. 따라서 청원, 진정 또는 독점규제및 공정거래에 관한 법률 제49조 제2항에 의한 공정거래위원회에 대한 위반행위의 신고[107]나 하도급거래공정화에관한법률 제22조 제1항에 의한 공정거래위원회에 대한 위반행위의 신고[108]와 같이 직권발동을 촉구하는데 지나지 않는 경우에는 그에 따른 적당한 조치를 취하여 줄 것을 요구할 수 있는 구체적인 청구권이 있다고 할 수 없어 항고소송을 제기하더라도 소는 부적합하여 각하된다.

우선 문제되는 것은 行政訴訟法 제36조에서 처분의 신청을 한 자라고 규정하고 있기 때문에 신청권이 있는 자의 신청만이 부작위의 개념요소로서의 당사자의 신청에 해당하는가 하는 점이다. 즉, 不作爲違法確認訴訟의 原告適格이 인정되기 위해서는 일정한 처분의 신청을 한 것으로 족한가, 아니면 일정한 처분에 대한 신청권을 가지는 자에 한하느냐 하는 점이 문제이다. 이에 대하여 법령[109]에 신청권이 명시된 경우(예컨대, 여권

---

105) 行政立法不作爲에 대해 자세한 내용은, 朴均省, 「行政立法不作爲에 관한 考察」(人權과 正義 通卷 第225號, 1995. 5), 67쪽 이하 ; 「行政立法不作爲에 대한 法的 救濟」(判例月報 302號, 1995. 11), 27쪽 이하 참조. 한편 대법원은 "행정소송은 구체적 사건에 대한 법률상 분쟁을 법에 의하여 해결함으로써 법적 안정을 기하자는 것이므로 부작위위법확인소송의 대상이 될 수 있는 것은 구체적 권리의무에 관한 분쟁이어야 하고 추상적인 법령에 관하여 제정의 여부 등은 그 자체로서 국민의 구체적인 권리의무에 직접적인 변동을 초래하는 것이 아니어서 행정소송의 대상이 될 수 없다"(대법원 1992. 5. 8. 선고 91누11261 판결)고 판시하고 있다. 하지만 대법원 2002. 6. 28. 선고 2000두4750 판결에서는 조례는 지방의회의 의결을 거쳐 제정되는 자치입법임에도 행정소송의 대상임을 전제로 판시한 바 있다.

106) 대법원 1992. 6. 9. 선고 91누8807 판결.

107) 대법원 2000. 4. 11. 선고 98두5682 판결.

108) 대법원 1989. 5. 9. 선고 88누4515 판결.

109) 여기서 '法令'이라 함은 정규의 법령, 즉, 법률, 명령, 규칙, 조례에 한하지 않고 내규나 요강도 포함한다고 하겠다.

발급신청에 관한 여권법 제5조 제1항, 광업권설정출원에 관한 광업법 제17조)뿐만 아니라 법해석상 신청권이 있는 것으로 인정되는 경우(예컨대, 건축허가에 관한 建築法 제8조 제1항, 여객자동차운송사업면허에 관한 여객자동차운수사업법 제5조)라야 한다고 하는 것이 다수설110)과 판례의 입장이다.

金東熙 敎授는 "부작위위법확인소송은 부작위의 위법의 확인을 구할 법률상이익이 있는 자만이 제기할 수 있다. 구체적으로는 이 소송의 원고적격은 당해행위의 발급 또는 발동을 구할 수 있는 권리가 있는 자에게만 인정되는 것이다."라고 한다.111)

金裕煥 敎授는, 어떤 행정청의 권한의 불행사가 부작위가 되는가의 여부는 객관적 판단의 대상이지 당사자의 변동에 따라 달라질 수 있는 문제가 아니기 때문에 당사자의 신청권의 유무는 부작위 개념에서 취급할 문제가 아니라 행정심판에서의 청구인적격, 그리고 행정소송에 있어서의 원고적격에서 논할 문제라 하고,112) 朴鈗炘 敎授도 "부작위위법확인소송의 목적은 신청권을 가진 자의 불이익을 구제하기 위한 것으로 신청권의 유무는 행정청의 부작위가 위법인지의 여부를 판단하기 위한 전제가 되므로, 법령에 근거하지 아니하고 신청을 한 자가 부작위에 대하여 소송을 제기하여도 결국 부작위가 성립할 여지가 없으며, 따라서 신청권이 없는 자는 원고적격이 인정될 수 없다."고 한다.113)

이들 소송요건설에 따르면, 부작위위법확인소송은 법에 의한 신청권을 부여받은 자의 불이익을 구제하는 것이기 때문에 법령 등에 기하지 아니한 신청을 한 자가 부작위에 관한 소송을 제기하여도 결국은 원고적격이 인정되지 않기 때문에 부적법 소 각하된다는 것이다.114)

大法院 判例 역시 "행정소송법 제4조 제3호가 정하는 부작위위법확인의 소는 행정청이 당사자의 법규상 또는 조리상의 권리에 기한 신청에 대하여 상당한 기간 내에 신청을 인용하는 적극적 처분 또는 각하 하거나 기각하는 등의 소극적 처분을 하여야 할 법률상

---

110) 이를 訴訟要件說이라고 한다.
　　金南辰, 前揭書, 628~629쪽, 836쪽 ; 金道昶, 前揭書, 831쪽 ; 金東熙, 前揭書, 501쪽, 708쪽 ; 金香基, 前揭書, 376쪽 ; 朴圭河, 前揭書, 709쪽 ; 朴鈗炘, 前揭書, 792~793쪽, 1000쪽 ; 石琮顯, 前揭書, 896쪽 ; 洪井善, 前揭書, 877쪽. 다만 金香基 敎授는 訴訟要件說을 취하면서도 법령상의 신청권의 유무를 항고소송의 처분성에 대응하는 것으로 보아 소의 대상의 문제라고 한다(「行政法上 申請」(考試研究, 1999. 12), 96쪽).
　　일본의 경우 이에 따르는 학자는 塩野 宏, 前揭書, 183面 ; 芝池義一, 前揭書(救濟法), 118, 120面 ; 藤田宙靖, 前揭書, 375~376面 등이 있으며, 最高裁判所 1972(昭和 47). 11. 16.判決(民集, 26卷 9號, 1573面, 이 판결에 대한 평석은 『行政判例百選Ⅱ』第4版(塩野 宏 等編, 有斐閣, 1999), 476~477面 참조)도 訴訟要件說에 터 잡은 결론이다.
111) 金東熙, 前揭書, 501쪽, 710~711쪽.
112) 金裕煥, 「行政廳의 不作爲에 대한 救濟」(考試界, 1997. 6), 46쪽.
113) 朴鈗炘, 前揭書, 1000쪽.
114) 加藤泰守, 「行政廳の不作爲に對する救濟」, 『行政法講座』第3卷, 135面.

응답의무가 있음에도 불구하고 이를 하지 아니하는 경우 그 부작위가 위법하다는 것을 확인함으로써 행정청의 응답을 신속하게 하여 부작위 또는 무응답이라고 하는 소극적 위법상태를 제거하는 것을 목적으로 하는 것이고, 나아가 그 인용 판결의 기속력에 의하여 행정청으로 하여금 적극적이든 소극적이든 어떤 처분을 하도록 강제한 다음, 그에 대하여 불복이 있을 경우 그 처분을 다투게 함으로써 최종적으로는 당사자의 권리와 이익을 보호하려는 제도이므로, 당사자의 신청이 있은 이후 당사자에게 생긴 사정의 변화로 인하여 위 부작위가 위법하다는 확인을 받는다고 하더라도 종국적으로는 침해되거나 방해받은 권리와 이익을 보호·구제받는 것이 불가능하게 되었다면 그 부작위가 위법하다는 확인을 구할 이익은 없다"[115), "이러한 소송은 처분의 신청을 한 자로서 부작위가 위법하다는 확인을 구할 법률상의 이익이 있는 자만이 제기할 수 있는 것이므로, 당사자가 행정청에 대하여 어떠한 행정처분을 하여줄 것을 요청할 수 있는 법규상 또는 조리상의 권리를 갖고 있지 아니하거나 부작위의 위법확인을 구할 법률상의 利益이 없는 경우에는 항고소송의 대상이 되는 위법한 부작위가 있다고 볼 수 없거나 원고적격이 없어 그 부작위위법확인의 소는 부적법하다."[116)라고 판시함으로써 다수설과 같은 입장이다.

즉, 行政訴訟法 제4조 제3호에 규정된 부작위위법확인의 소는, 처분의 신청을 한 자로서 부작위의 위법의 확인을 구할 법률상의 이익이 있는 자만이 제기할 수 있다 할 것이며, 그 신청을 통하여 구하는 행정청의 응답행위는 행정소송법 제2조 제1항 제1호 소정의 처분에 관한 것이라야 하므로, 당사자가 행정청에 대하여 어떠한 행정행위를 하여 줄 것을 신청하지 아니하거나 그러한 신청을 하였더라도 당사자가 행정청에 대하여 그러한 행정행위를 하여 줄 것을 요구할 수 있는 법규상 또는 조리상의 권리를 갖고 있지 아니하든지 또는 행정청이 당사자의 신청에 대하여 거부처분을 한 경우에는 원고적격이 없거나 항고소송의 대상인 위법한 부작위가 있다고 볼 수 없어 그 부작위위법확인의 소를 부적법하다는 것이다.

하지만 처분을 신청한 자이면 족하고 반드시 법령에 의하여 신청권이 인정된 자이어야만 하는 것은 아니라고 하는 유력한 의견도 있다.[117) 이에 의하면 법령에 기한 신청권

---

115) 대법원 2002. 6. 28. 선고 2000두4750 판결.
116) 대법원 2000. 2. 25. 선고 99두11455 판결 ; 대법원 1999. 12. 7. 선고 97누17568 판결 ; 대법원 1998. 1. 23. 선고 96누12641 판결 ; 대법원 1996. 5. 14. 선고 96누1634 판결 ; 대법원 1996. 1. 26. 선고 95누13326 판결 ; 대법원 1995. 9. 15. 선고 95누7345 판결 ; 대법원 1993. 4. 23. 선고 92누17099 판결 ; 대법원 1992. 10. 27. 선고 92누5867 판결 ; 대법원 1992. 6. 9. 선고 91누11278 판결.
117) 이를 本案說이라고 하는데, 일본에서는 현실적으로 신청한자이면 족하다는 것이 통설이다.
杉本良吉, 『行政事件訴訟法の解說』(法曹會, 1981), 121~122面 ; 南 博方 編, 前揭書(條解), 817~818面 ; 田中二郞, 前揭書, 357面 ; 原田尙彦, 前揭書, 24~25面 ; 小高 剛, 前揭書, 298面 ; 宮田三郎, 『行政訴訟法』(信山社, 1998), 148~149面 ; 山田二郞, 「不作爲の違法確認の訴

을 가진 자의 여부는 본안의 판단사항이고 원고적격의 요건은 아니라고 한다.

즉 李尙圭 辯護士는, "부작위위법확인소송의 대상은 당사자의 신청이 있었음에도 불구하고 상당한 기간 내에 일정한 처분을 하지 않는 행정청의 부작위인 것이므로, 원고적격이 인정될 수 있기 위하여는 먼저 일정한 처분의 신청을 현실적으로 한 자이어야 한다. 그러므로 현실적으로 일정한 처분의 신청을 한 것으로 족하고, 그 자가 법령에 의한 신청권을 가졌는지의 여부는 가릴 것이 없다."고 하면서 신청권의 문제는 본안 판단사항이지 소송요건의 문제가 아니라고 한다.118)

현행 행정소송법이 부작위위법확인소송에 대해 객관적 판단요소인 부작위 개념과는 별도로 당사자의 주관적 요소인 원고적격에 대한 규정을 두고 있는 그 구조상, 부작위위법확인소송의 원고적격을 신청권 없이 신청한 자에게도 인정하거나 신청권의 유무문제는 본안 판단사항이라고 하는 견해에는 찬성할 수 없다.

日本 行政事件訴訟法 제37조는 "부작위의 위법확인의 소는 처분 또는 재결에 대한 신청을 행한 자에 한하여 제기할 수 있다."라고 규정하고 있어 법문의 문리해석상 신청만 하였으면 되고 반드시 신청권이 있어야만 하는 것은 아니라고 보이지만, 우리 行政訴訟法 제36조는 "처분의 신청을 한 자로서 부작위의 위법의 확인을 구할 법률상이익이 있는 자"만이 부작위위법확인소송을 제기할 수 있는 것으로 규정하고 있으므로 우리 실정법상으로는 문리해석상 처분의 신청을 하고 동시에 위법확인을 구할 법률상이익을 가진 자만이 원고적격을 가진다고 보는 것이 옳고, 결과적으로 신청권의 유무문제는 소송요건인 원고적격의 문제라고 함이 타당하다고 본다.

또 다른 문제는 申請의 受理拒否나 返戾의 境遇에 부작위가 성립하는가 하는 점이다.

이 경우 신청의 수리거부나 반려는 거부처분의 일종인 형식적 거부에 해당된다고 할 것이고 여기서 말하는 부작위개념에 포함시킬 것은 아니다.119)

따라서 당사자의 신청에 대한 행정청의 거부처분이 있는 경우에는, 행정청이 당사자의 신청에 대하여 상당한 기간 내에 일정한 처분을 하여야 할 법률상의 응답 의무를 이행하지 아니함으로써 야기된 부작위라고 할 수 없어 부작위위법확인소송은 허용되지 않는다.120)

다음으로 이 신청은 適法한 申請만을 말하는지가 의문이다.

신청이 실제로 이루어지고 그에 대한 수리도 있었으나 그것이 부적법한 경우 신청이 존

えにおける 原告適格及び訴えの利益」(『實務民事訴訟講座8』, 日本評論社, 1970), 132面.
118) 卞在玉, 前揭書, 685쪽 ; 李尙圭, 前揭書(爭訟法), 371쪽 ; 洪準亨, 前揭書(救濟法), 716~717쪽.
119) 金裕煥, 「形式的拒否處分에 대한 取消訴訟에 있어서의 審理範圍」(判例月報 통권318호, 1997. 3), 26~27쪽.
120) 대법원 1990. 12. 11. 선고 90누4266 판결 ; 대법원 1991. 11. 8. 선고 90누9391 판결 ; 대법원 1992. 4. 28. 선고 91누8753 판결.

재하는 것으로 되어 부작위가 성립하는가의 문제가 대두된다. 이에 대해 일반적으로는 신청이 법령상 근거가 있을 것을 소송요건으로 해석하여 행정청의 부작위가 성립되기 위해서는 당사자의 적법한 신청이 있어야 한다고 하고 있는바[121] 부적법한 신청에 대하여는 각하하여야 한다고 설명되고 있다.

이 경우 신청의 형식적 위법의 문제는 수리로써 치유되었다고 보아야 하며 신청의 실체적 위법의 문제는 행정소송에 있어서는 본안판단사항이 되거나 판단대상이 되지 아니하므로(實體的 審理說에서는 본안 판단사항이 되지만 節次的 審理說의 입장에서는 부작위위법확인은 응답의무의 존재여부에 대한 판단이므로 실체적 위법사유는 판단대상이 되지 않는다) 결국 부적합한 신청이라도 부작위의 성립을 방해하지는 않는다고 하고,[122] 더 나아가 부작위위법확인의 소는 행정절차와 행정소송절차가 교차하는 장(場)이라고 하면서 부작위위법확인의 소의 목적은 신청에 대한 부작위상태를 해소하는데 있고 신청자가 행정청의 판단을 구함에 있어 부적법한 신청을 하더라도 행정청은 절차상 부적법을 이유로 신청의 수리를 거부할 수 없다고 하기도 한다.[123]

적법한 신청이 소송요건인지에 대하여 판례상 명백하지는 않으나, 판례에 나타난 문언을 보면 원고의 신청이 법령상의 근거에 기한 것이 아니어서 "원고의 이 사건 소는 결국 부적법한 것이 되어 각하를 면할 수 없다."고 되어 있어 우리 대법원도 신청이 법령상의 근거에 기한 적법한 것일 것을 부작위위법확인소송의 소송요건으로 해석하고 있는 듯하다.

하지만 앞서 본대로 申請權의 有無問題를 소송요건인 原告適格의 問題로 파악하는 이상 행정청의 부작위가 성립되기 위해서는 적법한 신청을 요한다고 하겠다.

2. 相當한 期間의 經過

부작위성립의 두 번째 요소로서 상당한 기간이 경과하여야 한다. 즉 행정청이 일정한 처분을 하여야 할 상당한 기간이 지나도 아무런 처분을 하지 아니한 상태가 존재하여야 한다. 여기서 말하는 '상당한 기간'은 사회통념상 그 신청을 처리하는데 소요되는 것으로 판단되는 기간을 의미하는 것으로 객관적으로 평가할 것이지 행정청의 주관적 사정을 고려하여 판단할 것은 아니다.

처리기간이 어떤 형태로든 규정되어 있는 경우에는 그 기간이 상당한 기간이 될 것이다. 처리기간에 대한 규정이 훈시적 규정이든 행정규칙 등의 형태로 되어 있다고 하여도

---

121) 李尙圭, 前揭書, 335쪽.
122) 金南辰, 前揭書, 838쪽 ; 卞在玉, 前揭書, 686~687쪽 ; 洪井善, 前揭書, 877쪽 ; 洪準亨, 前揭書, 712쪽 ; 芝池義一, 前揭書, 119~120面 ; 南 博方 編, 前揭書, 818面 ; 金裕煥, 「行政廳의 不作爲에 대한 救濟」, 47쪽 ; 徐元宇, 「不作爲違法確認訴訟」(考試研究, 1986. 12), 65쪽.
123) 宮田三郞, 前揭書, 149面.

마찬가지이다. 보통 行政節次法 제19조 제1항에 따라 설정·공표한 민원사무처리기간은 당해처분을 위한 상당한 기간으로 볼 수 있을 것이다.

그러나 법규가 일정한 기간 안에 처리하지 않으면 거부로 간주한다는 규정을 두는 간주거부(看做拒否)의 경우에는 상당한 기간의 경과로 거부처분이 성립하지 부작위가 성립하지는 않는다고 하겠다.

3. 處分을 하여야 할 義務의 存在

다음으로 처분을 하여야 할 의무가 존재하여야 한다.

부작위위법확인소송의 대상이 되는 부작위는 행정청이 어떠한 처분을 하여야 할 법령상의 의무가 있는 경우에 성립하는 것으로 여기서 '법령상의 의무'란 법령에서 명문으로 규정한 경우뿐만 아니라 법해석상의 의무도 포함한다고 해석하는 것이 일반적 견해이다.124)

특히 어떤 학자는 법령의 규정형식이나 처분의 성질상 재량의 여지없이 처분을 하지 아니하면 의무위반으로 위법이 되는 경우를 의미하고 이는 법령이 일정한 요건을 구비한 신청에 대하여 처분을 하여야 한다고 규정한 경우 또는 신청한 처분이 그 성질로 보아 재량의 여지없는 기속행위에 해당하는 경우(예컨대, 허가요건을 갖춘 자의 경찰허가신청)가 이에 해당한다고 한다.125)

더 나아가 재량행위의 경우에도 재량권이 영으로 수축되는 때에는 처분할 법률상 의무가 존재한다고 주장하는 학자도 있다.126)

즉, 재량행위에 대해 無瑕疵裁量行使請求權이 있음을 전제로 행정청은 당사자의 신청이 있으면 그에 대한 처분을 할 것인지의 여부 및 처분을 하는 때에는 어떠한 내용의 처분을 할 것인지에 대한 하자 없는 적정한 재량을 하여야 할 법적인 의무가 있는 것이라고 한다.

판례에 의하면, "행정청이 국민으로부터 어떤 신청을 받고도 신청에 따르는 내용의 행위를 하지 아니한 것이 항고소송의 대상이 되는 위법한 부작위가 된다고 하기 위해서는 국민이 행정청에 대하여 요구할 수 있는 법규상 또는 조리상의 권리가 있어야 하며, 이러한 권리에 의하지 아니한 신청을 행정청이 받아들이지 아니하였다고 하여 신청인의 권리나 법적 지위에 어떤 영향을 준다고 할 수 없는 것이므로 이를 위법한 부작위라 할 수 없다"고 한다.127)

하지만 법령에 명문의 규정이 있는 경우에는 문제가 없지만, 법령에 명문의 규정이 없

---

124) 대법원 1992. 7. 28. 선고 91누7361 판결 ; 대법원 1990. 9. 25. 선고 89누4758 판결.
125) 卞在玉, 前揭書, 687~688쪽.
126) 金香基, 前揭書, 376쪽 ; 李尙圭, 前揭書, 336쪽.
127) 대법원 1990. 5. 25. 선고 89누5768 판결 ; 대법원 1992. 10. 27. 선고 92누5867 판결.

는 경우 어떤 경우에 과연 법령상의 의무가 있다고 볼 것인지는 어려운 문제이다. 결국 앞에서 본 학자들의 견해나 판례의 취지를 종합하여 볼 때 구체적 사안별로 법규정의 해석과 당해처분의 성질을 참작하여 판단할 수밖에 없다고 하겠다.

대법원 판례에서 신청권이 없다고 한 구체적인 예를 살펴보면, ① 구 토지구획정리사업법128) 제40조 제1항은 사업 시행자에게 필요한 경우 건축물 등을 이전하거나 제거할 수 있는 권능을 부여한 규정에 지나지 아니할 뿐 사업 시행자에게 그러한 의무가 있음을 규정한 것은 아니므로 이 규정을 들어 제자리환지처분을 받은 토지소유자에게 사업시행자로 하여금 종전 토지 위의 건축물 등에 대한 이전 또는 철거를 이행하도록 요구할 수 있는 신청권이 있다고 볼 수 없고, 그 밖에 토지소유자에게 위와 같은 성질의 권리를 인정한 구 토지구획정리사업법의 다른 규정이 없으므로 피고가 작위의무이행을 구하는 원고의 신청을 받아들이지 아니하였다고 하여 항고소송의 대상인 위법한 부작위에 해당한다고 할 수 없다.129) ② 국회의원이 대통령 및 외교통상부장관의 특임공관장에 대한 인사권 행사 등과 관련하여 그 임면과정이나 지위변경 등에 관한 요구를 할 수 있는 법규상 또는 조리상 신청권을 갖고 있는지 여부와 관련하여, "외무공무원의 정년 등을 규정한 외무공무원법상 일반국민이나 국회의원 등이 외무공무원의 임면권자에 대하여 특임공관장의 임면과정이나 직위 변경 등에 관하여 어떠한 신청을 할 수 있다는 규정이 없을 뿐 아니라, 나아가 국회의원은 헌법이 부여한 권한에 따라 국정감사·조사권, 국무위원 등의 국회출석요구권·질문권, 국무위원 등의 해임건의권 등의 다양한 권한행사를 통하여 행정부의 위법·부당한 행위를 통제할 수 있고, 또한 국회법상 국회통일외교통상위원회는 외무공무원의 인사에 관한 사항 등 외교통상부 소관에 속하는 의안과 청원의 심사 등의 직무를 행하도록 규정되어 있기는 하지만, 이러한 규정들에 의하여 국회의원이 국무위원인 외교통상부장관에 대하여 정치적인 책임을 물을 수 있음은 별론으로 하고 국회의원 개개인에게 특임공관장의 인사사항에 관한 구체적인 신청권을 부여한 것이라고 할 수 없어서, 국회의원에게는 대통령 및 외교통상부장관의 특임공관장에 대한 인사권행사 등과 관련하여 대사의 직을 계속 보유하게 하여서는 아니 된다는 요구를 할 수 있는 법규상 신청권이 있다고 할 수 없고, 그밖에 조리상으로도 그와 같은 신청권이 있

---

128) 이 법은 2001. 1. 28. 법률 제6242호로 도시개발법이 제정되면서 폐지됨.

129) 대법원 1990. 5. 25. 선고 89누5768 판결 : 구 토지구획정리사업법은 지방자치단체를 시행자로 규정하고 그 시행자가 일정한 경우에 시행지구 안에 있는 건축물 및 장애물 등을 이전하거나 제거할 수 있다고 규정하고 있는바(같은 법 제40조 제1항), 시행지구 안의 장애물을 제거할 수 있는 권능은 시행자에게 부여되어 있는 것이지 시행자의 기관에게 부여되어 있는. 것이 아니기 때문에, 이 사건의 경우 시행자의 기관인 서울특별시장을 상대로 할 것이 아니라 시행자인 서울특별시를 상대로 공법상 당사자소송을 제기하였어야 한다는 지적이 있다(金南辰, 「不作爲違法確認訴訟의 原告適格」, 『行政法의 基本問題』, 1106쪽 ; 愼保晟, 「不作爲違法確認訴訟과 訴의 利益」(司法行政, 1992. 1), 9쪽).

다고 보여 지지 아니 한다."130) 등이 있다.

그리고 이 義務의 性格과 관련하여, 판례는 應答義務라고하고 일설은 處分義務의 存在可能性131) 또는 應答義務의 存在可能性132)으로 이해한다.

4. 處分의 不存在

마지막으로 처분이 존재하지 않아야 한다. 즉, 부작위가 성립되려면 행정청의 처분으로 볼만한 외관자체가 존재하지 아니하는 상태를 말한다. 부작위상태의 소멸, 즉 일정한 처분이 있는 것으로 되기 위해서는, 행정청의 내부에 있어서 그 처분을 위한 의사결정의 사실이 있었다거나 그 의사결정의 내용을 담은 서면이 작성, 준비되었다는 것만으로는 부족하고, 어떠한 형식으로든 행정청의 권한 있는 자에 의하여 외부로 표시되고, 그 신청이 거부 내지 각하되었다는 취지가 신청자에게 오해 없이 정확하게 전달되어 이를 알 수 있는 상태에 놓인 경우에 한한다.133)

그리고 相當한 期間經過를 判斷할 수 있는 時點, 즉 위법판단의 기준시에 관해서는 訴提起時라고 하는 견해와 判決時라고 하는 견해가 대립되지만, 판결시까지 상당기간을 경과하고 있으면 족하다고 할 것이다.134) 구체적으로는 처분의 존재여부에 대한 판단의 기준시점은 사실심변론종결시(事實審辯論終結時)로 보아야 할 것이다.

IV. 不作爲에 대한 爭訟方法

행정청의 부작위에 의하여 권리·이익이 침해된 경우 그 법적구제방법은, 行政節次法上의 行政介入請求, 行政審判法에 의한 義務履行審判, 國家賠償法에 의한 損害賠償, 憲法訴願, 行政訴訟法에 의한 不作爲違法確認訴訟 등이 있으나, 여기서는 논제와 관련된 부작위위법확인소송을 검토하는데 그치기로 한다.

不作爲違法確認訴訟은 行政廳의 不作爲가 違法하다는 것을 確認하는 訴訟이다. 부작위위법확인소송은 행정청에 처분의 신청을 한 자로서 부작위의 위법의 확인을 구할 법률상이익이 있는 자가 제기할 수 있다(行政訴訟法 제36조).

여기서 法律上利益이 있는 자는 법률상 행정청에 일정한 처분을 발할 것을 구할 수 있는 자, 즉 행정처분의 발급신청권이 있는 자에 한정된다고 할 것이다. 그리고 부작위위법확인소송을 제기하기 위해서는 먼저 의무이행심판을 거쳐야 한다(行政訴訟法 제38조

---

130) 대법원 2000. 2. 25. 선고 99두11455 판결.
131) 洪準亨, 前揭書, 713~714쪽.
132) 金裕煥, 前揭論文, 48쪽.
133) 대법원 1990. 9. 25. 선고 89누4758 판결.
134) 塩野 宏, 前揭書, 183面 ; 芝池義一, 前揭書, 121面.

제2항). 이는 의무이행소송의 제도화의 과도기적 형태로서 의무이행심판을 부작위위법 확인 소송의 전심절차로 규정한 것으로 보인다. 부작위위법확인소송의 소송물은 부작위 의 위법성이다. 따라서 법원은 행정청의 부작위의 위법성 여부를 확인하는데 그치고, 그 이상으로 행정청의 실체법상의 처분의무의 내용까지 심리·판단할 수는 없다고 보아야 할 것이다.

그리고 不作爲違法與否의 判斷基準時點은 사실심의 구두변론종결시이다. 따라서 변론 종결시까지 처분청이 처분을 한 경우에는 부작위상태가 해소됨으로써 소의 이익이 없게 된다.[135]

일본에서는 不作爲違法確認訴訟의 機能과 관련하여 취소소송의 보충적 성질을 가지는 소송으로서 취소소송의 전단계소송이라고 보는 입장과,[136] 의무소송의 변형으로 보고 그 대체적 기능을 기대하는 입장이 있다.[137] 하지만 부작위위법확인소송을 의무소송적 으로 이론 구성하는 고찰 방법은 제도의 목적에 적합하지 않다고 하겠다.[138]

우리 대법원은 "부작위위법확인의 소는 …… 국민의 신청에 대하여 상당한 기간 내에 일정한 처분, 즉 신청을 인용하는 적극적 처분 또는 각하 하거나 기각하는 등의 소극적 처분을 하여야 할 법률상의 응답의무가 있음에도 불구하고 이를 하지 아니하는 경우, 판 결시를 기준으로 하여 그 부작위의 위법성을 확인함으로써 행정청의 응답을 신속하게 하여 부작위 내지 무응답이라고 하는 소극적 위법상태를 제거하는 것을 목적으로 하는 것이고, 나아가 당해 판결의 구속력에 의하여 행정청에 대하여 처분 등을 하게하고, 다 시 당해처분 등에 대하여 불복이 있는 때에는 그 처분을 다투게 함으로써 최종적으로는 국민의 권리이익을 보호하는 제도"라고 판시하고 있어,[139] 부작위위법확인소송은 입법 론에서 보다시피 간접적으로 의무이행소송의 불인정에 따른 보완적 기능을 담당하고 있 다고 보아야 할 것이다.

이처럼 행정청이 당사자의 신청에 대하여 상당한 기간 내에 일정한 처분을 하여야 할 법률상 의무가 있음에도 불구하고 이를 하지 아니하는 경우에는 그에 대하여 부작위위 법확인소송을 제기할 수 있다.

한편 우리 대법원 판례는 부작위위법확인소송에 있어서의 심리범위에 관해 節次的審理

---

135) 대법원 1999. 4. 9. 선고 98두12437 판결.
136) 杉本良吉, 前揭書(行政事件訴訟法の解說), 17面.
137) 杉村敏正·兼子 仁, 前揭書, 344～345面 ; 原田尙彦,「行政上の豫防訴訟と義務づけ訴訟」,『訴 えの利益』, 79面.
138) 宮田三郎, 前揭書, 148面.
139) 대법원 1990. 9. 25. 선고 89누4758 판결 ; 대법원 1992. 6. 9. 선고 91누11278 판결 ; 대법 원 1995. 9. 15. 선고 95누7345 판결 ; 대법원 1996. 1. 26. 선고 95누13326, 13333, 13340, 13357, 13364, 13371, 13388, 13395, 13401 판결.

說에 입각하여 부작위위법확인소송은 응답의무에 관한 소송일 뿐이므로 그 심리범위는 절차적인 것에 국한되고 당사자가 신청한 處分의 실체적인 심리에까지 이르지는 못하는 것으로 이해하고 있다.

이에 반하여 부작위위법확인소송이 가지는 권리구제수단으로서의 미흡함을 조금이라도 해소하기 위해서는 법원은 응답의무에 관한 심리만을 할 것이 아니라 신청의 실체적인 내용까지 심리하여 행정청의 처분의 방향, 곧 응답의 방향까지도 제시할 수 있도록 하는 것이 타당하다는 지적(實體的審理說)도 있다.140)

이는 행정소송의 제도적 한계에서 제기되는 문제로 行政訴訟法 제4조의 解釋論과 관련하여 다음 第五章 第三節에서 거론하기로 하고 여기서는 그 결론을 내리지 않기로 한다.

第7節　小結

항고소송 특히 취소소송은 행정청의 위법한 처분 등을 대상으로 위법한 행정처분의 효력을 배제하기 위한 소송이므로 行政廳의 處分 등이 存在하여야 하는바, 행정소송법상 항고소송을 이해하기 위해서는 처분개념의 이해가 필수적이다. 행정소송법은 처분과 행정심판에 대한 재결을 합하여 취소소송의 대상으로서 '처분 등'이라고 표현하고 있다. 이와 같이 현행 행정소송법은 '處分'의 개념을 광의로 정의하고 있어 먼저 행정청의 어떠한 행위를 행정소송법에서 취소소송의 대상이 되는 '處分'으로 볼 것이냐 하는 문제와 관련하여 학설과 판례를 살펴보았다.

行政廳의 公權力 行事作用은 講學上의 行政行爲가 중심이지만, 權力的 事實行爲도 包含된다는 데 이론이 없다. 행정소송법 제2조 제1항 제1호에서 항고소송의 대상이 되는 처분을 "행정청이 행하는 구체적 사실에 관한 법집행으로서의 공권력행사 또는 거부와 그밖에 이에 준하는 행정작용"이라고 규정하고 있어 현행 행정소송법은 拒否處分도 抗告訴訟의 對象이 될 수 있음을 명백히 하고 있다. 오늘날 행정국가적 상황 아래에서는 행정청의 적극적 행위에 의한 국민의 권익침해뿐만 아니라 소극적 부작위에 의한 권익침해도 매우 중요한 문제이다. 현행 行政訴訟法이 1984. 12. 15. 개정되면서 행정소송의 종류를 항고소송, 당사자소송, 민중소송, 기관소송의 4가지로 구분한 뒤, 항고소송에는 다시 취소소송, 무효등확인소송, 부작위위법확인소송의 3가지가 있음을 정하고, 不作爲 違法確認訴訟은 "행정청의 부작위가 위법하다는 것을 확인하는 소송"이라고 개념지음으로써 비로소 이 소송제도가 인정되었다.

어쨌든 처분의 개념을 어떻게 구성할 것인가 하는 문제보다는 오늘날 다양한 행정의 행

---

140) 金道昶, 前揭書, 836쪽 : 洪井善, 前揭書, 802~803쪽 : 金裕煥, 前揭論文, 51쪽.

위형식에 걸맞게 그에 상응하는 행정 구제를 모색하는 것이 권리구제의 폭을 넓히고 행정통제를 강화하는 것이라고 할 수 있다. 요즘 행정소송법의 개정논의가 있는 만큼 국민의 권익구제와 행정통제를 위해 행위형식의 다양화를 특징으로 하고 있는 현대행정과 관련하여 訴訟形態의 多樣化를 꾀하는 방향으로 行政訴訟法이 改定되었으면 좋겠다.

第4章 抗告訴訟에 있어서 原告適格과 訴의 利益

第4章 抗告訴訟에 있어서 原告適格과 訴의 利益

第1節 序說

憲法 제27조는 국민의 기본권의 하나로 재판을 받을 권리를 보장하고 있는데, 이 권리 속에는 행정재판을 받을 권리도 포함된다. 그러나 모든 공법상의 분쟁에 대하여 이러한 권리가 인정되는 것은 아니다. 불필요한 소송을 억제하여 법원과 당사자의 부담을 경감 하기 위하여 재판제도를 이용할만한 필요성 내지 이익을 가지는 경우에 한해서만 행정 재판청구권이 인정된다. 이는 '利益 없으면 訴權없다'는 말로 표현되기도 한다.

일반적으로 넓은 의미의 訴의 利益은 ① 소송의 대상이 되는 행위는 어떠한 행위인가의 문제(訴의 對象의 問題, 行政處分性), ② 누가 소송상 원고가 될 수 있는가의 문제(原告 適格의 問題, 訴의 主觀的利益), ③ 개별사건에 있어서 본안판결을 받을 구체적 이익과 필요성이 있는가의 문제(狹義의 訴利益, 權利保護의 必要의 問題, 訴의 客觀的利益)를 내포하는 개념으로 이해되고 있다.[1]

行政訴訟法 제12조는 原告適格이라는 제목아래 "取消訴訟은 處分 등의 取消를 구할 法 律上利益이 있는 자가 제기할 수 있다. 處分 등의 效果가 期間의 經過, 處分 등의 執行 그 밖의 事由로 인하여 消滅된 뒤에도 그 處分 등의 取消로 인하여 回復되는 法律上의 利益이 있는 者의 경우에는 또한 같다"고 규정하고 있다.

행정소송법 제12조의 제2문은 1984. 12. 15. 행정소송법을 전면개정하면서 도입된 것 인데, 그 입법취지와 관련하여 하나는 오늘날의 국민의 권리구제의 요청에 부응하기 위 하여 위법한 처분의 취소에 의하여 어떠한 법률상 이익이 회복될 가능성이 있는 경우에 는 그것이 비록 부수적 이익일지라도 소송을 인정하기 위해 명문으로 받아들였다는 것 이고,[2] 다른 하나는 행정처분의 효력이 이미 소멸되었기 때문에 효력배제가 아무런 의 미를 가지지 못한다는 것을 근거로 처분의 효력이 소멸된 뒤에도 처분이 존재하였다는 것만으로 발생할 법적 불이익에 대한 법적 쟁송을 용이하게 하기 위하여 입법되었다고

---

1) 姜求哲, 前揭書, 854쪽 ; 金鐵容, 前揭書, 493쪽 ; 朴均省, 前揭書, 308∼309쪽 ; 朴鈗炘, 前揭 書, 893∼894쪽 ; 石琮顯, 前揭書, 793∼794쪽 ; 千炳泰, 前揭書(救濟法), 77쪽 ; 洪準亨, 前揭 書, 561쪽 ; 原田尚彦, 前揭書, 1面∼2面 ; 南 博方 編, 前揭書, 328面 ; 『註釋行政事件訴訟法』(有斐 閣, 1983), 109面 ; 泉德治, 「取消訴訟の原告適格・訴えの利益」(『新・實務民事訴訟講座9』, 日本 評論社, 1984), 54面.
2) 朴鈗炘, 前揭書, 905쪽.

본다.3)

우리 행정소송법 제12조 제2문의 해석과 관련하여, 대법원 판례는 "항고소송에 있어서 소의 이익이 되는 법률상의 이익은 당해처분의 근거법률에 의하여 보호되는 직접적이고 구체적인 이익이 있는 경우"를 의미한다고 판시하여,4) 행정소송법 제12조 제1문의 '법률상 이익'이든 제2문의 '법률상 이익'이든 구별하지 아니하고 '항고소송에 있어서 소의 이익'이라는 상위개념으로 사용하고 있다.

학설상으로는 견해가 갈리는데, 하나는 행정소송법 제12조 제1문의 '法律上利益'은 보호대상으로서의 법률상의 이익을 의미하지만, 같은 조 제2문의 '法律上利益'은 권리보호의 필요성 내지 분쟁의 현실성에 관한 것으로 보아야 하므로 각기 그 개념이 상이하다고 주장하고,5) 다른 하나는 행정소송법 제12조 제1문과 제2문 모두 원고적격에 관한 규정으로서, 제1문은 일반적인 취소소송의 원고적격에 관한 것인 반면, 제2문은 처분 등이 소멸된 후에 제기되는 취소소송의 원고적격에 관한 것이라고 한다.6)

앞의 견해에서는 특히 洪準亨 敎授는 행정소송법 제12조 제2문에 의한 소송의 형태를 獨逸 行政裁判所法 제113조 제1항 제4문의 규정에 의한 繼續確認訴訟과 유사하다고 하고, 金裕煥 敎授는 取消訴訟의 形式을 빈 確認訴訟이라고 보아,7) '법률상 이익'을 독일의 계속적 확인소송에서의 권리보호필요성인 '확인의 정당한 이익'과 동일한 것으로 해석하여 명예·신용 등의 인격적 이익, 보수청구와 같은 재산적 이익 및 불이익제거와 같은 사회적 이익, 기타 정신적·문화적 이익까지 널리 포함된다고 한다.

뒤의 견해에 의하면, 취소소송은 처분 등의 존재를 전제로 하는 것이므로 처분 등이 소멸한 이후에는 취소소송이 허용될 수 없기 때문에 제12조 제2문에서 특별히 취소소송의 제기가능성을 인정한 것인데, 그 취소소송을 제기할 수 있는 원고로서 "처분 등의 취소로 인하여 회복되는 법률상 이익이 있는 자"로 규정하고 있다고 한다. 그리고 권리보호필요는 취소소송의 경우와 마찬가지로 행정소송법에 규정이 없고 판례와 학설에 맡겨져 있다고 한다.

생각건대, 처분의 효력이 소멸된 경우에는 이미 그 대상이 없기 때문에 다시 취소한다는 것이 의미가 없고, 처분의 효력이 소멸된 뒤에도 처분이 존재한다는 것만으로 법적 불이익이 있는 사람에게는 처분의 위법성을 확인하는 의미에서 소송제기를 허용하는 것이 타당할 것이기에 여기서 우리나라의 경우 취소소송이 확인소송의 성격도 아울러 가

---

3) 金裕煥, 「取消訴訟에 있어서의 權利保護의 必要」(考試研究, 1995. 11), 62~63쪽.
4) 대법원 1995. 10. 17. 선고 94누14148 전원합의체판결 : 대법원 1997. 7. 11. 선고 96누7397 판결.
5) 金南辰, 前揭書, 759~760쪽 ; 洪準亨, 前揭書, 573쪽, 582쪽 ; 金裕煥, 前揭論文, 65쪽.
6) 洪井善, 前揭書, 829~830쪽.
7) 洪準亨, 前揭書, 588쪽 ; 金裕煥, 前揭論文, 63쪽.

지고 있음을 엿볼 수 있는 대목이다.[8]

하지만 原告適格, 權利保護의 必要, 즉 狹義의 訴의 利益 개념은 서로 밀접하게 연관되어 있어 관념상으로는 분리할 수 있겠지만 원래 동일한 문제에 관하여 시각만을 달리한 것이기 때문에 이는 행정소송의 기능과 관련하여 연계적으로 해석하여야 할 것이다.

본 장에서는 소위 광의의 소이익 중 원고적격과 협의의 소이익만을 중심으로 논하고자 한다.

第2節 原告適格

I. 序言

항고소송, 그 중에서도 취소소송에서 첫째로 문제되는 것은 과연 누가 취소소송을 법원에 제기할 수 있는가하는 점이다. 행정청이 어떤 처분을 하였을 때 그 처분이 잘못된 것이라고 법원에 그 취소를 구할 수 있는 위치에 있는 사람은 과연 누구인가 하는 문제가 제기된다. 이처럼 原告適格이란 具體的 訴訟에서 原告로서 訴訟을 遂行하여 本案判決을 받을 수 있는 資格을 말한다.

抗告訴訟에서 原告適格의 問題는 구체적인 행정처분에 대하여 누가 원고로서 취소소송 등 항고소송을 제기하여 본안판결을 받을 자격이 있느냐에 관한 문제인 것이다. 원고적격의 문제는, 그 유형을 ① 공익을 대표하는 공적인 대표를 지정하고 그 대표자가 소송을 제기할 수 있게 하는 경우, ② 공동체를 구성하고 있는 사람이면 누구나 제소권을 가지는 경우, ③ 당해 문제에 관하여 특별한 이해관계를 가지고 있는 사람에게 원고적격을 인정하는 경우로 나눠 볼 수 있다.[9]

항고소송에 있어서 누가 원고적격을 가지는가 하는 문제는, 항고소송의 기능을 법집행의 적정성확보에 중점을 두는 경우에는 행정처분의 위법을 주장하는 자는 누구든지 원고적격을 가지게 되고, 권리구제의 기능에 중점을 두는 경우에는 당해처분으로 인하여 권익을 침해당한 자만이 원고적격을 가지게 된다.

原告適格을 認定하는 基準에 관하여 우리 行政訴訟法 제12조는 "取消訴訟은 處分 등의 取消를 구할 法律上 利益이 있는 者가 提起할 수 있다"고 규정함으로써 '法律上 利益이 있는 者'라는 불확정개념을 사용하고 있다. 따라서 구체적 사건에서 무엇이 법률상이익인가

---

8) 朴正勳, 「獨逸法上 取消訴訟의 權利保護必要性」, 437~445쪽. 朴교수는 행정소송법 제12조 제1문과 제2문이 공허 확인소송으로서의 취소소송을 규정한 것이라고 하면서 제2문은 제1문의 임의적 규정이라고 보고 있다(前揭論文, 440쪽).

9) 梁承斗, 「取消訴訟에 있어서의 訴의 利益」(행정판례연구 제1집, 靑雲社, 1992. 2), 168~169쪽.

하는 점에 대한 판단은 취소소송의 목적, 기능과 관련하여 종국적으로 법적용을 하는 법
관에게 맡겨진 셈이다.

어찌되었든 원고적격이 있는 자가 되기 위해서는 '法律上利益이 있는 者'라야 하고 그
이익이 직접 침해를 당하였거나 침해당할 것이 확실한 경우라야 할 것이다. 여기서 법률
상이익이 있는 자는 자연인인가 법인인가, 권리능력 없는 사단인가 재단인가, 처분의 상
대방인가 제3자인가를 묻지 아니하고 당해처분의 취소를 소구할 수 있다고 하겠다.

대법원이 "위법한 행정처분에 의하여 권리의 침해를 받은 자는 그 처분의 취소·변경을
구하기 위하여 처분청을 상대로 행정소송을 제기할 수 있는바, 이 경우 권리의 침해를
받은 자는 그 처분의 직접 상대방이 됨이 일반적이며 제3자의 경우에는 그 행정처분의
취소·변경에 관하여 법률상의 구체적 이익이 있어야만 소를 제기할 수 있다.",10) "행정
청의 직접 상대방이 아닌 제3자라도 당해처분의 취소를 구할 법률상이익이 있는 경우에
는 취소소송의 원고적격이 인정된다 할 것이나, 여기서 법률상이익이라 함은 당해처분
의 근거가 되는 법규에 의하여 보호되는 직접적이고 구체적인 이익을 말하고 단지 간접
적이거나 사실적·경제적 이해관계를 가지는데 불과한 경우에는 여기에 포함되지 아니
한다."11)라고 판시한 것처럼 당해처분 등의 상대방인지 제3자인지 구별 없이 처분 등으
로 인하여 법률상이익이 침해된 자는 누구나 취소소송의 원고적격을 가진다는 것이다.
다시 말해 행정처분에 대한 취소소송에서의 원고적격이 있는지 여부는 당해처분의 상대
방인지 여부에 따라 결정되는 것이 아니라 그 취소를 구할 법률상의 이익이 있는지 여부
에 따라 결정되는 것이다.

그러나 처분의 상대방이라고 하더라도 당해처분의 취소를 구할 법률상이익이 없는 경
우에는 원고적격을 가지지 않는다. 즉 "행정처분에 있어서 불이익처분의 상대방은 직접
개인적 이익의 침해를 받은 자로서 원고적격이 인정되지만, 수익 처분의 상대방은 그의
권리나 법률상 보호되는 이익이 침해되었다고 볼 수 없으므로 달리 특별한 사정이 없는
한 취소를 구할 이익이 없다."12)는 것이다.

프랑스의 경우 越權訴訟은 적법성의 보장에 그 목적이 있기 때문에 공익적 소송이다.
그 결과 월권소송에서 원고적격이 인정되기 위해 요구되는 이익은 근거법에 의해 보호
된 이익에 한정되지는 않는다. 여기서 이익은 물질적인 것뿐만 아니라 단순한 정신적이
거나 도덕적인 것일 수도 있으며, 단순한 개인적 이익, 집단적 이익, 공익을 불문한다.

---

10) 대법원 1987. 2. 10. 선고 86누452 판결.
11) 대법원 1993. 4. 23. 선고 92누17099 판결 ; 대법원 1993. 7. 27. 선고 93누8139 판결 ; 대법
　　원 1994. 4. 12. 선고 93누24247 판결 ; 대법원 1997. 10. 14. 선고 96누9829 판결 ; 대법원
　　2001. 9. 28. 선고 99두8565 판결 ; 대법원 2002. 8. 23. 선고 2002추61 결정.
12) 대법원 1995. 8. 22. 선고 94누8129 판결(유람선선착장부잔교설치공원사업시행허가처분취소) ;
　　대법원 1995. 5. 26. 94누7324 판결.

다만 이런 이익이 소의 이익이 인정되기 위해서는 ① 이익이 개인적이어야 하고, ② 정당·적절하여야 하며, ③ 직접적이고 확실하여야 하되, ④ 위반된 법규가 행정주체의 이익만을 목적으로 하는 것이 아니라 국민의 개인적 이익을 목적으로 제정되어야 함을 요건으로 한다.

즉 프랑스에서는 처분의 근거법규나 관계법규에 의해 보호되는 이익에 국한하지 않고 법에 의해 보호되는 이익이면 모두 원고적격의 인정근거가 되는 법적이익으로 보고 있다.[13]

이처럼 프랑스에서는 행정의 일방적인 공권력 행사인 집행적 결정에 해당하는 이상 그것이 행정입법이든 개별·구체적 처분이든 원고의 개인적이고 직접적인 이익에 관한 것이면 모두 소의 이익이 인정된다.

반면, 독일에서는 행정절차법 제35조에서 행정행위의 개념을 직접 상대방에게 구체적 권리제한·의무부과의 법적 효과를 갖는 행위에만 한정하고 있고, 행정재판소법 제42조 제2항에서 취소소송과 의무화소송의 원고적격에 관해 "법률에 달리 정함이 없는 한, 원고가 행정행위 또는 그 거부나 부작위에 의해 자신의 권리가 침해되었음을 주장하는 때에만 소송이 허용된다."고 규정하고 있기 때문에 취소소송의 원고적격은 권리침해의 가능성 있는 주장으로 전통적인 보호규범이론에 의해 법률상 원고에게 권리 내지 청구권이 부여되는 경우에만 인정된다. 이처럼 독일법상 원고적격은 사익보호성을 갖는 법규범에 의해 보호된 주관적 공권에 한정하여 취소소송에 있어서의 원고적격을 엄격히 제한하고 있다. 독일에서는 권리침해의 주장으로서의 원고적격과 정당한 이익으로서의 권리보호필요성을 구분하는 것이 학설·판례상 일반적인 견해이다.[14]

美國의 境遇 原告適格의 問題와 관련하여 종래에는 법적으로 보호된 이익(legally protected interest)이 당해 행정처분에 의하여 침해되었음을 요하였으나, 1946년 行政節次法(Administrative Procedure Act)이 제정되고 같은 법 제702조에서 '관계 법률의 의미에서 행정청의 행위로 인하여 권익을 침해당하거나 불리한 영향을 받은 (adversely affected or aggrieved)'자는 사법심사를 청구할 수 있도록 함으로써 원고적격의 완화경향을 보여 주었다. 그리고 미연방대법원[15]은 원고에게 사실상 이익의 침해가 있는지, 원고가 보호를 구하는 이익은 헌법에 의하여 보장되거나 관계 법률에 의하여 보호 또는 규율되는 이익의 범주에 속하는 것이라는 논쟁의 여지가 있는지를 요구

13) 프랑스의 원고적격에 관한 자세한 것은, 朴均省, 「프랑스법상 원고적격(소의 이익)과 판결필요없음」(判例實務研究Ⅴ, 比較法實務研究會編, 博英社, 2001. 12), 401~409쪽 참조.
14) 독일에서 취소소송의 원고적격과 협의의 소의 이익에 관해 자세한 것은, 朴正勳, 「獨逸法上 取消訴訟의 權利保護必要性」, 419~426쪽 ; 「環境危害施設의 設置·稼動許可處分을 다투는 取消訴訟에서 隣近住民의 原告適格」, 判例實務研究Ⅳ, 477~485쪽 각 참조.
15) Association of Data Processing Service Organization v. Camp, 397 U. S. 150(1970) 이 판결에 대한 藤倉晧一郎 等編, 『英米判例百選』第3版(有斐閣, 1996), 142~143面 참조.

하고 있는 바, 앞의 사실상의 이익침해(injury in fact)요구는 사법권의 한계를 규정한 헌법 제3조와 관련되는 것이고 뒤의 법률에 의하여 보호된 이익의 범주론은 行政節次法 제702조와 행정작용에 대한 부당한 관여를 자제하려는 고려에 그 기초를 두고 있다. 요 컨대 미국에 있어서도 당해 행정처분으로 인하여 사실상 이익의 침해를 입었거나 입을 우려가 있는 자는 원고적격을 가지게 된다.16) 여기서 사실상 이익의 침해는 개별·구체 적(Concrete and particularized)이고 현실적이거나 급박(actual or imminent)하 여야 한다고 한다.17)

Ⅱ. 法律上 利益

1. 法律上 利益의 槪念

여기서 行政訴訟法 제12조의 '法律上利益'이 具體的으로 무엇을 意味하는지에 대하여 견해가 갈리고 있다. 즉 법률상이익을 권리와 상이한 개념으로 보는 입장과 권리와 동일 한 개념으로 보는 입장이 그것이다. 전자의 경우 법률상이익을 권리와 법률상보호이익 을 내포하는 개념으로 이해한다. 이 견해는 법률상 보호이익을 종래와 같은 의미의 권리 는 아니지만 단순한 반사적 이익이라고도 할 수 없는 이익, 말하자면 행정소송을 통해 구제되어야 할 이익이란 의미로 사용하고 있다.18) 이 견해는 '法律上利益 = 권리(公 權) + 法律上 保護利益'으로 도식화할 수 있다.

이 견해에 의하면 법률상 보호이익도 행정소송을 통하여 구제받을 수 있는 이익이라는 점에서 공권과 큰 차이가 있는 것은 아니지만 ① 공권은 행정법규가 보호하는 이익이 직 접 개인을 위한 경우에 성립하나, 법률상 보호이익은 행정법규가 직접 개인의 이익을 보 호하는 것이 아닌 경우에도 법규의 해석상 간접적이나마 개인의 이익을 보호하는 경우에 성립되는 것이기 때문에 법규가 보호하려는 이익의 목적에 차이가 있다는 점, ② 공권은 강행법규에 의거 직접 개인의 권리로서 인정되는 것이나 법률상 보호이익은 권리로서 인 정되는 것이 아니라 행정법규가 공익과 사익을 아울러 규정한 경우에 당해 제3자 보호규 범을 매개로 하여 성립하는 것이라는 점, ③ 공권은 그 침해에 청구기능19)이 처음부터

---

16) 李尙圭, 前揭書(英美), 232~237쪽. 그리고 美國에 있어서 행정행위에 대한 사법심사에 있어서 의 원고적격에 관하여는, 尹駿, 「미국에서의 행정행위에 대한 사법심사」(『행정법원의 좌표와 진 로』(서울행정법원, 1999), 247~270쪽 참조.

17) 미연방 대법원의 판례에 나타난 원고적격의 판정기준으로서의 '사실상의 손해'에 대한 자세한 것 은, 趙弘植, 「分散利益訴訟에서의 當事者適格」(判例實務硏究Ⅳ), 462~467쪽 참조.

18) 金道昶, 前揭書, 240쪽 ; 李尙圭, 前揭書(上), 195~197쪽.
石琮顯 敎授는 과거에는 법률상 보호이익을 準權利라고 부르면서 권리와 보호이익을 구별하였으 나, 지금은 권리의 개념을 좁은 의미의 권리와 넓은 의미의 권리로 구별하고 보호이익을 넓은 의 미의 권리로 보고 있다(前揭書, 101쪽).

부여되는 것이지만 보호이익은 제3자 보호규범의 해석과 관련하여 판례·학설이 인정한 것이라는 점에서 구별된다고 한다. 또한 이 견해에 의하면 법률상 보호이익은 쟁송을 통하여 구제받을 수 있는 점에서 그것이 인정되지 않는 반사적 이익과도 구별된다고 한다.

후자의 입장은, 권리는 본래 법의 보호를 받는 이익을 의미하며 그런 의미에서 반사적 이익과 구별되므로 공권과 법률상보호이익은 다만 표현의 차이에 불과하다고 한다.[20]

이 견해는 법률상이익과 권리(공권)를 구별할 필요 없이 권리(공권)에 포함하여 이해하는 것으로 '권리(公權) = 法律上利益'으로 도식화할 수 있다.

행정청의 의무의 존재와 사익보호성만 갖추면 권리는 성립하는 것이라고 새기게 되면 권리개념이나 법률상보호이익의 개념은 동일한 것이라고 하면서, 공권개념의 확대라는 사적과정을 고려한다면, 전통적 의미의 권리를 협의의 권리로, 전통적 의미의 권리와 법률상 보호이익의 관념을 합하여 확대된 권리개념 내지 광의의 권리개념으로 관념하는 것도 의미 있다고 주장하는 학자도 있다.[21]

권리란 '법에 의해 보호되는 이익'을 의미하는바, 이러한 의미에서 법의 보호밖에 놓이는 이익인 반사적 이익과 구별되고, 보호규범의 존재는 행정의 직접 상대방을 위해서나 제3자를 위해서나 권리(공권)가 성립하기 위한 요소로서 직접 상대방이 행정주체에 대하여 가지는 권리와 제3자가 가지는 권리(법률상 보호이익) 모두 권리(공권)인 점에서는 동일한 것이며, 국민의 권리구제의 확대는 굳이 법률상 보호이익이라는 새로운 개념을 도입하지 않더라도 공권의 범위를 확대해 가는 이론구성을 통해 달성할 수 있다 할 것이어서 법률상이익은 법에 의해 보호되는 이익으로서의 권리를 뜻한다고 하겠다.

보호법익은 법률상 보호되는 이익으로 개인적 공권의 성립요소의 하나이다. 개인적 공권이 성립하기 위해서는 공법상 강행법규가 국가 기타 행정주체에게 행위의무를 부과할 것과 관련 법규가 사익보호를 목적으로 하는 것이어야 할 것을 필요로 한다. 법률상 보호되는 이익의 판단에는 관련 법규범이 기준이 되는데, 관련보호규범이 개인의 이익보호도 목적으로 한다면 그 이익은 법률상 보호이익이 된다.[22]

---

19) 종래에는 공권의 성립요소로 ① 강제규범, ② 사익보호, ③ 강제적 실현(소구가능성)을 요구하였으나 오늘날에는 헌법상 재판을 받을 권리가 보장되어 있기 때문에 제3의 요건은 불필요하다는 견해가 유력하다(H. Maurer, a.a.O. §8 Rn. 8, S.152).

20) 姜求哲, 前揭書, 153~154쪽 ; 金南辰, 前揭書, 106쪽 ; 金東熙, 前揭書, 86쪽 ; 柳至泰, 前揭書, 96쪽 ; 洪準亨, 前揭書, 567쪽.

21) 朴鈗炘, 前揭書, 148쪽 ; 石琮顯, 前揭書, 101쪽 ; 洪井善, 前揭書, 153쪽.

22) 법률상이익의 기초개념인 공권이론과 관련하여 獨逸의 保護規範說과 그 최신 이론 경향에 대하여는, 李相千, 「行政訴訟에 있어서의 訴의 利益」, 『辯護士』(26)(서울地方辯護士會, 1996. 1), 151쪽 이하 참조. 이 논문에서 新公權理論으로 ① W. Henke의 事實上의 侵害行爲說, ② M. Zuleg의 基本權充塡說, ③ K. Redeker의 計劃擔保請求權說, ④ H. Bauer의 多極的法關係의 統合要素로서의 公權理論 등을 소개하고 있다.

객관적 법규가 개인의 이익의 보호도 의도하는가의 판단은 전체 법질서와의 고려 아래 이루어져야 하는데, 그 판단기준으로는 ① 보호되는 이익, ② 침해의 종류, ③ 보호받는 사람의 범위 등을 들 수 있다. 일반적으로 단순한 영업기회, 경제적·정치적 이익, 단순한 지리상의 이점 등은 법률상이익에 해당하지 아니한다.

그리고 법규가 개인의 이익에 봉사하도록 규정된 것인가에 대한 판단의 시점은 법규의 성립시가 아니라 법규를 판단하는 시점이다.23)

사익보호여부와 관련하여 특히 문제되는 것은 제3자효 있는 행위의 경우이다.

第3者效 있는 行爲의 경우에 제3자의 권리도 성립할 수 있는가의 문제에 있어서는 적용되는 법규범이 제3자의 이익의 보호도 목표로 하고 있는가의 여부가 결정적인 기준이 된다. 법규의 해석상 제3자의 보호도 내용으로 하는 한 제3자도 소송상 자기의 이익을 주장할 수 있다고 하겠다.

우리나라 대법원은 법률상이익을 직접적이고 구체적인 이익을 말하고 간접적이거나 사실적·경제적 이해를 가진 것에 불과한 것은 여기서 말하는 법률상의 이익에 해당하지 않는다고 정리함으로써24) '당해처분의 근거법률에 의하여 보호되는 이익'이라고 보고 있다.

대법원 판례는 한결같이 '당해처분의 근거법률에 의하여 보호되는 직접적이고 구체적인 이익'이라고 표현하고 있는데 여기서 근거법률은 外部的 效果(拘束力)를 갖는 法規, 즉 根據法規로 이해하여야 할 것이다. 법률상이익 내지 개인적 공권은 법률 외에 헌법, 법규명령, 조례 또는 관습법에 의해서도 성립할 수 있기 때문이다. 그리고 처분의 근거가 되는 법규를 해석함에 있어서도 법률상이익 내지 개인적 공권이 바로 당해처분의 근거가 되는 법규에 의해 창설된 것인지 아니면 상위법에서 창설된 것을 근거법규가 단지 확인하는데 그치는지에 대해서도 유의하여야 할 것이다.25)

따라서 행정처분의 직접 상대방이 아닌 제3자라도 당해 행정처분의 취소를 구할 법률상의 이익이 있는 경우에는 원고적격이 인정되나 여기서 말하는 법률상의 이익은 당해 처분의 근거법률에 의하여 보호되는 직접적이고 구체적인 이익이 있는 경우를 말하고, 다만 공익보호의 결과로 국민일반이 공통적으로 가지는 추상적·평균적·일반적인 이익과 같이 간접적이거나 사실적, 경제적 이해관계를 가지는데 불과한 경우는 여기에 포함되지 않는다.26)

---

23) 洪井善, 前揭書, 158쪽, 810쪽.
24) 대법원 1990. 5. 22. 선고 90누813 판결 ; 대법원 1995. 10. 17. 선고 94누14148 전원합의체 판결.
25) 洪井善,「大法院 全員合議體判決 1995. 10. 17. 선고, 94누14148 事件에 관하여」(法學論集 창간호, 梨花女子大學校法學硏究所, 1996. 5), 260쪽.
26) 대법원 1995. 2. 28. 선고 94누3964 판결 ; 대법원 2000. 4. 25. 선고 98두7923 판결.

어쨌든, '法律上利益'이라는 용어자체가 불확정 개념이며 소의 이익의 문제는 결국 취소소송의 목적과 기능을 어떻게 보느냐와 밀접한 관련이 있다. 취소소송은 법치주의 및 그에 기한 행정의 법률적합성원리를 실천적으로 담보하기 위한 제도로서 존재하기 때문에 그 기능·목적으로서 통상 위법행위의 시정과 국민의 권리이익의 구제라는 2측면이 있다.27) 이하 취소소송에 있어서의 소의 이익에 관한 학설의 개요를 먼저 살펴본 다음 우리나라의 주요 판례를 간단히 검토해 보기로 한다.

2. '法律上利益' 關聯 學說 및 判例의 動向

(1) 學說의 內容 및 그 批判

여기서는 日本의 原田尙彦 敎授가 독일의 판례를 연구하면서 분류한28) 權利享受回復說, 法律上 保護되고 있는 利益救濟說, 保護할 價値있는 利益救濟說, 處分의 適法性保障說에 따라 原告適格에 관한 學說을 檢討하기로 한다.29)

1) 權利享受回復說30)

이 견해는 항고소송 특히 취소소송의 목적·기능을 현재개인의 권리향수를 방해하고 있는 위법한 행정처분의 효력을 배제하여 권리향수를 회복시켜주는데 있다고 본다. 즉, 이 견해는 취소소송의 기능·목적이 실체법상의 권리보호에 있다는 것을 근거로 위법한 행정처분에 의하여 권리를 침해당한 자만이 소를 제기할 수 있는 법적 이익이 있는 것으로 본다. 이 견해에 의할 경우 行政訴訟法 제12조의 '法律上利益'을 實體法上의 '權利' 救濟로 解釋하게 되고 권리의 개념을 개인의 구체적이고도 고정적 내용의 이익향유청구권능의 의미로 한정하게 되어 소의 이익이 허용되는 범위는 좁을 수밖에 없다.

이에 따라 ① 소의 대상은 개인의 구체적 권리를 직접 침해하는 처분이어야 한다. ②

---

27) 일본의 塩野 宏은, 取消訴訟은 原狀回復機能, 適法性維持機能, 法律關係合一確定機能, 留止機能, 再次考慮機能, 處分反復防止機能을 가진다고 하고(前揭書, 64~66面), 芝池義一은, 取消訴訟의 기능으로 適法性統制機能, 早期權利保護機能, 旣成事實發生豫防機能, 紛爭의 一擧解決機能, 第3者救濟機能을 가진다고도 한다(前揭書, 28~29面).

28) 原田尙彦, 前揭書, 4~8面.

29) 일본의 경우 이 밖에 紛爭管理權說(행정처분에 의하여 그 법적 이익을 침해당한 자에 한하지 않고, 소송제기 전에 행정청에 대하여 교섭하는 등의 분쟁해결행동을 행하여 분쟁관리권을 취득한 자에게도 원고적격을 인정할 수 있다는 견해, 伊藤眞, 『民事訴訟의當事者』(弘文堂, 1978), 125面 이하), 訴訟法的利益說(原告適格을 소송수행상의 이익, 적격이라고 하는 측면으로부터 고찰되어야 하기 때문에 누가 그 소송수행을 담당하는 것이 분쟁의 해결을 위하여 필요하고 적절한가라고 하는 견지에서 판단되어야 한다는 견해, 山村恒年, 「訴え의 利益의 諸問題」(公法研究 第37號, 日本公法學會), 127面) 등이 거론되고 있다.

30) 이 견해는 權利說, 權利救濟說, 權利享有回復說, 權利回復說, 權利享有(受)說이라고도 불린다.

제3자에 대한 처분에 대하여서는 제3자에 대한 특별한 권리자 이외에 원고적격이 인정되지 않는다. ③ 소의 이익은 훼손된 권리향유가 현실적으로 회복될 가능성이 없게 되면 인정되기 어려우므로 기본이 되는 권리의 회복이 법률상 또는 사실상 불가능하게 되면 비록 부수적인 이익의 회복가능성이 남아있다 하더라도 처분의 취소를 구할 이익이 부인되게 된다.

2) 法律上 保護되고 있는 利益救濟說

이 견해는 행정처분의 근거가 되는 행정법규, 즉 처분을 행하는 권한을 행정청에 부여하는 규정 및 그 요건을 정한 규정(근거법규)이 특정범위의 개인의 권리 이익을 보호하는 것을 목적으로 하여 행정권의 행사에 제약을 가하고 있는 경우에는 근거법규에 의하여 보호의 대상으로 된 권리이익의 귀속주체는 당해 행정처분의 취소를 구할 원고적격은 가진다는 것이다.

이 견해는 법률상 보호되고 있는 이익이라고 하는 경우의 법률의 범위를 어떻게 이해하느냐에 따라 당해처분의 근거가 되는 법률에 의하여 보호되는 이익이라고 해석하는 입장과 당해처분의 근거법규 이외의 법률에 의하여 보호되는 이익도 포함한다고 보는 입장으로 나뉜다.[31]

그리고 다시 전자는 ① 당해처분의 근거가 되는 실체요건 법규에 의하여 보호되는 이익을 말한다는 설과, ② 당해처분의 근거가 되는 실체요건 법규 및 절차요건 법규에 의하여 보호되는 이익을 말한다는 설, ③ 당해처분 근거법규의 목적, 각 조문의 전체취지에 의하여 보호되는 이익을 말한다는 설로 나뉘고, 후자는 ① 다른 실정법에 의하여 보호되고 있는 이익도 포함된다는 설, ② 헌법에 의하여 보호되고 있는 이익도 포함된다는 설, ③ 관습법, 법질서 전체에 의하여 보호되고 있는 이익도 포함된다는 설로 나뉜다. 하지만 당해처분의 근거가 되는 행정법규 이외의 법률에 의하여 보호되는 이익까지 포함한다든가, 관습법, 법질서 전체에 의하여 보호되는 이익도 포함한다는 것은 실질적으로는 뒤에서 볼 보호할 가치 있는 이익구제설과 별 다를 게 없다고 보여 진다.

이 견해에 의하면 취소소송은 국민의 권리이익을 보호하는데 중점이 있고 실체행정법규가 국민을 위하여 보장한 권리이익이 위법한 행정처분에 의하여 침해된 경우에 그 회복을 도모하기 위한 제도이기 때문에 위법행정의 시정은 권리이익의 회복을 도모하는 과정 또는 그 회복을 계기로 하여 행하여진다고 고찰한다. 따라서 이 견해에 의하면 처분이 국민의 이익을 고려하는 강행법규에 위반하여 관계국민에게 불이익을 미치고 있는 경우(私益保護性)에는 비록 당해 이익이 권리라고는 할 수 없어도 취소소송의 제기가 가

---

31) 南 博方 編, 前揭書, 336面.

능하다고 보게 되므로 취소소송의 소의 법익은 앞의 권리향수회복설 보다는 넓게 된다.
 즉, 이 견해는 우리나라의 通說的 立場32)으로 취소소송을 '법률이 개인을 위하여 보호하고 있는 이익'을 침해한 위법한 처분에 대하여 당사자가 스스로 방위하기 위한 수단이라고 보기 때문에, 법률이 보호하고 있는 이익 내지 권능이 위법한 처분에 의하여 저지되고 있는 이상 그것은 회복되어야 할 것이므로 주된 권리의 회복은 불가능하게 되더라도 이에 부수되는 종된 권리나 이익의 회복이 처분의 취소에 의하여 가능한 경우에도 취소의 필요성이 인정되게 되는 것이다.
 이 견해의 근거로는 ① 항고소송은 행정처분의 공정력을 배제하여 국민의 권리·이익의 구제를 도모하는 것을 본래의 목적으로 하는 제도이고, 행정의 적법성보장이나 법질서의 확보는 오히려 국민의 권리·이익의 구제를 통하여 이루어지는 결과에 불과하다는 것, ② 실정법규가 원고적격에 대해 '법률상이익이 있는 자'라고 규정하여 권리에 한하지 않고 보다 넓은 개념으로 인정하고 있는 한편 사실상·경제상 이익을 가진데 불과한 자의 권고적격을 부정하고 있다는 문리 해석, ③ 주관적 소송으로서 설정된 취소소송의 원고적격에 대해 실정법의 규정을 단서로 하여 '법률상의 이익'을 고찰하도록 한정시킴으로써 법원의 운용에 객관적 기준을 주어 재판을 안정시키고 관계자의 법적 안정성도 보장함과 동시에 원고적격의 무한한 확대로 인한 취소소송의 객관소송화를 차단한다는 것 등을 들고 있다.33)
 하지만 이 견해는 소의 이익의 유무를 전적으로 실정법의 해석에 맡김으로써 만일 불법침해법규의 의도가 국민의 이익보호에 있다면 소제기가 허용되고 반대로 국민의 이익보호가 아닌 오로지 공익규제에 지나지 않는다고 새겨지는 경우에는 위법한 공권력의 발동에 의하여 국민이 어떠한 중대한 불이익을 입어도 그것은 반사적 이익의 침해에 지나지 않게 되어 권리침해라고 인정될 수 없게 된다. 이 견해는 결국 法律上利益 = 權利(公權) + 法的利益의 立場을 전제로 하고 있다.

 3) 保護할 價値있는 利益救濟說34)

---

32) 이 설은 法律上 利益救濟說, 法的利益救濟說이라고도 불린다.
    金東熙, 前揭書, 632쪽 ; 朴鈗炘, 前揭書, 625쪽 ; 石琮顯, 前揭書, 799쪽 ; 李尙圭, 前揭書, 823~825쪽 ; 劉尙炫, 「第3者의 原告適格」(考試界, 1998. 2), 154쪽 ; 愼保晟, 「營業의 免許와 競業者訴訟」(考試研究, 1989. 5), 76쪽 ; 洪井善, 「取消訴訟과 消의 利益」(司法行政, 1992. 1), 23쪽.
33) 南 博方 編, 前揭書, 333面.
34) 이 견해는 利益救濟說, 保護價値利益說, 裁判的(訴訟法的)保護利益說이라고도 불린다.
    金道昶, 前揭書, 773~774쪽 ; 李尙圭, 前揭書, 692쪽, 738쪽 ; 千炳泰, 前揭書, 79쪽 ; 原田尙彦, 『行政法要論』(學陽書房, 2000), 359~362面 ; 前揭書(訴え의 利益), 9面 ; 杉村敏正·兼子 仁, 前揭書, 302面 ; 室井 力編, 前揭書, 321面 ; 廣岡 隆, 『行政法總論』(ミネルヴァ書房, 1995), 234面 ; 宮崎 良夫, 『行政爭訟と行政法學』(弘文堂, 2001), 174~175面 ; 藤田宙靖, 前

이 견해는 소의 이익의 판정을 전적으로 실정법의 해석에 맡길 것이 아니라 실질적으로 개인이 받은 손실을 평가하여 사법적 구제의 가부를 결정하여야 한다는 것이다. 즉, 취소소송이 행정의 법적합성을 바탕으로 위법한 행정작용의 시정을 목적으로 한다는 전제 아래 권리 내지 법적 이익이 침해된 경우뿐만 아니라 실체법적으로 보호된 이익이 아니라도 실질적으로 보호할만한 가치가 있는 이익이 있는 경우에는 그 소의 이익을 인정하여야 한다는 것이다.

이 견해의 근거로는 ① 현대 행정의 역할이 기본적인 질서유지 행정으로부터 급부행정으로 전환됨에 따라 행정수단의 다양화, 행정적 개입의 증대, 행정계획화 등 사인의 행정에의 의존도가 증대된 반면에 행정처분에 의해 사인의 권리이익이 침해되는 사태가 많게 되고 그 침해로부터 사인의 권리이익을 수호하고 위법한 행정처분을 시정하는 적절한 방법이 고려되어야만 한다는 것, ② 복수의 행정수단과 조합된 행정작용이 복잡한 과정을 거쳐 사인의 생활에 영향을 미치기 때문에 법적 이익구제설이 말하는 일반적 공익과 개인적 이익의 구별이 판연(判然)하게 되는 것이 아니라는 점, ③ 취소소송의 원고적격에 관하여 자유국가적인 개인의 기득권 보호의 시점에서뿐만 아니라 적확(的確)한 행정계획의 실현을 구하는 공중적 이익을 배려하여 재구성할 필요가 있다는 점 등이 제시되고 있다.[35)]

이 견해는 취소소송을 권리 내지 실정법상의 보호법익의 옹호에 이바지하는 절차로만 보지 않고 실생활상의 개별적·구체적 분쟁을 법률의 해석·적용을 통해 해결하는 절차로 본다. 따라서 처분의 위법을 다투는 사람이 그의 효력을 부인하는데 대하여 실질적 이익을 가지는 한, 또는 침해의 결과 생긴 불이익이 직접적이고 중대한 경우에는 그것이 법률이 보호하는 이익이든 사실상의 이익이든 널리 취소소송의 소의 이익의 요건을 충족하는 것으로 본다. 이 견해는 法律上利益 = 權利 + 法的利益＋事實上 利益의 一部의 內包로 보는 것이다.

4) 處分의 適法性保障說

이 견해에 의하면 취소소송은 위법시정기능에 그 기능·목적이 있다고 하면서 국민의 권리구제기능은 부차적인 것으로 보게 된다.

揭書, 394～397面 ; 朴正勳, 「環境危害施設의 設置·稼動許可處分을 다투는 取消訴訟에서 隣近 住民의 原告適格」, 496～497쪽 ; 李元雨, 「現代 行政法關係의 構造的 變化와 競爭者訴訟의 要件」, 148쪽.

Schmitt Glaeser는, 독일행정재판소법 제42조 제2항의 '권리'를 '법질서에 의해 보호할 가치가 있는 것으로 승인된 모든 개인의 이익(Jedes von der Rechtsordnung als schutzwürdig an erkannte Individualinteresse)'으로 해석하고 있다(a.a.O. Rn.158, S.102).

35) 小高 剛, 前揭書, 291～292面.

따라서 행정처분에 대한 권리유무와 관계없이 계쟁처분의 성질상 이를 다툴 가장 적합한 이해관계를 가진 자가 소를 제기할 수 있다고 본다. 이에 의하면 소의 이익을 당해처분 자체의 법적 심사의 적합성으로 이해한다. 이 견해는 法律上利益 = 權利 + 法的利益 + 事實上 利益의 全部로 보는 것이다.

이 견해는 취소소송을 객관적 소송으로 파악하는 것으로 남소(濫訴)의 폐해와 취소소송을 민중소송화 시킬 위험이 있다는 지적이 있다. 결과적으로 일정한 자격을 구비한 단체(예컨대, 소비자단체나 환경보호단체 등)나 개인에게 원고적격을 인정하게 된다.[36]

(2) 判例의 動向

소의 이익에 관한 우리나라의 판례는 일반적으로 과거에는 소의 이익을 비교적 엄격하게 해석하여 權利享受回復說을 취하였으나, 점차 소의 이익을 확대하여 현재는 法律上 保護되고 있는 利益救濟說의 立場에 서 있다고 보여 진다.

우리나라의 경우 舊 行政訴訟法 施行初期의 대법원은, "위법한 행정처분에 의하여 권리의 침해를 받은 자가 아니면 행정소송에 의한 권리구제를 받을 수 없다.",[37] "행정청 또는 그 소속기관이 위법한 처분을 하였다 하더라도 이로 인하여 권리침해를 받은 자가 아니면 행정소송으로 그 시정을 구할 수 없다.",[38] "소위 민중소송의 경우를 제외하고는 행정처분에 의하여 자기의 권리 또는 이익을 침해당한 사람이 아니면 그 처분의 무효확인 내지 취소를 구할 원고적격이 없다."[39]고 판시하여 권리침해를 행정소송제기의 전제요건으로 보았었다. 따라서 '권리'침해를 받은 경우에 해당하지 않거나 '처분의 직접 상대방 이외의 제3자'에게는 출소자격을 인정하지 않았었다.

그러나 대법원은 1965. 9. 23. 선고 65누88 전원합의체판결을 계기로 행정처분의 직접 상대방이 아니라도 행정처분의 취소에 관하여 법률상의 구체적 이익이 있는 제3자도 행정소송을 제기할 수 있게 됨으로써 '法律上의 利益'이 '權利侵害'를 代身하게 되었다. 즉 행정작용은 사법상의 법률행위와는 달라 일반적으로 광범한 사회적 작용과 영향력을 갖는 그의 복효적 성격으로 말미암아 처분의 직접 상대방이 아닌 제3자가 불이익을 받는 경우가 많은바, 대법원도 귀속재산의 전전매수인에게 당초 매수인에 대한 불하처분의 취소처분에 대한 취소를 구할 이익이 있는가가 문제된 위 전원합의체 판결에서, "처분의 직접 상대방은 물론 제3자 하더라도 그 처분의 취소, 변경에 관하여 법률상의 이익이 있으면 특별한 사정이 없는 한 원고로서 소를 제기할 수 있다."라고 판시하여 이와

---

36) 山村恒年,『行政過程と行政訴訟』(信山社, 1995), 165面.
37) 대법원 1958. 12. 12. 선고 4291행상43 판결.
38) 대법원 1961. 8. 7. 선고 4292행상19 판결.
39) 대법원 1962. 5. 31. 선고 4294행상170 판결.

배치되는 종전의 판결40)을 변경하고 原告適格의 範圍를 '法律上利益을 가지는 者' 또는 '處分의 相對方 以外의 第3者'에게까지 擴大하였다.

그러나 이후에도 대법원은 ① "행정처분의 취소나 변경을 구하는 행정처분은 위법한 행정처분으로 인하여 일정한 권리 또는 법률상의 이익을 침해받은 자가 그 처분의 취소를 구하는 것이므로, 위법한 행정처분이라고 할지라도 이로 인하여 일정한 권리나 법률상 이익의 침해를 받은 자가 아니면 이의 취소변경의 소를 제기할 수 없다."41)고 하거나, ② "행정소송은 행정청의 당해 행정처분이 있음으로(또는 取消됨으로) 인하여 법률상 직접적이고 구체적인 이익을 가지는 사람만이 제기할 이익이 있고, 간접적이거나 사실적, 경제적 이익을 가지는 데 지나지 않는 자는 제기할 이익이 없다.",42) "취소소송은 행정처분의 직접 상대방이 아닌 제3자라도 이를 제기할 수 있으나 당해 행정처분의 취소를 구할 법률상이익이 있는 자에 한하여 제기할 수 있는 것이고, 여기서 말하는 법률상의 이익이라 함은 당해처분의 근거법률에 의하여 보호되는 직접적이고 구체적인 이익이 있는 경우를 말하며, 다만 공익보호의 결과로 국민일반이 공통적으로 가지는 추상적, 평균적, 일반적 이익과 같이 간접적이거나 사실적, 경제적 이해관계를 가지는데 불과한 경우는 이에 포함되지 않는다."43)고 하여 제3자의 원고적격의 범위를 무한히는 확대하지 아니하고 여전히 '法律上의 利益'을 가지는 자로 한정함으로써 法律上 保護되고 있는 利益救濟說의 立場을 堅持하고 있는 것으로 판단된다. 日本의 最高裁判所도 행정사건소송법 제9조에서 정한 '法律上의 利益이 있는 者'라 함은 "당해처분에 의하여 자기의 권리 혹은 법률상 보호된 이익을 침해받거나 또는 필연적으로 침해받을 우려가 있는 자를 말하는 것이지만, 당해처분을 정한 행정법규가 불특정다수인의 구체적 이익을 오로지 일반적 공익 속에 흡수 해소시키는데 그치지 않고, 그것이 귀속하는 개개인의 개별적 이익으로서도 이것을 보호해야 한다고 하는 취지를 포함하는 것으로 해석되는 경우에는, 이러한 이익도 위에서 말하는 법률상 보호된 이익에 해당되며, 당해처분에 의하여 이를 침해받거나 또는 필연적으로 침해받을 우려가 있는 자는 당해처분의 취소소송에 있어서의 원고적격을 가지는 것이라고 할 수 있다."고 하면서 이어서 "당해 행정법규가 불특정 다수인의 구체적 이익을 그것이 귀속하는 개개인의 개별적 이익으로서도 보호해야한다고 하는 취지를 포함 하는가 않는가는, 당해 행정법규 및 그것과 목적을 공통으로 하는 관련법규의 관계규정에 의해서 형성되는 법체계 속에 있어서, 당해처분의 근거규정이 당

---

40) 대법원 1958. 12. 12. 선고 4291행상43 판결 ; 대법원 1961. 8. 7. 선고 4292행상19 판결 ; 대법원 1962. 5. 31. 선고 4294행상170 판결.
41) 대법원 1971. 10. 11. 선고 71누83 판결.
42) 대법원 1994. 12. 30. 선고 94두34판결 ; 대법원 1989. 1. 24. 선고 88누3147 판결.
43) 대법원 1994. 4. 12. 선고 93누24247 판결 ; 대법원 1998. 9. 4. 선고 97누19588 판결 ; 대법원 1999. 6. 11. 선고 96누10614 판결 ; 대법원 2000. 2. 8. 선고 97누13337 판결.

해처분을 통하여 위와 같은 개개인의 개별적 이익까지도 보호해야 하는 것으로 위치 지어져 있다고 볼 수 있는가 어떤가에 따라 결정하여야 할 것이다."(最高裁判所 1989(平成 元年). 2. 17.判決, 民集 43卷 2號 56쪽)라고 하였다. 이처럼 원고적격에 관한 우리나라 대법원과 일본의 주류적 판례 경향을 정리하여 보면 ① 법률상 보호되고 있는 이익구제설을 채용하고 있고, ② 법률의 범위를 최협의로 해석하여 당해 행정처분의 근거가 되는 규정으로 보고 있으며, ③ 공익·개별적 이익의 구별론을 채용하고 있다는 점이다. 하지만 법률의 취지나 법률상 제도의 취지에 착안하여 비교적 넓게 처분성을 인정하고 있는 것을 볼 때 앞으로 판례는 그 원고적격을 보다 완화하여 인정할 것으로 예측된다.

(3) 所見

앞서 본 訴의 利益에 관한 여러 見解 중 오늘날 변화된 행정환경에서 權利享受回復說을 주장하는 우리나라 학자는 없는 듯하다.

한편, 法律上 保護되고 있는 利益救濟說은, 독일의 전통적 보호규범설에 입각한 것으로 ① 行政訴訟法 제12조 소정의 '法律上의 利益을 가지는 자'라는 법문과 문리상 적합할 뿐만 아니라, 실정법의 규정을 근거로 하기 때문에 원고적격을 국부적(局部的), 개인적인 것에 한정할 수 있으며 따라서 원고적격이 무한히 확대되어 민중소송화하는 것을 막을 수 있다는 점, ② 개별실정법규의 해석을 통하여 재판적(裁判籍), 보호를 구할 수 있는 권리·이익을 확정할 수 있기 때문에 소의 이익의 존부를 판단하는 기준으로서 상대적으로 명확성이 높다는 점44) 등 장점을 가지고 있다. 반면에 다음과 같은 비판도 가해지고 있다. 즉 ① 소의 이익 유무에 관하여 실정행정법규의 존부에만 구애되는 경향을 초래하여 결과적으로 실정법 만능주의의 경직된 해석태도를 생기게 하거나, 입법자의 의사에 따라서 출소자의 범위가 한정되어 列記主義를 채용하여 출소의 기회를 협소하게 한 것과 동일한 결과를 야기하게 되며, 소송요건심리의 단계에 실정법의 취지·목적을 둘러싸고 쓸모없는 복잡하고도 기교적인 법해석 논의를 초래하여 자의적인 해석론을 조장하게 되고45) 경우에 따라서는 미묘한 법의 취지해석에 의하여 국민이 위법한 행정에 의하여 불이익을 받았어도 소의 이익이 인정되지 않는 사태가 야기될 수도 있고, 일정한 이익을 기초로 한 소의 이익이 인정되기 위해서는 법률의 규정이 있어야 하므로 실정법규의 규정이 원고의 이익을 보호하지 않는 한 소의 이익이 인정되지 않는 데, 이는 결국

---

44) 宮崎 良夫, 『行政訴訟の法理論』(三省堂, 1984), 129面 ; 原田尙彦, 前揭書(訴えの利益), 6面 ; 姜昌雄, 「行政處分後의 事情變更과 訴의 利益」(法曹 通卷352號, 1986. 1), 5쪽.
45) 宮崎 良夫, 前揭書(行政爭訟と行政法學), 168~170面 ; 前揭書(行政訴訟の法理論), 129面 ; 原田尙彦, 前揭書, 7面 ; 姜昌雄, 前揭論文, 5쪽 ; 泉德治, 「行政事件訴訟法 第9條 (原告適格)」(『注解 行政事件訴訟法』(園部逸夫編), 有斐閣, 1989), 169面 ; 「取消訴訟の原告適格·訴えの利益」, 58面.

실체법상의 열기주의 내지 은폐된 열기주의가 되어 기본적 인권의 존중과 보장을 기본
가치로 하여 출소사항(出訴事項)에 있어서 개괄주의를 취하고 있는 현행법제의 취지에
배치되게 되고, 또한 개개의 실정법규의 규정이 중시되기 때문에 그 후에 새로운 사정에
대응하여 실정법규가 개정되지 않으면 새로운 생활상의 권리이익이 무시되게 되는데다
가 개인의 이익구제에 대한 입법의 대응이 완전하지 못한 우리나라의 경우는 처분 등의
근거법률의 문언만으로 소의 이익을 결정한다면 개인의 이익구제의 길이 막히게 된
다.46) ② 이 학설은 기본적으로 구시대의 행정재판제도를 기반으로 하던 과거 독일의
공권론(公權論)에서 유래하는 이론구조에 사로잡힌데 불과하여 기본적 인권보장과 일반
개괄주의원칙에 입각한 현대의 행정쟁송제도에 적합하지 않다.47) ③ 이는 이른바 침해
행정으로부터 자유와 재산을 보호하려고 한 시대적 산물로서 현대행정을 둘러싼 다양한
이해대립 내지 분쟁상황을 해결하기에 적합하지 않으며 행정의 민주적 통제라는 현대적
요청에 적합하지 않다.48) ④ 각각의 행정법규가 용의주도하게 입법될 수 있는 것은 아
니기 때문에 개개의 행정법규에서 원고적격의 근거를 구하는 것은 비현실적이고 행정처
분의 구체적인 요건규정이 아닌 목적규정이나 관련법규로부터 원고적격의 유무를 판단
하도록 한다는 것은 오히려 자의적 판단의 소지가 있다49)는 등의 비판도 받고 있다.

그리고 保護할 價値있는 利益救濟說은, 독일의 전통적 보호규범설을 비판하면서 나타
난 새로운 공권이론과 그 맥을 같이 하는 것으로 ① 소의 이익의 범위를 보다 확대하여
권리구제의 폭을 넓힐 수 있으며, ② 단순히 법규의 해석에 의하여 법적이익을 보호하려
고 할 때 야기될 수 있는 법률의 불비·불통일을 보완하고 적절히 실생활상의 필요를 충
족할 수 있으며, ③ 제3자에의 위법한 처분을 다툼에 있어서 절차상의 권리인 행정개입
청구권, 무하자재량행사청구권 등과의 접목이 용이하다는 등 장점이 있으나, ① 행정소
송법에 규정되어 있는 '法律上의 利益'이라는 자의(字義)에 합치되지 않으며, 보호할 가
치 있는 이익인지의 여부도 결국은 입법자에 의하여 판단될 사항이므로 입법자에 의해
그것이 긍정되면 실정법에 수용될 수 있는바, 보호할 가치 있는 이익의 판정기준이 불명
확하여 자의적인 해석에 빠질 우려가 있어 법적안정성이 손상된다는 점, ② 행정처분의
객관적 위법의 추급도 취소소송의 목적의 하나로 파악하게 되어 많든 적든 취소소송에
객관소송의 요소가 도입되게 되는바, 법률의 규정에 기하지 아니하고 취소소송을 객관
소송화하는 것은 법률의 해석으로는 타당하지 아니할 뿐만 아니라 실제상으로도 남소의
폐단을 초래하여 행정권과 사법권과의 균형이 붕괴되어, 법질서를 혼란시킬 위험성이

---

46) 金香基, 「行政審判의 請求人適格과 法律上 利益」(徐元宇教授華甲紀念論文集『現代行政과 公法理
　　論』, 博英社, 1991), 533쪽.
47) 徐元宇, 「現代의 行政訴訟과 訴의 利益」(考試研究, 1990. 9), 87쪽.
48) 徐元宇, 前揭論文, 89쪽 ; 宮崎良夫, 「原告適格」, 『行政法의 爭點』, 210~211面.
49) 金香基, 前揭論文, 534쪽.

있으며,50) 반대의 이해관계자가 있는 복수당사자의 행정행위 등 실체법상·절차법상 여러 가지의 곤란한 문제를 야기하게 된다는 점51) 등 비판이 가해지고 있다. 그리고 이러한 비판에 대하여 항고쟁송의 목적은 행정처분의 적법성 여부에 대한 법원의 심사를 통하여 국민의 이익을 보호하는 것이기 때문에 항고쟁송의 주관적쟁송성과 객관적쟁송성의 문제는 그 중점이 어느 쪽에 위치하는가 하는 양적인 차이에 불과하고, 국민은 일반적으로 자기의 이익에 영향이 없는 공생활(公生活)에 대해서는 무관심하고 소송은 비용과 노력의 부담을 수반하기 때문에 남소(濫訴)라는 사태가 일어날 우려는 별로 없고, 행고쟁송의 대상에 대해서 행정처분성이라는 한계가 설치되어 있기 때문에 항고쟁송이 무제한으로 확대되는 것은 아니라는 반론도 제기되고 있다.52)

생각건대, 行政訴訟法 제12조의 법문 해석상 일단 法律上 保護되고 있는 利益救濟說이 妥當하다고 할 수 있으나, 이 설은 기본적으로 이른바 침해행정으로부터 자유와 재산을 보호하려고 한 시대적 산물로서 급부행정 등 사인의 생활영역에의 개입이 복잡 다양화된 오늘날의 행정아래에서는 국민의 권리구제에 충분히 대응할 수 없는 측면이 있다. 하지만 法律上 保護되고 있는 利益救濟說의 입장에서도 '법률상 보호되는 이익'의 의미를 단지 개별법조에 의하여 보호되는 개별법익으로 해석할 것이 아니라 '법률전체' 또는 '관계법률'에 의하여 보호되는 이익, 더 나아가 환경권, 소비자보호주권, 문화재향유권, 행정결정에의 참가권, 행정의 정보공개를 요구하는 권리 등 새롭게 주장되는 헌법상의 기본권이나 과잉제한의 금지, 비례의 원칙 내지는 평등의 원칙 등의 헌법원리 등을 통하여 '헌법상 보호되는 이익'까지 확대한다면53) 국민의 권리구제의 폭을 보다 넓힐 수 있게 될 것이다. 이렇게 된다면 法律上 保護되고 있는 利益救濟說과 保護할 價値있는 利益救濟說과의 대립은 별 의미가 없게 될 것이다.

독일에서 오늘날 공권이론은 뒤에서 볼54) 건축법상의 배려원칙을 촉매로 헌법과 행정법과의 관계에 관심을 집중하면서 기본권을 중심으로 공권 내지 법률상이익의 개념을 넓혀 행정소송에서의 소의 이익의 확대를 꾀하고 있다. 따라서 헌법상 평등권이 규정되어 있는 이상 제3자의 보호법익도 기본권을 중심으로 행정법을 재구성하려는 노력을 기울여야 할 것이다.

---

50) 金南辰, 前揭書, 756쪽 ; 宮崎 良夫, 前揭書(行政爭訟と行政法學), 174面 ; 前揭書(行政訴訟の法理論), 128~139面 ; 姜昌雄, 前揭論文, 55쪽 ; 泉德治, 「行政事件訴訟法 第9條, 原告適格」, 170面 ; 「取消訴訟の原告適格·訴えの利益」, 58~59面.
51) 遠藤博也, 「取消訴訟の原告適格」(『實務民事訴訟講座8』, 日本評論社, 1970), 92面.
52) 橋本公亘, 「行政訴訟の原告適格」(田中二郎 古稀記念『公法の理論,中』), 1141面.
53) 宮崎 良夫, 前揭書(行政爭訟と行政法學), 160面 ; 李榮眞, 「行政訴訟法上 取消訴訟의 原告適格」(法曹 통권 472호, 1996. 1), 39쪽.
54) 이 책 隣人訴訟 부분 참조.

미국에서도 전통적으로는 Common Law의 보호를 받을 수 있는 법적 권리에 해당하여야 당사자 적격성을 인정하였으나 오늘날 다양한 이익단체에 당사자적격을 인정해주기 위하여 점차 당사자적격의 범위를 확장하여 Common Law, 더 나아가 제정법에 의해 보호되는 권익까지 포함할 뿐만 아니라 행정행위로 말미암아 사실상의 손해(경제적 이익뿐만 아니라 미적, 자연보호적, 레크리에이션적 가치까지 포함)를 입은 자로서 관계 법률에 의하여 보호되거나 규제되는 이익범위에 해당하는 자에게도 원고적격을 인정해주고 있다.55)

어찌되었든 원고가 소를 제기함에 있어 소의 이익이 있느냐 하는 문제는, 원고가 주장하는 권리 또는 이익의 실현을 위해 법적용이 가능하여야 할 것이고, 그에 따라 실현가능하여야 할 것이며 원고가 제기한 소송방법이 적절한 구제수단인가 하는 점에서 그 인정여부를 판단하여야 할 것이다.

우리나라 행정소송법상 항고소송을 앞서 본대로 주관적 소송과 객관적 소송의 성격을 동시에 갖는 것으로 이해하는 한 행정소송법 제12조 소정의 '법률상 이익'은 점차 법률상 보호되고 있는 이익구제설에서 보호할 가치있는 이익구제설로의 전환이 이루어 질 것으로 예상되며, 향후 법개정의 기회가 있으면 완전한 개괄주의의 채택을 통한 항고소송의 행정통제 기능이 확대되었으면 하는 바람이다.

Ⅲ. 原告 格의 個別的 檢討

당해처분의 직접 상대방이 아닌 第3者의 原告適格에 관하여 대법원은 1969. 12. 30. 선고 69누106 판결에서 행정처분에 의하여 직접 권리의 침해를 받은 자가 아닐지라도 법률상의 이익을 가진 자는 행정처분의 효력을 다툴 수 있다는 이유로 제3자에 대하여도 원고적격을 인정한 이래 아래와 같이 여러 판결에서 제3자의 원고적격을 인정하고 있다. 일반적으로 처분의 상대방이 법률상이익을 가진다는 점에 대해서는 이론이 없으나, 과연 어떤 경우에 상대방 이외의 제3자가 법률상이익을 가지는가가 문제되므로 이하에서 그 유형을 살펴보고, 이어 무효등확인소송에 있어서 원고적격을 검토하기로 한다.

1. 競業者訴訟

競業者訴訟이라 함은 서로 경쟁관계에 있는 영업자들 사이에서 특정인에게 주어지는

---

55) 尹世昌 譯, 『美國行政法의 再構成』(Richard B. Stewart, The Reformation of American Administration Law, Harvard Law Review, vol. 88, No. 8, 1975. 三英社, 1983), 95~134쪽.

수익적행위가 경쟁관계에 있는 다른 영업자에게는 법률상 불이익을 초래하는 경우에 그 다른 영업자가 자기의 법률상이익의 침해를 다투는 소송으로 경쟁자소송(競爭者訴訟)이 라고도 한다.56)

(1) 旣存業者의 新規業者에 대한 認·許可處分의 取消請求 境遇

신규업자에 대한 인허가처분에 의해 기존업자의 법률상이익이 침해되는 경우에는 기존 업자에게 원고적격이 인정되고 단순히 경제적·사실상 이익만이 침해되는 경우에는 기존 업자에게 원고적격을 인정하지 않는다고 하겠다.

그런데, 판례는 일반적으로 기존업자가 특허기업(特許企業)인 경우에는 그 기존업자가 그 특허로 인하여 받은 이익은 법률상이익이라고 보아 원고적격을 인정하고, 기존업자 가 허가를 받아 영업하는 경우(許可營業)에 그 기존업자가 그 허가로 인하여 받는 이익 은 반사적 이익 내지 사실상 이익에 불과한 것으로 보아 원고적격을 부정하는 경향이 있 다. 그 근거는 특허는 상대방에게 독점적 경영권 내지 지위를 창설하는 행위이며 허가는 질서유지의 목적상 설정된 금지를 해제하여 자연적 자유를 회복시키는 행위로서 허가를 받은 자의 경제적인 영업상 이익을 보호하는 것을 목적으로 하지 않기 때문인 것으로 풀 이된다.

그러나 허가의 경우에도 허가요건규정이 공익뿐만 아니라 개인의 이익도 보호하고 있 다고 해석되는 경우에는 기존 허가권자가 당해 허가요건에 위반하는 제3자에 대한 허가 를 다툴 원고적격을 가진다고 보아야 한다. 예를 들면, 허가요건 중 거리제한 규정이 두 어지는 경우에 이 거리제한 규정에 의해 기존업자가 독점적 이익을 누리고 있는 경우에 그 이익이 법률상이익에 해당하는 것으로 해석될 수 있는 경우가 있다.

예컨대, 여객자동차운송사업법상의 여객자동차운송사업면허의 법적 성질은 강학상 특 허기업의 특허에 해당되는 바, 이는 법률행위적 행정행위라는 점, 수익적 행정행위라는 점, 상대방의 신청을 요하는 행정행위라는 점에서 영업허가와 같으나 규율목적상으로 허가영업은 공공의 안녕과 질서유지를 목적으로 하는 반면 특허기업은 적극적으로 공공 의 복리증진을 목적으로 한다는 점에서 차이가 있다. 또한 허가영업에 대하여는 영업행 위를 통하여 공공의 안녕과 질서를 해치지 않는 한 행정권은 감독권을 통하여 개입하지 않는 동시에 어떠한 보호나 특전을 부여하지 않는 반면 특허기업에 대하여는 특허와 더 불어 기업의 개시의무 등 여러 가지 의무가 부과되며, 감독청의 감독도 사업목적 달성을 위한 적극적인 내용을 포함하는 동시에 공용부담특권 등 보호·특전이 부여됨이 보통이

---

56) 李元雨 敎授는 경쟁자소송을 경업자소송과 경원자소송의 상위개념으로 사용하고 있는데, 경쟁자 소송의 유형과 그 원고적격에 대하여 자세한 것은, 李元雨, 「現代 行政法關係의 構造的 變化와 競爭者訴訟의 要件」, 154~185쪽 참조.

다. 아울러 영업허가는 법률요건이 충족되는 경우에 허가를 하여야 하는 기속행위의 성격을 갖고 있는 반면 특허기업의 특허는 일반적으로 재량행위의 성격을 갖고 있다. 특허영업허가로부터 얻는 이익은 경업자의 영업으로부터 보호를 받지 못하는 반사적 이익에 지나지 않으나, 특허기업의 특허에 의한 독점적 이익은 법에 의하여 보호받는 이익이다. 여객자동차운송사업면허가 재량행위라 하더라도 無瑕疵裁量行使請求權이 주어지면 이 또한 법으로 보호되는 이익이라고 할 수 있겠다. 이와 같은 논리 아래 대법원이 原告適格을 認定한 境遇로는 ① 新規船舶運航事業免許處分에 대한 旣存業者(대법원 1969. 12. 30. 선고 69누106 판결),57) ② 新規路線延長認可處分에 대한 當該路線의 旣存 事業者(대법원 1974. 4. 9. 선고 73누173 판결58) ; 대법원 1975. 7. 22. 선고 75누12 판결 ; 대법원 1987. 9. 22. 선고 85누985 판결 ; 대법원 1992. 7. 10. 선고 91누9107 판결), ③ 隣接鑛業權者에 대한 增區許可處分의 取消를 구하는 旣存鑛業權者(대법원 1982. 7. 27. 선고 81누271 판결),59) ④ 藥種商의 營業所 移轉許可에 대한 當該 許可地域 內의 旣存業者(대법원 1988. 6. 14. 선고 87누873 판결)60) 등이 있고, 原告適格을 否認한 境遇로는 ① 物品輸入承認處分에 대한 같은 品種의 製造販賣業者(대법원 1971.

---

57) 舊 海上運送事業法 제4조 제1호에서 당해사업의 개시로 인하여 당해항로에서 전공급수송력이 전 수송수요량에 대하여 현저하게 공급과잉이 되지 않도록 규정하여 허가의 요건으로 하고 있는 것은 주로 해상운송의 질서를 유지하고 해상운송사업의 건전한 발전을 도모하여 공공의 복리를 증진함을 목적으로 하고 있으며, 동시에 한편으로 업자간의 경쟁으로 인하여 경영의 불합리를 방지하는 것이 공공의 복리를 위하여 필요하므로 허가요건을 제한하여 기존업자의 경영의 합리화를 보호하자는 데도 목적이 있으므로, 선박운항사업면허처분에 대하여 기존업자는 동 처분의 취소를 구할 법률상의 이익이 있다.

58) 舊 自動車運輸事業法〔이 법은 1997. 12. 13. 법률 제5448호 여객자동차운수사업법으로 전면 개정되었다〕 제6조 제1호에서 당해사업계획이 당해노선 또는 사업구역의 수송수요와 수송력공급에 적합할 것을 면허의 기준으로 한 것은 주로 자동차운수사업에 관한 질서를 확립하고 자동차운수의 종합적인 발달을 도모하여 공공복리의 증진을 목적으로 하고 있으며, 동시에 한편으로는 업자간의 경쟁으로 인한 경영의 불합리를 미리 방지하는 것이 공공의 복리를 위하여 필요하므로 면허조건을 제한하여 기존업자의 경영의 합리화를 보호하자는 데도 그 목적이 있다할 것이다. 따라서 이러한 기존업자의 이익은 단순한 사실상의 이익이 아니고, 법에 의하여 보호되는 이익이라고 해석된다. 따라서 구 자동차운수사업법 제6조 제1호에 의한 자동차운송사업의 면허에 대하여 당해 노선에 관한 기존업자는 노선연장인가처분의 취소를 구할 법률상의 이익이 있다.

59) 인접한 광업권자 상호간에는 상당한 거리를 보유함으로써 경계의 분쟁, 침굴의 우려, 광업 작업상의 위해 등을 미연에 방지, 제거할 수 있는 이익을 구 광업법(1951. 12. 23. 법률 제234호)에 의하여 향유하는 것으로서 이는 단순한 반사적 이익이나 사실상의 이익이 아니라 바로 법률에 의하여 보호되는 이익이다.

60) 갑이 적법한 약종상 허가를 받아 허가지역 내에서 약종상 영업을 하고 있음에도 불구하고 행정관청이 구 약사법시행규칙(1969. 8. 13. 보건사회부령 제344호)을 위배하여 같은 약종상인 을에게 을의 영업허가지역이 아닌 갑의 영업허가지역 내로 영업소를 이전하도록 허가하였다면 갑으로서는 이로 인하여 기존업자로 허가처분의 법률상의 이익을 침해받았음이 분명하므로 갑에게는 행정관청의 영업소 이전허가처분의 취소를 구할 법률상의 이익이 있다.

6. 29. 선고 69누 91 판결),61) ② 石炭加工業에 관한 新規許可에 대한 既存許可業者
(대법원 1980. 7. 22. 선고 80누33 판결),62) ③ 公衆沐浴湯營業新規許可에 대한 既存
沐浴湯業者(대법원 1985. 2. 8. 선고 84누369 판결),63) ④ 醫院으로서의 近隣生活施設
로 變更한 用途變更處分에 대한既存齒科醫院 經營者(대법원 1990. 5. 22. 선고 90누813 판
결),64) ⑤ 宿泊業構造變更許可處分에 대한 既存 宿泊業者(대법원 1990. 8. 14. 선고
89누7900 판결),65) ⑥ 他人에 대한 糧穀加功施設 移設 承認處分 取消處分을 取消한 處分
에 대한 既存糧穀加工業者(대법원 1990. 11. 13. 선고 89누756 판결),66) ⑦ 石油販賣業
許可處分에 대한 新規事業者(대법원 1992. 3. 13. 선고 91누3079 판결),67) ⑧ 市外버

---

61) 국내산업의 보호육성도 무역거래법이 기도하고 있는 목적의 하나가 된다는 것만으로써 원고가 제
조 판매하는 것과 같은 품종의 수입을 다른 사람에게 허가하는 것이 곧 원고에 대한 법률상의 이
익이 침해된다고는 할 수 없다.
62) 石炭需給調整에관한臨時措置法 소정의 석탄 가공업에 관한 허가는 사업 경영의 권리를 설정하는
형성적 행정행위가 아니라 질서유지와 공공복리를 위한 금지를 해제하는 명령적 행정행위여서 그
허가를 받은 자는 영업의 자유를 회복하는 데 불과하고 독점적 영업권을 부여받는 것이 아니기 때
문에 기존 허가를 받은 원고들이 신규허가로 인하여 영업상 이익이 감소된다고 하더라도 이는 원
고들의 반사적 이익을 침해하는 것에 지나지 아니하므로 원고들은 신규허가처분에 대하여 행정소
송을 제기할 법률상의 이익이 없다.
63) 공중목욕탕영업허가는 사업경영의 권리를 설정하는 형성적 행위가 아니라 경찰금지를 해제하는
명령적 행위로 인한 영업자유의 회복에 불과하므로 원고가 본 건 허가행정처분에 의하여 사실상
목욕탕업에 의한 이익이 감소된다하여도 원고의 이 영업상 이익은 단순한 사실상의 반사적 이익
에 불과하고 법률에 의하여 보호되는 이익이라 할 수 없다.
64) 의료법상 의료인은 신고만으로 의원이나 치과의원을 개설할 수 있고 건축법 기타 관계법령상 의
원 상호간의 거리나 개소에 아무런 제한을 두고 있지 아니하므로 원고경영의 치과의원과 약 30미
터 떨어진 건물에 대하여 치과의원을 개설할 수 있도록 의원으로서의 근린생활시설로 변경한 용
도변경처분으로 입은 손해는 간접적이거나 사실적 경제적인 불이익에 지나지 않는다.
65) 이 사건 건물의 4, 5층 일부에 객실을 설비할 수 있는 숙박업변경허가를 함으로써 그곳으로부터
50미터 내지 700 여 미터 정도의 거리에서 여관을 경영하는 원고들의 받게 될 불이익은 간접적이
거나 사실적·경제적 불이익에 지나지 않는다.
66) 양곡가공업허가는 사업경영의 권리를 설정해주는 형성적 행위가 아니라 금지를 해제하는 명령적
행위에 불과하여 그 허가의 효과도 영업자유의 회복을 가져올 뿐이므로, 이 영업의 자유는 법률
이 직접 양곡가공업의 피허가자에게 독점적 재산권을 취득하게 하는 것이 아니라 법률이 국민식
량의 확보와 국민경제의 안정이라는 공공의 복리를 목적으로 영업의 자유를 일반적으로 제한하
므로 그 영업자유의 제한이 해제된 피허가자에게 간접적으로 사실상의 이익을 부여하게 됨에 불
과하다 할 것이니, 피고보조참가인에게 이 사건 양곡가공업허가를 해준 지역이 새로운 양곡가공
업허가를 하여 줄 수 없도록 법령상 제한되어 있는 곳이라고 볼 근거가 없는 이상, 그 허가처분
으로 인하여 이미 같은 허가를 받고 있는 원고의 가공업상의 이익이 사실상 감소된다고 하더라
도 이 불이익은 이 사건 양곡가공업허가처분으로 인한 단순한 사실상의 반사적 결과에 지나지
아니한다.
67) 원고가 석유판매업허가신청을 하였다가 이미 석유판매업허가를 받아 경영하고 있는 제3자의 주
유소와의 거리가 도(道)의 석유판매업허가기준고시 소정의 이격거리에 저촉된다는 사유로 석유
판매업허가신청이 반려되었다면, 원고는 위 제3자에 대한 허가처분에 의하여 석유판매업을 영위
하지 못하게 될 위험에 처하게 된다하더라도 이 불이익은 간접적이고 사실상의 반사적 결과에 불

스 運送事業 讓渡讓受 認可處分에 대한 一部 重複區間을 運行하던 旣存 市外버스 運送
事業者(대법원 1997. 4. 25. 선고 96누14906 판결)68) 등이 있다.

앞서 본 판례들을 종합하여보면, 대법원은 기존업자에 대한 영업의 허가가 경찰금지를
해제하는 명령적 행위에 불과하여 영업자유의 제한이 해제된 피해자에게 간접적으로 사
실상 이익을 부여하게 되는 경우에는 원고적격을 인정하지 아니하고, 사업자에게 사업
경영의 권리를 설정해 줌으로써 독점적 재산권을 취득하게 하는 형성적 행위일 경우에
는 원고적격을 인정하는 전통적인 반사적이익이론과 소의 이익에 관한 학설 중 법률상
보호되는 이익구제설을 채택한 것으로 보인다.

다만, 전통적인 반사적이익이론과 법률상 보호되는 이익구제설을 취하는 경우에도 실
제사건에 있어서 법률상이익과 반사적이익의 구별이 결코 쉬운 일이 아니고 실체법규에
서 규정하고 있는 영업의 허가가 경찰금지해제행위인지 권리설정행위인지도 분명하지
아니한 경우가 허다하다.

실제적으로 법의 취지 목적이 공익의 보호와 동시에 개인의 이익보호도 아울러 목적으
로 하는 경우가 있을 뿐만 아니라 오늘날에 와서는 반사적이익이 공권화하는 경향도 있
다.

따라서 항고소송의 기능이 국민의 권리구제와 아울러 행정법규의 정당한 적용의 보장
에 있다고 볼 때 남소방지라는 소송법적 목적을 달성하는 범위 내에서 항고소송에 있어
서의 법률상이익의 범위(原告適格의 範圍)를 확대해 나감이 타당하다고 본다.

⑵ 旣存 競業者에 대한 授益處分을 다투는 境遇

행정청이 경쟁관계에 있는 기존의 업자에게 보조금의 지급 등 수익적 처분을 하여 다른
경업자에게 불리한 경쟁상황을 야기한 경우에 다른 경업자는 그 수익적 처분을 다툴 원
고적격이 있는가. 이 경우에 수익적 처분의 요건법규가 공익뿐만 아니라 경쟁관계에 있
는 자의 경제적 이익도 보호하고 있다고 여겨지는 경우에 한하여 경업자에게 원고적격이
인정될 수 있을 것이다.

그런데, 이 경우에 일반적으로 당해 수익적 처분의 근거법규가 처분의 상대방이 아닌

과하고 이로 인하여 원고의 권리나 법률상의 이익이 직접적, 구체적으로 침해되는 것이라고는 할
수 없으므로, 원고로서는 행정청을 상대로 제3자에 대한 석유판매업허가처분의 취소를 구할 법률
상의 이익이 있는 자에 해당하지 아니한다.
68) 자동차운수사업 인·면허사무처리요령은 행정처분 등에 관한 事務處理 기준과 처분절차를 정한
것으로서 그 규정의 형식 및 내용 등에 비추어 볼 때 행정조직 내부에 있어서의 행정명령의 성격
을 지닐 뿐 대외적으로 국민이나 법원을 구속하는 힘이 없다 할 것이고, 위 사무처리요령에서 당
해운행계통에 대한 연고 등에 따라 운행횟수 증회, 운행계통 신설, 변경 등에 관하여 얻을 수 있
는 기대이익은 법률상 보호되는 직접적이고 구체적인 이익이라고 볼 수 없다.

경업관계에 있는 제3자의 이익까지도 보호하고 있다고 해석되는 경우는 드물 것이다. 경업자에게 불리한 경쟁상황을 야기했다는 것은 경쟁의 자유를 침해한 것이 되고 경쟁의 자유는 헌법상 기본권인 직업의 자유에 포함되므로 헌법상 기본권을 원고적격의 인정기준이 되는 법률상이익에 포함되는 것으로 본다면 이 경우에 경업자에게 원고적격이 인정될 수 있지만 현재 우리나라의 경우 기본권의 침해만으로 원고적격을 인정한 판례는 보이지 않는 것 같다.

(3) 旣存 競業者에 대한 規制權 發動의 拒否 또는 不作爲를 다투는 境遇

행정청에 대하여 경쟁관계에 있는 경업자의 불공정행위에 대하여 규제권을 발동할 것을 청구하였음에도 당해 행정청이 규제권을 발동하지 않는 경우(拒否 또는 不作爲의 경우)에 규제권 발동을 청구한 경업자는 거부처분의 취소소송 또는 부작위위법확인소송을 제기할 원고적격을 가지는가가 문제된다.

이 경우 행정청의 규제권의 근거가 되는 법규가 공정한 경쟁질서의 확보라는 공익 이외에 다른 경업자의 개인적 이익도 보호하고 있다고 해석되는 경우에는 원고적격이 인정된다. 또한, 헌법상 기본권도 원고적격 인정의 근거가 될 수 있다고 본다면 경업자의 불공정행위로 불리한 경쟁관계에 놓이게 된 경업자에게는 행정청이 규제하지 않았음을 다툴 원고적격을 가진다고 볼 수 있겠으나 이 역시 그 실례를 찾아보기는 힘들다.

2. 競願者訴訟

競願者訴訟이라 함은 수인의 신청을 받아 일부에 대하여만 인·허가 등의 수익적 행정처분을 할 수 있는 경우에 인·허가 등을 받지 못한 자가 인·허가처분에 대하여 제기하는 항고소송을 말한다. 競願者라 함은 인·허가 등에 있어 양립할 수 없는 출원을 제기한 자로서, 일방에 대한 인·허가는 타방에 대한 불허가로 귀결될 수밖에 없는 관계에 있는 자를 말한다. 여기서 양립할 수 없다 함은 그 성질상(동일대상에 대한 공유수면매립면허, 도로점용허가 등) 또는 법규상(거리제한 규정, 지역별 업소개수제한 등)의 경우를 불문한다. 이러한 경원자관계는 기존업자 상호간 또는 기존업자와 신규출원자 상호간의 관계를 의미하는 경업자관계와 구별된다. 이와 같은 경원자관계에 있는 경우에는 각 경원자에 대한 인·허가 등이 배타적 관계에 있으므로 결국 일방에 대한 인·허가가 타방에 대한 신청거부로 귀결되게 되어, 인·허가를 받지 못한 자는 자신의 권익을 구제하기 위하여 타인에 대한 인·허가 등을 취소할 법률상이익이 있다고 보아야 한다.

판례도 경원관계에 있어서 경원자에 대하여 이루어진 허가 등 처분의 상대방이 아닌 자가 그 처분의 취소를 구할 당사자적격이 있다고 보고 있다. 즉, 행정소송법 제12조는 취소소송은 처분 등의 취소를 구할 법률상의 이익이 있는 자가 제기할 수 있다고 규정하고 있는바, 인·허가 등의 수익적 행정처분을 신청한 수인이 서로 경쟁관계에 있어서 일방에 대한 허가 등의 처분이 타방에 대한 불허가 등으로 귀결될 수밖에 없는 때(이른바 競願關係에 있는 경우로서 동일 대상 지역에 대한 공유수면매립면허나 도로점용허가 혹은 일정지역에 있어서의 영업허가 등에 관하여 거리제한규정이나 업소개수제한규정 등이 있는 경우를 그 예로 들 수 있다) 허가 등의 처분을 받지 못한 자는 비록 경원자에 대하여 이루어진 허가 등 처분의 상대방이 아니라 하더라도 당해처분의 취소를 구할 당사자 적격이 있다 할 것이고, 다만 구체적인 경우에 있어서 그 처분이 취소된다 하더라도 허가 등의 처분을 받지 못한 불이익이 회복된다고 볼 수 없을 때에는 당해처분의 취소를 구할 정당한 이익이 없다고 한다.

또 "면허나 인·허가 등의 수익적 행정처분의 근거가 되는 법률이 해당업자들 사이의 과당경쟁으로 인한 경영의 불합리를 방지하는 것도 그 목적으로 하고 있는 경우 다른 업자에 대한 면허나 인·허가 등의 수익적 행정처분에 대하여 미리 같은 종류의 면허나 인·허가 등의 수익적 행정처분을 받아 영업을 하고 있는 기존의 업자나, 면허나 인·허가 등의 수익적 행정처분을 신청한 수인이 서로 경쟁관계에 있어서 일방에 대한 면허나 인·허가 등의 행정처분이 타방에 대한 무면허·불인가·불허가 등으로 귀결될 수밖에 없는 경우에 면허나 인·허가 등의 행정처분을 받지 못한 사람 등은 비록 경업자나 경원자에 대하여 이루어진 면허나 인·허가 등 행정처분의 상대방이 아니라 하더라도 당해 행정처분의 취소를 구할 당사자 적격이 있다."[69]고 판시하였다.

경원자 관계에 있는 자는 타인에 대한 허가처분의 취소를 구하거나 자신에 대한 불허가처분의 취소를 구할 수 있고, 또한 양자를 병합하여 제기할 수도 있다.

그리고 판례는 더 나아가 동일한 내용의 허가신청이 아니지만 상호 배타적 관계에 있는 경우(예컨대, 농어촌버스운송사업계획 변경 인가처분과 마을버스 운행을 위한 자동차운송사업면허신청에 대한 허가처분 사이의 농어촌버스운송사업자와 마을버스를 운행하려는 자와의 관계)는 경원관계에 있다고 볼 수는 없지만 그에 준하는 관계를 갖는다고 보면서 위 예의 경우 마을버스 운행을 위한 자동차운송사업면허신청에 대한 거부처분을 받은 자는 농어촌버스 운송사업계획변경인가처분을 다툴 원고적격이 있다고 한 판결이 있다.[70]

---

69) 대법원 1998. 9. 8. 선고 98두6272 판결.
70) 원고가 이 사건 각 면허신청에서 정한 종점 및 기점인 대우아파트가 대천여객이 이 사건 변경신청에서 경유지로 추가한 정류소인 점에 비추어 보면 앞서 본 바와 같은 노선버스 한정면허 기준에 대한시행규칙 제14조의 2 제5항의 규정상 피고가 대천여객에 대하여 이 사건 변경신청을 인가하게 되면 원고가 신청한 노선과 운행계통 그대로 마을버스운송사업면허를 할 수 없게 되는 것으로 귀결될 수밖에 없다고 보면서 마을버스 운행을 위한 자동차운송사업면허신청에 대한 거부처

위와 같은 경우를 소위 排他的競爭者訴訟이라고도 하는데, 이는 일방에 대한 허가 등의 처분이 타방에 대한 불허가 등으로 귀결될 수밖에 없는 상황에서의 소송, 즉 경쟁관계에 있는 일당사자가 다른 당사자를 배제하고 그 자리를 차지하려는 목적을 가진 소송이라는 점에서, 단순히 타인에 대한 수익처분을 다투어 스스로의 이익을 방어함을 목적으로 하는 소송(소위 防禦的 競爭者訴訟)과 구별되는 것이다. 이 경우에도 원고는 처분의 직접 상대방이 아닌 제3자이기 때문에 그 원고적격이 문제되는데 대법원은 인·허가 등의 수익적 행정처분을 신청한 수인이 서로 경쟁관계에 있어서 일방에 대한 허가 등의 처분이 타방에 대한 불허가 등으로 귀결될 수밖에 없는 때 허가 등의 처분을 받지 못한 자는 당해처분의 취소를 구할 당사자적격이 있다고 하여 양당사자가 배타적 경쟁자관계에 있으면 당연히 원고적격을 인정하는 것으로 보인다. 이에 대해 원고가 인·허가를 받기에 필요한 모든 법정요건을 구비하였는가, 원고에게 허가를 해주지 않고 경쟁관계에 있는 타인에게 허가를 한 것이 헌법상의 평등권 또는 직업선택의 자유로서의 경쟁의 기회를 수인한도를 넘어 침해한 것은 아닌지 등을 심리하여야 한다고 하는 학자도 있으나,[71] 오늘날 행정법 영역에서 권리의 개념이 확대 해석되고 있는 추세에서 그 권리구제의 폭을 넓힌다는 의미에서 판례의 입장에 찬성한다.

대법원은 위와 같이 수익적 행정처분에 있어 경원자는 허가 등 처분의 상대방이 아니라고 하더라도 당해처분 의 취소를 구할 당사자적격이 있다고 판시하고 있는바, 다만 경원자가 법인 또는 적어도 비법인사단으로서의 실체를 갖추고 있는 경우 그 구성원 또는 출자자의 원고적격에 관하여는 일반적으로 처분의 상대방이 법인 또는 비법인사단의 경우 그 구성원이나 주주, 피용자 등은 간접적이고 사실상의 이해관계를 가지는데 불과하다고 하여 원고적격을 인정하지 아니하고 있다. 즉 주식회사에 대한 주류제조면허취소처분에 대하여 그 회사의 대주주(대법원 1971. 12. 28. 선고 71누109 판결), 회사의 운송사업면허취소처분에 대하여 지입차주(대법원 1992. 9. 1. 선고 92누5805 판결), 운수과징금부과처분에 대하여 운전기사(대법원 1994. 4. 12. 선고 93누24247 판결), 종합유선방송국허가대상법인선정처분에 대하여 비법인사단의 구성원(대법원 1996. 6. 28. 선고 96누3630 판결)에게 각 원고적격이 없다고 판시하였다.

그리고 제3자라 하더라도 행정처분의 상대방과 특별한 관계가 있는 경우 원고적격이 인정되어 온 예가 있다. 주식회사에 대한 위법한 해산처분에 대하여 그 주식회사 대표이사(대법원 1962. 7. 19. 선고 62누49 판결)는 제소할 수 있고, 처 명의로 급수를 받아 목욕탕을 경영하는 자는 처에 대한 급수사용료 부과처분(대법원 1971. 11. 23. 선고

분을 받은 자는 농어촌버스 운송사업계획변경인가처분을 다툴 원고적격이 있다고 한 판결이 있다(대법원 1999. 10. 12. 선고 99두6026 판결).

71) 金南辰, 「排他的競爭者訴訟에 있어서의 法律問題」, 『行政法의 基本問題』, 1075쪽.

71누6Є, 67 판결)을 다툴 수 있다.

3. 隣人訴訟

隣人訴訟이라 함은 이웃하는 자들 사이에서 특정인에게 주어지는 수익적 행위가 타인에게는 컵률상 불이익을 초래하는 경우에 그 타인이 자기의 법률상이익의 침해를 다투는 소송으로 이웃소송이라고도 한다.

즉, 隣人訴訟은 어떠한 시설의 설치를 허가하는 처분에 대하여 당해시설의 인근주민이 다투는 경우로 특히 건축법, 환경법 분야에서 많이 문제된다. 인근주민에게 시설설치허가를 다툴 원고적격이 있는지는 원칙상 당해 허가처분의 근거법규의 보호목적에 따라 결정된다. 즉 당해 근거법규가 공익뿐만 아니라 인근주민의 이익도 보호하고 있다고 해석되는 경우에 인근주민에게 원고적격이 인정된다. 종래 都市計劃法이나 建築法 등의 규제를 통해 주민이 이익을 보더라도 그것은 반사적 이익, 사실상의 이익에 지나지 않는다고 하였으나, 최근 대법원은 근거법규의 합목적적인 해석을 통하여 근거법규의 목적이 공익과 동시에 인근주민들의 개별적 이익까지는 보호하는 것으로 인정되는 경우 그 원고적격을 확대하는 경향에 있다.

먼저 隣人訴訟의 原告適格에 대한 日本 最高裁判所의 代表的 判例를 살펴보면, ① 소비자단체인 주부연합회와 그 회장 개인이 공정거래위원회를 상대로 과즙음료 등의 표시에 관한 공정경쟁규약의 인가에 대한 취소를 구한 主婦連쥬스(ジュース)事件(最高裁判所 1978(昭和 53). 3. 14. 判決,72) 民集 32卷 2號 211쪽)에서 일반소비자가 받는 이익은 반사적·사실상의 이익에 불과하다고 하여 주부연합회와 그 회장 개인의 원고적격을 부정하였고, ② 철도사업자를 상대방으로 하는 특별급행요금의 변경인가처분에 대하여 노선이용자가 제기한 近鐵特急事件(最高裁判所 1989(平成 元年). 4. 13. 判決, 判例時報 1313號 121쪽)에서 그 취소소송의 원고적격을 가지지 않는다고 하여 일반소비자의 이익분야에서 원고적격을 넓게 인정하지 않는 경향에 있으며, ③ 주변 어민들이 伊達火力發電所의 시설용지조성을 위한 공유수면매립면허와 준공인가의 취소를 구한 伊達火力發電所事件(最高裁判所 1985(昭和 60). 12. 17. 判決,73) 判例時報 1179號 56쪽)에서 매립해역 어민들의 원고적격을 부정하였다, ④ 인근주민의 보안림지정해제처분취소를 구한 나이키基地訴訟(最高裁判所 1982(昭和 57). 9. 9. 判決,74) 民集 36권 9號 1679쪽), ⑤ 항공사에 대한 정기항공운송사업면허처분에 대하여 新潟空港 주변에 거주하는

---

72) 이 판결에 대한 평석은, 『行政判例百選Ⅱ』第4版, 368~369面 참조.
73) 이 판결에 대한 평석은, 『公害·環境判例百選』(森島昭夫 等編, 有斐閣, 1994), 180~181面 참조.
74) 이 판결에 대한 평석은, 『行政判例百選Ⅱ』第4版, 436~437面 참조.

주민이 소음피해에 의한 건강 내지 생활상의 이익이 침해되었다는 이유로 청구한 新潟
空港航空運送事業免許取消事件(最高裁判所 1989(平成 元年). 2. 17. 判決.75) 民集43
卷2號 56쪽), ⑥ 원자로 주변에 거주하는 주민이 원자로 설치허가처분의 무효확인소송
을 제기한 소위 몬쥬(もんじゅ)事件(最高裁判所 1992(平成 4). 9. 22. 判決.76) 民集
46卷 6號 571쪽)에서 제3자소송의 원고적격을 판단하는 일반적 기준으로서, "법률상이
익을 가진 자라고 함은 당해처분에 의해 자기의 권리 또는 법률상 보호된 이익을 침해받
거나 필연적으로 침해될 우려가 있는 자를 말하고, 당해처분을 정한 행정법규가 불특정
다수자의 구체적인 이익을 공익으로 뿐만 아니고 개개인의 개별적 이익으로서도 보호하
는 취지를 포함한 경우에는 이러한 이익도 위에서 말하는 법률상 보호된 이익에 해당 한
다"는 이유로 각 인근주민의 원고적격을 인정하였다.

 우리나라의 경우 都市計劃法상 住居地域에 設置할 수 없는 煉炭工場 建築許可處分에
대하여 건축되는 연탄공장으로부터 70㎝ 떨어져 사는 인근주민의 쾌적한 환경에서 살
권리를 존중하여 우리나라에서 最初로 隣人訴訟의 原告適格을 인정하였으며,77) 그 뒤
원고적격을 인정함에 있어 계쟁처분의 직접적인 근거법규 이외에 당해 근거법규에서 요
건규정으로 원용하고 있는 관계법규도 당해 계쟁허가처분의 근거법규로 보아 결과적으
로 인인소송에서의 원고적격을 확대하였다. 즉 공설화장장 설치라는 도시계획시설결정
처분에 관한 보호규범을 계쟁처분의 직접적인 근거법규인 都市計劃法뿐만 아니라 당해
근거법규에서 요건규정으로 원용하고 있는 埋葬 및 墓地등에 관한 法律 및 같은 법 시행
령까지 확장하여 公設 火葬場 設置를 內容으로 하는 都市計劃決定에 대한 地域住民에게
법률상이익을 인정하였다.78) 그리고 최근에는 환경영향평가법79)을 환경영향평가 대상

---

75) 이 판결에 대한 평석은, 『行政判例百選Ⅱ』第4版, 414~415面 및 『公害·環境判例百選』, 120~121
    面 각 참조.
76) 이 판결에 대한 평석은, 『行政判例百選Ⅱ』제4판, 416~417面 및 『公害·環境判例百選』, 194~195
    面 각 참조.
77) 주거지역 안에서는 舊 都市計劃法 제19조 제1항과 개정 전 建築法 제32조 제1항에 의하여 공익
    상 부득이하다고 인정될 경우를 제외하고는 위와 같은 거주의 안녕과 건전한 생활환경의 보호를
    해치는 모든 건축이 금지되고 있으며 이와 같이 금지되는 건축물로서 建築法은 '원동기를 사용하
    는 공장으로서 작업장의 바닥 면적의 합계가 50평방미터를 초과하는 것'을 그 하나로 열거하고 있
    다(이 사건 공장이 위 제한을 초과하고 있음은 물론이다). 위와 같은 都市計劃法과 建築法의 규
    정 취지에 비추어 볼 때 이 법률들이 주거지역 내에서의 일정한 건축을 금지하고 또는 제한하고
    있는 것은 都市計劃法과 建築法이 추구하는 공공복리의 증진을 도모하고자 하는 데 그 목적이 있
    는 동시에 한편으로는 주거지역 내에 거주하는 사람의 '주거의 안녕과 생활환경을 보호'하고자 하
    는 데도 그 목적이 있는 것으로 해석이 된다. 그러므로 주거지역내에 거주하는 사람이 받는 위와
    같은 보호이익은 단순한 반사적 이익이나 사실상의 이익이 아니라 바로 법률에 의하여 보호되는
    이익이라고 할 것이다(대법원 1975. 5. 13. 선고 73누96,97 판결 : 이 판결에 대한 평석은, 洪
    準亨, 前揭書(判例), 375~385쪽 참조).
78) 舊 都市計劃法 제12조 제3항의 위임에 따라 제정된 도시계획시설기준에관한규칙 제125조. 제1

사업에 대한 허가처분의 근거법률로 보고, 허가의 대상인 사업으로 인하여 직접적이고 중대한 환경침해를 받게 되리라고 예상되는 환경영향평가 대상지역 안의 주민에게 당해 허가 또는 승인처분의 취소를 구할 원고적격을 인정함으로써 취소소송의 원고적격을 획기적으로 넓히고 있다. 즉 "전원개발사업실시계획승인처분의 근거 법률인 구 전원개발에관한특례법령〔현행 전원개발촉진법〕, 구 환경보전법령〔현행 소음·진동규제법령〕, 구 환경정책기본법령 및 환경영향평가법령 등의 규정취지는 환경영향평가 대상사업에 해당하는 발전소건설사업이 환경을 해치지 아니하는 방법으로 시행되도록 함으로써 당해 사업과 관련된 환경공익을 보호하려는 데 그치는 것이 아니라 당해 사업으로 인하여 직접적이고 중대한 환경피해를 입으리라고 예상되는 환경영향평가 대상지역 안의 주민들이 전과 비교하여 수인한도를 넘는 환경침해를 받지 아니하고 쾌적한 환경에서 생활할 수 있는 개별적 이익까지도 이를 보호하려는 데에 있으므로, 주민들이 위 승인처분과 관련하여 갖고 있는 위와 같은 환경상 이익은 단순히 환경공익 보호의 결과로서 국민일반이 공통적으로 갖게 되는 추상적·평균적·일반적 이익에 그치지 아니하고 환경영향평가 대상지역 안의 주민 개개인에 대하여 개별적으로 보호되는 직접적·구체적 이익이라고 보아야 하고, 따라서 위 사업으로 인하여 직접적이고 중대한 환경침해를 받게 되리라고 예상되는 환경영향평가 대상지역 안의 주민에게는 위 승인처분의 취소를 구할 원고적격이 있다. 그러나 환경영향평가 대상지역 밖의 주민·일반국민·산악인·사진가·학자·환경보호단체 등의 환경상 이익이나 전원개발사업구역 밖의 주민 등의 재산상 이익에 대하여는 위의 근거 법률에 이를 그들의 개별적·직접적·구체적 이익으로 보호하려는 내용 및 취지를 가지는 규정을 두고 있지 아니하므로, 이들에게는 위와 같은 이익 침해를 이유로 전원개발사업실시계획승인처분의 취소를 구할 원고적격이 없다."80)고 판시하여 電源開發事業實施計劃承認處分을 다툴 環境影響評價對象 地域住民에게 원고적격을 인정하였다.81) 다만, 이 사건에서 환경영향평가법의 규정이 처분의 요건규정으로 명시

항이 화장장의 구조 및 설치에 관하여는 埋葬및墓地등에관한法律이 정하는 바에 의한다고 규정하고 있어, 도시계획의 내용이 화장장의 설치에 관한 것일 때에는 舊 都市計劃法 제12조뿐만 아니라 埋葬및墓地등에관한法律〔이 법은 2000. 1. 12. 법률 제6158호 葬事등에관한法律로 전면 개정되었다〕 및 같은 법 시행령 역시 그 근거 법률이 된다고 보아야 할 것이므로, 같은 법 시행령 제4조 제2호가 공설화장장은 20호 이상의 인가가 밀집한 지역, 학교 또는 공중이 수시 집합하는 시설 또는 장소로부터 1,000m 이상 떨어진 곳에 설치하도록 제한을 가하고, 같은 법 시행령 제9조가 국민보건상 위해를 끼칠 우려가 있는 지역, 舊 都市計劃法 제17조의 규정에 의한 주거지역, 상업지역, 공업지역 및 녹지지역 안의 풍치지구 등에의 공설화장장 설치를 금지함에 의하여 보호되는 부근 주민들의 이익은 위 도시계획결정처분의 근거 법률에 의하여 보호되는 법률상이익이다 (대법원 1995. 9. 26. 선고 94누14544 판결).

79) 이 법은 1999. 12. 31. 법률 제6095호로 환경·교통·재해등에관한법률이 제정되면서 폐지되었으나 이하 편의상 환경영향평가법이라고 한다.

80) 대법원 1998. 9. 22. 선고 97누19571 판결.

적으로 원용되지는 않았지만, 처분의 근거법(위 판례의 경우 근거법규는 電源開發에관

81) 이와 같은 맥락에서 원고적격을 인정한 경우로는 ① 原子力發電所 原子爐 敷地事前承認處分에 대한 隣近住民(대법원 1998. 9. 4. 선고 97누19588 판결 : 原子力法 제12조 제2호(1999. 2. 8. 법률 제5820호로 개정되기 전의 것: 발전용 원자로 및 관계시설의 위치·구조 및 설비가 大統領令이 정하는 기술수준에 적합하여 방사성물질 등에 의한 인체·물체·공공의 재해방지에 지장이 없을 것)의 취지는 원자로 등 건설사업이 방사성물질 및 그에 의하여 오염된 물질에 의한 인체·물체·공공의 재해를 발생시키지 아니하는 방법으로 시행되도록 함으로써 방사성물질 등에 의한 생명·건강상의 위해를 받지 아니할 이익을 일반적 공익으로서 보호하려는 데 그치는 것이 아니라 방사성물질에 의하여 보다 직접적이고 중대한 피해를 입으리라고 예상되는 지역 내의 주민들의 위와 같은 이익을 직접적·구체적 이익으로서도 보호하려는 데에 있다 할 것이므로, 위와 같은 지역 내의 주민들에게는 방사성물질 등에 의한 생명·신체의 안전침해를 이유로 부지사전승인처분의 취소를 구할 원고적격이 있다). ② 國立公園 용화集團施設地區 開發事業計劃의 變更承認 및 許可處分을 다툴 環境影響評價對象 地域住民(조성면적 10만㎡ 이상이어서 환경영향평가 대상사업에 해당하는 당해 국립공원 집단시설지구개발사업에 관하여 當該 변경승인 및 허가처분을 함에 있어서는 반드시 자연공원법령 및 환경영향평가법령 소정의 환경영향평가를 거쳐서 그 환경영향평가의 협의내용을 사업계획에 반영시키도록 하여야 하는 것이니 만큼 자연공원법령뿐 아니라 환경영향평가법령도 당해 변경승인 및 허가처분에 직접적인 영향을 미치는 근거 법률이 된다. 환경영향평가에 관한 자연공원법령 및 환경영향평가법령의 규정들의 취지는 집단시설지구개발사업이 환경을 해치지 아니하는 방법으로 시행되도록 함으로써 집단시설지구개발사업과 관련된 환경공익을 보호하려는 데에 그치는 것이 아니라 그 사업으로 인하여 직접적이고 중대한 환경피해를 입으리라고 예상되는 환경영향평가 대상지역 안의 주민들이 개발 전과 비교하여 수인한도를 넘는 환경침해를 받지 아니하고 쾌적한 환경에서 생활할 수 있는 개별적 이익까지도 이를 보호하려는 데에 있다 할 것이므로, 위 주민들이 당해 변경승인(基本設計變更承認) 및 허가처분(公園事業施行許可處分)과 관련하여 갖고 있는 위와 같은 환경상의 이익은 단순히 환경공익 보호의 결과로 국민일반이 공통적으로 가지게 되는 추상적·평균적·일반적인 이익에 그치지 아니하고 주민 개개인에 대하여 개별적으로 보호되는 직접적·구체적인 이익이라고 보아야 한다. 따라서 당해 국립공원 용화집단시설지구개발사업으로 인하여 직접적이고 중대한 환경피해를 입으리라고 예상되는 환경영향평가 대상지역 안의 주민에게 환경영향평가 대상사업에 관한 변경승인 및 허가처분의 취소를 구할 원고적격이 있다(대법원 1998. 4. 24. 선고 97누3286 판결 : 대법원 2001. 7. 27. 선고 99두2970 판결). 공원사업시행 허가처분에 의하여 인근주민들의 환경상의 이익 등이 침해되거나 침해될 우려가 있고 그 환경침해는 공원의 개발 전과 비교하여 사회통념상 수인한도를 넘는다고 보이며, 주민들의 환경상의 이익은 공원사업시행 허가처분으로 인하여 그 사업자나 행락객들이 가지는 영업상의 이익 또는 여가생활향유라는 이익보다 훨씬 우월하다는 이유로, 그 환경적 위해 발생을 고려하지 않는 공원사업시행 허가처분은 재량권을 일탈 또는 남용한 것으로서 위법하다(대법원 2001. 7. 27. 선고 99두5092 판결-공원사업시행허가처분취소재결취소). 관광지조성사업시행 허가처분에 오수처리시설의 설치 등을 조건으로 하였으나 그 시설이 설치되더라도 효능이 불확실하여 오수가 확실하게 정화 처리될 수 없어 인접 하천 등의 수질이 오염됨으로써 인근 주민들의 식수 등도 오염되어 주민들의 환경이익 등이 침해되거나 침해될 우려가 있고, 그 환경이익의 침해는 관광지의 개발 전과 비교하여 사회통념상 수인한도를 넘는다고 보이며, 주민들의 환경상의 이익은 관광지조성사업시행 허가처분으로 인하여 사업자나 행락객들이 가지는 영업상의 이익 또는 여가생활향유라는 이익보다 훨씬 우월하다는 이유로, 그 환경적 위해 발생을 고려하지 않은 관광지조성사업시행 허가처분은 사실오인 등에 기초하여 재량권을 일탈·남용한 것으로서 위법하다(대법원 2001. 7. 27. 선고 99두8589 판결-온천조성사업시행허가처분취소) 등이 있다.

한特例法 제5조, 1997. 5. 1. 大統領令 제15363호로 개정되기 전 舊 電源開發에관한特例法 施行令 제15조 제2항)에서 환경의 이익을 처분의 고려사항으로 규정하고 있고, 환경영향평가법상의 환경영향평가를 받아야 한다는 규정을 두고 있는 등 처분의 근거법과 환경영향평가법 사이에는 일정한 연결고리가 있음을 알 수 있다. 이처럼 환경영향평가 지역안의 주민들이 갖고 있는 환경상의 이익이 주민 개개인에 대하여 개별적으로 보호되는 직접적·구체적인 이익이라는 것을 분명히 하였다는 점에서는 평가 받을 만하지만, 이 판결의 결론에 대해 좀 아쉬운 점은, 환경영향평가 대상지역 밖의 주민, 일반국민, 산악인, 사진작가, 학자, 환경보호단체 등의 환경상의 이익을 보호하기 위해 원고적격을 인정할 수 없다는 반대해석이 도출되는 데 과연 환경영향평가 대상지역 안이냐 밖이냐에 따라 일률적으로 그 보호법익의 인정여부를 결정하는 것은 형식 논리적이라는 비판을 면하기 어렵다는 것이다.[82]

처분의 근거법에서 환경영향평가법에 대한 아무런 언급이 없지만 당해 허가처분의 대상이 되는 시설이 환경영향평가법상의 환경영향평가의 대상이 되는 경우에도 법률상이익의 판단에 있어서 처분의 근거법규만을 보호규범으로 볼 것이 아니라 관계법규도 포함시키는 것이 국민의 권리구제의 기회를 확대하기 위해 필요하고, 통상 환경영향평가의 대상이 되는 시설이나 사업을 허가하는 처분은 재량행위인데 이 재량행위의 한계로서의 비례의 원칙에 의한 이익 형량에는 환경의 이익이 고려되어야 하고, 헌법은 환경권을 보장하고 있는바, 환경영향평가대상지역 주민에게 원고적격을 인정함이 타당할 것이다.[83]

인근주민에게 계쟁처분을 다툴 원고적격이 있는지는 원칙상 당해 허가처분의 근거법규의 보호목적을 기준으로 하여 판단된다. 점차 근거법규의 범위를 넓힘으로써 계쟁처분의 직접적인 근거법규 이외에 당해 근거법규에서 요건규정으로 원용하고 있는 법규도 당해 계쟁처분의 근거법규로 보고 있다.

그리고 최근에는 시설의 설치를 함에 있어 환경영향평가를 실시하여야 하는 경우에 절차법인 환경영향평가법도 시설허가처분의 근거법규로 보고 환경영향평가 대상지역에 거주하는 주민에게 당해 시설허가처분을 다툴 원고적격을 인정하고 있다.[84]

미국이나 프랑스에서는 행정처분을 다투는 소송에서 처분의 근거법률에 의해 보호되는

---

82) 柳明建, 『實務行政訴訟法』(博英社, 2001), 594쪽 ; 洪準亨, 前揭書, 402쪽.
83) 朴均省, 前揭書, 321~322쪽 ; 「프랑스법상 施設設置許可에 대한 取消訴訟에서의 隣近住民 및 環境團體의 原告適格」(『判例實務研究Ⅳ』, 比較法實務研究會 編, 博英社, 2000. 9), 509~510쪽.
84) 일본의 경우 도시계획사업인가처분등의 취소소송에 있어서 사업지주변지역주민의 원고적격과 관련한 最高裁判所 1999(平成 11). 11. 25. 判決(判例時報 1698號 66面)은, 사업지내의 부동산에 관한 권리를 가진 자는 인가 등의 취소를 구할 원고적격이 인정하고 있고, 처분과 관계되는 사업지의 주변지역에 거주하고 또한 통근, 통학하고 있지만 사업지내의 부동산에 관한 권리를 가지지 않는 자는 처분의 취소를 구할 원고적격을 부정하고 있다.

이익을 침해당한 자만에 대하여 원고적격이 인정되는 것이 아니라 처분에 의해 직접 구체적인 이익이 침해되면 널리 원고적격을 인정하고 있는데, 우리나라에서도 원고적격이 인정되는 법률상이익이 침해된 자를 처분의 근거법률에 의해 보호되는 이익이 침해된 자에 한정하지 않고 널리 법에 의해 보호되는 이익이 침해되거나 침해될 가능성이 있는 경우에도 원고적격을 인정하도록 하여야 할 것이다.

미국이나 프랑스 등과 같이 환경단체에 대하여 항고소송의 원고적격을 인정하지 않는 우리나라에 있어서 환경영향평가대상 지역안의 주민에게 원고적격을 인정한 판결은 환경행정소송의 활성화에 크게 기여할 것으로 보인다.

한편, 原告適格이 否定된 境遇로서 특수한 분야를 살펴보기로 한다.85)

먼저 문화재향유권이 보호법익으로 보호받을 수 있는지 검토해 보기로 한다. 문화재향유권과 관련하여 일본의 경우 소위 伊場遺跡事件(最高裁判所 1988(平成 元年). 6. 20. 判決,86) 判例時報 1334號, 201쪽)에서 문화재 지정 해제처분과 관련하여 문화재를 향유하는 권리, 학술 연구상의 이익은 문화재보호법상 보호되는 이익은 아니라고 판시한 바 있다. 즉 문화재의 보호는 국민 전체의 이익으로 그로부터 학술연구자의 구체적 권리가 직접적으로는 승인되지는 않는다는 것이다.

우리나라의 경우도 "문화재는 문화재의 지정이나 그 보호구역으로 지정이 있음으로써 유적의 보존 관리 등이 법적으로 확보되어 지역주민이나 국민일반 또는 학술연구자가 이를 활용하고 그로 인한 이익을 얻는 것이지만, 그 지정은 문화재를 보존하여 이를 활용함으로써 국민의 문화적 향상을 도모함과 아울러 인류 문화의 발전에 기여한다고 하는 목적을 위하여 행해지는 것이지, 그 이익이 일반국민이나 인근주민의 문화재를 향유할 구체적이고도 법률적인 이익이라고 할 수는 없다. …… 원고가 주장하는 공원경관에 대한 조망의 이익이나 문화재의 매장가능성, 문화재 발견에 의한 표창 가능성에 따른 일반 국민으로서의 문화재 보호의 이해관계 역시 직접적이고 구체적인 이익이라고 할 수 없어, 원고는 이 사건 민영주택건설사업계획승인처분을 다툴 법률상의 이익이 없다.",87) "구 문화재보호법(1995. 12. 29. 법률 제5073호로 개정되기 전의 것) 제55조 제1항, 제5항, 구 경상남도문화재보호조례(1999. 10. 11. 개정되기 전의 것) 제11조 제1항에 의하여 행하여지는 도지사의 도지정문화재 지정처분은, 문화재를 보존하여 이를 활용함으로써 국민의 문화적 향상을 도모함과 아울러 인류문화의 발전에 기여할 목적에서(같은 법 제1조), 도지사가 그 관할구역 안에 있는 문화재로서 국가지정문화재로 지

---

85) 프랑스의 인인소송에서의 원고적격에 대해서는, 朴均省, 前揭論文, 505~508쪽.
86) 이 판결에 대한 평석은, 『行政判例百選Ⅱ』제4판, 420~421面 및 『公害·環境判例百選』, 186~187面 각 참조.
87) 대법원 1992. 9. 22. 선고 91누13212 판결.

정되지 아니한 문화재 중 보존가치가 있다고 인정되는 것을 도지정문화재로 지정하는 행위이므로, 그 입법목적이나 취지는 지역주민이나 국민 일반의 문화재 향유에 대한 이익을 공익으로서 보호함에 있는 것이지, 특정 개인의 문화재 향유에 대한 이익을 직접적 구체적으로 보호함에 있는 것으로 해석되지 아니하고, 달리 같은 법과 같은 조례에서 위 지정처분으로 침해 될 수 있는 특정 개인의 명예 내지 명예감정을 보호하는 것을 목적으로 하여 그 지정처분에 제약을 가하는 규정을 두고 있지도 아니하므로, 설령 위 지정처분으로 인하여 어느 개인이나 그 선조의 명예 내지 명예감정이 손상되었다고 하더라도, 그러한 명예 내지 명예감정은 위 지정처분의 근거법률에 의하여 직접적 구체적으로 보호되는 이익이라고 할 수 없으므로 그 처분의 취소를 구할 법률상의 이익에 해당하지 아니 한다."[88]고 판시하여 隣近住民 및 學術研究者 등에 대하여 문화재를 둘러싼 항고소송에서의 원고적격을 부정하고 있다. 따라서 우리나라에서도 문화재보호법상 문화재지정을 신청할 수 있도록 하는 규정이 보이지 아니하는 이상 문화재향유권을 구체적 권리로 인정하기는 어렵다고 하겠다.

다음으로 新築建物의 竣工處分에 대한 隣接住宅 所有者들의 원고적격인정여부를 보겠다. 대법원은 "건축 관련법규는 준공처분과 관련하여 인접주택소유자의 권리에 대하여 특별한 규정을 두고 있지 아니하고 …… 신축한 건물이 무단 증평, 이격거리위반, 베란다돌출, 무단구조변경 등 건축법에 위반하여 시공됨으로써 인접주택소유자의 사생활과 일조권을 침해하고 있다고 하더라도, 인접건물 소유자들로서는 위 건물준공처분의 무효확인이나 취소를 구할 법률상이익이 없다."[89]고 하여 인근주민의 쾌적한 생활환경의 유

---

88) 대법원 2001. 9. 28. 선고 99두8565 판결.
89) 처분의 무효 등 확인소송이나 취소소송은 처분의 무효 등 확인이나 취소를 구할 법률상 이익이 있는 자만이 제기할 수 있다고 할 것인 바, 건축관련법규는 준공처분과 관련하여 인접주택소유자의 권리에 대하여 특별한 규정을 두고 있지 않고, 건물의 준공처분은 건축허가를 받아 건축된 건물이 건축허가사항대로 건축행정목적에 적합한가의 여부를 확인하고 준공검사필증을 교부하여 줌으로써 허가받은 자로 하여금 건축한 건물을 사용, 수익할 수 있게 하는 법률효과를 발생시키는 것에 불과하며(당원 1992. 4. 10. 선고 91누5358 판결 참조), 건축한 건물이 인접주택 소유자의 권리를 침해하는 경우 준공처분이 그러한 침해까지 정당화하는 것은 아닐 뿐만 아니라, 인접주택 소유자가 입는 생활환경상의 이익침해는 실제로 위 건물의 전부 또는 일부가 철거됨으로써 회복되거나 보호받을 수 있는 것인데, 위 건물에 대한 준공처분의 무효확인이나 취소를 받는다 하여도 그로 인하여 건축주는 위 건물을 적법하게 사용할 수 없게 되어 위 건물은 준공 이전의 상태로 돌아가게 되는 것에 그칠 뿐 위반건물에 대한 시정명령을 할 것인지 여부, 그 시기 및 명령의 내용 등은 행정청의 합리적 판단에 의하여 결정되어야 할 자유재량에 맡겨져 있는 점 등에 비추어 보면, 신축한 건물이 무단증평, 이격거리위반, 베란다돌출, 무단구조변경 등 건축법에 위반하여 시공됨으로써 인접주택 소유자의 사생활과 일조권을 침해하고 있다고 하더라도, 인접건물 소유자들로서는 위 준공처분의 무효확인이나 취소를 구할 법률상 이익이 없다고 할 것이다(대법원 1993. 11. 9. 선고 93누13988 판결). 이 판결에 대한 평석은,『대법원판례해설』통권 제20호, 228~242쪽 참조.

지에 대하여는 소극적이다.

그 근거로 "건물의 준공처분은 건축허가를 받아 건축된 건물이 건축허가사항대로 건축행정목적에 적합한가의 여부를 확인하고 준공 검사필증을 교부하여 줌으로써 허가받은 자로 하여금 건축한 건물을 사용, 수익할 수 있게 하는 법률효과를 발생시키는 것에 불과하며, 건축한 건물이 인접주택 소유자의 권리를 침해하는 경우 준공처분이 그러한 침해까지 정당화하는 것은 아닐 뿐만 아니라, 인접주택 소유자가 입는 생활환경상의 이익 침해는 실제로 위 건물의 전부 또는 일부가 철거됨으로써 회복되거나 보호받을 수 있는 것인데, 위 건물에 대한 준공처분의 무효확인이나 취소를 받는다 하여도 그로 인하여 건축주는 위 건물을 적법하게 사용할 수 없게 되어 위 건물은 준공 이전의 상태로 돌아가게 되는 것에 그칠 뿐 위반건물에 대한 시정명령을 할 것인지 여부, 그 시기 및 명령의 내용 등은 행정청의 합리적 판단에 의하여 결정되어야 할 자유재량에 맡겨져 있는 점을 들고 있다.

독일에서는 특정인에 대한 건축허가 등이 인인(隣人)의 일정한 권리를 침해했을 경우 그 법적 구제와 관련하여 ① 당해 허가가 부적법한 행정행위로 평가되어야 하고, ② 그로 인하여 인인이 사실상의 침해를 받음과 동시에, ③ 그것이 인인의 고유한 권리를 침해한 것이어야 한다는 요건을 갖추었을 때만 가능하다고 한다.

그러면서 판례상 건축법90)의 해석을 둘러싸고 소위 배려원칙(配慮原則)내지 고려명령이론(考慮命令理論)91)을 내세워 기존건축구역 안에서의 새로운 건축허가 등은 종래의 건축 환경에 조화를 이루지 못한 때에는 인인의 고유한 권리를 침해한 것과 유사하므로 허가관청에서 허가 등을 할 때에는 반드시 이를 고려해야 한다는 것이다.

더 나아가 소유권의 사회적 의무성의 정도를 과중하게 요구하는 경우, 즉 건축허가나 그로 인한 토지사용으로 토지 상태가 영구히 변경되고 그와 같은 결과가 인인에게 과중하고 또한 허용될 수 없다고 판단되는 경우에는 직접 재산권보장을 규정한 獨逸 基本法 제14조 제1항을 근거로 권리구제를 받을 수도 있다고 한다.92) 이와 같은 논리는 오늘날 재건축 등과 관련하여 옆집과 분쟁이 잦은 우리의 현실 속에도 고려해 볼만한 가치가 있다고 본다.

---

90) 독일의 건축법은 크게 개개의 건물 자체를 규율하는 주법률(州法律)인 건축질서법(Bauordnungsrecht)과 도시계획을 규율하는 연방법률인 건축계획법 (Bauplanungsrecht)이 있다.

91) 독일 건축이용령(Baunutzungsverordnung) 제5조 제1항에 행정청은 건축을 허가함에 있어 당해 지역의 상황, 목적 등을 고려하여야 한다는 규정이 있는데, 이러한 고려의 대상범위에 속하는 지역주민들에 한하여 행정청의 고려의무에 대응하는 주관적 권리를 갖는다고 하여 이를 고려명령이론이라고 한다.

92) 李相千, 前揭論文, 160쪽 ; 張台柱, 「西獨에 있어서 行政法上 隣人保護에 관한 判例의 最近動向」(『행정판례연구』제1집), 187~192쪽.

 이 밖에 인근주민의 원고적격을 부인한 경우로는 ① 콘크리트製造業 工場立地指定承認 處分에 대한 隣近住民(대법원 1995. 2. 28. 선고 94누3964 판결),93) ② 上水源保護區 域의 變更에 대한 그 上水源으로부터 給水를 받는 地域住民(대법원 1995. 9. 26. 선고 94누14544 판결),94) ③ 山林毀損許可 및 中小企業創業事業計劃承認處分에 대한 農耕 地의 風水害를 憂慮한 隣近 工場主(대법원 1991. 12. 13. 선고 90누10360 판결)95) 등이 있다.

 앞서 본 일련의 대법원 판결을 종합해보면 처분의 근거가 되는 법률에 의하여 보호되는 이익이 있다면 원고적격을 인정하여야 한다는 원칙을 일관되게 유지하면서도 당해처분 의 근거법규 뿐 아니라 관련법규의 규정의 합리적 해석을 통하여 '처분의 근거되는 법률 상이익'을 인정하여 원고적격을 비교적 넓게 인정하고 있음을 알 수 있다. 즉 처분의 근 거법규에 한정하지 않고 그것과 목적을 공통으로 하는 관련법규의 관계규정에 의해 형 성된 법체계까지 그 범위를 넓히는 경향에 있음을 보여준다.

 더 나아가 원고적격 여부를 판단함에 있어 환경영향평가법령도 당해 변경승인 및 허가 처분에 직접적인 영향을 미치는 근거법률이 된다고 판시함으로써 적어도 환경영향평가 대상사업에 해당하는 사업의 경우 환경영향평가대상지역 안의 주민에게 환경영향평가대 상사업에 관한 변경승인 및 허가처분의 취소를 구할 원고적격을 인정함으로써, 우리 대 법원이 환경소송에서의 원고적격의 범위를 보다 넓게 인정하는 경향에 있다고 할 수 있

---

93) '모든 콘크리트 제조업'을 업종으로 하여 한 공장입지지정승인처분에 대하여 약 500m 떨어진 마을 의 주민이거나 공장입지 인근의 임야에 분묘를 가지고 있는 타 지역 주민인 원고들이 위 공장이 들 어서면 분진, 소음, 수질오염 등으로 부근 마을의 생활에 지장이 초래되고 분묘가 훼손된다며 그 취소를 구한 소송에서, 대법원은 "위 입지지정승인의 근거가 되는 법률인 구 공업배치및공장설립 에관한법률(지금은 산업집적활성화및공장설립에관한법률로 바뀜)이나 같은 법 제18조에 의하여 입지지정승인의 기준으로 적용되는 산업입지및개발에관한법률은 산업입지의 원활한 공급과 공장 의 원활한 설립을 지원하고, 공업단지의 체계적 관리를 실현함으로써 지속적인 공업발전과 균형 있는 지역발전을 통하여 국민경제의 건전한 발전에 이바지함을 목적으로 하는 것으로서 그 내용에 비추어 볼 때 부근마을 주민들의 생활환경보호 등은 위 각 법률이 보호하는 직접적이고 구체적인 이익이라고 할 수 없다.
94) 상수원보호구역 설정의 근거가 되는 수도법 제5조 제1항 및 동 시행령 제7조 제1항이 보호하고자 하는 것은 상수원의 확보와 수질보전일 뿐이고, 그 상수원에게 급수를 받고 있는 지역주민들이 가 지는, 상수원의 오염을 막아 양질의 급수를 받을 이익은 직접적이고 구체적으로는 보호하고 있지 않음이 명백하여, 위 지역주민들이 가지는 이익은 상수원의 확보와 수질보호라는 공공의 이익이 달성됨에 따라 반사적으로 얻게 되는 이익에 불과하므로 지역주민들에 불과한 원고들은 위 상수 원보호구역변경처분의 취소를 구할 법률상의 이익을 갖고 있지 않다(이 판결에 대한 평석은,『대 법원판례해설』통권 제24권, 341~357쪽 또는 洪準亨, 前揭書, 386~397쪽 각 참조).
95) 피고가 소외 회사에 대하여 한 산림 훼손허가 및 중소기업창업사업계획승인처분의 근거가 되는 中小企業創業支援法 및 山林法 등의 관계규정에 비추어 볼 때, 그 처분이 취소됨으로 인하여 제3 자인 원고들과 같은 인근주민들의 농경지 등이 훼손 또는 풍수해를 입을 우려가 제거되는 것과 같은 이익은 위 각 처분의 근거법률에 의하여 보호되는 이익이라고 할 수 없다.

다. 하지만 생활환경의 침해를 주장하는 지역주민들에게의 원고적격의 인정여부는 종래 통설적 입장인 주관적소송인 취소소송과의 조화를 어떻게 하느냐하는 교차영역의 문제라고 하겠다.

여기서 인인소송의 하나로 環境訴訟·消費者訴訟 등을 생각할 수 있는 데, 오늘날 환경이익이나 소비자의 이익은 일반적 이익이거나 집단적 이익인 경우가 많아 그러한 이익을 침해당한 개인에게 항고소송을 제기할 원고적격을 인정하기 보다는 환경문제나 소비자문제의 특수성에 비추어 환경이나 소비자분야에서는 단체소송을 인정하여야 한다는 요구가 강하다.

이처럼 행정처분에 의하여 침해되는 이익이 특정개인만의 이익이 아니라 널리 지역주민, 소비자들에게 일반적으로 공통되는 집단적 이익으로서 파악될 수 있는 경우에는 그러한 다수인의 공통이익을 법률상 또는 사실상 대표하는 주민단체, 소비자단체, 사업자단체 등에게 취소소송의 제기를 인정할 것인가의 문제가 제기된다.

이와 관련하여 생각할 수 있는 것으로 하나는, 개개인이 원고적격을 가지는 경우에도 소송을 일원화하는 것이 소송비용도 덜 들고 소송경제에도 도움이 되며 다수인에 관련되는 분쟁을 한꺼번에 해결하는 데 합리적일 뿐만 아니라 개인에게는 비교적 희박한 이익일지라도 단체를 통하여 집약된 형태로 소송을 제기할 수 있다는 점에서 단체소송을 인정하는 것이고, 다른 하나는 개개인에 대해서는 원고적격을 인정하기 어렵더라도 그들의 공통이익을 대표하는 단체에게 원고적격을 인정하여 소송을 행하게 하는 것이다.96) 이처럼 우리나라에서는 단체소송을 인정하고 있지 않지만 환경단체나 소비자단체 등에게 환경보호나 소비자권익보호 등을 침해하는 공권력행사를 다툴 수 있도록 하는 독일의 단체소송(Verbandsklage)97)이나, 미국에서의 집단소송(class action) 또는 시민소송(citizen suits)제도를 입법적으로 도입할 필요가 있다고 하겠다.98)

4. 行政處分의 目的物에 관한 利害關係者

대법원은 "행정처분의 상대방이 아닌 제3자도 그 처분으로 인하여 법률상 보호되는 이익을 침해당한 경우에는 그 처분의 취소 또는 변경을 구하는 행정소송을 제기하여 그 당부의 판단을 받을 법률상 자격이 있다."고 하면서, 법률상이익의 개념에 관하여는 "당해

---

96) 塩野 宏, 前揭書, 104面.
97) 독일의 단체소송에 관하여는 S. Glaeser, a.a.O. Rn.170, S.112 ; Friedhelm Hufen, *Verwalt-uhgsprozeβrecht*(München 1994),§14 Rn.122~125, S.299~301 ; Michael Kloepfer, *Umwelt-recht*, 2.Aufl.(München, 1998), §8 Rn.29~31, S.520~523.
98) 集團訴訟이나 團體訴訟과 관련하여 상세한 것은, 孫東源, 『美國 環境法上의 市民訴訟에 관한 硏究』(全南大學校 博士學位論文, 1988) ; 趙淵泓, 『集團的 行政訴訟制度에 관한 硏究』(朝鮮大學校 博士學位論文, 1987) ; 徐元宇, 「集團的利益保護制度」(考試研究, 1991. 3), 49쪽 이하 각 참조.

처분의 근거법률에 의하여 보호되는 직접적이고 구체적인 이익이 있는 경우를 말하고 다만 간접적이거나 사실상 경제적 이해관계를 가지는 데 불과한 경우는 여기에 포함되지 않는다."고 일관되게 판시하고 있다.

이에 행정처분의 목적물에 관하여 이해관계를 가진 제3자에 대한 원고적격인정여부에 관한 대법원 판례를 검토하여 보기로 한다.

대법원은 귀속재산불하취소처분을 받은 자로부터 그 처분 후에 당해 재산에 관한 권리 일체를 양수한 자가 취소처분의 취소를 구하는 경우,99) 과세관청이 조세의 징수를 위하여 납세의무자 소유의 부동산을 압류한 경우 그 부동산의 매수인이나 가압류권자가 압류처분의 취소를 구하는 경우,100) 토지를 매수한 후 그 토지에 도시계획상 제한이 가하여진 경우 토지매수인이 도시계획의 취소를 구하는 경우(대법원 2000. 2. 8. 선고 97누13337 판결), 건축허가를 받은 건축주인 Y1에 대하여 건축주지위의 처분금지가처분을 받은 원고X1 및 그와 동업관계에 있는 X2가 Y1에서 Y2로의 건축주명의변경처분의 취소를 구하는 경우,101) 하도급거래공정화에 관한 법률 소정의 위반사실을 신고한 원고가 공정거래위원회의 이의재결처분102)으로 인하여 불이익을 받았다고 주장하면서 그 취소를 구한 경우103) 모두 사실상 간접적인 이익을 갖는데 불과하여 원고적격이 없다고 한다.

이에 대하여 국세징수법상 압류 등기된 부동산을 양도받아 소유권이전등기를 마친 부동산취득자가 국세징수법 제24조 제5항 및 제53조의 압류해제의 요건이 충족되었음을 이유로 과세관청에게 압류해제신청을 하였으나 압류해제신청을 거부한 행정처분이 있는 경우,104) 원고가 분배농지를 매수하였으나 아직 그 앞으로 소유권이전등기를 경유하지 못하였기 때문에 매도인에 대하여는 현재 채권적인 소유권이전등기청구권밖에 가지지 못한 상태에서 농지분배의 취소의 취소를 구하는 경우,105) 불하된 귀속재산을 전득한 자가 그 귀속재산매각을 취소하는 처분의 취소를 소구한 경우,106) 일반유흥음식점 영업을 사실상 양수하여 경영하고 있는 원고가 허가명의인에 대하여 행하여진 영업허가취소처분의 취소를 구하는 경우,107) 석유판매시설 및 허가권을 양도받았으나 지위승계신고

---

 99) 대법원 1996. 2. 27. 선고 95누6212 판결.
100) 대법원 1997. 2. 14. 선고 96누3241 판결.
101) 대법원 2000. 4. 25. 선고 98두7923 판결.
102) 공정거래위원회의 사실인정은 법원에 대하여 구속력이 없다는 소위 사실상 추정설이 대법원의
      입장이다(대법원 1990. 4. 10. 고지 89다카29075 결정).
103) 대법원 2000. 10. 27. 선고 99두11622 판결.
104) 대법원 1993. 4. 27. 선고 92누15055 판결.
105) 대법원 1970. 3. 24. 선고 70누15 판결.
106) 대법원 1965. 9. 23. 선고 65누88 판결.
107) 대법원 1995. 2. 24. 선고 94누9146 판결.

를 하지 아니하여 석유판매업허가자도 아닌 원고에 대하여 한 석유판매업허가취소처분은 위법하다는 이유로 위 취소처분의 취소를 구한 경우,108) 구 주택건설촉진법〔현행 주택법〕 제33조 제1항에 의한 주택건설사업주체변경의 주택건설사업계획변경승인신청이 있은 후 행정청이 양도인에 대하여 주택건설사업계획승인취소처분을 한 경우, 사실상 양도인으로부터 토지와 사업승인권을 양수받아 사업변경승인신청을 한 자가 그 취소를 구한 경우109), 채석허가를 받은 자에 대한 관할 행정청의 채석허가 취소처분에 대하여 수허가자의 지위를 양수한 양수인이 그 취소처분의 취소를 구한 경우110)에는 법률상의 구체적 이익이 있다는 것이다.

그리고 법인의 주주가 당해 법인에 대한 행정처분의 취소를 구할 원고적격이 있는지와 관련하여 최근 대법원은 "일반적으로 법인의 주주는 당해 법인에 대한 행정처분에 관하여 사실상이나 간접적인 이해관계를 가질 뿐이어서 스스로 그 처분의 취소를 구할 원고적격이 없는 것이 원칙이라고 할 것이지만, 그 처분으로 인하여 궁극적으로 주식이 소각되거나 주주의 법인에 대한 권리가 소멸하는 등 주주의 지위에 대한 중대한 영향을 초래하게 되는데도 그 처분의 성질상 당해 법인이 이를 다툴 것을 기대할 수 없고 달리 주주의 지위를 보전할 구제방법이 없는 경우에는 주주도 그 처분에 관하여 직접적이고 구체적인 법률상 이해관계를 가진다고 보이므로 그 취소를 구할 원고적격이 있다."111)고 판

---

108) 대법원 1998. 2. 27. 선고 97누17193 판결.
109) 대법원 2000. 9. 26. 선고 99두646 판결.
　　이 판결에 대한 평석은,『대법원판례해설』통권 제35호, 558~571쪽 참조.
110) 산림법 제90조의2 제1항, 산림법시행규칙 제95조의2는 채석허가를 받은 자(이하 '수허가자'라 한다)로부터 수허가자의 지위를 양수한 자(이하 '양수인'이라 한다)는 단독으로 관할 행정청에 의 명의변경신고를 통하여 수허가자의 명의를 변경할 수 있는 것으로 규정하고 있고, 산림법 제4조는 산림법령에 의하여 행한 처분·신청·신고 기타의 행위는 산림소유자, 정당한 권원에 의하여 산림의 입목·죽의 사용·수익을 할 수 있는 자, 토지소유자 및 점유자의 승계인에 대하여도 그 효력을 미치도록 하고 있을 뿐 아니라, 산림법 제118조 제1항은 양수인이 산림법 제90조의2 제1항에 의한 명의변경신고를 하지 아니한 때에는 5년 이하의 징역 또는 1,500만 원 이하의 벌금에 처하도록 하고 있는바, 산림법령이 수허가자의 명의변경제도를 두고 있는 취지는, 채석허가가 일반적·상대적 금지를 해제하여 줌으로써 채석행위를 자유롭게 할 수 있는 자유를 회복시켜 주는 것일 뿐 권리를 설정하는 것이 아니어서 관할 행정청과의 관계에서 수허가자의 지위의 승계를 직접 주장할 수는 없다 하더라도, 채석허가가 대물적 허가의 성질을 아울러 가지고 있고 수허가자의 지위가 사실상 양도·양수되는 점을 고려하여 수허가자의 지위를 사실상 양수한 양수인의 이익을 보호하고자 하는 데 있는 것으로 해석되므로, 수허가자의 지위를 양수받아 명의변경신고를 할 수 있는 양수인의 지위는 단순한 반사적 이익이나 사실상의 이익이 아니라 산림법령에 의하여 보호되는 직접적이고 구체적인 이익으로서 법률상 이익이라고 할 것이다. 따라서 채석허가가 유효하게 존속하고 있다는 것이 양수인의 명의변경신고의 전제가 된다는 의미에서 관할 행정청이 양도인에 대하여 채석허가를 취소하는 처분을 하였다면 이는 양수인의 지위에 대한 직접적 침해가 된다고 할 것이므로 양수인은 채석허가를 취소하는 처분의 취소를 구할 법률상 이익을 가진다고 할 것이다(대법원 2003. 7. 11. 선고2001두6289 판결).

시하고 있다.

결국 위 판례들은 분석하여 보면 이른바 對物的 行政行爲로서 당해법령에 그 지위승계에 관한 규정을 두고 있는 경우에는 양수인에 대하여 원고적격을 인정할 수 있을 것이고, 이에 대하여 대인적 행정행위의 경우는 그 효과가 당해 행정행위의 상대방에 대하여만 미치며, 타인에게 이전 또는 상속될 수 없으므로, 원칙적으로 양수인에게 법률상이익을 인정할 수 없을 것이다.

한편, 混合的 行政行爲의 效果의 承繼는 관계 법령에 명문의 규정이 있는 경우에는 원고적격이 인정된다고 할 것이나 통상 행정청의 인가나 허가를 받도록 되어 있고112) 그로 인한 권리·의무의 양도·양수에 있어 인가나 허가는 양수인이 행정청에 대하여 권리를 주장할 수 있는 효력요건이라 할 것이므로, 사실상 양수인이라는 이유만으로는 원고적격이 인정되지는 아니한다 할 것이다.113)

5. 無效 等 確認訴訟의 境遇

行政訴訟法 제35조에 의하면, 無效등確認訴訟은 처분 또는 재결의 효력의 유무나 존재 여부의 확인을 구할 법률상이익이 있는 자가 제기 할 수 있다. 즉 처분 등의 무효여부나 존재 또는 부존재의 확인을 구하는데 있어 법률상이익이 있으면 무효 등 확인소송을 제기 할 수 있다.

현행 행정소송법은 제4조에서 무효 등 확인소송을 항고소송의 일종으로 규율하고 있는 바,114) 그 소의 대상이 무효인 중대하고 명백한 하자가 있는 행정처분이라는 점 이외에는 취소소송에 있어서의 소의 이익과 같다고 하겠다.

抗告訴訟인 無效등確認訴訟에 있어서 訴의 利益이 인정되기 위해서는 행정소송법 제35조 소정의 '법률상의 이익'이 있어야 하는바, 그 법률상의 이익은 당해처분의 근거법률에 의하여 보호되는 직접적이고 구체적인 이익이 있는 경우를 말하고 간접적이거나 사실적, 경제적 이해관계를 가지는 데 불과한 경우는 여기에 해당되지 아니한다.115)

다만 無效確認訴訟에 있어서도 민사소송의 경우와 같이 '確認의 利益'이 必要한지 與否

---

111) 대법원 2004. 12. 23. 선고 2000두2648 판결.
112) 朴均省, 『行政法總論』(博英社, 2001), 216쪽.
113) 대법원 1979. 10. 16. 선고 79누175 판결.
114) 無效등確認訴訟의 性質에 관하여는 ① 처분 자체를 대상으로 하는 소가 아니라 그 처분으로 확인 또는 형성된 법률관계의 존부를 소송물로 하는 當事者訴訟의 일종이라는 설, ② 抗告訴訟과 동일한 성질을 가진 소송인데 다만 그 행정행위의 하자가 중한가, 경한가의 차이가 있음에 지나지 않는다는 설, ③ 準抗告訴訟이라는 설, ④ 민사소송법상 再審의 소에 준하는 절차상의 소라는 설 등이 있다.
115) 대법원 2001. 7. 10. 선고 2000두2136 판결(인감발급무효).

에 관하여 判例는 이를 肯定하고 있고, 學說은 대체로 否定하는 입장을 취하고 있다. 즉 행정소송법 제35조의 "확인을 구할 법률상이익"을 해석함에 있어 하나는 無效등확인소송의 소익을 완화하여 사인의 권리구제의 기회를 확대하려는 입장에서 민사소송에 있어서의 확인의 이익보다 큰 의미를 가진다고 보아 취소소송에 있어서의 법률상이익과 같이 해석하는 견해(法的保護利益說)[116]이고, 다른 하나는 민사소송에서의 확인의 이익, 즉 원고의 권리나 법률상 지위에 현존하는 불안이나 위험을 제거하기 위하여 확인판결을 얻는 것이 필요하고 또 적절한 때와 같이 즉시확정의 이익으로 보려는 견해(卽時確定利益說)[117]가 있다.

판례는 무효확인소송이 실질적으로 확인소송으로서의 성질을 가지고 있으므로 확인소송에 있어서의 일반적 소송요건인 '확인의 이익'이 요구된다고 한다.

즉, 무효확인소송에 관한 행정소송법 제35조 소정의 '확인을 구할 법률상이익'은 그 대상인 현재의 권리 또는 법률관계에 관하여 당사자 사이에 분쟁이 있고 그로 인하여 원고의 권리 또는 법률상의 지위에 불안, 위험이 있어 판결로써 그 법률관계의 존부를 확인하는 것이 원고의 권리 또는 법률상의 지위의 불안, 위험을 제거하는데 필요하고도 적절한 경우에만 인정된다고 보고 있다.[118] 즉 여기에서의 법률상 이익은 원고의 권리 또는 법률상 지위에 현존하는 불안·위험이 있고 이를 제거함에는 확인판결을 받는 것이 가장 유효적절한 수단일 때 인정되는 것이다.

따라서 무효인 행정처분이 이미 집행된 경우에 그에 의해 형성된 위법상태의 제거를 위한 직접적인 소송방법이 있을 때에는, 그 원인인 처분의 무효확인을 구하고 행정청이 그 무효확인판결을 존중하여 그 위법상태를 제거하여 줄 것을 기대하는 것은 간접적인 방법이므로, 행정처분의 무효확인을 독립한 소송으로 구할 소의 이익이 없다고 보고 있다. 다시 말해 무효를 전제로 하는 현재의 법률관계에 관한 소송으로 구제되지 않을 때에만 무효확인소송이 보충적으로 인정된다고 보고 있다.

이에 따라 과세처분에 따라 부과세액을 납부한 경우 그 부과처분의 무효확인을 구할 법

---

116) 金南辰, 前揭書, 830쪽 ; 金東熙, 前揭書, 702쪽 ; 朴圭河, 前揭書, 699쪽 ; 朴鈗炘, 前揭書, 987~988쪽 ; 石琮顯, 前揭書, 883쪽 ; 李尙圭, 前揭書(爭訟法), 368쪽.

117) 姜求哲, 前揭書, 959~960쪽.
    일본에서는 전자의 경우를 二元說(無制約說)이라고 하고 후자의 경우를 一元說(制約說)이라고 하는데 후자의 입장이 日本行政事件訴訟法 제36조의 입법의사에 합치되고 문리에 솔직한 해석이라고 한다(小高 剛, 前揭書, 297面).
    독일 행정재판소법은 확인소송의 제기에 즉시확인에 대한 정당한 이익이 있을 것을 요구한다(같은 법 제43조 제1항 제2문).

118) 대법원 1988. 3. 8. 선고 87누133 판결 ; 대법원 1998. 9. 22. 선고 98두4375 판결 ; 대법원 2001. 9. 18. 선고 99두11752 판결 ; 대법원 2002. 6. 14. 2002두1823 판결 ; 대법원 2002. 12. 27. 2001두2799 판결.

률상이익이 있는지 여부와 관련하여, "무효임을 주장하는 과세처분에 따라 그 부과세액을 납부하여 이미 그 처분의 집행이 종료된 것과 같이 되어 버렸다면 그 과세처분이 존재하고 있는 것과 같은 외관이 남아 있음으로써 장차 이해관계인에게 다가올 법률상의 불안이나 위험은 전혀 없다 할 것이고, 다만 남아 있는 것은 이미 이루어져 있는 위법상태의 제거 즉 납부효과가 발생한 세금의 반환을 구하는 문제뿐이라고 할 것인바, 이와 같은 위법상태의 제거방법으로서 그 위법상태를 이룬 원인에 관한 처분의 무효확인을 구하는 방법은 과세관청이 그 무효확인판결의 구속력을 존중하여 납부한 세금의 환급을 하여 줄 것을 기대하는 간접적인 방법이라 할 것이므로, 民事訴訟에 의한 不當利得返還請求의 訴로써 직접 그 위법상태의 제거를 구할 수 있는 길이 열려 있는 이상 위와 같은 과세처분의 무효확인의 소는 분쟁해결에 직접적이고도 유효·적절한 해결방법이라 할 수 없어 확인을 구할 법률상 이익이 없다."119)고 판시한 바 있다.120)

그리고 직접 민사소송으로 구제방법이 있는 경우 행정처분의 무효확인을 구할 소의 이익이 있는지 여부와 관련하여서도 같은 맥락에서, "행정처분에 대한 무효확인의 소에 있어서 확인의 이익은 그 대상인 법률관계에 관하여 당사자 사이에 분쟁이 있고, 그로 인하여 원고의 권리 또는 법률상의 지위에 불안·위험이 있어 판결로써 그 법률관계의 존부를 확정하는 것이 위 불안·위험을 제거하는데 필요하고도 적절한 경우에 인정되는 것이므로, 과세처분과 압류 및 공매처분이 무효라 하더라도 직접 민사소송으로 체납처분에 의하여 충당된 세액에 대하여 부당이득으로 반환을 구하거나 공매처분에 의하여 제3자 앞으로 경료된 소유권이전등기에 대하여 말소를 구할 수 있는 경우에는 위 과세처분과 압류 및 공매처분에 대하여 소송으로 무효확인을 구하는 것은 분쟁해결에 직접적이고도 유효·적절한 방법이라 할 수 없어 소의 이익이 없다."121)고 판시하고 있다.122)

---

119) 대법원 1991. 9. 10. 선고 91누3840 판결.
120) 대법원 1976. 2. 10. 선고 74누159 전원합의체 판결(원고가 그 무효임을 주장하는 피고의 본건 수시분 갑종근로소득세 부과처분에 따라 그 부과된 세액을 이미 납부하였다는 것이므로 원고는 위 부과처분에 따른 현재의 조세채무를 부담하고 있지 아니함이 분명하다 할 것이니 그 처분이 무효라는 이유로 그 납부세금에 의한 부당이득반환청구를 함은 별문제로 하고 본 건 부과처분의 무효확인을 독립한 소송으로 구함은 확인의 이익이 없다.) : 대법원 1982. 3. 23. 선고 80누476 전원합의체 판결(부과된 세액을 이미 납부한 후에는 그 부과처분이 부존재 함을 이유로 그 납부세금에 대한 부당이득반환청구를 함은 별문제로 하고, 위 부과처분의 재확인을 독립한 소송으로 구할 확인의 이익은 없다.) : 대법원 1995. 6. 9. 선고 94누15271 판결(개발이익환수에관한법률 제6조에 따라 부과 고지된 개발부담금을 이미 납입하였다면 그 부과처분에 따른 현재의 개발부담금납부의무를 부담하고 있지 아니함이 명백하므로, 그 부과처분이 무효라는 이유로 무효선언을 구하는 뜻에서 처분취소를 구하는 행정소송을 소구할 소송상의 이익이 없다.).
121) 대법원 1998. 9. 22. 선고 98두4375 판결.
122) 대법원 2001. 9. 18. 선고 99두11752 판결(소유자 아닌 다른 사람이 행정청으로부터 건물에 대한 사용승인의 처분을 받아 이를 사용 수익함으로써 소유자의 권리행사가 방해를 받고 있는 경우 사용승인의 처분이 그러한 침해행위까지 정당화하는 것은 아니므로, 건물의 소유자로서는

하지만 수리부분에서 언급할 대법원 1993. 6. 8. 선고 91누11544 판결에서는 "허가관청의 사업양수에 의한 지위승계신고의 수리는 적법한 사업의 양도가 있었음을 전제로 하는 것이므로 사업의 양도행위가 무효라고 주장하는 양도자는 민사쟁송으로 양도행위의 무효를 구함이 없이 바로 허가관청을 상대로 하여 행정소송으로 위 신고수리처분의 무효확인을 구할 법률상이익이 있다."라고 하여 종전과 다른 입장을 취하고 있으나 이는 앞서 본대로 행정소송법 제35조에 비추어 당연한 결론이라고 하겠다.

대다수 학자들[123]은, ① 현행 행정소송법은 일본법[124]과 달리 보충성 등 원고적격상의 제한을 두고 있지 않다, ② 행정소송은 공익을 추구하는 행정작용에 대해 특수한 취급을 하기 위하여 별도로 마련된 소송제도로서 민사소송과는 그 목적과 취지를 달리 하므로 민사소송에서의 확인의 이익론이 행정소송에서 그대로 타당할 수는 없다, ③ 현행 행정소송법이 무효 확인소송을 항고소송의 일종으로 규정하고 있는 점을 보아도 무효확인소송은 본질에 있어서 행정청의 처분을 다투는 항고소송인 것이며, 단지 다투는 형식이 확인소송의 형식을 취하고 있을 뿐이다, ④ 행정소송법은 취소판결의 기속력을 무효 확인소송에도 준용하고 있고, 따라서 무효 확인판결 자체만으로 판결의 기속력에 의해 판결의 실효성을 확보할 수 있으므로 민사소송에서와 같이 분쟁의 궁극적 해결을 위한 확인의 이익 여부를 논할 이유가 없다는 점을 논거로 판례의 입장을 비판하고 있다.

원래 처분 등의 무효 확인소송은 일정한 처분 등의 무효성을 소송물로 하여 그 무효확인을 구할 법률상이익이 있는 자가 제기할 수 있는 것이다. 따라서 일정한 처분 등에 무효사유인 하자, 즉 중대하고 명백한 흠이 있다고 인정하는 경우에는 그 처분 등의 무효성을 소송물로 하여 무효확인을 구하는 항고소송을 제기할 수 있는 것인바, 그 경우 원고적격은 행정소송법 제35조에서 명시된 바와 같이 무효확인을 구할 법률상의 이익이 있는 자로서 여기서 법률상이익은 행정소송법 제12조, 제36조에 비추어 볼 때 항고소송 일반의 경우에 있어서의 법률상의 이익과 다를 것이 없다.

한편 행정처분의 상대방이 아닌 제3자라도 그 처분으로 인하여 법률상이익을 침해당한

사용승인처분에 대한 무효확인의 판결을 받을 필요 없이 직접 민사소송을 제기하여 소유권에 기한 방해의 제거나 예방을 청구함으로써 그 소유물에 대한 권리를 보전하려는 목적을 달성할 수 있으므로 그 사용승인처분에 대하여 무효확인을 구하는 것은 분쟁해결에 직접적이고도 유효·적절한 수단이라 할 수 없이 소외 이익이 없다.).

123) 金鐵容, 前揭書, 547쪽 ; 崔松和, 「無效等確認訴訟에서의 訴의 利益」(考試界, 1993. 5), 53쪽 이하.

124) 日本 行政事件訴訟法 제36조는 "무효등확인의 소는 당해처분 또는 재결에 따르는 처분에 의하여 손해를 받을 우려가 있는 자, 기타 당해처분 또는 재결의 무효확인을 구함에 있어서 법률상의 이익을 가진 자로서, 당해처분이나 재결의 존부 또는 그 효력의 유무를 전제로 한 현재의 법률관계에 관한 소에 의하여 목적을 달성하는 것이 불가능한 경우에 한하여 제기할 수 있다"고 규정하고 있다.

경우에는 그 처분의 취소 또는 무효확인을 구하는 행정소송을 제기하여 그 당부의 판단을 받을 법률상 자격이 있고, 그 법률상이익이라 함은 당해처분의 근거법률에 의하여 보호되는 직접적이고 구체적인 이익이 있는 경우를 말하고 다만 간접적이거나 사실적·경제적 이해관계를 가지는 데 불과한 경우는 여기에 포함되지 않는다.125) 요컨대, 처분등무효확인소송이 항고소송의 일종이고, 그 법적 성질이 형성적 소송성이 가미된 확인소송의 성질을 가진다고 볼 것이어서 처분등무효확인소송은 보충성을 요구하는 명문규정이 있는 일본 행정사건소송법의 경우와는 달리 오직 처분 등의 효력의 유무나 존재여부의 확인을 구할 법률상이익이 있으면 원고적격을 인정하도록 확대한 것이라고 해석함이 법문에 충실하다고 본다.

第3節 權利保護의 必要

Ⅰ. 序言

原告適格과 狹義의 訴의 利益은 表裏關係에 있다. 원고적격이 특정한 원고라는 주관적 문제라면 협의 소의 이익은 객관적 면에서 소송을 제기하고 유지할 이익의 유무에 관한 문제라 할 것이다. 예컨대 취소소송에서 소의 이익이 있다고 하기 위해서는 먼저 계쟁처분을 취소할 현실의 필요가 있고 또 취소판결을 받으면 소기의 구제목적이 현실적으로 달성될 가능성이 있어야 한다.

법률상이익을 침해하는 위법한 처분 등이 있었다고 하더라도 취소소송의 제기 당시에는 물론 그 소송의 계속 중에 당해처분 등의 효력이 상실됨으로써 그 처분 등의 효력을 다툴 현실적 필요성이 없게 된 때에는 소의 이익을 인정할 수 없는 것이다. 즉, 당해 소송을 유지한 법률상이익은 소송제기 시에는 물론 변론종결 시까지 계속 유지되어야 한다.

대법원도 같은 취지에서 "행정처분에 대하여 그 취소를 구하는 행정심판을 제기하는 한편, 그 처분의 집행으로 생길 중대한 손해를 예방하여야 할 긴급한 필요가 있는 때에 해당한다 하여 행정소송법 제18조 제2항 제2호에 의하여 행정심판의 재결을 거치지 아니하고 그 처분의 취소를 구하는 소를 제기하였는데, 심판선고 이전에 그 행정심판절차에서 '처분청의 당해처분을 취소한다'는 형성적 재결이 이루어졌다면, 그 취소의 재결로써 당해처분은 소급하여 그 효력을 잃게 되므로 더 이상 당해처분의 효력을 다툴 법률상의 이익이 없게 된다."126)고 판시하고 있다.

행정청의 처분에 대하여 원고적격을 가진 자가 소를 제기하려면 소익으로서 계쟁처분

---

125) 대법원 1995. 6. 30. 선고 94누14230 판결.
126) 대법원 1997. 5. 30. 선고 96누18632 판결.

을 취소할 현실적 필요성이 있고 또한 취소판결이 내려지면 소기의 구제목적이 현실적으로 달성될 가망이 있을 것을 필요로 한다. 이러한 '구체적 이익 내지 필요성'은 원칙적으로 처분 등의 효과가 존속되고 있어야 한다. 그러나 예외적으로 처분 등의 효과가 소멸된 뒤에도 그 처분 등의 취소로 인하여 회복되는 법률상이익이 있는 경우에는 소의 이익이 존재한다고 할 것이다.

行政訴訟法은 행정소송이 가지는 권익구제기능에 착안하여 제12조에서 "處分 등의 效果가 期間의 經過, 處分 등의 執行 그 밖의 사유로 인하여 消滅된 뒤에도 그 處分 등의 取消로 인하여 回復되는 法律上利益이 있는 자의 경우에는 또한 같다"라고 규정하여 예외적으로 소의 이익이 있는 경우를 규정하고 있을 뿐 소의 이익에 관한 일반적 규정을 두고 있지는 않다.

① 원고가 그의 청구목적을 보다 용이한 방법으로 달성할 수 있는 때, ② 원고의 청구취지가 이론적인 의미는 가지고 있더라도 실제적인 효용 내지 실익이 없는 때, ③ 원고가 청구를 통해 특별히 비난받을 목적을 추구하는 경우에는 권리보호의 필요가 신의성실의 원칙에 뿌리를 둔 訴權濫用禁止의 原則의 表現이라고 볼 수 있기 때문에 권리보호의 필요가 부인된다고 하는 권리보호의 필요 여부에 대한 판단기준이 일반적으로 제시되고 있다.127) 이에 따라 협의의 소의 이익, 즉 권리보호의 필요가 있는지 여부는 사안별로 구체적으로 판단해야 할 문제인 바, 이하 그 경우를 나누어 살펴보기로 한다.

II. 請求의 重複

請求의 重複에 의한 訴의 利益의 喪失에 관해서는 원처분에 대한 취소소송과 그 재결에 대한 취소소송의 양자가 허용되는가 하는 문제와 일련의 행정절차에 있어서 각 단계로 처분이 이루어져 각각의 처분에 대하여 출소가 허용되는가하는 문제가 있다.128)

前者의 경우, 우리 行政審判法상의 認容裁決에는 재결청 스스로가 직접 처분을 취소 또는 변경하는 形成的 裁決과 처분청에 대하여 취소 또는 변경을 명하는 命令的 裁決 내지 履行的 裁決의 두 종류가 있는바(行政審判法 제32조 제3항 참조) 命令的 裁決에 대하여는 재결 외에 그에 따른 행정청의 처분이 있게 되므로 그 어느 것을 다투어야 하는지 다시 말해 행정심판의 재결에 따라 일정한 처분을 한 경우 재결에 따른 처분을 대상으로 한 취소소송의 제기가 가능한 지에 관하여 견해의 대립이 있을 수 있다.

즉, ① 재결과 그에 따른 처분이 각각 소송의 대상이 되고 별도로 판단할 수 있다는 견해, ② 재결이 소송의 대상이 된다는 견해,129) ③ 재결은 소송의 대상이 되지 않고 그에

---

127) 金南辰, 前揭書, 760~761쪽 ; S. Glaeser, a.a.O. Rn.118~119, S.78~79.
128) 南 博方 編, 前揭書, 406~407面.
129) 李尙圭, 前揭書, 328쪽.

따른 처분만이 소송의 대상이라는 견해 등이 그것이다.

위 ①의 견해는 재결과 그에 따른 처분이 독립된 행정처분이라는 데 근거한 것이고, ②의 견해는 재결에 따른 처분은 行政審判法 제37조 제1항이 규정한 재결의 기속력에 따른 것으로 재결이 그대로 유지되는 상태에서 그에 따른 처분만을 위법하다고 할 수 없다는 데 근거한 것이다. 즉 재결을 놔둔 채 그에 따른 처분만을 위법이라 할 수 있다면 재결에 따르지 않은 처분을 적법이라 할 수 있어야 하는데 이는 재결의 기속력에 반한다는 것이다. ③의 견해는 명령적 재결이 있다 하더라도 그에 따른 행정청의 처분이 있기 전까지는 구체적, 현실적으로 권리이익이 침해되었다 볼 수 없고, 어디까지나 그 잠재적 가능성만이 있을 뿐이므로 명령적 재결은 항고소송의 대상이 될 수 없고 그에 따른 행정청의 처분만이 쟁송의 대상이 될 수 있다는 것이다.

생각건대, 재결의 기속력은 재결의 실효성을 확보하기 위하여 관계행정청을 구속하는 내부적 효력일 뿐 대외적 관계에 있어서까지 적법 여부를 결정하는 효력이 있는 것은 아니다. 대법원도 "행정심판법 제37조 제1항의 규정에 의하면 재결은 행정청을 기속하는 효력을 가지므로 재결청이 취소심판청구가 이유 있다고 인정하여 처분청에게 처분의 취소를 명하면 처분청으로서는 그 재결의 취지에 따라 처분을 취소하여야 하지만, 그렇다고 하여 그 재결의 취지에 따른 취소처분이 위법할 경우 그 취소처분의 상대방이 이를 항고소송으로 다툴 수 없는 것은 아니다"[130]라고 판시한 점에 비추어 보면 재결에 따른 처분이라 하여 당연 적법한 처분이라거나 그에 따르지 않은 처분이라 하여 당연 위법한 처분이라 할 수 없다는 것이 되는바, ③의 견해가 옳다고 보인다.

後者의 문제는, 예컨대 土地收用의 普通節次, 즉 事業의 認定, 土地調書 및 物件調書의 作成, 關係人과의 協議, 土地收用委員會의 裁決과 같이 일정한 법률효과가 연속된 수개의 행위에 의하여 비로소 완성되는 경우, 일련의 절차적 과정에 있는 중간적 처분에 대하여 법률에 쟁송을 인정하는 취지의 명문규정이 없는 경우에도 一連의 段階的·中間的 處分 自體를 對象으로 抗告訴訟을 提起할 수 있느냐하는 것이다.

즉 일련의 절차의 중간에서 소송의 제기를 허용하면 행정과정에의 사법권의 개입을 필요이상 허용하는 결과가 되므로 일련의 절차적 과정에 있는 중간적 처분에 대하여도 항고소송을 제기할 수 있느냐 하는 문제가 제기되는 것이다.

이에 대해 대법원 1965. 4. 22. 선고 63누200 전원합의체판결은, "귀속재산의 소청사건에 대한 소원재결청인 소청심의회의 결정은 그의 취소변경을 구하는 독립한 행정소송의 대상이 될 수 없고 이 재결의 내용대로 취소 변경한 지방관재국장(법개정 후의 지방세무관서장)의 처분만이 행정소송의 대상이 되므로 소청심의회의 판정의 위법은 지방관

---

130) 대법원 1993. 8. 24. 선고 92누17723 판결 ; 대법원 1993. 9. 28. 선고 92누15093 판결.

재국장의 처분에 대한 행정소송에 있어서 이를 주장할 수 있음에 불과하다."고 하여 일련의 절차를 구성하는 행정청의 중간적 행위에 대해 항고소송의 대상이 될 수 없음을 명백히 하였다. 부연하면 중간단계의 행위가 독자적으로 항고소송의 대상은 되지 않지만, 최종적 처분에 대한 항고소송에서 주장공격방법은 될 수 있다는 것이다.

이처럼 일련의 행정절차를 구성하는 행위 중 다음 단계의 행위에 적용할 기준의 설정, 조사·평가 등과 같은 행위는 최종적으로 직접 법적 효과를 발생하는 행위가 아니므로 일반적으로 그 처분성이 인정되지 않는다.

다만, 선행행위 또는 중간적 행위 그 자체가 고유한 불이익처분으로서의 효과를 수반하는 경우에는 그 중간단계의 행위에 대한 항고소송의 제기가 가능하다고 하겠다.[131] 예컨대, 사업인정은 토지수용의 선행행위에 지나지 않으나 그 자체도 출입수인의무 및 토지의 불변경의무를 과하는 처분으로 보아 제소의 대상이 된다고 할 것이다. 즉, 사업인정은 토지수용절차중의 한 단계에 불과하나 그로써 수용할 목적물의 범위가 확정되고 기업자에게는 일종의 공법상 권리를 취득하게 하는 반면 토지소유자에게는 형질변경이 제한되는 등의 불이익이 따르므로(土地收用法 제18조의 2) 항고소송의 대상이 되고, 勞動組合및勞動關係調停法 제62조 제3호에 의한 중재회부결정도 그 이후 쟁의행위가 금지되는 법률상의 제한이 따르므로 항고소송의 대상이 된다고 할 것이다.

판례도 土地收用法(대법원 1987. 9. 8. 선고 87누395 판결 ; 대법원 1988. 12. 27. 87누1141 판결 ; 대법원 1990. 1. 25. 89누2936 판결 ; 대법원 1993. 7. 13. 92누17501 판결), 都市計劃法(대법원 1991. 11. 26. 선고 90누9971 판결 ; 대법원 1994. 5. 24. 선고 93누4230 판결), 都市再開發法(대법원 1993. 3. 9. 선고 92누16287 판결), 宅地開發促進法(대법원 1986. 8. 19. 선고 86누256 판결), 産業基地開發促進法(대법원 1993. 9. 28. 선고 92누10852 판결), 소정의 土地收用節次에서의 事業認定, 行政代執行節次에서의 戒告處分(대법원 1962. 10. 18. 선고 62누117 판결 ; 대법원 1966. 10. 31. 선고 66누25 판결), 勞動組合및勞動關係調停法 제62조 제3호에 의한 仲裁回附決定(대법원 1995. 9. 15. 선고 95누6724 판결), 廢棄物管理法 關係法令에 의한 廢棄物處理業 許可權者의 不適正 通報(대법원 1998. 4. 28. 선고 97누21086판결) 등에 대해 抗告訴訟의 對象이 되는 處分性을 認定하고 있다.

Ⅲ. 切한 다른 救濟手段의 存在

처분에 의한 이익침해에 대하여 적절한 다른 구제수단이 있을 때의 취소소송의 제기는 소의 이익이 없는 경우로서 허용되지 않는다. 특히 특정의 행위의 효력을 다툴 수 있는

---

131) 朴鈗炘, 前揭書, 922쪽.

특별한 쟁송제도가 마련되어 있는 경우에는 그 제도에 의할 것이고 행정소송을 제기할 수 없다.

행정소송법 제2조 소정의 행정처분이라고 하더라도 그 처분의 근거법률에서 행정소송 이외의 다른 절차에 의하여 불복할 것을 예정하고 있는 처분은 항고소송의 대상이 될 수 없다.[132]

더 나아가 어떠한 행정작용에 관하여 그로 인하여 파생되는 국민의 법적 불안이나 불이익을 제거시켜주기 위한 구제수단이 필요한 경우에도 달리 민사소송 등에 의하여 적절한 구제가 이루어지는 것일 경우에는 그러한 행정작용을 항고소송의 대상이 되는 행정처분으로 파악하여야 할 쟁송법상의 근거도 없다는 것이다.[133]

1. 刑事節次上의 行爲

檢事의 起訴處分, 不起訴處分, 型執行停止取消處分도 行政處分性을 가진다고 할 것이나, 기소처분은 법원의 심리대상이 되므로 따로 항고소송으로 다툴 수 없고, 不起訴處分은 抗告·再抗告(檢察廳法 제10조), 또는 裁定申請(刑事訴訟法 제260조)이라는 別途의 救濟方法이 있으므로 항고소송의 대상이 아니다.

刑事訴訟法에 의하면 검사가 공소를 제기한 사건은 기본적으로 법원의 심리대상이 되고 피의자 및 피고인은 수사의 적법성 및 공소사실에 대하여 형사소송절차를 통하여 불복할 수 있는 절차와 방법이 따로 마련되어 있으므로 검사의 공소제기가 적법절차에 의하여 정당하게 이루어진 것이냐의 여부에 관계없이 검사의 공소에 대하여는 형사소송절차에 의하여서만 이를 다툴 수 있고 행정소송의 방법으로 공소의 취소를 구할 수 없다고 할 것이다.[134]

刑執行停止取消處分(대법원 1956. 12. 14. 선고 4289행상122 판결), 刑執行免除申請에 대한 檢事의 拒否處分(서울고등법원 1994. 10. 5. 선고 94구9544 판결)은 刑事訴訟法 제489조에 의하여 특별히 규정된 이의신청절차가 있는 이상 行政訴訟節次에 의하여 이를 다툴 수 없다.

조세범에 대한 국세청장·지방국세청장·세무서장의 通告處分이나 관세범에 대한 관세청장·세관장의 通告處分은 그 성질은 행정처분이나, 통고처분에 이의가 있으면 통고의 내용을 이행하지 않음으로써 통고처분은 당연히 실효되고 관계공무원의 고발을 소추요건으로 하여 일반법원에서 형사재판을 받도록 하는 특별절차가 마련되어 있으므로 통고

---

132) 대법원 2000. 3. 28. 선고 99두11264 판결.
133) 대법원 2000. 9. 8. 선고 99두1113 판결(이주단지택지공급조건중 분양가에공공시설비포함결정처분무효확인등).
134) 대법원 2000. 3. 28. 선고 99두11264 판결 ; 대법원 1990. 1. 23. 선고 89누3014 판결.

처분을 받은 자가 그 처분에 대하여 이의가 있는 경우에는 항고소송을 제기할 수 없다 (國稅基本法 제55조 제3항 제2호, 관세법 제38조 제3항 제2호). 판례도 租稅犯處罰節次法에 의한 通告處分은 행정소송의 대상이 되지 않는다고 한다.[135]

2. 民事節次上의 行爲

法院職員의 反訴狀印紙加貼行爲, 競落許可決定, 引渡命令 등은 항고소송의 대상이 되지 않는다.

戶籍事件에 관한 시, 읍, 면장의 처분에 대하여는 관할 가정법원에 불복을 신청할 수 있고(호적법 제125조 내지 129조), 登記公務員의 決定 또는 處分에 대하여 불복하는 자는 관할 지방법원에 이의신청을 할 수 있으므로(不動産登記法 제178조 내지 186조) 이들 처분도 항고소송의 대상이 되지 않는다.

행정청이 종국적인 처분을 일시 연기하는 保留處分은, 국민의 권리의무에 어떠한 영향을 미치는 종국적인 효력이 없으므로 항고소송의 대상이 되지 않는다고 할 것이다. 歸屬財産拂下保留處分(대법원 1954. 11. 8. 선고 4287행상22 판결 ; 대법원 1955. 4. 15. 선고 4287행상41 판결), 교사 임용권자의 임용후보자들의 任用保留處分(대법원 1991. 10. 8. 선고 91누2168 판결)은 行政處分이라 할 수 없다.

그리고 屋外廣告物등管理法에 의하여 부과된 過怠料處分의 當否는 최종적으로 非訟事件節次法에 의한 節次에 의하여만 判斷되어야 하므로 위와 같은 과태료처분은 행정소송의 대상이 되는 행정처분이 아니다.[136]

또한 舊 建築法(1991. 5. 31. 법률 게4381호로 전문 개정되기 전의 것) 제56조의 2 제1,4,5항 등에 의하면, 부과된 과태료처분에 대하여 불복이 있는 자는 그 처분이 있음을 안 날로부터 30일 이내에 당해 부과권자에게 이의를 제기할 수 있고, 이러한 이의가 제기된 때에는 부과권자는 지체 없이 관할 법원에 그 사실을 통보하여야 하며, 그 통보를 받은 관할법원은 비송사건절차법에 의하여 과태료의 재판을 하도록 규정되어 있어서 건축법에 의하여 부과된 과태료처분의 당부는 최종적으로 비송사건절차법에 의한 절차에 의하여만 판단되어야 한다고 보아야 하므로, 그 과태료처분은 행정소송의 대상이 되는 행정처분이라고 볼 수 없다.[137]

建築法 제82조 제3항, 제4항, 제83조 제6항에 의하면, 같은 법 제83조 소정의 履行强制金賦課處分에 不服하는 자는 그 처분의 고지를 받은 날로부터 30일 이내에 당해 부과권자에게 이의를 제기할 수 있고, 이의를 받은 부과권자는 지체 없이 관할법원에 그 사

---

135) 대법원 1962. 1. 31. 선고 4294행상40 판결 ; 대법원 1980. 10. 14. 선고 80누380 판결.
136) 대법원 1993. 11. 23. 선고 93누16833 판결.
137) 대법원 1995. 7. 28. 선고 95누2623 판결(계고처분등취소).

실을 통보하여야하며, 그 통보를 받은 관할법원은 비송사건절차법에 의한 재판을 하도록 규정되어 있다. 위 법규정에 의하면 건축법 제83조의 규정에 의하여 부과된 이행강제금부과처분의 당부는 최종적으로 비송사건절차법에 의한 절차에 의하여만 판단되어야 한다고 보아야 할 것이므로 위와 같은 이행강제금부과처분은 행정소송의 대상이 되는 행정처분이라고 볼 수 없다.[138]

3. 特許에 관한 處分

特許公務員의 特許에 관한 處分은 特許審判節次에 의한 抗告와 大法院에 대한 上告에 의하여 판단을 받을 수 있으므로 항고소송의 대상이 되는 처분이 아니다.[139]

그리고 행정소송제도의 목적에 비추어 볼 때 행정처분이 단지 사인간의 법률관계의 존부를 공적으로 증명하는 공증행위에 불과하여 그 효력을 둘러싼 분쟁의 해결이 사법원리에 맡겨져 있고 위법한 행정처분의 취소가 국민의 권익구제나 분쟁의 근본적인 해결을 위한 적절한 수단이 되지 못하는 경우에도 취소소송의 대상이 되지 아니한다고 보아야 한다.

예컨대, 특허청장이 상표사용권설정등록을 거부한 처분에 대하여는 달리 특별한 불복절차가 마련되어 있지 아니하므로 그 거부처분의 취소를 행정소송절차를 통하여 청구할 수 있지만, 만일 특허청장이 수리하지 말아야 할 등록신청을 수리하여 상표사용권설정등록을 한 경우에는 상표권자는 민사소송절차를 통하여 상표사용권설정등록말소등록절차의 이행을 청구할 수 있을 뿐이지 행정소송절차를 통하여 특허청장을 상대로 그 등록처분의 취소를 청구할 수는 없다고 한다.[140]

Ⅳ. 處分 後 事由가 訴의 利益에 미치는 影響

오늘날 항고소송은 위법상태를 장래에 향하여 배제함으로써 권리의 회복을 도모할 뿐만 아니라 위법처분을 소급적으로 배제하여 과거의 위법상태를 전제로 하여 발생한 법적효과를 전면적으로 제거하는 데에도 그 목적과 기능이 있으므로 비록 기본적인 권리의 회복은 이미 불가능하게 되었다 하더라도 아직 원고에게 회복가능한 부수적 이익이 현존하는 한 취소판결을 구할 실익은 인정되어야 한다. 다만 항고소송의 예방적 기능을 인정하여 장래의 불이익처분의 회피라든가 기대권의 보호 등 장래의 이익의 주장에까지 소의 이익을 인정한다 하더라도 그 이익은 소송의 본질상 어디까지나 계쟁처분과 직접적인 인과관계에 있는 것이 아니면 안 된다. 동일사건의 범위를 넘어서서 단순히 장래의

---

138) 대법원 2000. 9. 22. 선고 2000두5722 판결(건축법위반으로인한과태료처분무효확인).
139) 대법원 1962. 3. 15. 선고 4294행상8 판결.
140) 대법원 1991. 8. 13. 선고 90누9414 판결.

유사한 위법처분이 되풀이 될 위험을 예방하기 위하여 항고소송을 제기함은 허용되지 않는다고 하겠다. 이하 그 경우를 나누어 살펴보기로 한다.

1. 處分이 取消 또는 變更된 境遇

처분이 권한 있는 행정청에 의하여 行政處分이 取消되어 遡及的으로 消滅한 境遇에는 그 취소를 구하는 소의 이익은 없다는데 이론이 없다. 그리고 당연무효인 행정처분이 있은 뒤에 적법한 절차를 거쳐 새로이 행정처분이 유효하게 이루어진 경우 종전 무효처분에 대한 무효확인청구의 소는 소의 이익이 없다고 할 것이다. 이에 판례도 환지처분이 공고되어 효력을 가지게 되면 환지예정지지정처분의 효력은 소멸되므로 그 때부터는 환지예정지지정처분이 무효라는 확인을 구할 법률상 이익이 없어지고, 당초의 환지처분이 환지계획의 내용에 따르지 아니하여 무효이면 시행자는 환지계획변경 등의 절차를 거쳐 다시 환지처분을 할 수 있고, 이러한 새로운 환지처분이 적법하게 이루어지면 당초의 환지처분이 무효라는 확인을 구할 법률상의 이익도 없어진다고 한다.141)

행정청이 일정한 처분을 한 뒤에 그 처분을 감축 또는 확장하는 내용의 변경을 하는 경우 취소소송의 대상을 무엇으로 할 것인지가 문제된다.

처분을 한 뒤에 그 처분을 일부 취소하거나 감액하는 등의 변경처분을 한 경우에 그 변경처분은 그에 의하여 감축된 부분에 대하여서만 법적 효과를 미치는 것으로서, 당초의 처분과 독립된 처분이 아니라 그 실질은 당초의 처분의 변경이고 그에 의하여 처분내용의 일부취소라는 상대방에게 유리한 효과를 나타내는 처분이라 할 것이므로, 그 변경처분으로도 아직 취소되지 않고 남아 있는 부분의 처분이 항고소송의 대상이 되는 것이다. 판례도 "처분청이 당초의 운전면허 취소처분을 신뢰보호의 원칙과 형평의 원칙에 반하는 너무 무거운 처분으로 보아 이를 철회하고 새로이 265일간의 운전면허 정지처분을 하였다면, 당초의 처분인 운전면허 취소처분은 철회로 인하여 그 효력이 상실되어 더 이상 존재하지 않는 것이고 그 후의 운전면허 정지처분만이 남아 있는 것이라 할 것이며, 한편 존재하지 않는 행정처분을 대상으로 한 취소소송은 소의 이익이 없어 부적법하다."142)고 판시한 바 있다.

반대로, 일정한 처분 후에 그 처분의 내용을 확장하는 변경처분이 있는 경우에는 그 확장변경처분은 당초 처분을 포함시켜 전체로서 확장변경처분이 되어 당초처분은 확장변경처분 속에 흡수되어 당연히 소멸하는 것으로 보아야 하는 것임에 비추어 항고소송의 대상은 그 확장변경처분이 되는 것이라고 할 것이다.

---

141) 대법원 2002. 4. 23. 선고 2000두2495 판결.
142) 대법원 1997. 9. 26. 선고 96누1931 판결.

 여기서 문제가 되는 것은 조세부과처분 후에 과세관청이 경정처분을 한 경우에 처음 부과처분의 효력을 다투는 소의 이익은 없는가하는 점이다.

 이는 租稅賦課處分과 更正處分과의 關係를 어떻게 파악할 것인가 하는 세법의 고유문제에 속하기 때문에(이에 대하여는 竝存說, 吸收說, 竝存的吸收說, 逆吸收說, 逆吸收竝存說 등 學說의 對立이 있다)[143]

 여기서는 원칙적인 대법원판례만 소개하는데 그치기로 한다.

(1) 當初 處分과 減額 更正處分과의 關係

 과세표준과 세액을 減額하는 更正處分은 당초 부과처분과 별개 독립의 과세처분이 아니라 그 실질은 當初 賦課處分의 變更이고, 그에 의하여 세액의 일부 취소라는 납세자에게 유리한 결과를 나타내는 처분이므로 그 경정결정으로도 아직 취소되지 않고 남아 있는 부분이 위법하다 하여 다투는 경우, 抗告訴訟의 對象은 당초의 부과처분 중 경정결정에 의하여 取消되지 않고 남은 부분이고, 경정처분이 항고소송의 대상이 되는 것이 아니며, 이 경우 적법한 전심절차를 거쳤는지 여부도 當初處分을 基準으로 하여 判斷하여야 한다.[144]

 따라서 전심절차나 제소기간의 준수 여부도 경정처분을 기준으로 할 것이 아니라 당초 처분을 기준으로 하여야 한다.[145]

 위와 같은 법리는 국세심판소가 심판 청구를 일부 인용하여 정당한 세액을 명시하여 취소하지 아니하고 경정기준을 제시하여 당해 행정청으로 하여금 구체적인 과세표준과 세액을 결정하도록 함에 따라, 당해 행정청이 감액경정결정을 한 경우에도 마찬가지로 적용된다. 다만 그 경정결정이 행정심판결정의 취지에 어긋나게 결정되거나 혹은 그 결정 자체에 방식위배 등 고유한 위법사유가 있는 때에는 그 경정결정이 별도의 쟁송대상이 될 수 있을 것이다.[146]

 경정처분이 수차에 이를 때(再更正處分, 再再更正處分)에도 위와 같은 논리로 해결할 수 있겠는데, 이때도 逆吸收說에 따라 更正處分은 當初處分에 吸收되어 경정처분에 의하여 修正된 當初의 處分이 訴訟의 對象이 된다는 것으로 경정처분을 대상으로 그 취소를 구할 소의 이익은 없게 된다.[147]

---

143) 租稅賦課處分과 更正處分과의 法律關係에 대하여는, 姜仁崖, 「稅務訴訟에 있어서 更正處分과 訴訟物」(人權과 正義 통권 제210호, 1994. 2), 42~44쪽 참조.
144) 대법원 1995. 8. 11. 선고 95누351 판결 ; 대법원 1999. 4. 27. 선고 98두19179 판결.
145) 대법원 1991. 9. 13. 선고 91누391 판결.
146) 대법원 1996. 7. 30. 선고 95누6328 판결.
147) 대법원 1986. 7. 8. 선고 84누50 판결(과세관청이 과세처분을 한 뒤에 당초 부과처분의 일부를 취소·감액하는 내용의 경정결정을 한 경우 위 경정처분은 그에 의하여 감소된 세액부분에 관하

위와 같은 대법원의 판결내용을 정리하여 보면 ① 감액경정처분은 당초처분의 일부취소의 성질을 가질 뿐 당초처분과 별개 독립의 과세처분이 아니다, ② 감액경정처분은 당초처분의 전부를 취소한 다음 새로이 잔액에 대하여 구체적 조세채무를 확정시키는 효과를 갖는 것이 아니라 그에 의하여 감소된 세액부분에 대해서만 법적 효과가 미친다, ③ 감액경정처분이 된 경우 취소소송의 대상은 당초처분 중 경정처분에 의하여 취소되지 않고 남은 부분으로 감액경정처분에 대한 취소소송은 소의 이익이 없으므로 각하된다는 것이다.

(2) 當初 處分과 增額 更正處分과의 關係

과세관청이 과세표준과 세액을 결정한 후 그 과세표준과 세액에 탈루 또는 오류가 있는 것이 발견되어 이를 증액하는 경정처분이 있는 경우, 그 증액경정처분은 당초처분을 그대로 둔 채 당초처분에서의 과세표준과 세액을 초과하는 부분만을 추가 확정하는 처분이 아니고 재조사에 의하여 판명된 결과에 따라서 당초처분에서의 과세표준과 세액을 포함시켜 전체로서 하나의 과세표준과 세액을 결정하는 것이어서 증액경정처분이 되면 當初處分은 增額更正處分에 吸收되어 독립된 존속가치를 상실하여 소멸하므로 그 증액 更正處分만이 爭訟의 對象이 된다.[148]

이처럼 판례는 吸收說에 따라 당초처분은 경정처분에 흡수되어 소멸하고 경정처분만이 효력을 가지며 소송의 대상이 된다는 것으로 당초 처분을 다투는 경우에는 소의 이익이 없어 각하대상이 된다고 한다.

제척기간의 도과 후에 증액경정처분이 있었다 하여도 당초 처분이 제척기간의 도과 전에 있었다면 그 증액경정처분이 전부 무효로 되는 것은 아니고 증액된 부분에 한하여서만 무효로 된다.[149]

여서만 법적 효과를 미치는 것으로서 당초 부과처분과 독립의 과세처분이 아니라. 그 실질은 當初 부과처분의 변경이고 그에 의하여 세액의 일부취소라는 납세자에게 유리한 효과를 가져오는 처분이라 할 것이므로 그 경정결정으로도 아직 취소되지 않고 남아 있는 부분이 위법하다고 하여 다투는 경우에는 항고소송의 대상이 되는 것은 당초의 부과처분 중 경정결정에 의하여 취소되지 않고 남은 부분이 된다.) ; 대법원 1982. 3. 9. 선고 80누253 판결(조세부과처분이 있는 후에 그 불복절차 과정에서 국세심판소장이 그 일부를 취소하도록 하는 결정을 하여 그 결정에 맞추어 당초 부과처분의 일부를 취소, 감액하는 내용의 경정, 재경정결정이 있는 경우, 그 재경정처분은 그에 의하여 감소된 세액부분에 관해서만 법적 효과를 미치는 것이고 재경정처분은 당초 부과처분이나 경정처분과 별개 독립의 부과처분이 아니고 그 실질은 당초의 부과처분의 변경이고 그에 의하여 세액의 일부 取消란 납세자에 유리한 효과를 가져오는 처분이라 할 것이므로 그 경정 또는 재경정결정에 의하여 取消되지 않고 남는 부분이 된다 할 것이며, 따라서 당초의 부과처분 전부의 취소를 구할 소의 이익이 없다 할 것이다.).
148) 대법원 1995. 11. 10. 선고 95누7758 판결 ; 대법원 2000. 9. 8. 선고 98두16149 판결.
149) 대법원 1995. 5. 23. 선고 94누15189 판결.

과세처분이 있은 후에 증액경정처분이 있으면 당초의 과세처분은 경정처분에 흡수되어 독립적인 존재가치를 상실하므로 전심절차의 경유 여부도 그 경정처분을 기준으로 판단하여야 할 것이지만, 그 위법사유가 공통된 경우에는 당초의 과세처분에 대하여 적법한 전심절차를 거친 이상 전심기관으로 하여금 기본적 사실관계와 법률문제에 대하여 다시 검토할 수 있는 기회를 부여하였다고 볼 수 있을 뿐만 아니라, 납세의무자에게 굳이 같은 사유로 증액경정처분에 대하여 별도의 전심절차를 거치게 하는 것은 가혹하므로 납세의무자는 그 경정처분에 대하여 다시 전심절차를 거치지 아니하고도 취소를 구하는 행정소송을 제기할 수 있다.150)

통상 과세관청은 증액경정처분을 함에 있어 당초의 과세액가지 포함한 증액된 액으로 납세고지서를 발부하는 것이 아니라, 당초의 과세액은 그대로 둔 채 추가된 세액에 대하여만 별도의 추가 고지서를 발부하고 있으나, 이러한 경우에도 당초의 처분과 추가된 처분액을 합한 금액으로 증액경정처분이 된 것으로 보아 증액경정처분이 소송의 대상이 된다.151) 그리고 증액경정처분이 고지서의 부적법 송달 등으로 무효인 경우 당초처분은 무효인 경정처분에 흡수, 소멸되지 아니하고 독립하여 존속하고 그 처분의 당부에 관하여 별도로 다툴 수 있다.152)

原處分에 대해 減額精算處分을 한 뒤 다시 增額更正處分을 한 境遇 그 쟁송의 대상이 문제되는데, 이 역시 위와 같은 논리에 의하면 增額更正處分이 爭訟의 對象이 된다고 할 것이다.153)

2. 法令 등이 改廢된 境遇

處分 後에 法令 등의 改廢에 의한 제도의 폐지에 의해 處分의 效力이 喪失된 境遇에도 당해처분에 의해 침해된 이익의 회복가능성이 없기 때문에 원칙적으로 訴의 利益은 否定된다.154)

즉 신청에 대한 거부 등의 처분에 대한 취소소송의 소의 이익은 신청에 대한 허가, 특

---

150) 대법원 1992. 8. 14. 선고 91누13229 판결.
151) 대법원 1992. 5. 26. 선고 91누9596 판결.
152) 대법원 1995. 8. 22. 선고 95누3909 판결.
153) 舊 開發利益還收에관한法律(1997. 8. 30. 법률 제5409호로 개정되기 전의 것) 제10조 제1항 단서에 따른 개발부담금의 감액정산은 당초 부과처분과 다른 별개의 처분이 아니라 그 감액변경처분에 해당하고, 감액정산처분 후 다시 증액경정처분이 있는 경우에는 감액정산처분에 의하여 취소되지 아니한 부분에 해당하는 당초 부과처분은 증액경정처분에 흡수되어 소멸하고 증액경정처분만이 쟁송의 대상이 되며, 이때 증액경정처분의 위법사유뿐만 아니라, 당초 부과처분 중 감액정산처분에 의하여 취소되지 아니한 부분의 위법사유도 다툴 수 있다(대법원 2001. 6. 26. 선고 99두11592 판결-개발부담금부과처분취소).
154) 南 博方 編, 前揭書, 409~410쪽.

허, 인가 등의 처분에 의하여 생기는 법률상의 지위의 취득 그 자체가 아니라 그러한 지위를 취득할 가능성의 회복이라고 하는 점에 있고, 거부처분이 취소됨으로써 행정청은 당초의 신청에 대하여 다시 허부의 결정을 하여야 하는 구속을 받게 되나, 법령의 개폐로 인하여 허가 등의 처분을 할 수 없는 경우에는 허가 등의 처분을 받을 가능성의 회복을 목적으로 하는 거부 등의 처분에 대한 취소소송은 소의 이익이 없게 된다.

대법원도, 원고의 광업법에 의한 석유광업권설정출원을 반려한 피고의 처분이 있은 후에 해저광물자원개발법이 시행되어 해저광업권은 정부만이 가질 수 있게 된 경우, 위 반려처분이 취소된다고 하더라도 원고는 광업법에 의한 석유광업권설정의 출원을 한 상태로 돌아갈 뿐 허가처분에는 이르지 아니할 것이므로 원고에게 해저석유광업권이 설정허가 될 여지가 없다는 이유로 원고의 반려처분취소소송의 소의 이익을 부정하였다.[155]

또, 주택건설사업계획사전결정반려처분취소청구소송의 계속 중 구 주택건설촉진법의 개정으로 주택건설사업계획사전결정제도[156]가 폐지된 경우와 관련하여 "구 주택건설촉진법(1999. 2. 8. 법률 제5908호로 개정되기 전의 것)은 제32조의 4에서 주택건설사업계획의 사전결정제도에 관하여 규정하고 있었으나 위 법률이 1999. 2. 8. 법률 제5908호로 개정되면서 위 제32조의 4가 삭제되었고, 그 부칙 규정에 의하면 개정 후 법은 1999. 3. 1부터 시행되며(부칙 제1조), 개정 후 법의 시행 당시 종전의 제32조의 4의 규정에 의하여 사전결정을 한 주택건설사업은 종전의 규정에 따라 주택건설사업을 시행할 수 있다고 규정되어 있을 뿐(부칙 제2조), 개정 후 법의 시행 전에 사전결정의 신청이 있었으나 그 시행 당시 아직 사전결정이 되지 않은 경우에도 종전의 규정에 의한다는 취지의 규정을 두지 아니하고 있고, 따라서 개정 전의 법에 기한 주택건설사업계획사전결정반려처분의 취소를 구하는 소송에서 승소한다고 하더라도 위 반려처분이 취소됨으로써 사전결정신청을 한 상태로 돌아갈 뿐이므로, 개정 후 법이 시행된 1999. 3. 1. 이후에는 사전결정신청에 기하여 행정청으로부터 개정 전 법 제32조의 4 소정의 사전결정을 받을 여지가 없게 되었다고 할 것이어서 더 이상 소를 유지할 법률상의 이익이 없게 되었다고 할 것이다."[157]고 판시한 바 있다.

국토이용관리법 소정의 토지거래신고구역에서 해제된 경우, 그 해제 전의 토지거래에 터 잡은 소유권이전등기를 하기 위해 토지거래신고필증의 교부신청을 하였다가 거부되자 위 해제 전에 있었던 신고수리거부처분에 대한 취소를 구할 소의 이익 존부와 관련하여 대법원은 "국토이용관리법 소정의 토지거래신고구역에 관한 규정은 단속법규에 불과

---

155) 대법원 1972. 4. 11. 선고 71누98 판결.
156) 구 주택건설촉진법이 1994. 1. 7. 법률 제4723호로 개정되면서 사전결정제도에 관한 제32조의 4가 신설되었다가, 1999. 2. 8. 법률 제5908호로 개정되면서 법 제32조의 4가 삭제됨으로써 주택건설사업계획사전결정제도가 폐지되었다.
157) 대법원 1999. 6. 11. 선고 97누379 판결.

한 것으로 이에 위반한 거래계약의 사법적 효력까지 부인되는 것은 아니고, 다만 부동산 등기특별조치법 제5조 제2항에 의하여 그 신고구역 토지의 소유권이전등기신청에는 신고필증을 제출하도록 규정하고 있을 뿐인 점에 비추어 보면 당해 사안과 같이 토지거래 당사자가 그 거래신고 당시에는 당해 토지가 거래신고구역에 해당하여 그 신고를 하였다가 관할관청에 의하여 수리거부가 되었는데 그 후 신고구역에서 해제된 경우에 있어서는 그 해제 이후 위 신고대상이 된 토지거래에 터 잡아 소유권이전등기를 신청하는 데에는 위 특별조치법 제5조 제2항의 규정은 그 적용이 없어 토지거래의 신고필증을 제출할 필요가 없다고 할 것이고, 그렇게 된 이상 이제는 당해 토지거래신고의 수리거부처분에 대하여 그 취소를 구하는 당해 소는 그 소의 이익이 없다."158)고 판시하였다.

 이 사건과 같이 토지거래신고 당시에는 당해 토지가 신고구역에 해당되어 그 신고를 하였다가 그 신고수리가 거부되었는데, 그 후 신고구역에서 해제된 경우에 있어서, 위 신고대상이 된 토지거래(즉, 예약)에 터 잡은 토지거래계약에 기하여 소유권이전등기를 신청하는 데에 여전히 신고필증을 제출하여야 한다면 위 수리거부처분의 취소를 구할 소의 이익이 있다고 할 것이고, 반대로 신고필증의 제출 없이도 소유권이전등기를 마칠 수 있다면 소의 이익이 없다고 할 것이다.

 전자의 입장은 토지거래신고구역지정의 해제는 장래에 향하여만 효력이 있을 뿐이므로, 당해 토지가 토지거래신고 당시에 그 신고구역에 해당되는 이상 그 후 신고구역에서 해제되었다는 사정이 종전의 신고 당시로 추급 적용될 수는 없고, 부동산등기특별조치법 제5조 제2항 "등기원인에 대하여 행정관청에 신고할 것이 요구되는 때에는 소유권이전등기를 신청할 때에 신고를 증명하는 서면을 제출하여야 한다."는 규정에서 '등기원인에 대하여 행정관청에 신고할 것이 요구되는 때'라는 것은 그 등기원인이 이루어질 때나 그에 대하여 신고를 할 때를 기준으로 하여 그 신고 여부를 결정하고 그 신고 여부에 따라 신고필증 제출 여부도 결정된다고 할 것이며, 어느 토지가 거래신고대상토지인지 거래허가대상토지인지의 여부는 매매계약체결일을 기준으로 하여야 한다는 대법원 판례에 비추어 보아도, 그 매매계약의 체결 당시에 토지거래신고구역인 이상 그 소유권이전등기신청에 이르러 그 신고구역이 해제되었다고 하더라도 여전히 그 등기신청에는 신고필증의 제출이 필요하다는 것이다.

 후자의 입장은, 부동산등기특별조치법 제5조 제2항이 "등기원인에 대하여 행정관청에 신고할 것이 요구되는 때에는 소유권이전등기를 신청할 때에 신고를 증명하는 서면을 제출하여야 한다."고 규정하고 있는데, 여기서 그 신고필증은 등기신청에 있어 제출하여야 할 서류인 이상 그 필요 여부는 그 등기신청시를 기준으로 판단하여야 하고 국토이용

---

158) 대법원 1998. 3. 10. 선고 96누4558 판결.

관리법 소정의 토지거래신고구역에 관한 규정은 단속법규에 불과한 것이어서 그 신고 여부는 거래계약의 사법적 효력에까지 영향을 미치는 것이 아니므로, 그 등기신청에 있어 신고필증의 필요 여부는 그 신고시(또는 계약시)를 기준으로 할 것이 아니라 등기시를 기준으로 하여야 한다는 것이다.

이 문제는 토지거래신고구역에 관한 규제 규정의 성격을 어떻게 볼 것인가 하는 문제로 귀착된다 할 것인 바, 토지거래신고에 관한 법 소정의 규정은 그 거래계약의 사법상의 효력에는 아무런 영향이 없고 다만 신고구역토지의 소유권이전등기를 하려면 그 신고필증이 등기신청에서의 제출 서류의 하나로 되어 있는 이상 그 신고필증의 필요 여부는 그 등기신청시를 기준으로 판단하여야 할 것이다.

더욱이 농지매매증명에 관하여 대법원은 "농지 매매 당시 소재지 관서의 증명을 받지 못하였다고 하더라도 그 후 그 농지가 구 농지개혁법의 적용을 받지 않는 토지로 되면 소재지 관서의 증명의 흠결이라는 하자는 치유되고, 농지 매수인은 소재지 관서의 증명이 없이도 소유권이전등기를 마칠 수 있다."[159]고 일관되게 판시하고 있는 점에 비추어 보더라도 그 규제정도가 더 약한 토지거래신고의 경우 신고구역에서 해제되면 더 이상 신고필증 없이도 소유권이전등기가 가능하다고 할 것이어서 신고수리거부처분의 취소를 구할 소의 이익이 없다고 할 것이다.

하지만 대법원 1981. 7. 14. 선고 80누536 전원합의체 판결에서, "서울특별시 경찰국 소속 공무원이었던 원고가 1978. 12. 13. 징계절차에 의하여 이 사건 파면처분을 받은 후 1981. 1. 31. 大統領令 제10194호로 징계에 관한 일반사면령이 공포 시행되었으나, 사면법 제5조 제2항, 제4조의 규정에 의하면 징계처분에 의한 기성의 효과는 사면으로 인하여 변경되지 않는다고 되어 있고 이는 사면의 효과가 소급하지 않음을 의미하는 것이므로 위와 같은 일반사면이 있었다고 할지라도 파면처분으로 이미 상실된 원고의 공무원 지위가 회복될 수는 없는 것이니 원고로서는 이 사건 파면처분의 위법을 주장하여 그 취소를 구할 소송상 이익이 있다고 할 것이다."라고 판시한 바 있다.

3. 資格이 喪失된 境遇

퇴직, 임기 만료 등에 의해 종전에 가지고 있던 지위를 상실한 경우 원칙적으로 소의 이익은 없다. 따라서 판례에 의하면 사회복지법인의 이사가 이사취임허가처분을 취소당한 후 그 임기가 만료되어 새로운 이사가 선임된 경우(대법원 1990. 3. 23. 선고 89누7436 판결), 학교법인의 이사에 대한 취임승인이 취소되고 임시이사가 선임되었으나 그 임시이사의 재직기간이 지나 다시 임시이사가 선임된 경우(대법원 2002. 11. 26.

---

159) 대법원 1996. 4. 12. 선고 96다6431 판결 ; 대법원 1994. 9. 9. 선고 94다20501 판결.

선고 2001두2874 판결), 지방자치단체와 채용계약에 의하여 채용된 계약직공무원이 그 계약기간 만료 이전에 채용계약 해지 등의 불이익을 받은 후 그 계약기간이 만료된 경우(대법원 2002. 11. 26. 선고 2002두1496 판결) 그 취소처분의 취소 채용계약 해지의사표시의 무효확인을 구할 소의 이익이 없다고 한다. 같은 맥락에서 유기장의 영업허가를 받은 자가 영업장소를 명도하고 유기시설을 모두 매각함으로써 유기장업을 폐업한 경우 그 영업허가취소처분의 취소를 구할 소의 이익이 없고,160) 환지처분이 공고되어 효력을 가지게 되면 환지예정지지정처분의 효력은 소멸되므로 그 때부터는 환지예정지지정처분이 무효라는 확인을 구할 법률상 이익이 없다고 한다.161)

여기서 취소에 의하여 회복하여야 할 신분이 임기만료 등에 의하여 이미 상실한 경우에 있어서, 취소에 의하여 회복하여야 할 법률상이익이란 처분에 의하여 상실된 신분에 한정되는가, 그것과 함께 신분에 부수한 예컨대 봉급청구권도 포함되는가가 문제된다. 기본적인 권리회복은 불가능하다고 하더라도 판결의 소급효에 의하여 당해처분이 소급적으로 취소되게 됨으로써 원고의 부수적인 이익이 구제될 수 있는 경우에는 소의 이익이 인정된다.

사법상의 근로관계에서는 징계해고 등 신분상 불이익처분이 있은 후 별개의 사유로 근로자로서의 신분을 상실한 경우에 당초 징계처분의 무효확인을 구하는 것은 과거의 법률관계에 대한 확인청구를 구하는 것에 불과하여 현재의 권리 또는 법률상 지위에 대한 위험이나 불안을 제거하기 위한 것이라고 볼 수 없고, 급료, 퇴직금 등 재산상의 불이익이나 명예침해 등은 민사상 손해배상청구로 회복이 가능할 뿐 아니라 재취업기회의 제한은 사실상의 불이익에 불과하므로 당초 신분상 불이익처분의 무효확인을 구할 소의 이익이 없으며,162) 부당해고구제재심판정의 취소를 구할 법률상이익 역시 없다163)는 것이다.

그러나 국가, 지방자치단체 등과 공법상의 신분관계를 맺고 있는 공무원의 경우, 당초의 징계처분이 취소되더라도 원래의 신분을 회복하는 것이 불가능하지만, 징계처분이 취소되기 전에는 처분의 공정력으로 인하여 징계처분이 있은 때로부터 별개의 사유로 신분관계가 종료 될 때까지의 급료 등을 청구할 수 없을 뿐 아니라164) 파면 또는 해임 등의 징계처분이 존속함으로 말미암아 다른 공직에의 취임을 제한받는 법률상의 불이익을 입고 있는 점165) 등에 비추어 당초의 징계처분의 취소를 구할 이익이 있다고 할 것이다.

---

160) 대법원 1990. 7. 13. 선고 90누2284 판결.
161) 대법원 1990. 9. 25. 선고 88누2557 판결 ; 대법원 1999. 8. 20. 선고 97누6889 ; 대법원 1999. 10. 8. 선고 99두6873 판결 ; 대법원 2002. 4. 23. 선고2000두2495 판결.
162) 대법원 1995. 4. 11. 선고 94다4011 판결.
163) 대법원 1995. 12. 5. 선고 95누12347 판결.
164) 대법원 1985. 6. 25. 선고 85누39 판결.

공무원이 파면처분을 다투고 있는 중에 정년퇴직 등 다른 사정으로 공무원의 지위를 회복할 여지가 없게 되어 기본적인 권리인 공무원의 지위회복은 불가능하더라도 그동안의 급여청구와의 관계에서 아직 이익이 있는 이상 소를 제기할 수 있다.166)

같은 맥락에서, 중앙노동위원회의 원직복귀명령 및 임금지급명령에 관한 재심결정 중 원직복귀명령부분이 근로계약종료로 인하여 실효된 경우 재심판정의 취소를 구할 법률상이익 유무,167) 대기발령으로 인한 임금 차액의 지급과 불이익조치 금지를 명한 중앙노동위원회의 재심판정 후 노동자가 임금 차액을 수령하고 자진 퇴직한 경우 재심판정의 취소를 구할 법률상이익 유무168)와 관련하여 법률상이익이 있다고 한다.

4. 原狀回復이 不可能한 境遇

처분 후 사정에 의해 당해처분을 취소하더라도 原狀回復이 不可能한 境遇에는 일반적으로 訴의 利益이 否定된다.

위법한 행정처분의 취소를 구하는 소는 위법한 처분에 의하여 발생한 위법상태를 배제하여 원상으로 회복시키고 그 처분으로 침해되거나 방해받은 권리와 이익을 보호 구제하고자 하는 소송이므로 비록 그 위법한 처분을 취소한다 하더라도 원상회복이 불가능한 경우에는 그 취소를 구할 이익이 없다.169) 그리하여 일련의 절차를 구성하는 처분에

---

165) 대법원 1991. 6. 25. 선고 91다1134 판결 ; 대법원 1993. 7. 27. 선고 92다40587 판결.
166) 대법원 1977. 7. 12. 선고 74누147 판결 ; 대법원 1985. 6. 25. 선고 85누39 판결(파면처분취소소송의 사실심 변론종결 전에 동 원고가 허위공문서 작성 등 죄로 징역 8월에 2년 간 집행유예의 형을 선고받아 확정되었다면 위 판결이 확정된 날 당연 퇴직되어 그 공무원의 신분을 상실하고 당연 퇴직이나 파면이 퇴직급여에 관한 불이익의 점에 있어 동일하다 하더라도 최소한도 이 사건 파면처분이 있은 때부터 위 법규정에 의한 당연퇴직일자까지의 기간에 있어서는 파면처분의 취소를 구하여 그로 인해 박탈당한 이익의 회복을 구할 소의 이익이 있다 할 것이다.).
167) 대법원 1993. 4. 27. 선고 92누13196 판결(中央勞動委員會의 원직복귀명령 및 임금지급명령에 관한 재심결정 중 원직복귀명령이 사정변경으로 인하여 근로계약 종료일 이후부터 효력이 없게 되는 경우 해고 다음날부터 복직명령이 이행 가능하였던 근로계약 종료 시까지의 기간 동안에 임금지급명령에 기하여 발생한 구체적인 임금지급의무는 사정변경으로 복직명령이 실효되더라도 소급하여 소멸하는 것이 아니므로 사용자는 사업장이 폐쇄되어 근로계약이 종료한 이후에도 임금 상당액의 지급명령을 포함하는 노동위원회의 결정에 따를 공법상의 의무를 부담하고 있어서 사용자로서는 그 의무를 면하기 위하여 재심판정의 취소를 구할 법률상의 이익이 있다.).
168) 대법원 1993. 9. 14. 선고 93누1268 판결(中央勞動委員會의 구제명령 중 보직해임 및 대기발령이 부당 인사로 인정되어 승급 누락 등 불이익조치를 금지한 부분이 근로자의 자진퇴직이란 사정변경으로 인하여 더 이상 구속력이 없어져 무의미한 것으로 되었다 하더라도, 대기발령 기간 중의 직무수당 등 임금차액의 지급을 명한 구제조치에 대하여는 그 임금 차액이 이미 지급되었지만 그 구제명령이 취소된다면 근로자에게 지불한 임금 상당액은 법적 근거가 없게 되어 부당이득이 되고, 근로자에 대하여 반환을 청구할 수 있게 되는 것이기 때문에 그 한도에서 구제명령의 취소를 구할 법률상의 이익이 있다.).
169) 대법원 1985. 5. 28. 선고 85누32 판결 ; 대법원 1993. 1. 15. 선고 92누4956 판결 ; 대법원

있어서 후속처분이 이루어졌기 때문에 원상회복이 불가능한 경우, 제3자의 행위 등에 의해 원상회복이 법률상 불가능하다고 보여 지는 경우에도 소의 이익은 부정된다.[170]

그러나 이 경우에도 회복되는 부수적 이익이 있는 경우에는 소의 이익이 인정된다. 일반적으로 공장등록이 취소된 후 그 공장 시설물이 어떠한 경위로든 철거되어 다시 복구 등을 통하여 공장을 운영할 수 없는 상태라면 이는 공장등록의 대상이 되지 아니하므로 외형상 공장등록취소행위가 잔존하고 있다고 하여도 그 처분의 취소를 구할 법률상의 이익이 없다 할 것이나, 위와 같은 경우에도 유효한 공장등록으로 인하여 공장등록에 관한 당해 법률이나 다른 법률에 의하여 보호되는 직접적·구체적 이익이 있다면(예컨대, 공장등록이 취소된 후 그 공장시설물이 철거되었다 하더라도 대도시 안의 공장을 지방으로 이전할 경우 조세특례제한법상의 세액공제 및 소득세 등의 감면혜택이 있고, 구 공업배치및공장설립에관한법률상의 간이한 이전절차 및 우선 입주의 혜택이 있는 경우), 당사자로서는 공장건물의 멸실 여부에 불구하고 그 공장등록취소처분의 취소를 구할 법률상의 이익이 있다.[171]

이에 대하여 李尙圭 辯護士는 "취소소송은 위법한 처분을 취소함으로써 당해처분으로 인하여 침해된 권익을 구제하려는 데에 그 취지가 있는 것은 사실이나, 취소소송의 직접적인 목적은 위법한 처분의 취소에 있는 것이지, 위법한 처분에 의하여 조성된 위법상태를 배제하여 원상으로 회복시키는 것까지를 직접 목적으로 하는 것은 아니다. 또 취소소송의 대상인 위법한 처분에 의하여 어떠한 사실상태가 조성되어 그 처분이 취소되더라도 원상회복이 어렵게 되었다고 하여도 당해처분의 취소로써 손해배상·원상회복 기타의 청구를 통한 권익구제가 가능한 것이나, 당해처분이 취소되지 아니하는 한 처분이 가지는 공정력으로 말미암아 그러한 권익구제조차도 불가능하게 된다."고 하면서 오히려 적극적으로 보아야 할 것이라고 주장한다.[172]

이처럼 처분 등의 집행, 그밖에 사유로 효력이 소멸된 경우 권리보호의 필요가 없는 것이 원칙이나 ① 구체적으로 위법한 처분이 반복될 위험성이 있는 경우, ② 회복하여야 할 불가피한 이익이 있는 경우, ③ 손해배상청구 등 민사소송절차에 대하여 구속력을 갖게 되는 경우에는 권리보호의 필요성을 인정하여야 할 것이다.[173]

(1) 處分 등의 執行終了

1993. 9. 14. 선고 93누3905 판결 ; 대법원 1994. 10. 25. 선고 94누5403 판결 ; 대법원 1996. 11. 29. 선고 96누9768 판결.

170) 南 博方 編, 前揭書, 413面.
171) 대법원 2002. 1. 11. 선고 2000두3306 판결.
172) 李尙圭, 前揭書, 366쪽.
173) 洪井善, 前揭書, 829쪽 ; F. Hufen, a.a.O. §18 Rn.71~81, S.371~374.

처분이 이미 집행되어 처분취소에 의하여 원상회복이 불가능한 경우, 즉 사실상태의 변경을 가하는 處分의 執行終了 後에는 소의 이익은 없다.

소음·진동배출시설에 대한 설치허가가 취소된 후 그 배출시설이 어떠한 경위로든 철거되어 다시 복구 등을 통하여 배출시설을 가동할 수 없는 상태라면 이는 배출시설 설치허가의 대상이 되지 아니하므로 외형상 설치허가취소행위가 잔존하고 있다고 하여도 특단의 사정이 없는 한 군이 위 처분의 취소를 구할 법률상의 이익이 없다.174)

건물의 철거명령에 대한 취소소송이 제기된 경우 당해 건물이 대집행의 실행에 의해 이미 철거되어 버렸다면 철거명령이 취소되어도 원상회복이 불가능하므로 철거명령의 취소소송에 있어서 소의 이익은 없다. 대집행의 실행이 이미 사실행위로서 완료된 이후에는 그 대집행이 위법한 것이라는 이유로 손해배상이나 원상회복 등을 청구하는 것은 별론으로 하고 그 기초가 된 의무를 과하는 행정처분이나 계고, 대집행영장에 의한 통지 등의 취소나 무효확인을 구할 법률상이익이 없다.175)

여기서 대집행의 실행이 완료되었느냐의 여부는 그 대집행의 대상인 대체적 작위의무가 객관적·물리적으로 보아 완전히 실현되었는지 여부에 따라 판단하여야 할 것이다.

그리고 대집행의 실행행위는 일련의 대집행절차의 최종단계를 구성하는 것이고, 그 취소사유로서 대집행의 실행자체에 있는 고유의 하자뿐만 아니라 선행처분인 계고의 하자까지도 주장할 수 있으므로(뒤에서 볼 瑕疵의 承繼 參照) 대집행의 실행의 취소를 소구하고 있는 경우에는 특별한 사정이 없는 한 계고처분의 취소를 구할 소의 이익은 없다고 할 것이다.176)

다음 대집행종료 후 비용징수처분이 이루어지지 아니한 경우 비용징수처분을 면하기 위해 계고나 대집행영장의 통지의 취소소송을 제기할 수 있는가가 문제이다.

이 경우 대집행 비용의 징수절차는 대집행절차와 별개의 절차이고 대집행 비용의 납부의무는 대집행 절차와는 별도로 그 징수절차에 따라 구체적으로 발생하고 그 금액도 확정된다 할 것이므로(行政代執行法 제5조, 제6조 제1항), 납부명령자체가 취소되지 않는 이상 대집행비용의 징수를 면할 수 없다. 따라서 대집행비용징수납부명령의 취소를 구하지 아니하고 계고나 대집행 영장의 통지에 대한 취소를 구하는 것은 소의 이익이 없다

---

174) 대법원 2002. 1. 11. 선고 2000두2457 판결.
175) 대법원 1979. 11. 13. 선고 79누242 판결 ; 대법원 1993. 6. 8. 선고 93누6164 판결(代執行 戒告處分 取消訴訟의 변론종결 전에 대집행영장에 의한 통지절차를 거쳐 사실행위로서 대집행의 실행이 완료된 경우에는 행위가 위법한 것이라는 이유로 損害賠償이나 原狀回復 등을 請求하는 것은 별론으로 하고 처분의 취소를 구할 법률상 이익은 없다.) : 대법원 1993. 11. 9. 선고 93누14271 판결.
176) 金昌鍾, 「行政代執行法上 代執行」(行政訴訟에 관한 諸問題(下), 裁判資料 제68집, 法院行政處, 1995), 327쪽.

고 할 것이다. 다만 비용징수처분에 대하여 취소소송을 제기하고 선행처분인 계고처분 등이 위법한 처분임을 전제로 대법원 1993. 11. 9. 선고 93누14271 판결[177])의 취지에 따라 하자의 승계가 인정되어 대집행납부명령도 위법하다고 주장할 수는 있을 것이다.

즉, 비용납부명령과 계고처분은 별개의 독립된 처분이기는 하나 계고처분, 대집행영장에 의한 통지, 대집행 실행, 비용납부명령으로 이루어지는 일련의 대집행 절차를 이루는 처분인 점, 계고처분과 그에 기한 사실행위로서의 대집행은 단기간 내에 실행되는 것이 보통이어서 그 취소를 구할 수 있는 시간적 여유가 없고 실효성이 없는 점, 대집행이 완료된 이후에 있어서 그 위법을 이유로 비용납부명령에 불복한다하여 행정법관계의 안정성을 해할 염려가 없는 점, 비용납부명령을 대집행에 부수되는 처분으로서 대집행과 밀접한 관련성이 있는 점 등을 고려하면, 계고처분의 하자는 비용납부명령 취소의 소에서 주장할 수 있다고 봄이 타당할 것이다.

한편 처분의 집행은 종료되었지만 그 처분이 위법하고 달리 불복할 방법이 없는 경우에는 예외적으로 소의 이익을 인정하여야 할 것이다.[178])

---

177) 行政行爲의 公定力이라 함은 행정행위가 하자가 있더라도 당연 무효가 아닌 한 권한 있는 기관에 의하여 취소될 때까지는 잠정적으로 유효한 것으로 통용되는 효력에 지나지 않는 것이므로, 행정행위가 취소되지 아니하여 공정력이 인정된다 하더라도 그 상대방이나 이해관계인은 언제든지 그 행정행위가 위법한 것임을 주장할 수 있는 것일 뿐만 아니라, 대집행의 계고, 대집행영장에 의한 통지, 대집행의 실행, 대집행으로 인한 비용납부명령 등은 타인이 대신하여 행할 수 있는 행정의무의 이행을 의무자의 비용부담 하에 확보하고자 하는, 동일한 행정 목적을 달성하기 위하여 단계적인 일련의 절차로 연속하여 행하여지는 것으로서 서로 결합하여 하나의 법률효과를 발생시키는 것이므로, 선행처분인 계고처분에 하자가 있다면, 후행처분인 대집행비용납부명령의 취소를 구하는 소송에서 계고처분이 위법하기 때문에 대집행비용납부명령도 위법하다는 주장을 할 수 있다고 보아야 한다.

178) 병역법 제2조 제1항 제3호에 의하면 '입영'이란 병역의무자가 징집·소집 또는 지원에 의하여 군부대에 들어가는 것이고, 같은 법 제18조 제1항에 의하면 현역은 입영한 날부터 군부대에서 복무하도록 되어 있으므로 현역병입영통지처분에 따라 현실적으로 입영을 한 경우에는 그 처분의 집행은 종료되지만, 한편, 입영으로 그 처분의 목적이 달성되어 실효되었다는 이유로 다툴 수 없도록 한다면, 병역법상 현역입영대상자로서는 현역병입영통지처분이 위법하다 하더라도 법원에 의하여 그 처분의 집행이 정지되지 아니하는 이상 현실적으로 입영을 할 수밖에 없으므로 현역병입영통지처분에 대하여는 불복을 사실상 원천적으로 봉쇄하는 것이 되고, 또한 현역입영대상자가 입영하여 현역으로 복무하는 과정에서 현역병입영통지처분 외에는 별도의 다른 처분이 없으므로 입영한 이후에는 불복할 아무런 처분마저 없게 되는 결과가 되며, 나아가 입영하여 현역으로 복무하는 자에 대한 병적을 당해 군 참모총장이 관리한다는 것은 입영 및 복무의 근거가 된 현역병입영통지처분이 적법함을 전제로 하는 것으로서 그 처분이 위법한 경우까지를 포함하는 의미는 아니라고 할 것이므로, 현역입영대상자로서는 현실적으로 입영을 하였다고 하더라도, 입영 이후의 법률관계에 영향을 미치고 있는 현역병입영통지처분 등을 한 관할지방병무청장을 상대로 위법을 주장하여 그 취소를 구할 소송상의 이익이 있다(대법원 2003. 12. 26. 2003두1875 판결).

(2) 社會通念上 原狀回復이 顯著히 困難한 境遇

인·허가 등의 행정처분에 기한 사업이 완료된 경우에 있어서 그 행정처분을 취소해도 원상회복이 곤란 또는 불가능한 경우가 생긴다. 이 경우 일본의 경우에는 재판소가 2가지 방법으로 대응하는 것 같은데, 그 하나는 소의 이익이 소멸되었다 하여 訴却下 判決을 내리는 것이고, 다른 하나는 소의 이익은 인정하되 취소판결을 하는 것이 불합리하다면 事情判決을 내려 대응하는 방법이다.179)

여기서 일단의 기준은, 예컨대 행정청에 원상회복을 도모할 권한이 없는 경우와 같이 원상회복이 법적으로 불가능한 경우에는 소이익의 소멸을 인정하고, 원상회복이 법적으로는 불가능하지는 않지만 사회통념상 곤란 또는 불가능한 경우에는 이익형량을 한 뒤에 사정판결이 인정되는 것으로 보는 것 같다.

이와 같은 논리에서 건축허가에 따른 건축공사가 완료되거나 준공검사를 마친 경우에도 건축허가처분의 취소를 구할 소의 이익이 없다고 하겠다. 즉 건축허가처분의 취소를 구하는 소송의 변론종결 이전에 이미 건축공사가 완공되어 준공검사까지 마쳐졌다면, 제3자에 대한 건축허가처분이 원고의 소유권(대법원 1981. 7. 28. 선고 81누53 판결)이나 주위토지통행권(대법원 1987. 9. 8. 선고 86누375 판결), 건축법상 보장된 도로에 대한 통행권이나 통행이익(대법원 1992. 4. 28. 선고 91누13441 판결) 등을 침해하는 위법한 처분이라 하더라도 그 취소 또는 무효확인을 구할 소의 이익은 없다는 것이다.

왜냐하면, 건축허가처분의 취소 또는 무효확인을 받는다 하더라도 건축물의 건립을 저지함으로써 소유권이나 통행권 등을 확보할 수 있는 단계는 지났고, 건축허가처분이 취소된다 하여 바로 소유권이나 통행권 등이 확보되는 것도 아니며 민사소송으로 건축물의 철거나 손해배상청구를 하는 경우 건축허가처분의 취소를 명하는 판결이 필요한 것도 아닐 뿐 아니라 건물 사용검사처분(竣工處分)은 건축허가를 받아 건축된 건물이 건축허가 사항대로 건축행정 목적에 적합한가 여부를 확인하고 사용검사필증을 교부하여 줌으로써 허가받은 자로 하여금 건축한 건물을 사용·수익할 수 있게 하는 법률효과를 발생시키는 것에 불과할 뿐 건축한 건물이 인접주택 소유자의 권리를 침해하는 경우 사용검사처분이 그러한 침해까지 정당화하는 것은 아닌 것으로서 사용검사처분을 취소한다 하더라도 그로 인하여 건축주는 위 건물을 적법하게 사용할 수 없게 되어 사용검사 이전의 상태로 돌아가게 되는 것에 그칠 뿐이고, 위반건물에 대한 시정명령을 할 것인지 여부, 그 시기 및 명령의 내용 등은 행정청의 합리적 판단에 의하여 결정될 문제이기 때

---

179) 前者의 예로는, 最高裁判所 1984(昭和 59). 10. 26. 判決(民集 38卷 10號 1169面), 最高裁判所 1993(平成 5). 9. 10. 判決, 最高裁判所 1995(平成 7). 11. 9. 判決이 있고, 後者의 예로서 最高裁判所 1992(平成 4). 1. 24. 判決(民集 46卷 1號 154面)이 있는 데(芝池義一, 前揭書, 50~51面), 이 경우 우리나라 대법원은 모두 소의 이익이 없는 것으로 취급하고 있는 듯하다.

문이다.180)

따라서 위법한 건축허가처분으로 인하여 법률상이익의 침해가 예상되는 당사자로서는 건축허가처분에 대한 효력정지나 공사금지가처분 등을 통하여 공사의 완공을 저지시킨 상태에서 건축허가처분의 취소를 구하여야 할 것이다. 게다가 "건축허가가 건축법 소정의 이격거리를 두지 아니하고 건축물을 건축하도록 되어 있어 위법하다 하더라도 그 건축허가에 기하여 건축공사가 완료되었다면 그 건축허가를 받은 대지와 접한 대지의 소유자인 원고가 위 건축허가처분의 취소를 받아 이격거리를 확보할 단계는 지났으며 민사소송으로 위 건축물 등의 철거를 구하는 데 있어서도 위 처분의 취소가 필요한 것이 아니므로 원고로서는 위 처분의 취소를 구할 법률상의 이익이 없다."181)고 한다.

(3) 目的物의 滅失

특히 對物的處分의 성격이 현저한 것은 그 目的物의 自然的 滅失에 의하여 대부분 訴의 利益을 喪失한다.182)

5. 處分 후의 事情變更에 의하여 權益侵害가 解消된 境遇

處分 後의 사정에 의하여 行政處分에 의한 利益侵害狀態가 解消된 境遇에는 訴의 利益은 否定된다.183)

치과의사국가시험합격은 치과의사면허를 부여받을 수 있는 전제요건이 된다고 할 것이나 국가시험에 합격하였다고 하여 위 면허취득의 요건을 갖추게 되는 이외에 그 자체만으로 합격한 자의 법률상 지위가 달라지는 것은 아니므로 불합격처분이후 새로 실시된 국가시험에 합격한 자들로서는 더 이상 위 불합격처분의 취소를 구할 법률상이익이 없다.184)

6. 期間이 經過된 境遇

(1) 特定期日의 經過

회복하여야 할 법률상이익이 特定期日의 經過에 의하여 원상회복이 불가능한 경우에는 訴의 利益은 消滅한다. 예컨대 특정일로 예정되어 있는 집회, 시위운동의 불허가처분의

---

180) 대법원 1996. 11. 29. 선고 96누9768 판결.
181) 대법원 1992. 4. 24. 선고 91누11131 판결.
182) 日本 山口地方裁判所 1960(昭和35). 9. 5. 判決, 行集 11卷 9號, 2641面(公賣處分取消訴訟에 있어서 목적물인 선박이 침몰 상실한 후에는 소의 이익은 상실한다) ; 日本 大阪高等裁判所, 1966(昭和 41). 11. 29. 判決, 行集 17卷 11號 1307面(토지구획정리에 있어서 건물 이전 후 건물이전통지의 취소소송은 소의 이익이 없다.).
183) 南 博方 編, 前揭書, 414面.
184) 대법원 1993. 11. 9. 선고 93누6867 판결.

취소소송 중 그 특정기일이 경과한 경우에는 소의 이익이 존재하지 않는다는 판례185)도 있으나 이에 대하여는 취소소송의 소의 이익을 확대하여 장래 유사한 위법처분이 생기는 현실적 위험성을 방지하기 위하여 예방적으로 소의 이익을 인정하자는 견해도 있다.186) 대법원도 최근에 제소 당시 이미 신고한 집회 기일을 경과한 사안에서 현행 집회및시위에관한법률 제9조 제3항에서 제2항에 의하여 금지통고가 위법 또는 부당한 것으로 재결되거나 그 효력을 잃게 된 경우 이의신청인은 최초에 신고한 대로 집회 또는 시위를 개최할 수 있고, 나아가 금지통고 등으로 인하여 시기를 놓친 경우에는 일시를 새로이 정하여 집회 또는 시위의 24시간 전에 관할 경찰서장에게 신고함으로써 집회 또는 시위를 개최할 수 있다고 규정되어 있는바, 판결에 의하여 금지통고처분이 취소되는 경우에도 새로운 일시를 신고하여 집회나 시위를 개최할 수 있다고 볼 것이므로 당초의 신고일자가 경과된 경우에도 그 금지통고처분의 취소를 구할 법률상이익이 있다고 하였다.187)

(2) 行政處分의 效力期間의 經過

일반적으로 행정처분에 효력기간이 정하여져 있는 경우, 그 처분의 효력 또는 집행이 정지된 바 없다면 위 기간의 경과로 그 행정처분의 효력은 상실되므로 그 기간 경과 후에는 그 처분이 외형상 잔존함으로 인하여 어떠한 법률상이익이 침해되고 있다고 볼만한 별다른 사정이 없는 한 그 처분의 취소를 구할 법률상의 이익이 없다.188)

따라서 하천법 제33조에 의한 하천부지점용허가처분에 의한 점용허가기간이 경과한 경우(대법원 1990. 1. 12. 선고 88누1032 판결), 산림법 제90조의 2에 의한 토석채취허가처분의 채취허가기간이 경과한 경우(대법원 1983. 3. 8. 선고 82누521 판결 ; 대법원 1993. 7. 27. 선고 93누3899 판결), 농수산물 지방도매시장의 도매시장법인으로 지정된 유효기간이 만료된 경우(대법원 2002. 7. 26. 선고 2000두7254 판결) 등과 같이 허가기간이 경과하였다면 그 허가는 이미 실효되었다 할 것이어서 허가를 취소하는 행정청의 처분이 있다고 하더라도 취소처분이 외형상 잔존함으로 말미암아 어떠한 법률상의 불이익이 있다고 볼 수 없다 할 것이어서 이 경우 취소처분의 취소를 구하는 소는 소의 이익이 없게 된다.

한편, 행정처분이 법령이나 처분 자체에 의하여 효력기간이 정하여져 있는 경우에 그

---

185) 대법원 1961. 9. 28. 선고 4292행상50 판결.
186) 藤谷正博, 「處分後の事情變更と取消の利益」(行政法を學ぶ1(室井力・塩野 宏 編), 有斐閣, 1978), 86~87面.
187) 대법원 1999. 6. 11. 선고 98두19018 판결.
188) 대법원 1995. 10. 17. 선고 94누14148 전원합의체 판결 ; 대법원 1999. 2. 23. 선고 98두14471 판결 ; 대법원 1997. 7. 11. 선고 96누7397 판결 ; 대법원 2002. 7. 26. 선고 2000두7254 판결.

기간의 경과로 효력이 상실되었다 하더라도 그 기간경과 후에 처분이 외형상 잔존함으로 인하여 어떠한 법률상의 이익이 침해되고 있다고 볼 만한 특별한 사정이 있는 때에는 그 처분의 취소를 구할 법률상의 이익을 부정하여서는 안 될 것이다.189) 즉 당해허가처분의 근거법규나 관련법규에서 허가취소처분을 전제로 새로운 허가처분을 신청할 자격을 일정한 기간 동안 제한하는 등 법률상이익을 침해하고 있는 경우에는 허가처분의 유효기간이 경과한 후에도 결격사유가 소멸하기 전이라면 여전히 허가취소처분의 취소를 구할 법률상이익이 있다고 할 것이다.

 그리고 기본행위는 적법·유효하고 보충행위에만 하자가 있는 경우 보충적 행위의 무효확인을 구할 법률상 이익이 있는지 여부가 문제된다. 기본행위인 이사선임결의가 적법·유효하고 보충행위인 승인처분 자체에만 하자가 있다면 그 승인처분의 무효확인이나 그 취소를 주장할 수 있지만, 이 사건 임원취임승인처분에 대한 무효확인이나 그 취소의 소처럼 기본행위인 임시이사들에 의한 이사선임결의의 내용 및 그 절차에 하자가 있다는 이유로 이사선임결의의 효력에 관하여 다툼이 있는 경우에는 민사쟁송으로서 그 기본행위에 해당하는 위 이사선임결의의 무효확인을 구하는 등의 방법으로 분쟁을 해결할 것이지 그 이사선임결의에 대한 보충적 행위로서 그 자체만으로는 아무런 효력이 없는 승인처분만의 무효확인이나 그 취소를 구하는 것은 특단의 사정이 없는 한 분쟁해결의 유효적절한 수단이라 할 수 없으므로, 임원취임승인처분의 무효확인이나 그 취소를 구할 법률상 이익이 없다.190)

(3) 制裁的 行政處分에 있어서 制裁期間의 經過

 제재적 행정처분이 제재기간의 경과 등에 의하여 실효된 경우 그 처분의 취소를 구할 소의 이익이 있는가?

 예컨대 영업정지처분과 같이 인·허가 처분의 효력을 일정기간 정지하는 행정처분에 있어서 효력정지기간이 경과되면 당해 효력정지처분은 다툴 訴의 利益이 없는 것이 원

---

189) 대법원 1995. 7. 11. 선고 95누4568 판결 ; 대법원 1992. 5. 12. 선고 91누10503 판결(중앙노동위원회의 중재재심결정 중 격일제 근로에 있어서의 근로시간과 근무일수, 기본급산정의 기준인 1일 근로시간 등에 관한 부분은 그 효력기간이 경과된 뒤라서 그 취소를 구할 법률상의 이익이 있다고 볼 만한 특별한 사정을 찾아보기 어려우나, 위 중재재심결정의 대상이 된 사항 중 월간 운송수입금 기준액과 상여금지급제한에 관한 부분은 만일 중재재심결정이 취소되어 협약내용이 변경된다면 이미 경과한 위 중재재심결정의 유효기간에 대하여도 그 기간 중에 미지급 된 임금차액을 사후에나마 더 청구할 수 있는 여지가 생길 수 있고, 이로 인한 근로자들의 이익은 단순한 사실상의 이익이 아니라 바로 단체교섭권 등에 법률상의 이익이라고 보아야 할 것이므로, 위 월간 운송수입금 기준액과 상여금지급제한에 관한 중재재심결정에 대하여는 그 취소를 구할 법률상의 이익이 있다.).
190) 대법원 2002. 5. 24. 선고 2000두3641 판결.

칙이다.191) 하지만 제재적 처분에 있어 장래 제재적 처분의 가중요건으로 되어 있는 경우 그 제재적 행정처분이 기간의 경과에 의하여 실효되었다 하더라도 장래에 보다 중한 불이익 조치를 당할 근거나 개연성이 높다 할 것이어서 그 당해처분의 취소를 구할 소의 이익이 있는가가 문제이다.

이에 대하여 우리나라 판례는 法令에 制裁的 處分의 前歷이 加重要件으로 規定되어 있는 境遇에는 訴의 利益을 認定하지만 法規命令 形式의 行政規則에 制裁的 處分의 前歷이 加重要件으로 規定되어 있는 境遇에는 訴의 利益을 否定하고 있는 것이 일반적 추세이다.

그리고 대통령령에서 규정하는 제재적처분의 기준은 법규명령이지만 부령에서 규정하는 제재적 처분의 기준은 행정규칙에 해당한다고 하였다. 따라서 대통령령에서 규정하는 제재적 처분의 기준을 위반한 처분은 위법이지만 부령에서 규정하는 제재적 처분의 기준을 위반한 처분은 그 기준위반 자체로서 위법이 되는 것이 아니라 모법의 규정 및 취지에 적합한가의 여부에 따라 위법여부를 판단하여야 한다고 하고 있다.

또한 기간을 정한 제재적 처분에 대한 집행정지결정이 있는 경우에는 제재기간의 진행이 정지되어 집행정지 된 기간만큼 제재기간이 순연되는데 불과하고 제재적 처분의 효력이 소멸된 것이 아니므로 처분 시 표시된 制裁的 처분의 기간이 경과하였어도 그 처분의 취소를 구할 이익이 있다.192)

1) 加重要件이 法律에 規定된 境遇

현행법상 제재적 처분을 장래처분의 법정가중요건으로 한 법률로는, 건축사법 제28조 제1항 제5호(연 2회 이상 건축사업무정지명령을 받은 경우 그 정지기간이 통산하여 12월 이상이 된 때에는 건축사사무소등록취소), 건설기술관리법 제30조 제1항 제2호, 제7호(최근 3년간 5회 이상 업무정지처분을 받은 때 또는 최근 1년간 동일 건설공사현장에서 같은 법 제21조의 5 제1항의 규정에 의한 시정명령을 3회 이상 받을 때 감리전문회사의 등록 취소), 부동산중개업법 제22조 제1항 제8호(최근 1년 이내에 2회 이상 업무정지처분을 받거나 최근 1년 이내에 3회 이상 업무정지 또는 과태료의 처분을 받고 다시 업무정지 또는 과태료의 처분에 해당하는 행위를 한 경우 중개사무소개설등록취소), 신용정보의이용및보호에관한법률 제12조 제1항 제5호(업무의 정지에 해당하는 행위를 한 자가 그 사유발생일전 1년 이내에 업무의 정지처분을 받은 사실이 있는 때에는 신용정보

---

191) 대법원 1997. 9. 26. 선고 96누1931 판결(운전면허 정지처분에서 정한 정지기간이 상고심 계속중에 경과한 이후에는 운전면허자에게 그 운전면허 정지처분의 취소를 구할 법률상의 이익이 없다.).
192) 대법원 1974. 1. 29. 선고 73누202 판결.

업 허가 또는 인가 취소 가능), 의료법 제52조 제1항 제3호(의료인이 3회 이상 자격정지 처분을 받은 때 면허취소가능), 의료기사등에관한법률 제21조 제1항 제4호(3회 이상 면 허자격정지처분을 받은 때에는 면허 취소 가능), 유해화학물질관리법 제18조 제5호(1년 에 3회 이상 영업정지처분을 받은 경우 유독물영업자등록취소가능) 등이 있다.

 건축사법에 의한 제재처분에서 건축사업무정지명령의 정지기간이 지났으나, 그 명령이 전제가 되어 건축사사무소등록이 취소된 경우 그 업무정지명령의 취소를 구할 소의 이 익 유무와 관련하여 대법원은 "행정처분의 효력기간이 경과하였다고 하더라도 그 처분 을 받은 전력이 장래에 불이익하게 취급되는 것으로 법정의 가중요건으로 되어있고, 이 후 그 법정가중요건에 따라 새로운 제재적인 행정처분이 가해지고 있다면 선행 행정처 분의 잔존으로 인하여 법률상의 이익이 침해되고 있다고 볼만한 특별한 사정이 있는 경 우에 해당한다고 볼 것인바, 연 2회 이상 건축사의 업무정지명령을 받은 경우 그 정지기 간이 통산하여 12월 이상이 된 때를 건축사사무소의 등록을 취소할 경우의 하나로 규정 하고 있는 建築士法 제28조 제1항 제5호의 규정은 제재적인 행정처분의 법정가중요건 을 규정해 놓은 것으로 보아야 하므로, 원고가 건축사업무정지명령이 전제가 되어 건축 사사무소 등록이 취소되었다면, 건축사업무정지명령에서 정한 정지기간이 도과되었다고 하더라도 그 처분으로 인하여 원고에게는 건축사사무소 등록취소라는 법률상의 이익이 침해되고 있다는 사정을 나타내 보인 것이라고 할 것이므로 위 업무정지명령의 취소를 구할 소의 이익이 있다.",[193] "建築士法 제28조 제1항이 건축사 업무정지처분을 연 2회 이상 받고 그 정지기간이 통산하여 12월 이상이 될 경우에는 가중된 제재처분인 건축사 사무소 등록취소처분을 받게 되도록 규정하여 건축사에 대한 제재적인 행정처분인 업무 정지명령을 보다 무거운 제재처분인 사무소등록취소처분의 기준요건으로 규정하고 있는 이상, 건축사업무정지처분을 받은 건축사로서는 위 처분에서 정한 기간이 도과되었다 하더라도 위 처분을 그대로 방치하여 둠으로써 장래 건축사사무소 등록취소라는 가중된 제재처분을 받게 될 우려가 있는 것이므로 건축사로서의 업무를 행할 수 있는 법률상 지 위에 대한 위험이나 불안을 제거하기 위하여 건축사 업무정지처분의 취소를 구할 이익 이 있다."[194]고 각 판시하고 있다.

 앞의 경우는 건축사인 원고에 대하여 관할관청이 법정 가중요건에 따라 건축사사무소 등록취소처분이라는 가중된 제재적 처분을 한 경우인데, 뒤의 경우에서 대법원은 한 걸 음 더 나아가 비록 가중요건에 의한 새로운 제재적 처분을 받고 있지 아니하여도 당해 제재적 처분이 장래 처분의 가중 원인으로 된다는 법규정이 있다는 것 자체만으로도 그 처분의 취소를 구할 법률상의 이익이 있다고 한다.

---

193) 대법원 1990. 10. 23. 선고 90누3119 판결.
194) 대법원 1991. 8. 27. 선고 91누3512판결.

다만 구 건축사법(1995. 1. 5. 법률 제4918호로 개정되고 1996. 12. 39. 법률 제5238호로 개정되기 전의 것) 제28조 제1항에 의하면 업무정지명령이 원인이 되어 등록 취소가 되려면 실제로 '연 2회 이상'[195] 건축 업무정지처분을 받아야 하고[196] 정지기간이 합하여 '12월 이상'이 되어야 하는바, 이처럼 제재처분을 받고 일정한 기간이 경과함으로써 그로 인하여 실제로 원제재처분이 법정의 가중 요건으로 작용할 가능성이 없는 경우에는 그 처분의 취소를 구할 법률상이익이 없다고 보아야 할 것이다.

판례도 감리원업무정지처분취소사건에서 "건설기술관리법시행령에서 감리원에 대한 제재적인 업무정지처분을 일반정지처분과 가중정지처분의 2단계 조치로 규정하면서, 전자의 제재처분을 좀더 무거운 후자의 제재처분의 요건으로 규정하고 있는 이상, 감리원업무정지처분에서 정한 업무정지기간이 도과되었다 하더라도 위 처분을 그대로 방치하여 둠으로써 장래 가중된 감리원업무정지의 행정처분을 받게 될 우려가 있다는 점에서 감리원으로서 업무를 행할 수 있는 법률상 지위에 대한 위험이나 불안을 제거하기 위하여 위 처분의 취소를 구할 법률상이익이 있다고 보아야 할 것이다."[197]라고 하면서도 업무정지처분을 받은 후 위반행위가 없이 1년의 기간이 지남으로써 소의 이익이 없게 되어 부적법하다고 하였고, 건축사업무정지처분취소사건에서 "업무정지처분을 받은 후 새로운 업무정지처분을 받음이 없이 1년이 경과하여 실제로 가중된 제재처분을 받을 우려가 없어졌다면 위 처분에서 정한 정지기간이 경과한 이상 특별한 사정이 없는 한 그 처분의 취소를 구할 법률상이익이 없다."[198]고 판시함으로써 가중제재처분을 받을 위험이나 불안이 없어진 경우에는 소의 이익이 없게 된다.

앞서 본대로 우리 대법원은 행정처분의 전력이 장래에 불이익하게 취급되는 것으로 법에 규정되어 있어 이후 그 법정가중요건에 따라 새로운 제재적인 행정처분이 가해지고 있는 경우 선행행정처분의 효력기간이 경과하였어도 소의 이익이 있다고 판시한데 이어 더 나아가 법정의 가중요건에 의한 새로운 제재처분을 받고 있지 아니하여도 당해 제재처분이 장래 처분의 가중요건으로 된다는 취지의 법규정이 있는 것 자체만으로도 소의 이익이 있다고 판시하여 소의 이익을 넓게 해석하고 있다.

---

195) '연2회 이상'에서 年의 의미를 첫 처분이 있던 그 해 1. 1.부터 12. 31. 까지 볼 것인가 아니면 첫 처분을 기준으로 1년간으로 볼 것인가에 대하여 논란의 여지가 있으나 건축사법시행규칙 제22조 제2항은 업무정지를 받은 자가 1년 이내에 다시 1월 이상의 업무정지사유에 해당하는 위반행위를 한 때에는 〔별표 3〕에 의한 기준의 2배까지 가중하여 처분할 수 있다고 규정한 것을 보면 후자의 입장이 타당하다고 보인다.
196) 실제로 업무정지명령을 2회 이상 받은 것이 필요하고 단순히 1회 업무정지명령을 받은 후 위반행위가 발견된 것만으로는 바로 건축사사무소 등록취소처분을 할 수 없다(대법원 1999. 2. 12. 선고 98누17821 판결).
197) 대법원 1999. 2. 5. 선고 98두13997 판결.
198) 대법원 2000. 4. 21. 선고 98두10080 판결.

 이렇게 하여야만 선행행정처분취소의 소에 있어서 법원이 그 처분에 대한 당사자의 집행정지신청을 받아들이지 않을 경우 소송계속 중에 그 제재기간이 도과하기 십상이고 후행행정처분의 취소소송에서는 선행행정처분에 관한 쟁송절차상의 제소기간을 도과함으로써 생기는 행정행위의 불가쟁력으로 인한 선행행정처분이 위법하여도 이를 다툴 수 없게 되어 국민의 권익을 침해하는 불합리한 결과를 초래하는 것을 방지할 수 있다고 할 것이다.

 ### 2) 加重要件이 規則 등에 規定된 境遇

 대법원은 장래의 제재적 처분의 가중요건이 부령인 시행규칙이나 지방자치단체의 규칙에 정해져 있는 경우에는 그 소익을 부정하고 있다.

 즉 "행정처분에 효력기간이 정하여져 있는 경우, 그 처분의 효력 또는 집행이 정지된 바 없다면 위 기간의 경과로 그 행정처분의 효력은 상실되므로 그 기간경과 후에는 그 처분이 외형상 잔존함으로 인하여 어떠한 법률상이익이 침해되고 있다고 볼만한 별다른 사정이 없는 한 그 처분의 취소를 구할 법률상의 이익이 없고, 행정명령에 불과한 각종 규칙상의 행정처분기준에 관한 규정에서 위반 횟수에 따라 가중처분하게 되어 있다하여 법률상의 이익이 있는 것으로 볼 수는 없다."[199]고 하여 소의 이익을 부정하고 있다. 그 논거로는 "가중요건을 정한 시행규칙이 행정규칙이므로 구속력이 없고 따라서 가중적인 제재처분을 받을 불이익은 직접적·구체적·현실적인 것이 아니고, 가중처벌의 위법여부는 당해 시행규칙이 아니라 처분의 근거법률에 비추어 판단되는 것이므로 당초의 제재처분의 위법여부는 당초의 제재처분을 가중사유로 고려한 후의 제재처분의 위법여부를 다투는 경우에 다툴 수 있다."는 점을 제시하고 있다.

 이하 같은 논거로 訴의 利益을 否定한 具體的인 事例를 들어보면, ① 도로교통법에 의한 자동차운전면허효력정지처분(대법원 1988. 5. 24. 선고 87누944 판결),[200] ② 구 석유사업법[현행 석유및석유대체연료사업법]에 의한 석유판매업사업정지처분(대법원 1982. 3. 23. 선고 81누243 판결),[201] ③ 구 자동차운수사업법에 의한 사업정지 또는

---

199) 대법원 1995. 10. 17. 선고 94누14148 전원합의체 판결.
200) 도로교통법시행규칙 제53조 제1항의 규정은 관할행정청이 운전면허의 취소 및 운전면허효력정지 등의 사무처리를 함에 있어서 처리기준과 방법 등의 세부사항을 규정한 행정명령의 성질을 가진 내부적 사무처리지침에 불과한 것이므로, 위 규칙에서 운전면허정지처분이 그 처분을 받은 운전면허자가 장래 받게 될지도 모르는 같은 종류의 제재처분의 가중요건이 된다고 규정하고 있고 위 운전면허자가 장래 이 규정에 따라 가중된 제재처분을 받게 될 염려가 있어 사실상 운전면허자에게 불이익한 것이라 하더라도 위와 같은 불이익은 법률상의 불이익이라 할 수 없으므로 이를 근거로 하여 위 면허정지처분에서 정한 그 정지기간이 도과한 이후에 위 운전면허자에게 그 운전면허정지처분의 취소를 구할 법률상의 이익이 있다고는 할 수 없다.
201) 서울특별시 석유판매업사무처리규칙은 석유판매허가 및 판매소신고 등의 사무처리를 함에 있어

면허취소 등 처분(대법원 1982. 6. 8. 선고 82누25 판결 ; 대법원 1988. 6. 14. 선고 88누3420 판결),202) ④ 식품위생법에 의한 영업정지처분(대법원 1993. 9. 14. 선고 93누4755 판결),203) ⑤ 항만운송사업법에 의한 통선영업정지처분(대법원 1982. 3. 9. 선고 81누326 판결),204) ⑥ 국가기술자격법에 의한 전기공사기능사자격정지처분(대법원 1978. 2. 14. 선고 76구855 판결),205) ⑦ 사회안전법에 의한 보안감호처분의 기간이 경과한 경우(대법원 1989. 1. 17. 선고 87누1045판결) 등이 있는데, 위 대법원판결들은 부령의 형식으로 제정된 규칙이나 지방자치단체의 규칙이 그 실질내용으로 보아 단순히 행정사무처리기준을 설정한 것이라면 그 규칙에서 정한 가중요건의 존재는 제재적 처분의 잔존으로 인하여 법률상의 이익이 침해되고 있다고 볼 만한 특별한 사정에 해

서의 처리기준과 방법 등의 세부사항을 규정한 행정명령의 성질을 가진 내부적인 사무처리지침에 불과한 것이므로 위 규칙에서 이 사건 처분이 원고들이 장래 받게 될지도 모르는 같은 종류의 제재처분의 가중요건이 된다고 규정하고 있고 원고들이 장래 이 규정에 따라 가중된 제재처분을 받게 될 염려가 있어 사실상 원고들에게 불이익한 것이라 하더라도 원고들의 위와 같은 불이익은 법률상의 불이익이라고는 할 수 없으므로 또 앞으로 이 사건과 동일한 사유로 피고의 유사한 처분이 반복될 가능성이 있다는 사유만으로 석유판매업사업정지처분에서 정한 사업정지기간이 경과한 이 사건 처분의 취소를 구할 법률상이익을 가지게 된다고 할 수 없다.
202) 대법원 1982. 6. 8. 선고 82누25 판결(행정청이 자동차운수사업자에게 시기와 종기를 특정하여 사업정지를 명한 경우에 …… 위 처분에 명시된 기간의 종기가 경과하면 그 처분은 집행할 수 없는 상태에 이르렀다고 봄이 상당하므로 그 처분의 잔존으로 인하여 법률상이익이 있다고 볼만한 별다른 사정이 없는 한, 동 처분의 취소를 구할 법률상이익이 없다.) ; 대법원 1988. 6. 14. 선고 88누3420 판결(구 자동차운수사업법 제31조 등의 규정에 의한 사업면허의 취소등의처분에관한규칙(1982. 7. 31. 교통부령 제724호)은 부령의 형식으로 되어 있으나 그 규정의 성질과 내용이 자동차운수사업면허의 취소처분 등에 관한 사무처리기준과 처분절차 등 행정청 내의 실무처리준칙을 규정한 점에 불과한 것이므로, 이는 교통부장관이 구 자동차운수사업법 제31조 등의 규정에 의한 사업면허의 취소 등의 관계행정기관 및 직원에 대하여 그 직무권한 행사의 지침을 정하여 주기 위하여 발한 행정조직 내부에 있어서의 행정명령의 성질을 가지는 것이라 할 것이므로 위 규칙은 행정조직 내부에서 관계행정기관이나 직원을 구속함에 그치고 대외적으로 국민이나 법원을 구속하는 것은 아니라 할 것이니 자동차운수사업면허취소 등의 처분이 위 규칙에 위배되는 것이라 하더라도 위법의 문제는 생기지 아니하고, 또 위 규칙에서 정한 기준에 적합한 것이라 하여 바로 그 처분이 적법한 것이라고 할 수 없으며, 그 처분의 적법여부는 위 규칙에 적합한 것인가의 여부에 따라서가 아니라 구 자동차운수사업법의 규정 및 그 취지에 적합한가의 여부에 따라서 판단하여야 할 것이다.).
203) 행정명령에 불과한 식품위생법시행규칙 제53조에서 위반횟수에 따라 가중처분하게 되어 있다 하더라도 대중음식점 영업정지 기간이 경과하면 동 행정처분의 취소를 구할 어떠한 법률상이익이 있다고 볼 수 없다.
   同旨, 대법원 1992. 7. 10. 선고 92누3625 판결 ; 대법원 1986. 7. 8. 선고 86누271 판결.
204) 통선업영업정지기간이 경과한 뒤에는 특별한 사정이 없는 한 그 영업정지처분의 취소를 구할 이익이 없다.
205) 전기공사 기능사 자격정지처분의 취소를 구하는 소송에서 자격정지기간이 경과되었다면 이미 그 처분의 취소를 구할 이익이 없다고 보아야 한다.
   同旨, 대법원 1978. 5. 23. 선고 78누72 판결.

당하지 아니하는 것으로 보고 있다할 것인데, 다만 그 가중요건이 대통령령인 시행령이나 법규명령의 성격을 지닌 행정규칙에 규정되어 있다면 법률상의 이익이 있다는 전제 아래에 내린 판결로 볼 수 있다.

그런데 앞서 본 위 도로교통법시행규칙의 내용이 운전면허의 취소 및 운전면허효력정지 등의 사무처리를 함에 있어서 처리기준과 방법 등 행정부의 사무처리준칙을 정한 것이라 할지라도 그러한 내용의 것은 순전히 행정조직 내부관계의 규율에 그치는 것이 아니라 운전면허자의 권익에 실질적이고 직접적인 영향을 미치는 것이라 아니할 수 없음은 물론 법규명령의 형식을 갖추고 있는 이상 그의 법규성을 인정하지 아니할 수 없어 운전면허정지처분에 있어 그 정지기간이 도과하였다 하여도 운전면허정지처분을 받은 전력이 도로교통법령상 일정한 기간 내에 한하여 가중된 제재처분을 과하도록 제도화되어 있는 경우에는 그 불이익을 배제하는 의미에서 그 면허정지처분의 취소를 구할 소의 이익을 인정하는 견해가 있다.206)

이러한 견해는 국세청장의 훈령인 재산제세조사처리규정이 법규명령으로서의 효력을 인정한 대법원판결207)의 판시 취지에 비추어 본다거나 오늘날 사실상의 이익의 법적 이익으로서의 전화(轉化)에 비추어 상당히 경청할 만한 견해라 생각된다. 그리고 위 전원합의체판결로 폐기되었지만, 대법원 1993. 12. 21. 선고 93누21255 판결에서 "구 자동차운수사업법 제31조 등의 규정에 의한 사업면허의 취소 등의 처분에 관한 규칙 제3조 제3항 제1호는 그 별표 1,2의 처분기준을 적용하는 것이 현저하게 불합리하다고 인정되는 경우에는 위반횟수 등을 참작하여 운행정지의 경우에는 처분기준일수의 2분의 1의 범위 안에서 가중하거나 감경할 수 있고, 다만 처분의 총 일수가 6월을 초과하여서는 안 된다고 되어 있고 별표 2의 비고 1은 사업정지 또는 운행정지처분을 받은 날로부터 1년 이내에 동일한 내용의 위반행위를 다시 한 경우에는 처분기준량의 2분의 1을 가산하여 처분한다고 되어 있으므로, 비록 택시운전기사에 대한 자동차운행정지처분기간이 지났다고 하여도 택시운전기사로서는 이 때문에 행정청으로부터 가중된 제재처분을 받게 될 우려가 있을 수 있어 그 처분의 취소를 구할 법률상의 이익이 없다고 할 수 없다." 고 판시한 것은, 이 사건에서 문제된 위 자동차운수사업면허의 취소 등에 관한 규칙은 구 자동차운수사업법 제31조의 제1항에 근거한 위임명령으로 볼 수도 있고 그렇지 않다 하더라도 구 자동차운수사업법 제31조의 집행에 필요한 사항을 규정하는 집행명령의 성

---

206) 姜昌雄, 前揭論文, 74쪽 ; 金完燮, 「運轉免許停止期間倒過後의 取消訴訟과 訴의 利益」(行政判例研究 제1집), 184~186쪽.
207) 재산제세조사사무처리규정 제72조 제3항이 비록 訓令의 형식으로 되어 있더라도 이에 의한 거래의 지정은 소득세법시행령의 위임에 따라 그 규정의 내용을 보충하는 기능을 가지면서 그와 결합하여 대외적인 구속력을 갖는 法規命令으로서 효력을 갖게 된다고 보아야 한다(대법원 1990. 7. 27. 선고 90누3768 판결 ; 대법원 1988. 5. 10. 선고 87누1028 판결).

질을 가지는 것으로 볼 수도 있으며(위임명령이나 집행명령 모두 憲法 제95조가 명시적으로 인정하고 있는 법규명령의 형식으로서 이러한 성격을 가진 위 교통부령으로 정한 규칙은 당연히 외부적 효력이 인정된다고 할 것이다), 더군다나 실제 위 규칙은 제재사유에 해당하는 경우에 있어서 제재처분의 기준을 설정하여 놓은 것으로 그 기준은 궁극적으로 상대방에 대한 처분기준으로 작용하여 결과적으로 피처분자의 직업선택의 자유 내지 영업의 자유 등 기본권이 침해될 것임이 분명하기 때문에 단순히 내부적 사무처리 기준으로 설정된 것만은 아니라고 본다면 위 판결이 오히려 실질을 중시하여 원고적격을 인정함으로써 확대경향을 보인 것으로 평가된다. 이렇게 볼 때 위 대법원 1995. 10. 17. 선고 94누14148 전원합의체 판결에서의 "제재적 행정처분을 받은 전력이 장래 동종의 처분을 받을 경우에 가중요건으로 법령에 규정된 것은 아니더라도 부령인 시행규칙 또는 지방자치단체의 규칙 등으로 되어 있어 그러한 규칙의 규정에 따라 실제로 가중된 제재처분을 받은 경우는 물론, 그 가중요건의 존재로 인하여 장래 가중된 제재처분을 받을 위험이 있는 경우, 선행의 제재처분을 받은 당사자가 그 처분의 존재로 인하여 받았거나 장래에 받을 불이익은 직접적이고 구체적이며 현실적인 것으로서 결코 간접적이거나 사실적인 것이라고는 할 수 없으므로, 그 처분을 당한 국민에게는 그 처분의 취소소송을 통하여 불이익을 제거할 현실적 필요성이 존재한다.

또한, 行政訴訟法 제12조 후문이 규정하는 '처분의 취소로 인하여 회복되는 법률상이익'의 유무는 원래 항고소송의 목적과 기능을 어떻게 이해하며 국민의 권익신장을 위하여 어느 범위에서 재판청구권의 행사를 허용할 것인가의 문제와 관련된 것으로서, 이를 위 조항에 대한 일의적, 문리적, 형식적 해석에 의하여 판별할 수는 없고, 구체적인 사안별로 관계법령의 규정 및 그 취지를 살펴서 현실적으로 권리보호의 실익이 있느냐를 기준으로 판단하여야 할 것인 바, 제재기간이 정하여져 있는 제재적 행정처분에 있어서는 그 처분의 전력을 내용으로 한 가중요건이 규칙으로 규정되어 있는 경우에도 제재기간이 지난 후에 그 처분의 취소를 구할 실질적 이익이 있다."는 소수의견은 그 시사하는 바가 크다고 하겠다.

V. 名譽·信用 등 人格的 利益

명예·신용 등 인격적 이익의 침해가 행정처분 등의 취소에 의하여 회복하여야 할 법률상이익에 해당하는가가 문제이다.

第1說은, 명예·신용 등에 대한 구제를 구하는 것이라면 국가배상소송에 의하여야 하고 그것만으로 취소소송을 제기할 이익이 없다고 한다.208) 일반적으로 명예·신용 등의 침

---

208) 金東熙, 前揭書, 635쪽 ; 塩野 宏, 「行政指導」(行政法講座 第6卷, 有斐閣, 1978), 31面 ; 杉本

해는 처분의 직접적인 법적 효력이 아니고 단순한 사실상 효과라고 한다. 이는 법적이익 구제설의 입장으로서 명예·신용 등의 인격적 이익은 실체행정법규가 보호하는 법적 이익이 아니라고 한다.

第2說은, 이익구제설의 입장으로 실해구제(實害救濟)를 중시하여 취소소송을 직접적 유효한 구제수단으로 고찰하여 명예·신용의 침해에 대해서도 소의 이익을 인정한다.209) 국민의 실해구제의 철저를 기하고 국민에 의한 행정통제의 실효성을 담보한다는 견지에서, 행정처분이 국민의 명예·신용을 현저하게 해하거나 장래의 불이익처분을 초래할 원인이 되는 등 특별한 사정이 있는 경우에는 취소소송의 대상이 될 수 있다는 것이다.

第3說은, 제재적 처분의 기능을 지도감독적 기능과 징벌적 기능으로 나누어 전자의 경우는 간접적 또는 사실상의 효과이고 후자의 경우는 직접적 또는 법률상 효과라고 하면서, 취소소송의 제도를 이용하여 명예·신용의 회복을 도모하기 위하여서는 당해처분의 목적·기능의 상당부분이 제재·징벌적 기능으로 정하여져 있을 것이 필요하며 더군다나 당해처분의 효과에 관하여 독립적으로 위법선언의 판결주문을 구할 필요성이 있어야 한다고 한다.210) 즉 이 견해는 사안자체에 처분의 성격과 효과에 준하여 법적 구제를 부여할 필요가 있는가의 여부를 판단하여야 한다고 한다.

第4說은 독일의 행정재판소법 제113조 제1항에서 "행정행위가 철회 또는 기타의 방법으로 사전에 해결되었더라도 법원은 원고가 이의 확인에 관하여 정당한 이해가 있는 경우에는 신청에 의하여 판결로써 그 행정행위가 위법이었다는 것을 선고 한다"라고 규정하듯이 처분 등의 효과가 소멸된 이후에도 그 처분이 위법이었음을 확인할 정당한 이익이 있는 경우에는 권리보호의 필요를 인정하여야 할 것인바, 그 정당한 이익이란 법률상 이익보다 넓은 것으로써 원고의 경제적·정치적·사회적·문화적·종교적 이익까지 포함하는 것으로 본다.211)

第5說은 당해처분의 효력이 소멸한 뒤에도 잔존불이익의 내용인 명예·신용 등 인격적 이익의 침해를 배제하기 위해서 行政訴訟法 제12조 2문에 의거하여 위법선언을 구하는

良吉, 「行政事件訴訟法の解說」(法曹時報 15卷 3號), 394面 ; 最高裁判所 1961(昭和 36). 4. 21. 判決, 民集 15卷 4號, 850面.

209) 金道昶, 前揭書, 785쪽 ; 杉村敏正·兼子 仁, 前揭書, 325面 ; 原田尙彦, 前揭書, 20面 ; 阿部泰隆, 『判例硏究』 84卷 10號(法學協會), 1444面. 千柄泰 敎授는, 사실상의 불이익의 구제도 取消訴訟의 중요한 효과로서 존중되어야 한다고 하여 이 경우 소의 이익을 인정하는 것 같다(前揭書(救濟法), 92쪽).

210) 園部逸夫, 「制裁的處分における回復すべき 法律上の 利益」(『現代行政と 行政訴訟』, 弘文堂, 1987), 140~141面.

211) 金南辰, 前揭書, 760쪽 ; 洪準亨, 前揭書(救濟法), 582~583쪽 ; 徐廷範, 「行政訴訟에 있어서의 權利保護의 必要」(『公法學의 現代的 地平』, 心泉桂禧悅博士華甲紀念論文集, 博英社 1995), 743쪽.

성격의 소송으로서 처분의 취소를 구할 수 있다고 한다.212)

우리나라 대법원은, 행정청의 처분으로 인하여 명예·신용 등 인격적 이익이 침해되어 그 침해상태가 자격정지기간 경과 후에도 잔존하는 불이익이 있다고 하더라도 이와 같은 불이익은 동 처분의 직접적인 효과였다고 볼 수 없다는 것이다.213) 즉 행정처분에 의하여 명예·신용 등 인격적 이익이 침해된 경우 행정처분의 본래의 목적이 상대방에 대한 인격적 비난이 아니라는 점에서 그 인격적 이익이 行政訴訟法 제12조에서 말하는 회복하여야 할 법률상이익에 해당되지 않는다는 것이다.

일반적으로 이 경우에도 국가배상소송제도를 이용하는 등 다른 구제수단에 의하여 해결할 수 있는 방법이 있다고 보여 지프로 협의의 소의 이익은 없다고 한다.

하지만, 오늘날 행정청의 행정작용에 의하여 국민의 명예, 신용 등 인격적 이익을 침해하는 경우가 있을 수 있고, 공무원파면처분취소소송에서 봉급청구권행사를 위한 필요성에서 소의 이익을 인정한 대법원 판례도 결국은 파면처분의 위법확정에 의해 명예, 신용의 침해를 제거하려는데 그 근본목적이 있었다고 보여 지며, 나아가 행정소송법 제12조 제2문의 법률상이익의 개념을 권리보호의 필요, 즉 재판을 받을만한 정당한 이익으로 이해하는 한214) 인격적 이익은 헌법이 보장한 인간의 존엄과 가치에서 우러나오는 최고의 가치로 단순히 사실상의 불이익이라고 치부하기에는 곤란하다고 보여 지는 바, 헌법상 보장된 재판을 받을 권리의 실효성 확보와 취소소송의 위법성 제거 기능 및 국가배상법에 의한 권리구제의 불충분성에 비추어 보더라도 소의 이익을 널리 인정하여 행정처분에 대한 취소소송의 제기를 개방함이 옳을 듯하다.215)

第4節 小結

일반적으로 넓은 의미의 訴의 利益은 ① 소송의 대상이 되는 행위는 어떠한 행위인가의 문제(訴의 對象의 問題, 行政處分性), ② 누가 소송상 원고가 될 수 있는가의 문제(原告適格의 問題, 訴의 主觀的利益), ③ 개별사건에 있어서 본안판결을 받을 구체적 이익과 필요성이 있는가의 문제(狹義의 訴利益, 權利保護의 必要의 問題, 訴의 客觀的利益)를

---

212) 金敏祚, 「取消訴訟의 訴의 利益(日本法制를 중심으로)」(경북대학교 박사학위논문, 1994), 181쪽 ; 李林成, 「行政訴訟法 第12條 2문의 權利保護의 必要」(『辯護士』(28), 서울지방변호사회, 1998. 1), 123~124쪽.

213) 대법원 1978. 5. 23. 선고 78누72 판결 ; 대법원 1991. 4. 26. 선고 91누179 판결 ; 대법원 2000. 10. 27. 선고 99두11622판결.

214) 洪井善, 「大法院 全員合議體判決 1995. 10. 17. 선고, 94누14148 事件에 관하여」, 259쪽.

215) 同旨, 朴聖惠, 「抗告訴訟의 當事者 適格(訴의 利益포함)」(行政訴訟에 관한 諸問題(上), 裁判資料 第67輯, 法院行政處, 1995), 211~212쪽.

내포하는 개념으로 이해되고 있다. 이와 같은 原告適格, 權利保護의 必要, 즉 狹義의 訴의 利益 개념은 서로 밀접하게 연관되어 있어 관념상으로는 분리할 수 있겠지만 원래 동일한 문제에 관하여 시각만을 달리한 것이기 때문에 이는 행정소송의 기능과 관련하여 연계적으로 해석하여야 할 것이다.

原告適格을 認定하는 基準에 관하여 우리 行政訴訟法 제12조는 "取消訴訟은 處分 등의 取消를 구할 法律上利益이 있는 者가 提起할 수 있다"고 규정함으로써 '法律上利益이 있는 者'라는 불확정개념을 사용하고 있다. 따라서 구체적 사건에서 무엇이 법률상이익인가 하는 점에 대한 판단은 취소소송의 목적, 기능과 관련하여 종국적으로 법적용을 하는 법관에게 맡겨진 셈이다. 어찌되었든 원고적격이 인정되기 위해서는 '法律上利益이 있는 者'라야 하고 그 이익이 직접 침해를 당하였거나 침해당할 것이 확실한 경우라야 할 것이다. 여기서 법률상이익이 있는 자는 자연인인가 법인인가, 권리능력 없는 사단인가 재단인가, 처분의 상대방인가 제3자인가를 묻지 아니하고 당해처분의 취소를 소구할 수 있다고 하겠다. 이처럼 '法律上利益'이라는 용어자체가 불확정 개념이라서 원고적격과 소의 이익의 문제는 결국 취소소송의 목적과 기능을 어떻게 보느냐와 밀접한 관련이 있다. 취소소송은 법치주의 및 그에 기한 행정의 법률적합성원리를 실천적으로 담보하기 위한 제도로서 존재하기 때문에 그 기능・목적으로서 통상 위법행위의 시정과 국민의 권리이익의 구제라는 2측면이 있다. 우리나라 행정소송법상 항고소송을 앞서 본대로 주관적 소송과 객관적 소송의 성격을 동시에 갖는 것으로 이해하는 한 행정소송법 제12조 소정의 '법률상 이익'의 해석과 관련하여 점차 법률상 보호되고 있는 이익구제설에서 보호할 가치있는 이익구제설로의 접근이 이루어 질 것으로 예상되며, 향후 법개정의 기회가 있으면 완전한 개괄주의의 채택을 통한 항고소송의 행정통제 기능이 확대되었으면 하는 바람이다.

행정청의 처분에 대하여 원고적격을 가진 자가 소를 제기하려면 소의 이익으로서 계쟁처분을 취소할 현실적 필요성이 있고 또한 취소판결이 내려지면 소기의 구제목적이 현실적으로 달성될 가망이 있을 것을 필요로 한다. 이러한 '구체적 이익 내지 필요성'은 원칙적으로 처분 등의 효과가 존속되고 있어야 한다. 그러나 예외적으로 처분 등의 효과가 소멸된 뒤에도 그 처분 등의 취소로 인하여 회복되는 법률상이익이 있는 경우에는 소의 이익이 존재한다고 할 것이다. 行政訴訟法은 행정소송이 가지는 권익구제기능에 착안하여 제12조에서 "處分 등의 效果가 期間의 經過, 處分 등의 執行 그 밖의 사유로 인하여 消滅된 뒤에도 그 處分 등의 取消로 인하여 回復되는 法律上利益이 있는 자의 경우에는 또한 같다."라고 규정하여 예외적으로 소의 이익이 있는 경우를 규정하고 있을 뿐 소의 이익에 관한 일반적 규정을 두고 있지는 않다. 행정소송법 제12조 제2문의 법률상이익의 개념을 권리보호의 필요, 즉 재판을 받을만한 정당한 이익으로 이해하는 한 헌법상

보장된 재판을 받을 권리의 실효성 확보와 취소소송의 위법성 제거 기능 및 국가배상법에 의한 권리구제의 불충분성에 비추어 보더라도 소의 이익을 널리 인정하여 행정처분에 대한 통제수단으로써 취소소송의 제기를 허용하여야 할 것이다.

第5章　抗告訴訟　對象의　擴大

第5章 抗告訴訟 對象의 擴大

第1節 序說

抗告訴訟의 對象인 處分은 앞서 본대로 行政廳의 公權力 行使(넓은 의미로 拒否處分 包含)와 權力的 事實行爲가 主軸을 이루고 있으나, 국민의 권리구제 폭을 넓힌다는 의미에서 現行 行政訴訟法은 公權力의 行使 또는 그 拒否에 준하는 行政作用까지를 '處分 등'이라고 槪念지우고 있다. 行政訴訟法 제2조 제1항 제1호의 '그밖에 이에 준하는 行政作用'은 문맥상으로는 '公權力行使나 公權力行使拒否에 준하는 行政作用'을 의미한다.

하지만 '이에 준하는 行政作用'이 具體的으로 무엇을 意味하는가에 대하여는 학자마다 그 설명방법이 다양하다.

행정지도, 비구속적 행정계획, 비권력적 행정조사 등과 같이 공권력 행사로서의 실체를 가지고 있지 않지만 실질적으로 국민에게 사실상의 지배력을 미치고 있고, 민사소송이나 다른 적절한 구제수단이 없는 경우에는 '그밖에 이에 준하는 행정작용'에 해당하는 것으로 보아 항고소송의 대상이 되는 처분으로 보자는 견해도 있고,[1] 일반처분과 행정청이 행하는 개별적·抽象的 규율(인적인 규율대상은 개별적이나 그 규율내용이 추상적인 행정청의 명령)이나 주차금지구역의 지정·고시 등의 대물적 행정행위는 모두 공권력행사나 그 거부에 준하는 행정작용으로서 처분에 해당된다고 하기도 한다.[2]

최근에는 警告·推薦(勸告)등의 事實行爲에 대해서도 그것이 公權的 성질을 가진다는 점에서 공권력행사에 준하는 행정작용에 포함시키기도 한다.[3]

어찌되었든 '公權力 行使 또는 그 拒否에 준하는 行政作用'은, 앞에서 살펴본 공권력행사 작용 또는 거부처분에 해당하지는 않지만 행정청의 대외적 작용으로서 개인의 권익에 구체적으로 영향을 미치는 경우가 이에 해당한다고 할 것이다. 이처럼 이러한 작용을 '처분'의 개념에 포함시킨 것은 현대복지국가에서 보여 지는 다양한 행정행위형식으로 권익을 침해받은 경우 현실적으로 행정구제의 필요성이 제기되기 때문이다. 이와 관련하여 우리 행정소송법이 행정처분개념에 있어서 소위 爭訟法的處分槪念을 채택한 것으로 보는 학자들[4]도 있으나, 구체적으로 어떠한 행정작용이 공권력행사 또는 그 거부에

---

1) 金道昶, 360〜361쪽, 755〜756쪽.
2) 石琮顯, 前揭書, 826〜827쪽 ; 金南辰, 「行政處分의 槪念과 徵表」(月刊考試, 1985. 7), 167쪽.
3) 金南辰, 前揭書, 409쪽 ;「行政上事實行爲와 行政爭訟」(考試研究, 1994. 10), 52쪽 ;「行政上의 警告·推薦·示唆」(月刊考試, 1994. 7), 97쪽 이하.

준하는 행정작용에 해당하는 지는 학설과 판례의 연구 과제라 할 수 있다.5)

위 유형의 행정작용에 관한 뚜렷한 판례는 없으나 대법원은 행정청이 법적 근거 없이 행한 행정작용을 행정처분으로 볼 것이냐에 관하여 ① 행정처분으로서의 외관을 갖고 있는지, ② 그 행정작용으로 인하여 상대방이 불이익 내지 불안이 있는지, ③ 그와 같은 불이익 내지 불안을 제거시켜 주기 위한 구제수단이 필요한지 등을 판단하여 개별적으로 결정하여야 한다고 하고 있다.

第2節　行政行爲에 準하는 行政作用

앞서 본대로 우리 행정소송법이 항고소송의 대상을 행정처분뿐만 아니라 행정처분에 준하는 행정작용까지 포함하고 있는바, 여기서는 행정처분에 준하여 논하여지는 행정작용으로 비권력적 사실행위, 행정지도, 행정입법 등에 대하여 살펴보기로 한다.

I. 非權力的 事實行爲

1. 意義

비권력적 사실행위는 행정쟁송법상 그 처분성 인정여부와 관련하여 권력적 사실행위와 대비되어 행정상 사실행위의 일종으로 논하여지고 있는 것으로 이에 대한 개략적 설명은 第2章 第4節 3. 權力的 事實行爲의 (1) 意義에서 본 바와 같다.

2. 非權力的 事實行爲의 處分性

(1) 肯定說

비권력적 사실행위에 대하여도 이를 행정소송에 의하여 다투게 하는 것이 사인의 적절한 권리구제수단으로 판단되는 경우에는 이를 행정소송법상의 '처분'에 해당하는 것으로 보아 그에 대한 취소소송 등을 인정하여야 한다는 견해이다.

즉 金東熙 敎授는 "행정소송법은 '공권력의 행사'뿐만 아니라 '그밖에 이에 준하는 행정작용'도 '처분'에 포함시키고 있다는 점에서는 행정지도나 기타 일정사실행위도 같은 법상의 '처분'에 해당하는 것으로 볼 수 있는 소지가 있다."고 본다.6)

---

4) 金香基, 前揭書, 172쪽 ; 趙龍鎬, 前揭論文, 101~102쪽.
5) 石琮顯, 前揭書, 826쪽 ; 洪準亨, 前揭書, 541쪽, 555쪽.
6) 金東熙, 前揭書, 184쪽.

(2) 否定說

이는 '처분'개념에 대해 一元論을 취하는 입장으로 통상적인 비권력적 사실행위는 직접적인 법적 효과를 발생하는 것이 아니므로 처분이 아니라고 본다.7)

이에 대하여 어떤 학자들은 사실행위의 처분성을 부인하더라도 그 사실행위가 공법적인 것이기 때문에 당사자소송의 방법을 통하여 손해배상청구를 할 수 있을 것이며, 사실행위에 의하여 생긴 위법상태의 제거를 위해서는 공법상의 결과제거청구권에 기하여 당사자소송을 제기하여야 할 것이라고 한다.8) 그리고 순수사실행위는, 취소소송의 대상이 아니라 이행소송의 대상이 될 뿐이라고 하는 학자들도 있다.9) 더 나아가 행정청이 국민에 대하여 권력적·침해적 사실행위를 행할 우려가 있을 경우 그 침해를 사전에 예방하기 위한 소송으로 豫防的不作爲請求訴訟(vorbeugende Unterlassungsklage)을 인정해야 한다는 견해도 제기되고 있다.10)

(3) 折衷說

비권력적 사실행위는 처분개념에 포함되지 아니한다. 그러나 ① 비권력적 사실행위라 할지라도 행정지도를 위한 의사에 대한 경고와 같이 상대방의 명예·신용에 사실상 중대한 영향을 미치는 징계작용에 대하여는 사실상 지배력이 있다고 보아 '형식적 행정행위'로서 항고쟁송대상으로 삼아야 할 필요가 있다. ② 행정지도를 위한 권고·지도 등에 대하여도 사실상 지배력을 인정하여 '형식적 행정행위'로서 항고쟁송대상으로 삼아야 할 필요가 있다.11)

3. 所見

행정청의 권력적 사실행위는 물론 비권력적 사실행위가 사인의 권익을 침해하는 경우 그 사실행위는 비교적 단시간에 집행이 종료되는 경우가 보통이므로 그러한 경우에는 소의 이익이 부정되어 당해 소는 각하 되는 경우가 많을 것이다.

현행 행정소송법은 취소소송의 대상으로서 공권력의 행사에 준 하는 행정작용을 포함시키고 있는바, 직접 공권력의 행사에 포함되지 않는다고 하더라도 계속적인 성질을 갖는 사실행위의 경우는 당연히 행정청의 '처분'에 해당하는 것으로 볼 수 있다는 견해도

---

7) 柳至泰, 前揭書, 232쪽 ; 朴鈗炘, 前揭書, 567쪽 ; 朴鍾局, 前揭書, 539쪽 ; 石琮顯, 前揭書, 415쪽 ; 洪井善, 前揭書, 416쪽 ; 洪準亨, 前揭書(總論), 358~359쪽.
8) 柳至泰, 前揭書, 232쪽 ; 朴鍾局, 前揭書, 539쪽 ; 石琮顯, 前揭書, 415~416쪽 ; 孟長燮, 「行政上의 事實行爲」(月刊考試, 1989. 4), 97쪽.
9) 姜求哲, 前揭書, 528~529쪽 ; 洪井善, 前揭書, 795쪽.
10) H. Maurer, a.a.O., §15 Rn.7, S.394.
11) 趙淵泓, 前揭書, 623쪽.

있을 수 있다.

日本은 行政不服審査法 제2조 제1항에서 "이 법률에서 말하는 처분이라 함은 개별법에 특별한 규정이 있는 경우를 제외하고는 공권력의 행사에 해당하는 사실상의 행위로, 사람의 수용, 물건의 유치, 그밖에 그 내용이 계속적 성질을 갖는 것(이하 事實行爲라 한다)이 포함된 것이다."라고 규정함으로써 계속적 성질을 지니는 사실행위가 행정심판의 대상이 된다고 명문화하여 입법론적으로 해결하고 있다.

특히 비권력적 사실행위의 경우가 처분성의 인정기준에 관한 학설이 그 빛을 발하는 곳이기도 하다. 爭訟法上槪念說에 의하면 사실행위의 처분성을 적극적으로 본다. 이 견해는 국민생활을 일방적으로 규율하는 행위이거나 개인의 법익에 대하여 계속적으로 사실상의 지배력을 미치는 경우에는 항고소송의 대상이 되는 처분성을 인정해야 한다는 形式的行政行爲槪念을 수용하여 사실행위도 처분개념에 포함될 수 있다고 보는 것이다.

이러한 입장에 대한 비판은 앞서 처분성의 인정기준에 관한 학설에서 살펴본 바와 같고,12) 결론적으로 말해 현행 행정소송법의 문리해석상 처분이기 위해서는 공권력행사일 것을 요구하고 있기 때문에 적어도 순수한 비권력적 사실행위를 공권력행사와 같은 위치에 놓을 수는 없는 것이라 할 것인바, 그 행정처분성을 부정할 수밖에 없다고 하겠다.

그리고 주의·권고·호의적 중재·조정·희망의 표시·알선·지도 등과 같은 정신작용적 사실행위는 개인에 대해서 직접적인 법적 효과를 발생시키지 않기 때문에 처분성이 인정되지 않아 항고소송을 구할 수 없다고 한다.13)

한편 義務履行確保手段으로서의 公表 또는 公開(예컨대, 자원의절약과재활용촉진에관한법률 제13조, 독점규제및공정거래에관한법률 제5조,14) 중소기업의사업영역보호및기업간협력증진에관한법률 제7조)는 그 자체로서 어떠한 법적 효과가 발생하는 것은 아니므로 비권력적 사실행위에 불과하다. 그러나 위법한 공표행위로 인하여 관계자의 권리·이익이 침해되고, 그에 대한 다른 적절한 구제수단이 없는 경우 사실행위로서의 통지에 불과하여 행정쟁송이 불가능하고 단지 민사상 또는 형사상의 구제방법 밖에 없다는 견해도 있으나15) 공표행위도 공권력 행사에 준하는 작용으로 보아 그 처분성을 인정할 수도 있을 것이다.16)

---

12) 이 책 제3장 제3절 참조.
13) 金學世, 前揭書, 119쪽 ; 柳明建, 前揭書, 89쪽 ; 朴鈗炘, 前揭書, 918~919쪽 ; 韓堅愚, 前揭書, 516~517쪽.
14) 공정거래법 제27조는, 공정거래위원회는 제26조(사업자단체의 금지행위)의 규정에 위반하는 행위가 있을 때에는 당해 사업자단체에 대하여 당해 행위의 중지, 법위반사실의 공표 기타 시정을 위한 필요한 조치를 명할 수 있다고 규정하고 있는데, 헌법재판소는 2002. 1. 31. 선고 2001헌바43결정으로 같은 법 제27조 중 '위반사실의 공표'부분은 헌법에 위반된다고 하였는바, 같은 법 제5조도 추후 검토할 대상이라 하겠다.
15) 金學世, 前揭書, 393쪽.

Ⅱ. 行政指導

1. 意義

行政指導란 用語는 법령상 指導・助言・要望・警告・勸告・勸諭・勸奬・斡旋・指示・獎勵 등으로 혼용되고 있다.17) 이러한 행정지도는 행정의 모든 영역에서 이루어질 수 있고 그 기능도 다양하여18) 그 개념정의도 학자에 따라 그 표현을 달리하고 있다.

한편, 우리나라 行政節次法 제2조 제4항은 "행정기관이 그 소관사무의 범위 안에서 일정한 행정목적을 실현하기 위하여 특정인에게 일정한 행위를 하거나 하지 아니하도록 지도・권고・조언 등을 하는 행정작용"이라고, 日本 行政節次法 제2조 제6호는 "행정기관이 그 임무 또는 소관사무의 범위 내에서 일정한 행정목적을 실현하기 위하여 특정한 자에 대하여 일정한 작위 또는 부작위를 구하는 指導, 勸告, 助言 기타의 행위로서 처분에 해당하지 않는 것을 말한다."라고 각 규정하고 있다.

학자들의 개념정의를 종합해보면, 행정지도의 개념요소로 ① 非權力的, 非强制的行爲라는 점,19) ② 事實行爲라는 점, ③ 行政客體 즉 國民을 相對로 한다는 점, ④ 일정한 行政目的 또는 行政秩序를 實現하기 위한 目的으로 이루어진다는 점, ⑤ 行政主體가 행하는 事實行爲라는 점등이 도출된다. 따라서 行政指導란, "행정주체(행정기관)가 일정한 행정목적 또는 행정질서를 실현하기 위하여 행정객체에 대해 행정처분에 해당하지 않는 일정한 행위를 요구하는 비권력적・비강제적 사실행위"라고 일단 정의할 수 있을 것이다.20)

이처럼 행정지도는 법적 행위가 아니고 사실행위이기 때문에 법률적 효과를 발생하지 않는 것이 원칙이다. 또한 행정지도는 비강제적・비권력적이며, 상대방의 임의의 동의・협력이 불가결의 요소로 되어있기 때문에 상대방이 이에 따를 것인지 여부는 전적으로 상대방의 자유이다.

---

16) 金東熙, 前揭書, 417쪽 ; 柳明建, 前揭書, 90쪽 ; 塩野 宏, 前揭書, 87面.

17) 사행행위등규제및처벌특례법 제19조의 指導, 직업안정법 제14조 및 같은 법 시행령 제9조의 직업지도, 약관의 규제에 관한 법률 제17조의2 제2,3항의 勸告, 경찰관직무집행법 제5조 제1항 제1호의 警告, 문화예술진흥법 제15조의 勸奬, 문화예술진흥법 제16조의 斡旋, 기능장려법의 獎勵 등.

18) 行政指導의 順機能으로는 ① 法令의 施行圓滑化 및 補完的機能, ② 勸力性의 緩和와 行政節次的機能, ③ 새로운 施策의 實驗的機能, ④ 臨時應急對策機能, ⑤ 利害의 調整・統合機能이, 逆機能으로는 ① 法治主義의 空洞化, ② 法令適用의 回避(公益目的實現의 輕視), ③ 非權力的手段의 限界, ④基準의 不明確性・不安全性, ⑤ 行政責任의 不明確性, ⑥ 行政上의 救濟手段의 缺如, ⑦ 國際的 對抗力의 缺如, ⑧ 非定式的인 行政手段에서 오는 逆機能이 거론되고 있다(李景民,「行政指導 와 憲法訴願」(憲法論叢 제7집, 憲法裁判所, 1996), 115쪽 이하).

19) 韓堅愚, 前揭書, 520쪽. 한편 行政指導가 비권력적인가는 의문이라고 밝히고 있다.

20) 여기서는 行政指導가 법적 구속력이 없다는 의미에서 사실행위라는 용어를 사용하지만, 상대방인 사인의 수인의무 존재를 전제로 하지 않기 때문에 통상 행정상의 사실행위와는 다르다(藤田宙靖, 前揭書, 359面).

2. 行政指導의 處分性

(1) 序言

　행정지도의 처분성을 논하기에 앞서 行政指導에 법률에 의한 수권 즉 法律의 根據[21]를 필요로 하는가 하는 문제를 짚고 넘어가기로 하자. 이에 대한 학자들의 견해를 나누어 보면 크게는 일반적 개괄론과 기능론으로 나뉘볼 수 있으나 여기서는 이를 묶어 4종류로 파악해 보기로 한다.

　첫째, 모든 공행정은 법률의 수권 없이는 행해질 수 없다는 국민주권주의의 헌법원칙인 全部留保說의 立場에서 행정지도의 경우에도 특히 그 사실상의 구속기능에 착안하여 법치주의의 공동화(空洞化)를 막고 행정의 민주화를 위하여 원칙적으로 법률의 근거를 필요로 한다는 입장이다.

　둘째, 행정지도의 법적 성질과 그의 존재이유·필요성으로부터 원칙적으로 법률의 근거를 요하지 않는다는 견해가 있다.[22]

　이 설의 논거로는 비권력적 행정지도에는 법률의 유보원칙이 적용되지 않으며, 행정지도는 가변적인 행정수요의 대처를 법률의 범위 내에서 한다는 것이 곤란한 경우의 행정책임을 위한 행위형식이고, 이에 법률의 근거를 요구하는 것은 행정의 실상에 반한다는 점, 행정지도는 본래 법률의 불비를 보완해서 행정책임을 달성하기 위한 행정작용형식이기 때문에 법률의 근거를 요청하게 되면 행정지도의 특색을 잃어버려 그 존재이유가 없어진다는 것 등을 들고 있다.

　그리고 현실적으로 법률의 근거에 의하여 행정지도가 행하여지는 경우가 있는데 이는 법률에 규정을 둠으로써 행정지도에 법적 권위를 부여하고 행정청이 취할 수단 또는 행정청의 책임을 명백하게 하려는 입법 정책적 고려에서 비롯된 것이라고 한다.[23]

　셋째, 侵害留保說의 立場에 서서 規制的·調整的 行政指導에는 법적 근거를 요한다는 견해이다.[24] 이 설은 수익적 행정의 일환으로 행해지는 조성적 행정지도에는 법률의 근거를 요하지 아니하나, 규제적·조정적 행정지도는 비록 상대방의 동의와 협력아래 행

---

21) 여기서 법률의 근거란 최소한 행정기관을 구성하고 권한을 분배하는 組織法的根據를 필요로 한다는 점에 대해서는 異論이 없기 때문에 作用法的根據가 필요한가 하는 점이다.
22) 金道昶, 前揭書, 527쪽 ; 金東熙, 前揭書, 191쪽 ; 金鐵容, 前揭書, 240쪽 ; 金香基, 前揭書, 282쪽 ; 朴鈗炘, 前揭書, 557쪽 ; 石琮顯, 前揭書, 405쪽 ; 李尙圭, 前揭書(上), 484쪽 ; 趙淵泓, 前揭書, 613쪽 ; 千炳泰, 前揭書(總論), 389쪽 ; 韓堅愚, 前揭書, 525쪽 ; 洪井善, 前揭書, 421쪽 ; 塩野 宏, 前揭書(Ⅰ), 169~170面 ; 小 高 剛, 前揭書(總論), 131面 ; 姜儀中, 「行政指導와 法治主義」(裵俊相教授停年紀念論文集, 1997. 2), 581~584쪽.
23) 趙淵泓, 前揭書, 613쪽 ; 韓堅愚, 前揭書, 525쪽.
24) 姜求哲, 前揭書, 539쪽 ; 金南辰, 前揭書, 422쪽 ; 柳至泰, 前揭書, 238쪽 ; 孟長燮, 前揭書, 209쪽 ; 卞在玉, 前揭書, 422쪽 ; 洪準亨, 前揭書, 373쪽 ; 塩野 宏, 前揭書(Ⅰ), 170面. 金性洙教授는 侵害的·命令的性格의 行政指導에는 법적 근거가 요구된다고 한다(前揭書, 402쪽).

하여진다고 할지라도 행정기관의 公權力을 배경으로 하기 때문에 실질적으로는 상대방의 임의성이 제약되고 상대방의 의사와는 관계없이 이에 따르도록 하는 권력적 규제와 다름이 없으므로 조직법상의 권한 규범만으로는 부족하고 작용법상의 행위규범의 근거를 필요로 한다는 것이다. 이 견해에 의하면 규제적 행정지도는 법률에 행정지도의 근거규정이 있든가 아니면 법률에 행정행위의 근거규정이 있을 경우 정식으로 행정행위를 하는 사전단계로서 행정청이 행정처분에 갈음하여 지도를 하는 사전적·대체적 행정지도 이외에는 허용될 수 없다고 한다.

넷째, 개별적인 행정지도의 존재목적·기능 등 구체적 가치평가에 기해서 행정지도를 법치행정의 원리를 보완하는 것과 법치행정의 원리를 붕괴·공동화시키는 것으로 양분하여 후자에만 작용법상의 근거를 요한다는 설이다.25) 이 견해에 의하면 法治行政의 原理를 補完하는 行政指導에는 ① 법률의 불비를 보완하는 행정지도, ② 법률상의 의무, 행정처분권한을 배경으로 하여 사전조치로서의 행정지도, ③ 정보전달·지식 및 사상의 보급·법규주지 등에 관한 행정지도, ④ 인·許可신청, 법규해석, 양육, 고용, 사업합리화를 위한 사전적 상담 등의 기술적 조언형식의 행정지도가 있고, 法治行政의 原理를 崩壞·空洞化시키는 行政指導에는 ① 행정과 기업을 유착시키는 행정지도, ② 인·許可권한 등을 감독 목적달성을 위해 이용하는 수단으로서의 행정지도가 있다고 한다.

행정지도의 경우 행정실무상 거의 대부분은 법령의 근거 규정 없이 행하여지고 있으며, 직접적이든 간접적이든 법령의 규정에 의하여 행하여지는 행정지도(예컨대, 行政節次法 제6장의 行政指導, 水産業法 제5장에 의한 漁業調整)는 현실적으로 드물다.

당해 행정지도가 행하여지는 행정영역에서 행정지도의 현실적 기능에 따라 판단하는 것이 적절한 고찰 방법이라고 하겠다. 원칙적으로는 소극행정인 동시에 부담적 행정인 행정지도는 작용법상 근거를 요한다고 할 것이다.

(2) 學說의 動向

행정지도가 비록 비권력적 사실행위라고 하더라도 행정의 법률적합성의 원리에 저촉되어서는 안 된다. 또한 행정지도라고 하여도 법의 일반원칙 즉, 평등원칙, 비례원칙, 신뢰보호의 원칙, 행정권한의 부당결부금지의 원칙 등에 저촉되어서는 아니 된다.
위법·부당한 행정지도로 불이익을 받은 행정객체에 대해서는 그 권리구제수단을 인정하여야 함이 당연한바, 따라서 행정지도가 법적 한계를 벗어나 국민의 권익을 침해한 경우, 이에 대한 구제로서 행정소송이 가능한가가 문제된다.

앞서 본 대로, 항고소송은 '행정청의 처분 등이나 부작위에 대하여 제기하는 소송'(行政

---

25) 山內一夫, 『行政指導の理論と實際』, (ぎょうせい, 1984), 113面 이하 ; 千葉勇夫, 『行政指導の硏究』(法律文化社, 1987), 57面 이하.

訴訟法 제3조 1호)이고, 처분이란 '행정청이 행하는 구체적 사실에 관한 법집행으로서의 공권력의 행사 또는 그 거부와 그밖에 이에 준하는 행정작용'(같은 법 제2조 1항 1호)을 말한다. 따라서 항고소송을 제기하기 위해서는 다투어지고 있는 당해 행정활동이 '처분'에 해당하지 않으면 안 된다.

전통적인 학설·판례 아래에서 말하는 '처분'은 사인의 법적 이익에 직접적인 변동을 일으키는 것이어야 한다고 해석되어 왔다. 이러한 해석에 따르면 일반적으로 행정지도는 법률에 근거를 둔 경우에도 그 자체로서는 법적 구속력을 가지지 않고, 국민의 권리·의무에 법적 효과를 발생하지 않는 비권력적 사실행위에 불과하여 처분성을 인정할 수 없기 때문에 항고소송의 대상이 될 수 없다고 한다.[26]

다만 행정지도에 불응하였다는 이유로 일정한 불이익처분(侵益的 行政行爲)이 가해진 경우나 경고나 공표 등 행정지도를 전제로 하여 다음의 處分이 행하여진 경우, 취소소송의 구제기능이 사실상의 불이익까지 미친다는 입장에서 행정지도의 흠을 이유로 하여 후속처분의 효력을 다툴 수는 있다고 한다.[27] 그리고 그 다투는 방법과 관련하여 행정지도 자체의 위법성을 다투는 적절한 소송형식이 없는 상황 아래서는, 손해배상의 청구와 함께 행정지도를 형식적 행정행위로 보아 그 처분성을 인정하고 항고소송의 대상으로 하여 행정지도의 위법성을 공식적으로 선언하는 것이 유용하다는 견해,[28] 공법상 결과제거청구의 법리에 의한 당사자소송의 제기를 고려할 필요가 있다는 견해,[29] 지도에 불응함을 이유로 허가를 취소하거나 보조금교부결정을 취소한 경우라든가, 위법한 계고나 경고 등의 행정지도로서 영업상의 이익은 물론 명예·신용 등의 침해를 받은 경우에 행정지도를 행정쟁송법상의 '처분'에 준하여 항고소송의 제기를 허용함이 옳다고 보는 견해[30] 등이 제시되고 있다.

卞在玉, 韓堅愚 敎授는, 규제적·조정적 행정지도의 경우, 행정지도는 강제성과 계속성을 띠고 있는 행정작용으로서 취소·변경할 실익이 있으므로 행정쟁송의 대상이 된다고

26) 金東熙, 前揭書, 192쪽 ; 金鐵容, 前揭書, 241쪽 ; 朴均省, 前揭書, 338쪽 ; 朴鈗炘, 前揭書, 561쪽 ; 尹世昌·李虎乘, 前揭書, 401쪽 ; 塩野 宏, 前揭書, 172面 ; 南 博方 等編, 『行政法(1)』(有斐閣, 1998), 258面 ; 南 博方 編, 前揭書(註釋), 26面 ; 小高 剛, 前揭書, 134~135面 ; 芝池義一, 前揭書(總論), 256面.
27) 姜求哲, 前揭書, 541쪽 ; 金南辰, 前揭書, 423쪽 ; 金道昶 前揭書, 528쪽 ; 金香基, 前揭書, 283쪽 ; 柳至泰, 前揭書, 239쪽 ; 朴圭河, 前揭書, 361~362쪽 ; 朴鈗炘, 前揭書, 561쪽 ; 朴鍾局, 前揭書, 531쪽 ; 石琮顯, 前揭書, 407쪽 ; 洪井善, 前揭書, 423~424쪽 ; 洪準亨, 前揭書, 374쪽 ; 塩野 宏, 前揭書, 172~173面 ; 前揭書(Ⅱ), 87面 ; 大橋洋一, 前揭書, 416面 ; 山內一夫, 前揭書, 104面 ; 千葉勇夫, 前揭書, 151面 이하 ; 芝池義一, 前揭書, 256面 ; 原田尙彦, 前揭書, 14~15面.
28) 原田尙彦, 前揭書, 15面.
29) 金成源, 「經濟行政과 行政指導」(『現代公法理論의 展開』, 1993. 12), 62쪽.
30) 千炳泰, 前揭書(救濟法), 391~392쪽.

하면서 이런 행정지도는 '그 밖에 이에 준하는 행정작용'에 해당한다고 한다.[31]

3. 所見

행정지도에 법적 근거를 엄격하게 요청하면, 행정지도의 행정수단으로서의 특색을 고려할 때 그 존재이유를 상실하게 될 것이고, 반면 행정지도를 법적 통제밖에 두게 되면 현대행정의 많은 영역에서 활용되고 있는 행정지도가 행정주체의 자의적인 판단에 맡겨지게 되어 결국은 법률에 의한 행정의 원리를 붕괴시킬지도 모를 일이다. 이에 이 두 가지 요청을 어떻게 조화시켜 이론적으로 구성할 것인가 하는 문제가 제기되는 것이다.

행정지도에 법률의 수권이 있어야 하는가의 여부는 행정지도도 오늘날 널리 활용되고 있는 비공식적·비정식적 행정작용의 일환이고, 다른 한편 행정지도의 특성을 고려하면서 행정권의 자의를 억제·방지하여 국민이 자유·권리를 보장한다는 법치행정의 원리에서 볼 때 행정지도의 존재이유·기능 등을 구체적으로 평가하여 판단하여야 할 것이다.

한편 국민의 권리·의무에 아무런 영향을 주지 않는 또는 그 가능성도 없는 행위가 취소소송의 대상이 될 수 없음은 물론이다. 그러나 행정지도를 다투지 아니하면 시기를 잃거나 회복하기 어려운 손해를 입는 등 충분한 구제목적을 달성할 수 없는 경우라든가 후행의 조치가 어느 정도 특정화되어 행하여질 것이 확실시되는 행정지도 즉 법률상 또는 사실상 행정처분의 선행행위로서 행하여지는 처분과 동일한 내용의 행정지도에 대해서는(예컨대 공중위생관리법 제10조에 의한 위생지도 및 개선명령, 식품위생법 제55조에 의한 시정명령) 소송법상 처분과 동일하게 취급하는 것이 합리적이고 합목적적이라고 본다.[32]

그리고 행정지도에 불응한 것을 이유로 어떤 부담적 행정지도가 행하여진 경우나 행정지도를 전제로 하여 후속행정처분이 행하여진 경우에는 그 후의 처분을 대상으로 하여 행정지도의 위법성을 간접적으로 다툴 수 있을 것이다.

이는 현행 행정절차법 제48조가 제1항에서 "행정지도는 그 목적달성에 필요한 최소한도에 그쳐야 하며, 행정지도의 상대방의 의사에 반하여 부당하게 강요하여서는 아니 된다.", 제2항에서 "행정기관은 행정지도의 상대방이 행정지도에 따르지 아니하였다는 것을 이유로 불이익한 조치를 하여서는 아니 된다."고 규정함으로써 행정지도의 임의성 원칙과 불이익조치금지를 천명하고 있음에서 그 논거를 찾을 수 있을 것이다.

Ⅲ. 行政立法

---

31) 卞在玉, 前揭書, 424쪽 ; 韓堅愚, 前揭書, 528쪽.
32) 金成源, 前揭論文, 62~63쪽.

1. 意義

 형식적 법치주의 아래에서는 국민의 권리·의무에 관한 법규의 제정은 국민의 대표로 구성되는 의회에게 그 권한이 있음을 원칙으로 한다. 하지만 현대복지국가에 들어서면서 행정기능의 복잡·확대에 따라 의회의 입법만으로는 행정의 실효성을 거둘 수 없게 되었다. 따라서 오늘날 모든 국가는, ① 현대행정이 고도로 복잡하고 전문화·기술화됨에 따라 전문적·기술적 사항에 관한 규율은 오히려 행정부가 보다 능률적이다, ② 의회의 입법은 변화가 많은 행정 분야에서 임기응변에 뒤처진다, ③ 정치적 중립성을 보장할 수 있다, ④ 일반적인 법률규정으로는 지방별 또는 분야별 특수사정을 감안하기가 곤란하다는 등 입법의 신속, 법률의 대중화, 법률의 현실적응성의 필요에 의해 행정입법제도를 채택하고 있다.

 이와 같은 行政立法은, 행정기관이 법조의 형식으로 장래에 향하여 적용되는 일반·추상적인 규정을 정립하는 작용 또는 그에 따라 정립된 규범으로 정의되고 있다.

 行政立法[33]은 실정법상의 용어가 아니라 강학상의 용어로, 委任立法(delegated legislation), 從屬立法(subordinate legislation), 準立法(quasilegislation)[34] 등으로 불리기도 한다.

 어쨌든 행정입법은 형식적 측면에서는 행정작용의 하나이나 그 실질적인 측면에서는 입법작용인 셈이다. 이러한 행정입법은 보통 法規命令과 行政規則으로 나뉜다. 전통적 견해에 의하면 법규성의 유무에 따라서 법규명령과 행정규칙을 구별하였다. 즉 행정입법 중 법규성이 있는 것을 법규명령, 법규성이 없는 것을 행정규칙으로 분류하였다. 이에 대하여 "만일 법규명령과 행정규칙이 각각 고유한 형식으로 정립된 것이라면 …… 대통령령·총리령·부령의 형식으로 정립되는 행정입법은 법규명령, 고시·훈령의 형식으로 정립되는 행정입법은 행정규칙으로 구분하는 것이 …… 훨씬 간편하며 명확하다."고 하면서 法規命令형식이라고 할 것이 아니라 '대통령령, 총리령, 부령의 형식'이라는 용어를 사용하여야 할 것이며, 또한 행정규칙의 형식이라고 할 것이 아니라 '고시·훈령의 형식'이라는 용어를 사용하여야 할 것이라는 견해도 있다.[35]

여기서 말하는 '법규'가 무엇을 의미하는지에 대해서는 여러 견해가 있을 수 있겠다.[36]

---

33) 行政立法이란 개념은 委任立法이라면 몰라도, 法規命令과 行政規則의 이질성에 대한 전통적인 행정법 체계에 입각하는 한 일종의 자기모순에 해당하는 것으로서 적절치 못한 용어법이라는 지적도 있다(洪準亨, 前揭書, 141쪽).

34) 미국에서는 행정기관에 의한 규칙제정(rulemaking)이 성질상으로는 입법적인 것이나(legisl-ation in nature) 전적으로 입법은 아니라는(not exclusively legislative) 이유를 들어 準立法의 이름을 붙이고 있다(李尙圭, 前揭書(英美), 136쪽).

35) 金鐵容, 「行政規則論의 課題」(考試界, 1998. 11), 60~61쪽.

36) H. Maurer의 견해(a.a.O., §24 Rn.3 S.589~590)를 따라 법규(Rechtssatz)와 법규범(Rec

法規는 일반적으로 법제도적의미의 법규개념과 법이론적 의미의 법규개념으로 나뉜다. 전자는 다시 19세기 독일 입헌군주정 아래에서 법규를 시민의 자유와 재산권을 침해하는 규범으로 이해하는 협의의 법규개념(歷史的, 慣習的 法規槪念)과 이를 현대적으로 수정, 확대하여 법규를 일반·추상적 규범으로 보는 광의의 법규개념(現代的, 法治國家的 法規槪念)으로 나눌 수 있다. 그리고 법이론적 의미의 법규개념은 인간의 외적 행동에 관한 성문, 불문의 모든 일반·추상적 규범으로서 실정헌법 아래에서 사회적으로 타당한 모든 것을 총칭하는 최광의의 법규개념이다.[37]

위와 같이 법규개념을 이해할 때, 여기서 말하는 '법규'는 앞서 본 법제도적 의미의 법규개념 중 현대적, 법치국가적 법규개념을 의미한다고 하겠다.[38] 이런 의미에서 법규는 의회와 행정부 사이의 규범정립권한의 배분결정기능과 규범의 법적 구속성의 유무결정기능을 갖는다고 한다.

이에 대하여 "우리나라에 있어서도 법규개념은 외부법의 의미로 이해될 뿐 법규에 고유한 규율영역 곧 실체적 법규사항이 존재한다는 관념은 이미 극복되고 있다. 이러한 상황 아래에서 법규개념은 더 이상 법규명령과 행정규칙의 규율대상 사항의 기준이 될 수 없는 것이며 19세기적 제도적 의미는 거세되었다."고 주장하는 학자도 있다.[39]

2. 行政立法의 處分性

(1) 序言

우리나라 憲法 제107조는 "① 법률이 헌법에 위반되는 여부가 재판의 전제가 된 경우에는 법원은 헌법재판소에 제청하여 그 심판에 의하여 재판한다. ② 명령·규칙 또는 처분이 헌법이나 법률에 위반되는 여부가 재판의 전제가 된 경우에는 대법원은 이를 최종적으로 심사할 권한을 가진다."라고 규정하고 있다.

우리나라에서는 추상적 규범통제를 인정하지 아니하고, 법규명령에 대하여는 특정 법규명령의 위헌·위법여부가 구체적 사건에 대한 재판의 전제가 된 경우에 법원이 이를 심리·판단하는 선결문제 심리의 방식에 의한 具體的 規範統制만이 인정되고 있다. 이처럼 法規命令에 하자가 있는 경우에는 구체적 규범통제의 방법으로 그의 효력을 간접적으로 부인할 수 있을 뿐 직접 법규명령의 취소를 구하는 항고소송을 제기할 수 없음은

---

htsnorm)을 구분하면서 법규개념을 상위개념으로 파악하여 법규 중 대외적 구속력이 인정되는 규범을 법규범으로 파악하는 견해도 있다(金容燮, 「法規命令形式의 制裁的 處分基準」(判例月報 통권340호, 1999. 1), 32쪽).

37) 金道昶, 前揭書, 305쪽 ; 文尙德, 「法令의 授權에 관한 行政規則(告示)의 法的 性格과 그 統制」 (행정법연구, 創刊號), 152~153쪽.

38) 金學世, 前揭論文, 16~17쪽.

39) 金裕煥, 「法規命令과 行政規則의 區別基準」(考試界, 1998. 11), 18쪽.

물론이다.40)

일반적으로 법령에 대한 취소소송의 대상 가부의 문제는 사법권의 한계문제와 직결된 다. 일반·추상적인 행정입법은 불특정다수인을 상대로 행하여지며, 보통 권리침해의 추상적 가능성을 정한데 불과하고 그 자체만으로는 국민의 구체적·직접적인 권익을 침 해하는 것이 아니기 때문에 행정입법이 항고소송의 대상이 되는가가 문제되는 것이다. 즉 法院組織法 제2조의 '法律의 爭訟'에 해당되는가가 문제이다.

행정소송은 구체적 사건에 관한 법적 분쟁을 해결하기 위한 것이므로 구체적 사실에 대 한 법집행행위만이 소송의 대상이 될 수 있을 뿐 일반적·추상적인 법령, 규칙, 조례 등 은 그 자체로서 국민의 구체적인 권리 의무에 직접적인 변동을 초래하는 것이 아니므로 그 처분성이 인정되지 않는 것이 일반적이다.41)

여기서는 행정입법 중 법규명령과 조례에 대해서 논하기로 하고, 행정규칙은 第5章 第 3節 4. 行政規則으로 장을 바꿔 논하기로 한다.

(2) 法規命令의 處分性

우선 法規命令에 대하여 살펴보기로 한다.

憲法 제107조 제2항의 규정에 따르면 행정입법의 심사는 일반적인 재판절차에 의하여 구체적 규범통제의 방법에 의하도록 명시하고 있으므로, 당사자는 구체적 사건의 심판 을 위한 선결문제로서 행정입법의 위법성을 주장하여 법원에 대하여 당해사건에 대한 적용여부의 판단을 구할 수 있을 뿐 행정입법 자체의 합법성의 심사를 목적으로 하는 독 립한 신청을 제기할 수는 없다고 한다.42)

행정소송의 대상이 될 수 있는 것은 구체적인 권리의무에 관한 분쟁이어야 하고 일반 적, 추상적인 법령 또는 내부적 내규이거나 내부적 사업계획 등 그 자체로서 국민의 구 체적인 권리의무에 직접적인 변동을 초래케 하는 것이 아닌 것은 그 대상이 될 수 없 다43)고 하여 판례는 법규명령을 취소소송의 대상이 되지 않는다고 보고 있다.

그리하여 자동차관리법시행규칙(1990. 11. 15. 교통부령 제938호, 대법원 1992. 3. 10. 선고 91누12639 판결), 풍속영업규제에관한법률시행규칙 제5조(1992. 6. 13. 내무부 령 제566호로 개정되어 1993. 11. 20. 내무부령 제598호로 개정되기 전의 것. 대법원

---

40) 이에 대해 명령·규칙에 대한 구체적 규범통제만이 아니라 이를 포함하는 행정소송 일반을 가리 키는 것으로 해석하기도 한다(朴正勳,「取消訴訟의 性質과 處分의 槪念」, 31쪽).

41) 대법원 1992. 3. 10. 선고 91누12639 판결 : 대법원 1994. 9. 10. 고지 94두23 결정.

42) 대법원 1994. 4. 26. 고지 93부32 결정.
    이에 대해 행정소송의 대상에 관한 처분의 개념을 쟁송법적으로 이해할 것 같으면 법규명령에 대 한 행정소송의 제기를 부정할 이유가 없다는 견해도 있다(韓堅愚, 前揭書, 441쪽).

43) 대법원 1983. 4. 26. 선고 82누528 판결 : 대법원 1987. 3. 24. 선고 86누656 판결.

1994. 4. 26. 고지 93부32 결정) 등에 대한 항고소송에서 그 대상성을 부인하였다.

그러나 법령이 구체적 집행행위의 개입 없이도 그 자체로서 직접 국민에 대하여 구체적 효과를 발생하여 특정한 권리의무를 형성케 하는 경우에는 행정처분에 해당한다고 볼 것이다. 전술한 바와 같이 부령이나 조례 등은 그 일반적·추상적 성격으로 인하여, 그 자체가 직접 항고소송의 대상은 되지 아니하는 것이 원칙이나, 이들 법규명령 중에는 구체적인 처분을 매개로 하지 아니하고도 직접적으로 국민의 권리·의무에 변동을 가져오는 것으로서의 이른바 處分的 法規命令(處分法規)도 있다. 이러한 처분법규는 그 실질적 내용은 행정처분의 성질을 가지는 것이므로, 그것은 항고소송의 대상으로서의 처분성이 인정된다고 보는 것이 학설의 일반적 입장이다.44)

판례 역시 법령의 효력을 가진 명령이라도 그 효력이 다른 행정행위를 기다릴 것 없이 직접적으로 또 그 자체로서 국민의 권리 훼손 기타 이익침해의 효과를 발생하게 되는 성질의 것이라면 행정소송법상 처분이라고 보아야 할 것이라고 하였고,45) 처분법률인 舊國家保衛立法會議法 부칙 제4항 후단에 근거한 사무적 행위인 면직처분으로 권리의무에 직접적인 변동을 초래한 이상 그 행정처분성을 부정할 수 없다고 하였으며,46) 어떠한 고시가 일반적·추상적 성격을 가질 때에는 법규명령 또는 행정규칙에 해당할 것이지만, 다른 집행행위의 매개 없이 그 자체로서 직접 구민의 구체적 권리의무나 법률관계를 규율하는 성격을 가질 때에는 항고소송의 대상이 되는 행정처분에 해당한다고 하였다.47)

대법원 1954. 8. 19. 선고 4286행상37 판결은 "원래 대통령령은 법령의 효력을 가진 것으로서 행정소송법상 처분이라 볼 수 없다고 해석함이 타당할 것이므로, 그 내용의 적법여부를 논할 것 없이 행정소송의 목적물이 될 수 없을 것이다. 물론 법령의 효력을 가진 명령이라도 그 효력이 다른 행정행위를 기다릴 것 없이 직접적으로 국민의 권리훼손 기타 이익침해의 효과를 발생케 하는 성질의 것이라면 행정소송법상 처분이라고 보아야 할 것이요, 따라서 그에 관한 이해관계자는 그 구체적 관계사실과 이유를 주장하여 그

---

44) 姜求哲, 前揭書, 219쪽 ; 金東熙, 前揭書, 141쪽 ; 石琮顯, 前揭書, 171쪽 ; 李尙圭, 前揭書(爭訟法), 317쪽 ; 芝池義一, 前揭書(救濟法), 30面 ; 田中二郎, 前揭書, 326面 ; 朴均省, 「行政立法에 대한 司法的統制」(考試界, 1996. 12), 83쪽 ; 朴正勳, 前揭論文, 30쪽.
45) 대법원 1954. 8. 19. 선고 4286행상37 판결.
46) 대법원 1991. 6. 28. 선고 90누9346 판결 ; 대법원 1991. 6. 28. 선고 90누9353 판결.
47) 대법원 2003. 10. 9. 2003무23 결정(향정신병 치료제의 요양급여 인정기준에 관한 보건복지부 고시가 불특정의 향정신병 치료제 일반을 대상으로 한 것이 아니라 특정 제약회사의 특정 의약품을 규율 대상으로 하는 점 및 의사에 대하여 특정 의약품을 처방함에 있어서 지켜야 할 기준을 제시하면서 만일 그와 같은 처방기준에 따르지 않은 경우에는 국민건강보험공단에 대하여 그 약제비용을 보험급여로 청구할 수 없고 환자 본인에 대하여만 청구할 수 있게 한 점 등에 비추어 볼 때, 다른 집행행위의 매개 없이 그 자체로서 제약회사, 요양기관, 환자 및 국민건강보험공단 사이의 법률관계를 직접 규율한다는 이유로 항고소송이 대상이 되는 행정처분에 해당한다고 한 사례).

명령의 취소를 법원에 구할 수 있을 것이다."라고 판시하였다. 위 판결에서 보는 바와
같이 형식상 일반적 추상적 규율인 법규범의 형식을 취하였더라도 실질상 그 내용이 '다
른 행정행위를 기다릴 것 없이 직접적으로' 국민의 구체적인 권리의무에 영향을 미치는
경우에는 처분성을 인정할 수 있는 바, 여기에서 그 내용이 추상적이냐 아니면 직접적,
구체적이냐 하는 것이 중요한 문제이지, 그 규율대상 또는 수범자가 불특정다수인을 상
대로 하는 일반적인 것이냐 특정인을 상대로 하는 개별적인 것이냐는 중요한 문제가 되
지 아니함을 알 수 있다. 즉 입법행위의 성질을 갖는 것이더라도 다른 한편으로 국민의
구체적인 권리의무에 직접적으로 법률적 변동을 일으키는 행위인 경우에는 처분성을 인
정한다는 것이다.

법규명령을 제정 또는 개정할 법적 의무가 있음에도 불구하고 행정청이 합리적인 이유
없이 법규명령을 제정 또는 개정하지 않는 경우(行政立法不作爲)에 대하여 항고소송,
즉 부작위위법확인소송을 제기할 수 있을 것인가가 문제이다.

이에 대해 우리나라 대법원은, "구체적 사건에 대한 법률상 분쟁을 법에 의하여 해결함
으로써 법적 안정을 기하는 것이 행정소송이므로 부작위위법확인소송의 대상이 될 수
있는 것은 구체적 권리의무에 관한 분쟁이어야 하고 추상적인 법령에 관한 제정여부 등
은 부작위위법확인소송의 대상성을 인정할 수 없다."[48]고 판시하는 한편, 헌법재판소는
입법부작위에 대하여, "어떠한 사항을 법규로 규율할 것인가의 여부는 특단의 사정이 없
는 한 입법자의 정치적, 경제적, 사회적 각종 고려 하에서 정하여지는 입법정책의 문제
이므로, 국민이 국회에 대하여 일정한 입법을 해달라는 청원을 함은 별론으로 하고, 법
률의 제정을 소구하는 헌법소원은 헌법상 기본권보장을 위하여 명시적인 위임입법이 있
었음에도 입법자가 이를 방치하고 있거나 헌법 해석상 특정인에게 구체적인 기본권이
생겨 이를 보장하기 위한 국가의 행위 내지 보호의무가 발생하였음에도 불구하고 국가
가 아무런 입법조치를 취하지 않고 있는 경우가 아니면 원칙적으로 인정될 수 없다할 것
이다."[49]라고 하여 시사하는 바가 크다.

반면 행정권의 입법의무가 인정되고 특정 국민에게 입법 청구권이 인정되는 경우에 행
정입법부작위로 인한 구체적인 권리침해가 발생하는 경우에는 행정입법부작위에 대한
항고소송을 제기할 수 있다는 견해도 있다.[50]

(3) 條例의 處分性

---

48) 대법원 1992. 5. 8. 선고 91누11261 판결(행정입법부작위처분위법확인).
49) 헌법재판소 1992. 12. 24. 선고 90헌마174 결정 ; 헌법재판소 1994. 12. 29. 선고 89헌마2
   결정.
50) 朴均省, 「行政立法不作爲에 대한 法的 救濟」, 27쪽.

여기서는 특히 條例에 대한 司法的 統制 可能性, 즉 條例의 處分性을 검토하기로 한다. 조례를 대상으로 항고소송을 제기할 수 있기 위해서는 조례가 구체적 사실에 관한 법집행에 해당되어 행정소송법상 처분이 되어야 하므로 우선 조례의 개념과 성질을 검토한 뒤 처분성을 논하기로 한다.

憲法 제117조는 "지방자치단체는 주민의 복리에 관한 사무를 처리하고 재산을 관리하며, 법령의 범위 안에서 자치에 관한 규정을 제정할 수 있다."고 규정하여 지방자치단체의 자치규범 제정권을 인정하고 있는데, 지방자치법은 지방자치단체가 정하는 자치규범의 형식으로 지방의회가 의결하여 지방자치단체장이 공포하는 '조례'(지방자치법 제15조, 제19조)와 지방자치단체의 장이 법령 또는 조례가 위임한 범위 안에서 그 권한에 속하는 사무에 관하여 제정하는 '규칙'(지방자치법 제16조, 제19조)이 있다. 따라서 우리나라에서 '조례'라고 하면, 지방의회가 의결하여 지방자치단체의 장이 공포하는 자치규범을 말한다.

그리고 조례의 법적 성질과 관련하여서는 自主立法說(法律類似說, 原始的權利說)과 委任立法說(命令類似說, 派生的權利說)로 나뉘어 설명되고 있다.[51]

우리나라에서의 自主立法說은 조례 제정권이 憲法 제117조의 "법령의 범위 안에서 자치에 관한 규정을 제정할 수 있다."는 규정으로부터 직접적으로 권한을 부여받은 것으로 해석하면서 '법령의 범위 안'이라고 하는 것은 법률의 유보나 법규창조력과는 관련이 없고 단순히 법률과 명령의 지방자치단체의 조례와 규칙에 대한 효력에 있어서 우위를 의미할 뿐인 것으로 해석하여 자치사무에 대하여는 법령에 위반되지 않는 한 법령의 개별적인 위임이 없는 경우에도 조례를 제정할 수 있다고 하는 견해로, 이 입장이 우리나라에서는 별다른 이견 없이 주장되는 듯하다.[52] 이 견해에 의하면 지방자치법 제15조는 확인규정에 불과하게 된다.

委任立法說(명령유사설)은, 근대법체계는 헌법을 정점으로 하여 법률, 다시 법률의 수권에 의하여 명령·조례가 제정되고 이러한 조례를 포함한 법령이 헌법 아래서 일관된 법체계를 구성하고 있기 때문에 조례도 그 기초는 법률에 있다고 할 것이며 법률의 수권에 근거한 위임입법의 일종이라고 한다.[53] 지방자치법 제15조가 그 수권규정이고 조례 제정권의 창설규정이라고 본다.

위와 같은 조례의 성질에 따른 해석의 차이에 따라 조례에 대한 사법적 통제방법에 차이가 있게 된다.

---

51) 이에 대한 자세한 내용은, 朴鈗炘, 「法令과 條例와의 關係」(考試界 1992. 11), 38~39쪽.
52) 柳明建, 前揭書, 475~476쪽 ; 柳至泰, 前揭書, 698쪽 ; 朴鈗炘, 前揭書, 217쪽 ; 洪井善, 『行政法原論(下)』(博英社, 1996), 59~60쪽.
53) 田中二郎, 前揭書, 159面.

  자주입법설의 입장에서는 자치사무에 대한 조례의 성질을 법률과 유사한 것으로 보게 되어 직접 조례를 대상으로는 헌법소원만이 가능하기 때문에 항고소송의 대상이 될 수 없다.

  委任立法說에 의하면, 자치사무에 관한 조례도 법률의 수권에 근거한 위임입법의 일종으로 보게 되어 법규명령의 항고소송의 대상 여부 문제가 된다.

즉, 처분성이 인정되지 않는 경우에는 憲法 제107조 제2항에 의한 구체적 규범 통제의 대상이 될 뿐 직접 항고소송의 대상이 되지 않고, 조례가 집행행위의 개입 없이도 그 자체로서 직접 국민의 구체적인 권리의무나 법적 이익에 영향을 미치는 등의 법률상 효과를 발생시키는 경우에는 항고소송의 대상이 되는 행정처분에 해당한다.

  대법원은 "법률이 주민의 권리의무에 관한 사항을 구체적 범위를 정하지 아니하고 조례로 정하도록 포괄적으로 위임하였을 경우 행정관청의 명령과는 달리 조례는 주민의 대표기관인 지방의회의 의결로 제정되는 지방자치단체의 자주법인 만큼 지방자치단체가 법령에 위반되지 않는 범위 내에서 주민의 권리의무에 관한 사항을 조례로 제정할 수 있다."54)고 판시하여 자주입법설의 입장에 서 있는 것으로 보이며,55) 이에 따라 '법령의 범위 안'의 의미도 '법령에 위반되지 아니하는 범위 안'이라고 해석하고 있다.56)

  한편 대법원은 條例의 性格과 관련하여 "주민의 권리를 제한하거나 의무의 부과에 관한 사항이거나 벌칙에 관한 사항이 아닌 한 법률의 위임이 없더라도 조례를 제정할 수 있다."57)고 하고 있으나, 憲法 제117조 제1항은 '법령의 범위 안에서'라고 하여 국가의 법률과 명령이 지방자치단체의 자치입법보다 우위에 있다는 것을 선언하고 있음에 비추어 볼 때 어딘지 석연치 않다.

  그리고 대법원은 條例의 處分性과 관련하여 "조례가 집행행위의 개입 없이도 그 자체로서 직접 국민의 구체적인 권리·의무나 법적 이익에 영향을 미치는 등의 법률상 효과를 발생하는 경우 그 조례를 항고소송의 대상이 되는 행정처분에 해당 한다."고 하면서, 이러한 기준에 비추어 경기 가평군 가평읍 상색국민학교 두밀분교를 폐지하는 내용의 조례는 "두밀분교의 취학아동과의 관계에서 영조물인 특정의 초등학교를 구체적으로 이용할 이익을 직접적으로 상실하게 하는 것이므로 항고소송의 대상이 되는 행정처분"58)이라고 판시하고 있다.

  이 판결에서 대법원은 조례 등 법규명령에 항고소송의 대상으로서의 처분성이 인정되

---

54) 대법원 1991. 8. 27. 선고 90누6613 판결.
55) 일본에서도 조례가 직접 헌법에 의해 인정되는 자치입법이라고 판시한바 있다(最高裁判所, 1962 (昭和 37). 5. 30. 判決, 刑集 16卷 5號, 577面).
56) 대법원 2000. 11. 14. 선고 2000추29 판결.
57) 대법원 1992. 6. 23. 선고 92추17 판결.
58) 대법원 1996. 9. 20. 선고 95누8003 판결.

는지 여부의 판단과 관련하여 당해 조례 등이 '집행행위의 개입 없이도 그 자체로서 직접 국민의 구체적인 권리의무나 법적 이익에 영향을 미치는 등의 법률상 효과를 발생'하는 것인지의 여부라는 일반적 기준을 제시하고 있다. 그러나 특정 부령이나 조례 등이 그 자체로서 직접 국민의 구체적인 권리·의무나 법적 이익에 영향을 미치는지 여부는 구체적 판단을 요하는 것으로, 이 사건에서는 당해 조례는 두밀분교의 취학아동과의 관계에서는 특정의 초등학교를 구체적으로 이용할 이익을 직접적으로 상실하게 하는 것이므로 항고소송의 대상이 되는 행정처분이라고 하고 있다. 그리고 이 대상판결과 관련 있는 사안에서 대법원이 "공립초등학교 분교의 폐지는 지방의회가 이를 폐지하는 내용의 개정조례를 의결하고 교육감이 이를 공포하여 그 효력이 발생함으로써 완결되고 그 조례공포 후 교육감이 하는 분교장의 폐쇄, 직원에 대한 인사이동 및 급식학교의 변경지정 등 일련의 행위는 분교의 폐지에 따르는 사후적인 사무처리에 불과할 뿐이므로 이를 독립하여 항고소송의 대상이 되는 행정처분으로서의 폐교처분이라고 할 수 없다."고 하여 사실행위로 보고 있다.59)

3. 所見

앞서 본 여러 판례를 모아 보면, 특정 조례나 부령 등의 法規命令이 그 자체로서 직접 국민의 구체적인 권리·의무나 법적 이익에 영향을 미치는 것인지 여부는 구체적 판단을 요하는 것이기는 하나, 그러한 성격이 인정되는 경우에는 당해 조례나 부령 등은 행정처분의 성질을 가지는 것으로서 직접 항고소송의 대상이 될 수 있는 것임을 명시적으로 선언하고 있다. 따라서 처분적 성질을 가지는 조례나 법규명령에 대하여는 선결문제 심리방식에 의한 간접적 통제가 아니라, 그에 대하여 직접 항고소송을 제기하여 이를 다툴 수 있는 것이라는 점에는 의문이 없다.

그러나 이 경우 위법한 처분법규의 효력 또는 이를 다투는 항고소송의 구체적 형태와 관련하여서는 의문이 제기될 수 있다.

위법한 법규명령은 원칙적으로 무효로 된다고 하는 학설의 일반적 입장60)에 의할 경우 처분적 법규명령도 형식은 법규명령으로 되어 있으므로, 그것이 위법한 경우에는 무효로 된다고 보아야 할 것이고, 따라서 이를 다투는 항고소송도 원칙적으로 무효확인소송이어야 한다는 결론에 도달할 수 있다. 그러나 당해 법규명령은 그 형식에도 불구하고 내용적으로는 행정처분으로서의 성질을 가지는 것으로서, 당해 명령은 항고소송의 대상성이 인정되는 것이다. 그러하다면 그 실질적 내용에 따라 당해 법규명령에 하자가 있는

---

59) 대법원 1996. 9. 20. 선고 95누7994 판결.
60) H. Maurer, a.a.O. §13 Rn.17, S.339.

경우에도 행정행위의 하자의 효과에 관한 일반 이론에 따라, 그것은 원칙적으로 취소할 수 있는 행위에 그치는 것이고, 그 하자가 중대·명백한 경우에만 예외적으로 무효로 된다고 볼 수도 있다. 이러한 관점에서는 당해처분 법규를 다투는 항고소송의 형식도 원칙적으로는 취소소송이 될 것이며, 예외적으로만 무효확인소송이 된다고 볼 수도 있다.61)

대법원은 앞에서 본 1954. 8. 19. 선고 53누37 판결에서는 "법령의 효력을 가진 명령이라도 그 효력이 다른 행정행위를 기다릴 것 없이 직접적으로 또 현실적으로 그 자체로서 국민의 권리훼손 기타 이익침해의 효과를 발생케 하는 성질의 것이라면 행정소송법상 처분이라 보아야 할 것이고, 따라서 그에 관한 이해관계자는 …… 그 명령의 취소를 법원에 구할 수 있을 것"이라 하고 있다.

따라서 이 판결에 따르면 처분적 법규명령이 위법한 경우에도 그것은 원칙적으로 취소사유에 그친다는 결론에 도달할 수 있을지도 모른다. 그러나 무효인 행정행위 또는 처분에 대하여도 이른바 무효 선언적 의미의 취소소송을 제기하여 이를 다툴 수도 있다고 보는 것이 판례의 입장이고 보면, 행정소송 실무상 의미는 있을지 몰라도 그 논의의 실익은 없다고 본다.

第3節 制度的 限界

I. 序言

현행 行政訴訟法은 行政訴訟의 種類를 내용에 따라 크게 抗告訴訟, 當事者訴訟, 民衆訴訟과 機關訴訟으로 분류하고 다시 抗告訴訟을 그 대상에 따라 取消訴訟, 無效等確認訴訟, 不作爲違法確認訴訟으로 나누고 있다.

行政訴訟法 제3조 제1호에서는 抗告訴訟을 '行政廳의 處分 등이나 不作爲에 대하여 提起하는 訴訟'이라고 定義하고 있다.

그리고 行政訴訟法 제4조에서 항고소송을 다시 세 가지 유형, 즉 '行政廳의 違法한 處分이나 裁決의 取消 또는 變更을 구하는 訴訟(取消訴訟)', '行政廳의 處分이나 裁決의 效力有無 또는 存在與否의 確認을 구하는 訴訟(無效等確認訴訟)', '行政廳의 不作爲가 違法하다는 確認을 구하는 訴訟(不作爲違法確認訴訟)'으로 나누고 있다.

한편, 當事者訴訟이란, 行政廳의 處分 등을 原因으로 하는 法律關係에 관한 訴訟, 그밖에 公法上의 法律關係에 관한 訴訟으로서, 이러한 법률관계의 한쪽 당사자가 원고가 되

---

61) 이와 관련하여 프랑스의 경우 越權訴訟(le contentieux de l'excés de pouvoir)이라고 해서 구체적 處分뿐만 아니라 法規命令(대통령령·총리령·부령·조례 등)도 行政行爲로서 그 대상이 되고 있으며 이 경우 극히 예외적으로 당연 무효인 행위에도 그 소송대상성이 인정되고 있다.

어 다른 쪽 당사자를 피고로 하여 제기하는 소송을 말한다(行政訴訟法 제3조 제2호).

그리고 民衆訴訟이란 國家 또는 公共團體의 機關이 法律에 違反되는 行爲를 한 때에, 직접 자기의 법률상이익과 관계없이, 그 是正을 구하는 訴訟을 말하고(行政訴訟法 제3조 제3호), 機關訴訟이란 國家 또는 公共團體의 機關 相互間에 權限의 存否 또는 그 行使에 관한 다툼(權限爭議 또는 主管爭議)이 있을 때에 그에 관하여 提起하는 訴訟을 말한다(行政訴訟法 제3조 제4호).

이와 같은 行政訴訟類型의 法定化에 대하여는 批判的인 視覺도 있다. 즉, 현행 행정소송법상의 행정소송의 종류를 시대착오적 내지 시대 낙후적 분류라는 지적, 현대행정의 특수성으로 말미암아 다양한 행정상의 다툼을 대비한 분쟁해결방법의 개방성 등이 요구된다는 지적, 현대국가에 있어서의 적극행정기능의 확대와 개인생활의 행정의존도의 제고현상에 비추어 볼 때 행정소송이 가지는 행정구제적 역할이 반감하는 것이라는 지적 등이 있다.62)

Ⅱ. 行政訴訟法 第4條의 性質

학설상 행정소송법 제4조에서 법정하고 있는 항고소송 이외의 종류 즉 法定外抗告訴訟 또는 無名抗告訴訟을 認定할 것인가의 與否에 관하여 다툼이 있다. 이에 대한 학설의 대립은 항고소송의 종류를 규정하고 있는 行政訴訟法 제4조의 성질을 列擧規定으로 볼 것인가 아니면 例示規定으로 볼 것인가에서 출발한다.

1. 列擧規定說

이는 법률이 규정한 이외의 항고소송은 허용되지 아니한다는 입장으로 현행 행정소송법의 문언에 충실한 견해이다.63)

法定外抗告訴訟으로 주로 논의되고 있는 것은 義務履行訴訟과 豫防的不作爲訴訟(禁止訴訟)인데, 행정소송법이 행정심판의 경우와 달리 의무이행소송에 갈음하여 부작위법확인소송을 인정한 것은 결국 의무이행소송을 부인하는 입법의사의 표현으로 이해한다. 또한 의무이행소송과 예방적부작위소송을 인정하게 되면 법집행이라는 행정청의 1차적 판단권을 침해하는 것으로 삼권분립의 원칙에도 반한다고 주장한다. 따라서 行政訴訟法 제4조의 性質을 制限的 列擧規定으로 본다.

---

62) 李尙圭, 前揭書, 265쪽.
63) 金學世, 前揭書, 36쪽 ; 柳明建, 前揭書, 26쪽 ; 柳至泰, 前揭書, 465쪽 ; 李鳴九, 前揭書, 674쪽
   ; 李尙圭, 前揭書, 299쪽.

2. 例示規定說

이는 현행 행정소송법이 소송사항에 관하여 개괄주의를 취하고 있고, 소송대상인 처분의 개념 및 소의 이익이 확대경향에 있으므로 法定抗告訴訟形態 以外에도 국민의 권리·이익을 보호하기 위해서는 義務履行訴訟, 無瑕疵裁量行使請求訴訟, 豫防的不作爲訴訟 등을 인정하여야 한다고 주장한다. 즉 현대 행정의 특수성을 고려할 때 다양한 행정상 다툼을 예상할 수 있고, 이에 따른 분쟁해결방법 역시 개방성이 요구된다는 점, 헌법상 보장된 국민의 재판청구권의 취지 및 행정소송의 확대화 경향 등을 그 논거로 한다. 이 견해에 의할 경우 行政訴訟法 제4조의 性質을 例示規定으로 파악하게 된다.64)

3. 折衷說

이는 원칙적으로는 법이 정한 구제방법에 따르면서도 補充的으로 法定外 行政訴訟의 形態를 認定하는 立場이다.

그 논거로는 현대행정의 발달과 더불어 법이 정한 구제방법으로서는 구제를 제대로 받을 수 없는 경우가 생겨날 수 있기 때문에 이러한 상태를 방치하는 것은 국민의 재판을 받을 권리를 박탈하는 것이라는 점을 들고 있다.

Ⅲ. 法定外 抗告訴訟의 許容 與否

現行 行政訴訟法 第4條는 抗告訴訟의 形態로 取消訴訟, 無效등確認訴訟, 不作爲違法確認訴訟 등 3종을 認定하고 있다.

위에서 본 바와 같이 行政訴訟法 제4조의 성질을 어떻게 보느냐에 따라 이른바 法定抗告訴訟 외에 法定外抗告訴訟 또는 無名抗告訴訟이 현행 행정소송법의 해석상 인정될 수 있는가가 權力分立主義와 관련하여 行政訴訟의 限界로서 論議되고 있다.

1. 學說

(1) 全面的否定說65)

명문규정이 없는 이상 의무이행소송 등 소위 무명항고소송을 인정하는 것은 권력분립제도 아래서의 사법권의 한계를 일탈한 것이라고 한다.

---

64) 姜求哲, 前揭書, 835쪽 ; 金南辰, 前揭書, 742쪽 ; 金道昶, 前揭書, 747쪽 ; 金東熙, 前揭書, 618쪽 ; 金香基, 前揭書, 411쪽 ; 朴均省, 前揭書(救濟法), 257쪽 ; 韓堅愚, 前揭書, 770쪽 ; 洪準亨, 前揭書(救濟法), 466쪽.

65) 金道昶, 前揭書, 746~747쪽 ; 金學世, 前揭書, 36쪽 ; 柳至泰, 前揭書, 466쪽 ; 李尙圭, 前揭書, 299쪽 ; 田中二郎, 前揭書, 308~309面. 다만 金道昶 博士의 경우 行政訴訟法 제4조의 取消訴訟 중 '變更'을 消極的 變更을 의미하는 것으로 해석함은 의문이다(前揭書, 740쪽).

권력분립주의, 행정에 대한 제1차적 판단권은 행정권에 귀속하여야 한다는 주장이 그 논거로서 제시되고 있다.

전통적인 사법권과 행정권의 분립의 취지에서 볼 때, 행정에 관한 제1차적 판단권은 행정권에 유보되었다고 볼 것이므로, 명문의 규정이 없는 이상 입법론으로는 몰라도 해석론으로는 의무화이행소송 등은 인정될 수 없다고 한다.

행정법규는 행정권 발동의 기준을 제시하는 행위규범으로서의 성질을 가지는 것이지 재판규범임을 제1차적 목적으로 하는 것이 아니므로, 행정권의 1차적 판단은 행정청에 맡겨야 하는 것이라고 하면서 사법권은 행정청의 제1차적 판단을 매개로 하여 발생한 위법상태를 배제함에 그쳐야 하는 것이며 스스로 행정권을 행사할 것인가의 여부를 제1차적으로 선언하는 것은 행정권에 대한 부당한 침해인 것이고 사법권이 행정권에 대하여 일정한 행위를 명하는 내용의 의무이행소송은 사법권에 의한 행정권의 침해로서 삼권분립원칙에 반하는 것이라고 한다.66)

따라서 行政訴訟法 제4조의 해석에 있어서도 같은 법이 정한 抗告訴訟의 種類는 列擧的·制限的인 것으로 보고, 같은 법 제4조 제1호의 '變更'은 消極的 變更, 즉 一部取消를 意味하는 것으로 理解한다.67)

(2) 全面的 許容說 (無制限許容說)68)

이는 전면적부정설이 권력분립주의를 형식적·정치적으로 이해하고 있다고 비판하면서, 權力分立主義를 實質的·機能的으로 理解하여 司法權의 行政權에 대한 統制와 國民의 權利救濟機能을 强調하는 見解이다.

즉, 사법권은 행정소송에 있어서 법령의 적정한 집행의 보장을 통하여 개인의 권익을 보호하는 기능을 하는 것이므로 행정청의 위법한 행위를 취소할 수 있음은 물론 위법한 부작위에 대한 적극적인 이행판결을 인정하는 것은 권력분립의 원칙에 반하는 것이 아니라고 한다.

行政訴訟法 제1조에서 "공권력의 …… 불행사 등으로 인한, 국민의 권리 또는 이익의 침해를 구제…함을 목적으로 한다."고 명시하고 있음에 비추어 권력분립주의를 바탕으

---

66) 徐元宇, 前揭書(上), 786~787쪽.
67) 柳至泰, 前揭書, 465쪽 ; 石琮顯, 前揭書, 779~781쪽.
68) 姜求哲, 前揭書, 836쪽 ; 金南辰, 前揭書, 742쪽 ; 金香基, 前揭書, 411쪽 ; 孟長燮, 前揭書, 376쪽 ; 卞在玉, 前揭書, 620~621쪽 ; 尹世昌·李虎乘, 前揭書, 529~530쪽 ; 洪井善, 前揭書(上), 785쪽 ; 洪準亨, 前揭書, 475쪽 ; 禹成萬, 「無名抗告訴訟, 當事者訴訟」(『行政訴訟에 관한 諸問題(下)』, 裁判資料 第68輯, 法院行政處, 1995), 16~18쪽.
일본에서는 獨立說이라고도 불리는 데, 학자들로는 阿部泰隆, 『行政訴訟改革論』(有斐閣, 1993), 223面 이하 ; 芝池義一, 前揭書, 129面 ; 兼子 仁, 前揭書, 266面이 있는 데, 특히 阿部泰隆은 無名抗告訴訟의 활성화에 대하여 강조하고 있다(前揭書, 223~363面).

로 의무이행소송을 부정하는 것은 행정구제제도로서의 행정소송의 일반적인 기능 및 행정소송법이 의도하는 행정소송의 취지에도 부합되지 않는다고 주장한다.

한편, 그 논거로 실정법상 변경이라는 것을 적극적으로 이해하여 이행판결 내지 적극적 형성판결을 긍정하는 방향으로 나아가는 것이 바람직하다고 주장하는 학자들이 있다.[69]

따라서 行政訴訟法 제4조의 해석에 있어서도 같은 법이 정한 抗告訴訟의 種類는 例示的인 것으로 보며, 제4조 제1호의 '變更'은 積極的 變更을 意味한다고 한다.

그리하여 無瑕疵裁量行使請求訴訟, 豫防的禁止(不作爲)請求訴訟, 義務履行訴訟 등을 無名抗告訴訟의 例로 들고 있다.

(3) 折衷說 (制限的許容說)

原則的으로는 全面的否定說의 立場을 취하면서도 例外的으로 全面的許容說의 立場을 취한다.[70]

공권력작용으로 인한 권익침해에 대하여는 원칙적으로 행정소송법이 정한 법정항고소송에 의하여 구제가 가능하고 또한 그러한 구제수단을 통하여 구제를 받아야 할 것이기 때문에 같은 법의 관련규정의 해석에 있어서는 법정외항고소송을 인정하지 아니하는 전면적부정설을 취한다.

그러나 같은 법이 예상한 것과는 달리 법정항고소송에 의하여서는 구제를 받을 수 없는 경우가 생기는 경우에까지 전면적부정설의 입장을 취하게 되면 국민의 재판을 받을 권리를 제한하게 되므로 그 범위 안에서 보충적으로 법정외항고소송을 인정하기 위하여 전면적허용설의 입장을 취한다.

그리고 의무이행소송의 경우에는 부작위에 대한 구제방법으로 행정소송법이 부작위위법확인소송을 인정하고 있는 이상, 그것이 비록 우회적이라고 하더라도 義務履行訴訟은 ① 행정청이 제1차적 판단권을 행사하도록 기다릴 필요가 없을 정도로 관계법상의 처분요건이 일의적·구체적으로 규정되어 있고, ② 그를 사전에 구제하지 않으면 회복하기 어려운 손해가 발생할 우려가 있으며, ③ 다른 구제방법이 없을 것이라는 제한적 요건아래 보충적으로 인정할 수 있다는 것이다.[71]

이 견해는 행정소송법상 법정 항고소송은 공권력작용으로 인한 권익침해에 대한 구제방법으로서 일단 완비된 것이라 하겠으나, 행정활동이 증대됨에 따라 법정항고소송으로

---

69) 金香基, 前揭書, 411쪽 ; 洪井善, 前揭書, 785쪽.

70) 金東熙, 前揭書, 619쪽 ; 金鐵容, 前揭書, 452쪽 ; 朴鈗炘, 前揭書, 866~868쪽 ; 千炳泰, 前揭書, 57쪽 ; 塩野 宏, 前揭書(Ⅱ), 189面 ; 原田尙彦, 前揭書(要論), 346面 ; 前揭書(訴えの利益), 25~26面 ; 小高 剛, 前揭書, 278面.

71) 金東熙, 前揭書, 619쪽 ; 朴均省, 前揭書, 257쪽, 261쪽 ; 朴鈗炘, 前揭書, 867쪽.

는 구제를 받을 수 없는 경우가 생길 수 있고 그런 사태를 방치하는 것은 국민의 재판을 받을 권리를 박탈하는 것이 되므로, 그러한 경우에는 보충적으로 법정외항고소송을 인정하여야 하며 그 인정범위는 법정외항고소송의 기능별로 고찰하여야 한다고 한다.[72]

요즘 시민단체들에 의해 자주 제기되고 있는 행정기관의 정보공개 거부에 대하여, 거부취소소송이나 부작위위법확인의 소에 의할 경우 신속하게 정보를 공개 받을 소송 형태로서 적합하지 못하다는 이유로 행정청에 대하여 공개를 명하는 의무이행소송이 채택되어야 한다는 주장도 있다.[73]

2. 判例의 立場

우리나라 대법원 판례는 일관되게 全面的否定說의 立場을 취하고 있다.

우리나라 대법원 판례는 義務履行訴訟, 作爲義務確認訴訟, 豫防的不作爲訴訟의 認定與否에 대하여 否定的인바, 行政訴訟法 제4조를 列擧規定으로 把握하고 있다고 하겠다.

현행 행정소송법상 행정청으로 하여금 일정한 행정처분을 하도록 명하는 이행판결을 구하는 소송이나 법원으로 하여금 행정청이 일정한 행정처분을 행한 것과 같은 효과가 있는 행정처분을 직접 행하도록 하는 형성판결을 구하는 소송은 허용되지 아니한다고 한다.[74]

이처럼 "行政審判法 제3조에 의하면 행정청의 위법 또는 부당한 거부처분이나 부작위에 대하여 의무이행심판청구를 할 수 있으나, 行政訴訟法 제4조에서는 행정심판법상의 의무이행심판청구에 대응하여 부작위위법확인소송만을 규정하고 있으므로 행정청의 부작위에 대한 의무이행소송은 허용되지 않는다.",[75] "우리 행정소송법이 행정청의 부작위에 대하여 부작위위법확인 소송만 인정하고 있을 뿐 작위의무이행소송이나 작위의무확인소송은 인정하지 않고 있는바, 行政審判法 제4조 제3호가 의무이행심판청구를 인정하고 있고 항고소송의 제1심 관할법원이 행정청의 소재지를 관할하는 고등법원으로 되어 있다고 하더라도[1998. 3. 1. 행정법원이 출범하였음] 그렇다고 하여 행정청의 부작위에 대한 작위의무의 이행이나 확인을 구하는 행정소송이 허용될 수는 없는 것이다."[76] 라고 각 판시함으로써 의무이행소송이나 작위의무확인소송은 허용되지 않고 있다.

72) 金香基,「無名抗告訴訟의 可否」(判例月報, 1995. 2), 48쪽.
73) 朴鈗炘, 前揭書, 518쪽.
74) 대법원 1997. 9. 30. 선고 97누3200 판결(공동어업권면허면적조정신청서반려처분취소) : 대법원 1996. 10. 29. 선고 95누10341 판결(건축허가신청반려처분취소) : 대법원 1995. 3. 10. 선고 94누14018 판결 ; 대법원 1994. 12. 22. 선고 93누21026 판결 ; 대법원 1992. 2. 11. 선고 91누4126 판결 ; 대법원 1986. 8. 19. 선고 86누223 판결.
75) 대법원 1989. 9. 12. 선고 87누868 판결.
76) 대법원 1992. 11. 10. 선고 92누1629 판결 ; 대법원 1989. 1. 24. 선고 88누3314 판결.

豫防的不作爲訴訟에 대하여, ① 법률이 예방적 부작위소송을 명문으로 규정하고 있지 않다, ② 예방적 부작위소송의 허용은 권력분립주의에 모순이 된다는 등의 근거로 부정하는 견해와 행정소송의 권리보호기능의 충실을 기하기 위해 예방적 권리보호가 필요하다는 견해가 대립되나, 우리 대법원은 "행정청에 대하여 신축건물의 준공처분을 하여서는 아니 된다는 내용의 부작위를 구하는 원고의 예비적 청구는 행정소송에서 허용되지 아니하는 것이므로 부적법하다."77)고 판시함으로써 豫防的不作爲訴訟(禁止訴訟)의 許容性을 否認하고 있다.

이처럼 우리판례는 이행판결이나 형성판결을 구하는 행정소송을 부정하고 예방적부작위요구소송(금지소송)도 허용하고 있지 않다.

이웃 日本의 境遇 행정청에 대하여 작위를 구하는 의무소송에 관해서는 부정적이지만 행정청이 할 수 있는 것이 일의적으로 확정되어 있을 것, 의무소송을 인정하지 않으면 회복하기 곤란한 손해가 생길 것, 기타 구제수단이 없을 것을 요건으로 하여 부작위의무소송은 허용하는 制限的許容說을 따르는 판례가 많음을 볼 때78) 앞으로 우리나라의 경우에도 적극적인 법원의 태도변화를 기대해 본다.

3. 所見

現行 行政訴訟法은 行政處分에 관한 履行訴訟 代身에 不作爲違法確認訴訟이라는 것을 明文化했다. 예컨대 원고가 어떤 행정처분을 소구하는 경우에 있어서 그 청구가 정당하다고 인정되는 경우 법원이 청구취지대로 행정청이 그 행정처분을 할 의무가 있음을 선언하지 못하고 부작위의 위법성을 확인하는 내용의 판결을 한다는 것은 지나치게 소극적이고 우회적인 것이라 할 것이다. 원고의 청구취지대로 행정청이 일정한 처분을 해야 할 '의무가 있음 선언'한다는 것과 不作爲의 위법을 '확인'한다는 것 사이에는 표현의 차이밖에 없다고 하지 않을 수 없다.

이는 학설에만 맡길 것이 아니라 입법적으로 해결하여야 할 문제라고 본다.79)

Ⅳ. 立法論

---

77) 대법원 1987. 3. 24. 선고 86누182 판결.
78) 日本에서는 補充說이라고도 불리는 데, 그 대표적인 예로는 大阪高等裁判所 1975(昭和 50). 11. 10. 堀木訴訟, 最高裁判所 1972(昭和 47). 11. 30. 勤評長野方式事件(民集 26卷 9號, 1746面 이에 대한 평석은『行政判例百選Ⅱ』, 482~483面 참조), 最高裁判所 1989(平成 元年). 7. 4. 橫川川河川區域盛土事件(判例時報 1336號, 86面) 등이 있다(芝池義一,『判例行政法入門』(有斐閣, 2001), 180~182面).
79) 柳至泰, 前揭書, 466쪽 : 朴鍾局, 前揭書, 867쪽 : 石琮顯, 前揭書, 778쪽 : 李鳴九, 前揭書, 675쪽.

부작위위법확인소송을 제기하여 신청인이 승소하는 경우에도 의무이행소송을 인정하지 않는 현행 행정소송법 아래에서는 위 소송의 인용판결에 따른 行政廳의 再處分義務(行政訴訟法 제30조 제2항)와[80] 間接強制制度(行政訴訟法 제34조)에 의하여 間接的으로 義務履行訴訟을 提起한 것과 같은 結果를 期待할 수 있을 뿐이다.

이처럼 부작위위법확인소송은 처분을 하지 않고 있는 부작위상태가 위법하다는 것을 확인할 뿐, 더 이상의 적극적인 구제조치는 기대하기 어렵다. 그러므로 부작위위법확인소송에서 승소한다 하더라도 행정청의 응답은 거부의 응답일 수도 있으므로 원고가 신청한 작위는 거부 될 수 있는 것이고 이런 점에서 不作爲違法確認訴訟은 拒否處分取消訴訟보다는 迂廻的인 權利救濟制度에 不過할 뿐이다. 즉 거부처분취소소송에서 승소하면 거부처분의 효력이 소멸되어 행정청이 다시 동일한 이유로 거부처분을 할 수 없지만 부작위위법확인소송에서 승소한다 하더라도 행정청은 거부처분으로 응답할 수 있기 때문에 원고의 입장에서는 궁극적인 권리구제가 되지 못한다.

따라서 이와 같은 우회적인 권리구제제도가 아닌 보다 直接的인 權利救濟制度로서의 義務履行訴訟制度를 認定하는 것이 절실히 要請된다.

의무이행소송의 도입이 권력분립원칙에 위반된다는 지적이 있으나, 권력분립자체가 권력과 권력 사이의 견제와 균형을 통해 국민의 자유를 보장하기 위한 것이고, 행정소송의 주된 기능·목적이 행정청의 행위(作爲·不作爲 包含)로 인한 권리침해에 대한 구제에 있을 뿐만 아니라 예컨대 美國의 경우 聯邦行政節次法에 職務執行命令制度(mandamus)가 인정되고, 獨逸의 경우 행정행위의 부작위에 대응하는 義務履行訴訟, 행정행위 이외의 행위, 또는 급부의 부작위에 대응하는 一般履行訴訟이 모두 인정되고 있고, 프랑스의 경우 행정청의 특정한 행위의무가 명확하게 인정 될 때 拒否處分의 取消와 아울러 원고의 신청에 의하여 그 義務履行을 명하는 命令(injonction)을 판결주문에 포함시킬 수 있게 되어[81] 실질적으로 의무이행소송에 접근하고 있는 것과 같이 비교법적으로 고찰하더라도 義務履行訴訟制度의 導入이 절실히 要請된다고 하겠다.

이와 같은 不作爲違法確認訴訟은, 개인적 공권의 일종[82]으로서 無瑕疵裁量行使請求權(협의로 해석하여 행정청의 결정재량권은 부인되면서도 선택재량권만을 가지고 있는 경

---

80) 拒否處分 取消判決은 거부처분을 행한 행정청으로 하여금 그 판결의 취지에 따라 다시 이전의 신청에 대한 처분을 하도록 하는 기속력을 갖기는 하지만(行政訴訟法 제30조 제2항 참조), 그 판결을 채무명의로 하여 行政廳의 再處分義務를 민사소송법상의 강제집행절차에 의하여 실현할 수 있는 집행력을 갖지는 못한다(대법원 2001. 11. 13. 선고 99두2017 판결).

81) Bernard Pacteau, *Contentieux administratif*, 4e éd., Paris, 1997, p.331~339.

82) 종래 無瑕疵裁量行使請求權, 行政行爲發給請求權, 行政介入請求權 등이 節次的 公權으로 이해되는 것이 일반적이었으나, 이를 個人的 公權의 일종으로 보아 公權成立의 요건을 충족하여야 한다는 견해가 유력하다(金南辰, 前揭書, 115쪽 ; 石琮顯, 「無瑕疵裁量行使請求權」(考試研究, 1990. 1), 24쪽 이하).

우에 그 재량권의 하자 없는 행사를 청구할 수 있는 권리를 말함), 行政介入請求權(행정청의 不作爲로 인하여 권익을 침해당한 자가 당해 행정청에 대하여 제3자에 대한 규제 내지는 단속을 청구할 수 있는 권리), 行政行爲發給請求權(자기의 이익을 위하여 행정청에 대하여 자기에 대한 행정권의 발동을 청구하는 권리)의 行使에 대하여 행정청이 아무런 조치를 하지 않는 경우에도 活用할 수 있다.

第4節 小結

抗告訴訟의 對象인 處分은 앞서 본대로 行政廳의 公權力 行使(넓은 의미로 拒否處分包含)와 權力的 事實行爲가 主軸을 이루고 있으나, 국민의 권리구제 폭을 넓힌다는 의미에서 現行 行政訴訟法은 公權力의 行使 또는 그 拒否에 준하는 行政作用까지를 '處分등'이라고 槪念지우고 있다. 行政訴訟法 제2조 제1항 제1호의 '그밖에 이에 준하는 行政作用'은 문맥상으로는 '公權力行使나 公權力行使拒否에 준하는 行政作用'을 의미한다. 하지만 '이에 준하는 行政作用'이 具體的으로 무엇을 意味하는가에 대하여는 학자마다 그 설명방법이 다양하다. 따라서 구체적으로 어떠한 행정작용이 공권력행사 또는 그 거부에 준하는 행정작용에 해당하는 지는 학설과 판례의 연구 과제라 할 수 있다. 이 책에서는 행정처분에 준하여 논하여지는 행정작용으로 비권력적 사실행위, 행정지도, 행정입법 등에 대하여만 검토하였는데, 현행 행정소송법의 문리해석상 처분이기 위해서는 공권력행사일 것을 요구하고 있기 때문에 적어도 순수한 비권력적 사실행위라든가 행정지도의 경우에는 공권력행사와 같은 위치에 놓을 수는 없는 것이라 할 것이어서 그 행정처분성을 부정할 수밖에 없을 것이다. 이처럼 국민의 권리·의무에 아무런 영향을 주지 않는 또는 그 가능성도 없는 행위가 취소소송의 대상이 될 수 없음은 물론이다.

현대복지국가에 들어서면서 행정기능의 복잡·확대에 따라 의회의 입법만으로는 행정의 실효성을 거둘 수 없게 되어 오늘날 모든 국가는 행정입법제도를 채택하고 있다. 우리나라에서는 추상적 규범통제를 인정하지 아니하고, 법규명령에 대하여는 특정 법규명령의 위헌·위법여부가 구체적 사건에 대한 재판의 전제가 된 경우에 법원이 이를 심리·판단하는 선결문제 심리의 방식에 의한 具體的規範統制만이 인정되고 있다. 이처럼 法規命令에 하자가 있는 경우에는 구체적 규범통제의 방법으로 그의 효력을 간접적으로 부인할 수 있을 뿐 직접 법규명령의 취소를 구하는 항고소송을 제기할 수 없음은 물론이다. 특정 조례나 부령 등의 法規命令이 그 자체로서 직접 국민의 구체적인 권리·의무나 법적 이익에 영향을 미치는 것인지 여부는 구체적 판단을 요하는 것이기는 하나, 그러한 성격이 인정되는 경우에는 당해 조례나 부령 등은 행정처분의 성질을 가지는 것으로서 직접 항고소송의 대상이 될 수 있을 것이다. 따라서 처분적 성질을 가지는 조례나 법규명령에 대하여는 선결문제 심리방식에 의한 간접적 통제가 아니라, 그에 대하여 직접 항고소송을 제기하여 이를 다툴 수 있는 것이라는 점에는 의문이 없다.

 한편, 학설상 행정소송법 제4조에서 법정하고 있는 항고소송 이외의 종류 즉 法定外抗告訴訟 또는 無名抗告訴訟을 認定할 것인가의 與否에 관하여 다툼이 있으나, 이는 항고소송의 종류를 규정하고 있는 行政訴訟法 제4조의 성질을 列擧規定으로 볼 것인가 아니면 例示規定으로 볼 것인가에서 출발한다. 現行 行政訴訟法은 行政處分에 관한 履行訴訟 代身에 不作爲違法確認訴訟이라는 것을 明文化했다. 부작위위법확인소송은 처분을 하지 않고 있는 부작위상태가 위법하다는 것을 확인할 뿐, 더 이상의 적극적인 구제조치는 기대하기 어렵다. 이처럼 不作爲違法確認訴訟은 拒否處分取消訴訟보다는 迂廻的인 權利救濟制度에 不過할 뿐이다. 따라서 이와 같은 우회적인 권리구제제도가 아닌 보다 直接的인 權利救濟制度로서의 義務履行訴訟制度를 認定하는 것이 절실히 要請된다. 하지만 법정외 항고소송의 허용여부는 더 이상 학설·판례에 맡길 것이 아니라 입법적으로 해결하는 것이 보다 더 합리적이라고 본다.

第6章　處分性關聯 判例의 基準과 對象

第6章　處分性關聯 判例의 基準과 對象

第1節　序說

우리나라 대법원 판례의 경향은, 원칙적으로는 實體法上槪念說의 原則에 따르면서 이에 의하여 해결할 수 없는 비권력 행정작용 등의 행위형식에 대하여 爭訟法上槪念說을 採用하여 처분의 개념을 넓게 이해하고 있다.

대법원은, "항고소송의 대상이 되는 행정청의 처분은 행정청의 공법상의 행위로서 특정 사항에 대하여 법규에 의한 권리의 설정 또는 의무의 부담을 명하거나 기타 법률상 효과를 발생하게 하는 등 국민의 권리의무에 직접관계가 있는 행위를 가리키는 것이고, 상대방 또는 기타 관계자들의 법률상 지위에 직접적인 법률적 변동을 일으키지 아니하는 행위 등은 항고소송의 대상이 되는 행정처분이 아니다"라고 판시한 것과 같은 취지의 판례가 다수 있는 것으로 보아[1] 우리나라 대법원은 원칙적으로는 實體法上槪念說에 입각한 것으로 보인다. 즉, 구체적 사실에 관한 공권력행사로서의 국민의 권리의무에 직접 영향을 미치는 행위를 항고소송의 대상인 '處分'으로 보고 있다.

이에 따라 학자들은 判例에서 말하는 行政處分의 槪念的 要素를 ① 공권력의 발동으로서의 행위일 것(公權力性), ② 국민에 대하여 직접 법적 효과를 발생시키는 행위일 것(法的效果性), ③ 행정의사를 구체화하기 위한 일련의 행정과정을 구성하는 행위 가운데 최종적으로 직접적 효과를 발생하는 행위단계일 것(紛爭成熟性)으로 분석하고 있다.[2]

하지만 대법원은 경우에 따라 '處分'개념을 광의로 파악하고 있다. 즉 "어떤 행정청의 행위가 행정소송의 대상이 되는 행정처분에 해당하는가는 그 행위의 성질, 효과 외에 행정소송제도의 목적 또는 사법권에 의한 국민의 권리보호의 기능도 충분히 고려하여 합

---

1) 대법원 2000. 9. 8. 선고 99두1113 판결(이주단지택지공급조건중분양가에공공시설비포함결정처분무효확인 등) ; 대법원 1999. 10. 22. 선고 98두18435 판결(증축신고수리처분취소) ; 대법원 1999. 8. 20. 선고 97누6889 판결 ; 대법원 1999. 7. 23. 선고 97누10857 판결(휴가일수계산착오취소) ; 대법원 1999. 6. 25. 선고 98두15863 판결(의료보험급여부지급처분취소) ; 대법원 1998. 7. 10. 선고 96누6202 판결 ; 대법원 1997. 5. 16. 선고 97누3163 판결(기술학원등록변경및수강료변경신청반려처분취소) ; 대법원 1997. 5. 9. 선고 96누5933 판결(미불보상금지급부결처분취소) ; 대법원 1996. 3. 22. 선고 96누433 판결 ; 대법원 1995. 11. 21. 선고 95누9099 판결(전기공급불가처분취소) ; 대법원 1994. 9. 10. 선고 94두33 판결 ; 대법원 1993. 10. 26. 선고 93누6331 판결.
2) 金道昶, 前揭書, 752~753쪽 ; 朴鈗炘, 前揭書, 917~922쪽.

목적적으로 판단되어야 한다"[3]고 하여 항고소송의 대상은 실체법상의 행정행위보다 확대될 수 있음을 암시하고 있고, "행정청의 어떤 행위를 행정처분으로 볼 것이냐의 문제는 추상적·일반적으로 결정할 수 없고, 구체적인 경우 행정처분은 행정청이 공권력의 주체로서 행하는 구체적인 사실에 관한 법집행으로서 국민의 권리의무에 직접 영향을 미치는 행위라는 점을 고려하고 행정처분이 그 주체, 내용, 형식에 있어서 어느 정도 성립 내지 효력요건을 충족하느냐에 따라 개별적으로 결정해야 할 것이며, 행정청의 어떤 행위가 법적 근거도 없이 객관적으로 국민에게 불이익을 주는 행정처분과 같은 외형을 갖추고 있고, 그 행위의 상대방이 이를 행정처분으로 인식할 정도라면 그로 인하여 파생되는 국민의 불이익 내지 불안감을 제거시켜 주기 위한 구제수단이 필요한 점에 비추어 볼 때 행정청의 행위로 인하여 그 상대방이 입는 불이익 내지 불안이 있는지 여부도 그 당시에 있어서의 법치행정의 정도와 국민의 권리의식 수준 등은 물론 행위에 관련한 당해 행정청의 태도 등도 고려하여 판단하여야 할 것이다."[4]라고 판시함으로써 實體法上 槪念說에 따른 限界를 克服하고 國民의 權利救濟에 充實하려는 爭訟法上槪念說의 傾向을 띠고 있다고 하겠다.

이처럼 대법원 판례 중에서 처분성을 인정함에 있어 행위의 성질, 효과 외에 행정소송제도의 목적 또는 사법권에 의한 국민의 권리보호의 기능도 충분히 고려하여 합목적적으로 판단해야 한다는 목적론적 해석방법에 입각한 판례들이 앞서 본 구법시대의 대법원 1984. 2. 14. 선고 82누370 판결 이래 계속 나오고 있다.

이하 개정된 신법 이후의 판례상 인정된 처분의 개념을 분석해보기로 한다. 대부분의 경우 판례는 '處分'에 관한 일반적 정의를 내린 다음 구체적 사안이 처분에 해당하는지 여부를 판단하고 있다.

第2節 公權力性과 그 對象

Ⅰ. 序言

여기서 '公權力行事'란 行政廳이 優越的 地位에서 法의 執行으로서 행한 權力的인 活動, 즉 행정청이 상대방의 의사여하에 관계없이 일방적으로 의사결정을 하고 그 결과에 대해 상대방의 수인(受忍)을 강제하는 법적 효과를 가진 행위를 말한다.

따라서 私法行爲 및 管理行爲, 즉 公法上契約이나 公法上合同行爲는 여기서 말하는 공

---

3) 대법원 1984. 2. 14. 선고 82누730 판결 ; 대법원 1991. 8. 13. 선고 90누9414 판결.
4) 대법원 1993. 12. 10. 선고 93누12619 판결 ; 대법원 1993. 4. 12. 선고 93누 2 판결 ; 대법원 1992. 1. 17. 선고 91누1714 판결.

권력행사가 아니기 때문에 行政處分이 아니다.

우리나라 대법원 판례도 "특정사항에 대하여 법규에 의한 권리의 설정 또는 의무부담을 명하거나 법률효과를 발생하게 하는 등 국민의 권리의무에 직접 관계가 있는 행위가 아니면 항고소송의 대상이 되는 행정처분이라고 할 수 없다."[5]고 판시하고 있다.

이하 행정행위로서의 처분성이 부정되는 私法行爲와 公法上契約, 公法上合同行爲를 대법원판례를 중심으로 살펴보고자 한다.

Ⅱ. 私法行爲

행정청의 행위일지라도 공권력의 주체로서가 아니라 단순히 사경제주체로서 국민과 대등한 관계에서 경제적 활동을 할 때에는 사인 상호간의 관계와 마찬가지로 일반사법이 적용되고 이에 관한 다툼은 민사소송으로 다뤄지는데 이와 같은 내용의 사법행위는 행정처분이 아니다.

하지만 행정청의 행위가 行政處分인지, 私法行爲인지의 區別은 일률적으로 말할 수는 없고, 그 행위의 구체적 유형마다 방법, 내용, 법적성질, 분쟁해결에 관한 특별규정의 존부 등 여러 가지 점을 종합적으로 검토하여 결정하여야 할 것이다.[6]

판례에 의하면, 辨償金賦課處分에 대하여 이는 관리청이 공권력을 가진 우월적 지위에서 행하는 것으로 보아 그 처분성을 인정하고 있다. 즉, 국유재산법 제51조 제1항, 제2항, 지방재정법 제87조 제1항에 의한 국·공유재산의 관리청이 무단점유자에 대하여 행하는 변상금부과처분은 순수한 사경제 주체로서 행하는 사법상의 법률행위라 할 수 없고 관리청이 공권력을 가진 우월적 지위에서 행하는 것으로 항고소송의 대상이 되는 행정처분이 된다.[7]

---

5) 대법원 1987. 9. 8. 선고 87누411 판결.

6) 朴圭河, 「抗告訴訟의 對象으로서의 行政處分의 範圍」(考試研究, 1987. 8), 120쪽.

7) 대법원 1988. 2. 23. 선고 87누1046, 1047 판결(변상금부과는 국·공유재산의 무단적용자에 대하여 사용, 수익허가 또는 대부 등을 받은 경우에 납부하여야 할 사용료 또는 대부료 상당액 이외에도 그 징벌적 의미에서 국가측이 일방적으로 그 2할 상당액을 추가하여 징수하도록 하고 있고 변상금을 체납하는 경우에는 국세징수법에 의하여 강제징수하도록 하고 있어 이러한 점들에 비추어 보면 국·공유재산의 관리청이 그 무단점유자에 대하여 하는 변상금부과처분은 순전히 사경제주체로서 행하는 사법상의 법률행위라 할 수 없고 이는 관리청이 공권력을 가진 우월적 지위에서 부과하는 행정처분이라 할 것이다) ; 대법원 1990. 11. 27. 선고 90누5740(판결지방자치단체가 그 소유토지의 무단점유자에 대하여 변상금액을 산출·결정한 다음 위 변상금을 납부하라는 통지를 하였다면 이는 형식상 지방재정법 제87조 제1항에 의한 변상금의 납부통지라고 보아야 할 것인바, 이 변상금 납부통지를 단순히 무단점유에 대한 부당이득금의 반환을 구하는 최고의 의미밖에 없다든가 행정처분이 아닌 사법상의 법률행위라고 할 수는 없고 이 역시 행정처분성을 인정하여야 할 것이다.).

1. 行爲의 主體面에서 處分性을 否認한 境遇

행위의 주체면에서 행정청이 아닌 사인의 행위 내지는 사인간의 법률관계로 보아 행정처분성을 부인한 사례는 다음과 같다.

(1) 公法人과 그 任職員과의 內部關係

이에는 ① 공무원및사립학교교직원의료보험관리공단직원의 근무관계(대법원 1993. 11. 23. 선고 93누 15212 판결), ② 사립학교 교원에 대한 학교법인의 해임처분(대법원 1993. 2. 12. 선고 92누13707 판결),8) ③ 서울특별시지하철공사의 임원과 직원의 근무관계 및 위 공사사장의 소속직원에 대한 징계처분(대법원 1989. 9. 12. 선고 89누2103 판결),9) ④ 주한미군한국인직원의료보험조합직원의 근무관계 및 위 조합의 직원에 대한 징계면직처분(대법원 1987. 12. 8. 선고 87누884 판결),10) ⑤ 세무사징계위원회의 세무사등록취소의 징계의결 및 그 통고(대법원 1983. 2. 8. 선고 81누314 판결),11) ⑥ 한국조폐공사의 소속직원에 대한 파면행위(대법원 1978. 4. 25. 선고 78다414 판결)12) 등이 있는 데, 이와 같이 공법인과 그 임직원과의 내부법률관계나 내규 등이 정하는 바에 따라 자체적으로 행하는 행위는 기본적으로 사법관계로서 항고소송의 대상이 아니다.

(2) 保險契約關係

수출보험제도가 보험이라는 기술적인 형태를 채용하고 있는 이상, 수출보험법상의 행

---

8) 사립학교 교원은 학교법인 또는 사립학교 경영자에 의하여 임면 되는 것으로서 사립학교 교원과 학교법인의 관계를 공법상의 권력관계라고는 볼 수 없으므로 사립학교 교원에 대한 학교법인의 해임처분을 취소소송의 대상이 되는 행정청의 처분으로 볼 수 없고, 따라서 학교법인을 상대로 한 불복은 행정소송에 의할 수 없고 민사소송절차에 의할 것이다.

9) 서울특별시지하철공사의 임원과 직원의 근무관계의 성질은 지방공기업법의 모든 규정을 살펴보아도 공법상의 특별권력관계라고는 볼 수 없고 사법관계에 속할 뿐만 아니라, 위 지하철공사의 사장이 그 이사회의 결의를 거쳐 제정된 인사규정에 의거하여 소속직원에 대한 징계처분을 한 경우 위 사장은 行政訴訟法 제13조 제1항 본문과 제2조 제2항 소정의 행정청에 해당되지 않으므로 공권력 발동주체로서 위 징계처분을 행한 것으로 볼 수 없고, 따라서 이에 대한 불복절차는 민사소송에 의할 것이지 행정소송에 의할 수는 없다.

10) 주한미군한국인 직원의료보험조합직원의 근무관계는 사법행위에 속하는 것이므로 동 조합직원에 대한 위 조합의 징계면직처분은 항고소송의 대상이 되는 행정처분이 아니고 사법상의 법률행위라고 보아야 한다.

11) 세무사 징계위원회의 징계의결 자체가 독자적으로 외부에 대하여 직접 징계실시의 효력을 발생하거나 위 징계위원회 위원장의 징계의결 통고를 재무부장관이 한 행정처분으로 볼 수 있다는 취지의 규정이 없다.

12) 한국조폐공사법 제2장 임원과 직원에 관한 전 규정에 의하면 동 공사 직원의 근무관계는 사법관계에 속하고 따라서 그 직원의 파면행위도 행정행위가 아니고 사법상의 행위이다.

정적인 규제・감독관계가 아닌 수출보험계약에 따른 보험자와 보험계약자 사이의 법률관계는 그 성질상 공법상의 권리의무관계라 할 수 없고, 통상의 보험에 있어서와 마찬가지로 보험계약관계라고 하는 사법상의 권리의무관계로 파악하여야 할 것이고, 따라서 한국수출보험공사의 보험료미지급행위도 행정소송의 대상이 되는 공법상의 처분(拒否處分)으로 볼 것은 아니고, 민사소송의 대상이 되는 사법상의 채무이행의 거절이라고 보는 것이 옳을 것이다.13)

2. 行爲의 性質上 處分性을 否認한 境遇

행정청의 행위이나 대법원이 그 행위의 성질상 私經濟主體로서의 行爲로 보아 처분성을 부인한 경우를 살펴보기로 한다.

(1) 國有등 財産의 處理關係

국・공유 잡종재산의 매각, 임대 등에 관한 행정청의 행위는 국가 등이 사경제주체로서 상대방과 대등한 위치에서 행하는 사법상의 계약에 불과하고 이를 둘러싼 분쟁은 민사소송으로 처리하여야 한다고 한다.

이런 맥락에서 대법원이 民事訴訟으로 본 具體的인 事例는, ① 임대국유재산지상의 건물철거(대법원 1975. 4. 22. 선고 73누215 판결), ② 정부가 은닉된 국유재산을 발견・신고한 자에 대하여 보상금을 결정, 지급하는 것(대법원 1982. 6. 22. 선고 81누389 판결), ③ 국유임야를 대부하거나 매각하는 행위(대법원 1983. 8. 23. 선고 83누239 판결 ; 대법원 1993. 12. 7. 선고 91누11612 판결), ④ 공유재산매각신청을 거부한 서울특별시장의 행위(대법원 1984. 4. 10. 선고 83누621 판결), ⑤ 공유수면매립협약 및 그 해제(대법원 1984. 6. 12. 선고 82누356 판결), ⑥ 하천법 제78조의 규정에 의하여 건설부장관 또는 그 권한을 위임받은 기관이 폐천 부지를 양여하는 행위(대법원 1988. 5. 10. 선고 87누1219 판결), ⑦ 매수대금을 완납한 귀속재산의 양수인으로부터 다시 양수한 者에 대한 관재기관의 매수인명의변경 승인행위나 그 취소행위(대법원 1989. 10. 24. 선고 87누788 판결),14) ⑧ 국유재산법 제31조, 제32조 제3항, 산림법

---

13) 대법원 1993. 11. 23. 선고 93누1664 판결.
14) 1964. 12. 31. 이전에 매매계약이 체결된 歸屬財産(不動産)에 관하여 관계당국이 매수인으로부터 권리를 양도받은 사람과 갱신계약을 체결하여 매수인의 명의가 양수인으로 변경되고 양수인이 매각대금을 완납한 경우 그 소유권은 등기를 필요로 하지 아니하고 자동적으로 양수인에게 이전하는 것이고, 그 후 양수인으로부터 위 부동산을 양수한 자의 신청에 의하여 관재기관이 국유재산매매갱신계약을 체결하여 그 매수인의 명의를 신청인으로 변경하는 것을 승인하였더라도 이는 관재기관이 국유재산이 아닌 위 부동산에 관하여 구 국유재산법시행령(77. 6. 13. 大統領令 제8598호) 부칙 제4조를 유추 적용하여 국유재산매매갱신계약이란 이름으로 양수인 명의의 소유권

제75조 제1항의 규정 등에 의하여 국유잡종재산에 관한 관리·처분의 권한을 위임받은 기관이 국유잡종재산을 대부하는 행위 및 국유잡종재산에 관한 대부료의 납부고지(대법원 1993. 12. 7. 선고 91누11612 판결 ; 대법원1993. 12. 21. 선고 93누13735판결 ; 대법원 1995. 5. 12. 선고 94누5281 판결 ; 대법원 2000. 2. 11. 선고 99다61675 판결), ⑨ 지방재정법 시행령 제83조의 규정에 따라 기부채납 받은 공유재산을 무상으로 기부자에게 사용을 허용하는 행위 및 기부자가 기부 채납한 부동산을 일정기간 무상 사용한 후에 한 사용허가기간연장신청을 거부한 행정청의 행위(대법원 1994. 1. 25. 선고 93누7365 판결) 등이 있다.

이처럼 국가 또는 지방자치단체가 사인과 대등한 지위에서 행하는 행위, 예컨대 국·공유 등 재산의 매각·처분, 임대·대부, 사용허가 및 그 취소행위 등은 지방재정법 또는 국유재산법상 여러 가지 제한 규정이 있을 지라도 그 본질은 사경제주체로서 하는 사법상의 법률행위이고 따라서 이러한 행위는 항고소송의 대상이 되지 않고 이에 관한 법적 쟁송은 민사소송에 속한다고 할 것이다.

(2) 入札參加資格制限行爲

會計法規는 그 형식은 법률로 되어 있으나 그 실질적 내용은 재정관리의 공정을 기하기 위한 行政廳의 內規的인 性質, 즉 內部 節次的 規律의 性質을 가지는데 그친다고 보는 것이 일반적이다.[15] 따라서, 당해 규율에 위반하여도 그것은 내부적 책임의 문제만을 발생시킬 뿐 당해행위의 외부적 효력에는 영향이 없다고 할 것이다. 대법원이 "예산회계법의 각 규정은 국가 예산의 집행사무를 담당 처리하는 출납공무원들을 규율하기 위한 것일 뿐 출납공무원의 위 규정들에 위배한 예산집행으로서의 수표발행의 효력까지를 당연히 무효화하려는 것은 아니다."[16]라고 판시한 것도 같은 맥락이다.

그리고 國家를當事者로하는契約에관한法律 제5조 제1항에서 "계약은 상호 대등한 입장에서 당사자의 합의에 따라 체결되어야 하며, 당사자는 계약의 내용을 신의성실의 원칙에 따라 이를 이행하여야 한다"라고 규정하고 있는 바, 國家를當事者로하는契約에관한法律상의 契約은 私法的 性質의 것임을 알 수 있다. 대법원도 國家를當事者로하는契約에관한法律과 동일하게 '계약'을 규정하였던 "구 예산회계법(1989. 3. 31. 법률 제4102호로 전면 개정되기 전의 것) 제70조에 따라 체결되는 계약은 사법상의 계약이라고

이전등기를 생략하고 바로 신청인에게 소유권이전등기를 경료하여 주겠다는 의사표시를 한 것에 불과하므로, 위 매수인명의변경 승인행위나 그에 대한 취소행위는 모두 사경제주체로서의 행위에 해당하고 공권력을 가진 우월적 지위에서 행하는 행정처분이 아니어서 행정소송의 대상이 될 수 없다.

15) 金東熙, 『行政法 Ⅱ』(博英社, 2000), 555쪽.
16) 대법원 1968. 1. 31. 선고 57다2631 판결.

……"17) 분명히 하고 있다.

한편 대법원은 國家를當事者로하는契約에관한法律 제27조, 舊 豫算會計法 제95조 (1995. 1. 5. 법률 제4868호로 삭제)의 규정에 의한 입찰참가자격제한행위가 항고소송의 대상인 처분으로 보고, 동 행위의 위법여부를 가림으로써 재량권의 남용이나 일탈로 인한 위법을 이유로 취소하거나18) 적법한 처분이라는 이유로 원고의 취소청구를 기각하는19) 태도를 보이고 있다. 입찰참가자격제한행위는 國家를當事者로하는契約에관한法律 제27조 제1항에 규정된 바와 같이 경쟁입찰의 공정한 집행 또는 계약의 적정한 이행을 해칠 우려가 있거나 기타 입찰에 참가시키는 것이 부적합하다고 인정되는 자에 대하여 1월 이상 2년 이하의 기간 입찰에의 참가자격을 제한하는 행위이다. 이처럼 입찰참가자격제한행위는 경쟁입찰계약에서 입찰 즉 청약을 할 수는 지위를 박탈하는 것으로 결국 국가가 체결할 계약의 상대방을 제한하는 것이다.

하지만, 항고소송의 대상이 되는 처분은 행정청의 구체적 사실에 대한 법집행으로서의 공권력의 행사나 그 거부 기타 그에 준하는 공법상의 행위라고 규정한 行政訴訟法 제2조 제1항의 규정에 비추어 볼 때, 입찰참가자격제한행위는 국가가 사인과의 사이에 체결하는 국가를 당사자로 하는 계약에 관한 법률상의 계약에 관한 현상이며, 사법적 성질의 행위인바 입찰참가자격제한행위를 항고소송의 대상인 처분으로 볼 수는 없다고 하겠다.20) 대법원은, "한국전력공사나 그 예하 화력발전소의 대표자가 한 입찰참가자격제한행위는 단지 그 대상자를 한국전력공사나 그 예하 기관에서 시행하는 입찰에 참가시키지 않겠다는 뜻의 사법상의 효력만을 가지는 통지행위에 그친다."21)라고 판시한 바 있다.

위 판결을 형식적으로 이해하면 앞서본 행위의 주체면에서 행정청이 아닌 사인의 행위 내지는 사인간의 법률관계로 보아 행정처분성을 부인한 경우라고 볼 수도 있겠으나, 입찰참가자격제한행위의 성질은 당해 행위자가 한국전력공사와 같은 특수법인이냐 아니면 행정청이냐에 따라, 또는 國家를當事者로하는契約에관한法律上의 행위인지 여부에 따라 달리 해석할 것이 아니라고 본다. 더군다나 1999. 2. 5. 정부투자기관관리기본법 제20조가 신설되어 정부투자기관이 부정당업자에 대하여 입찰참가자격을 제한할 수 있도록 법적 근거가 마련되어 있다고 하더라도 그 성질상 행정처분성이 인정되지는 않는다고

---

17) 대법원 1983. 12. 27. 선고 81누366 판결.

18) 대법원 1983. 4. 26. 선고 82누467 판결 ; 대법원 1983. 6. 28. 선고 82누362 판결 ; 대법원 1983. 12. 27. 선고 81누366 판결.

19) 대법원 1983. 7. 12. 선고 83누127 판결 ; 대법원 1986. 3. 11. 선고 85누793 판결 ; 대법원 1994. 8. 23. 선고 94누3568 판결 ; 대법원 1996. 2. 27. 선고 95누4360 판결.

20) 李尙圭,「入札參加資格制限行爲의 法的性質」(判例月報 189號, 1986. 6), 49~50쪽.

21) 대법원 1985. 1. 22. 선고 84누647 판결 ; 대법원 1995. 2. 28. 고지 94두36 결정 ; 대법원 1999. 11. 26. 고지 99부3 결정.

하겠다. 그러나 요즘 행정의 실효성확보를 위한 새로운 수법으로 경쟁입찰 참가자격 배제가 강구되고 있는 경향에 비추어 볼 때 향후 정부투자기관관리기본법 제20조가 공법상의 행정권한을 위탁한 것으로 보아 그 처분성을 인정하게 될 때도 멀지 않았다고 본다.

이와 관련하여 入札保證金國庫歸屬措置가 문제되는 데, 國家를當事者로하는契約에관한法律에 따라 체결되는 계약은 사법상의 계약이라고 할 것이고, 같은 법 제9조의 입찰보증금은 낙찰자의 계약체결의무이행의 확보를 목적으로 하여 그 불이행시에 이를 국고에 귀속시켜 국가의 손해를 전보하는 사법상의 손해배상예정으로서의 성질을 갖는 것이라고 할 것이므로, 입찰 보증금의 국고귀속조치는 국가가 사법상의 재산권의 주체로서 행하는 것이지 공권력을 행사하는 것이거나 공권력작용과 일체성을 가진 것이 아니라 할 것이므로 이에 관한 분쟁은 행정소송이 아닌 민사소송의 대상이 될 수밖에 없다고 할 것이다.[22]

(3) 寄附採納

국가 또는 지방자치단체는 때로 개인으로부터 무상으로 공공시설용 토지 또는 공공시설의 소유권이나 사용권을 증여받거나 무상으로 공공시설의 건축용역을 제공받기도 한다. 이와 같이 개인이 국가나 지방자치단체에게 공공시설용 토지 또는 공공시설 등을 무상으로 양도하고 국가나 지방자치단체가 이를 양수하여 국·공유재산으로 하는 것을 통상 寄附採納이라고 한다.

기부채납은 개인이 국가 또는 지방자치단체에게 그 소유재산을 국·공유재산으로 증여하는 기부의 의사표시를 하고, 국가 또는 지방자치단체는 이를 승낙하는 채납의 의사표시를 함으로써 성립하는 사법상의 증여계약의 성질을 가진다.[23]

기부채납에 관한 근거규정은, 국유재산법 제9조, 같은 법 시행령 제5조와 지방재정법 제75조, 같은 법 시행령 제82조가 있는데, 기부채납을 둘러싼 법적 분쟁은 민사소송으로 해결하여야 한다.

다만 "공유재산의 관리청이 하는 행정재산의 사용·수익에 대한 허가는 순전히 사경제주체로서 행하는 사법상의 행위가 아니라 관리청이 공권력을 가진 우월적 지위에서 행하는 행정처분이라고 보아야 할 것인바, 행정재산을 보호하고 그 유지·보존 및 운용 등

---

22) 구 예산회계법에 의한 입찰보증금국고귀속조치에 대한 이와 같은 취지의 대법원 판례로는 대법원 1983. 12. 27. 선고 81누366 판결이 있다.

23) 대법원 1996. 11. 8. 선고 96다20581 판결.
朴均省 敎授는 기부채납의무에 따라 행하는 기부채납의 이행을 민법상의 증여행위로 보는 것은 타당하지 않으며, 기부채납의 이행은 공법상의 의무인 기부채납의무의 단순한 이행행위로 보아야 한다고 한다(「20세기 행정법 분야의 주요 판례의 소개와 해설」(人權과 正義, 통권 제284호, 2000. 4), 56쪽).

의 적정을 기하고자 하는 지방재정법 및 그 시행령 등 관련 규정의 입법 취지와 더불어 잡종재산에 대해서는 대부·매각 등의 처분을 할 수 있게 하면서도 행정재산에 대해서는 그 용도 또는 목적에 장해가 없는 한도 내에서 사용 또는 수익의 허가를 받은 경우가 아니면 이러한 처분을 하지 못하도록 하고 있는 구 지방재정법(1999. 1. 21. 법률 제5647호로 개정되기 전의 것) 제82조 제1항, 제83조 제2항 등 규정의 내용에 비추어 볼 때 그 행정재산이 구 지방재정법 제75조의 규정에 따라 기부채납 받은 재산이라 하여 그에 대한 사용·수익허가의 성질이 달라진다고 할 수는 없다."24)라고 판시함으로써 기부채납 받은 행정재산에 대한 공유재산관리청의 사용·수익허가의 법적 성질은 행정처분이라는 것이다.

같은 맥락에서 대법원25)은 도로부분 지하에 지하도와 지하상가 등 시설을 만든 후 그 시설 일체를 기부하고 도로점용허가를 받아 그 허가기간동안 도로부분을 점용하고 나서 자신의 점용허가기간이 투자액과 점용료의 상계연한에 미치지 못하였다는 이유를 내세

---

24) 대법원 2001. 6. 15. 선고 99두509 판결.
25) 구 지방재정법시행령(1978. 12. 26. 大統領令 제9224호로 개정되기 전의 것) 제71조는 '행정재산으로 할 목적으로 기부를 채납한 공유재산은 그 용도에 사용하지 아니하는 기간 중 이를 무상으로 그 기부인 또는 그 상속인 기타의 포괄승계인에게 사용을 허용할 수 있다. 다만, 무상사용기간은 기부채납된 재산의 가액을 연간 임대료액으로 제한 연수를 초과할 수 없다'고 규정하고, 구 서울특별시도로점용료징수조례시행규칙(1979. 2. 26. 서울특별시규칙 제1793호로 개정되기 전의 것) 제4조 제2항은 공익을 위한 사업에 민간자본을 유치하여 시설투자를 하였을 경우에는 투자자에게 점용을 허가할 수 있다고 규정하는 한편, 그의 제6조는 '도로점용의 허가기간은 1년 이내로 한다. 다만, 다음의 경우에는 상당기간 동안 점용을 허가할 수 있다'고 하면서 그의 제1호로 '제4조 제2항에 의한 점용허가기간은 투자액과 점용료가 상계되는 연한'이라고 규정하고 있는바, 이러한 규정 및 같은 내용의 현행 지방재정법시행령 제83조 제1항 등의 취지는 행정청이 공유재산의 기부자 등에게 당해 재산의 무상사용을 허용할 수 있다는 뜻이지 반드시 무상사용을 허용하여야 한다는 것은 아니며(대법원 1992. 9. 8. 선고 91누8173 판결), 또한 이와 같은 규정들이 행정청이 기부자에 대하여 기부채납된 재산의 가액을 연간 임대료액으로 나눈 연수 혹은 투자액과 점용료가 상계되는 연한에 이를 때까지 그 공유재산의 사용을 許可하여야 할 의무를 부담한다는 뜻이라고 해석할 수도 없고, 舊 社會間接資本施設에대한民間資本誘致促進法(1998. 12. 31. 법률 제5624호 社會間接資本施設에대한民間投資法으로 전문 개정되기 전의 것)이 적용되기 위해서는 같은 법이 시행될 때에 그 사업이 진행 중이고, 같은 법이 정하는 민자유치사업심의위원회의 심의를 거치는 등 절차를 거쳐야 하는 것이므로(1994. 8. 3. 법률 제4773호로 제정될 당시의 부칙 참조) 이러한 요건을 갖추지 못한 기부자에게 같은 법이 적용될 여지는 없고, 더욱이 같은 법에 의하더라도 무상사용기간은 주무관청이 결정하게 되어 있으므로(제23조 제2항) 행정청이 그 법률에 의하여 앞서 본 바와 같은 의무를 부담한다고 볼 수도 없으며, 그 외에 행정청이 그러한 의무를 부담한다고 볼 만한 법령상의 근거가 없고, 또한 도로법 제40조 제1항에 의한 도로점용허가신청이 있는 경우 행정청은 그 자신의 재량에 의하여 점용허가 여부를 결정할 수 있는 것이고, 도로점용허가를 신청한 자가 도로의 지하에 지하도 및 상가 등 시설을 만들어 이를 기부한 자라는 사정만으로는 도로점용허가 여부의 결정이 기속행위로 된다거나 행정청이 그 기부자에게 도로점용의 허가를 하여야 할 의무를 부담하게 된다고 할 수도 없다(대법원 2001. 2. 23. 선고 99두7425 판결-지하도상가무상사용기간연장신청등거부처분취소).

위 다시 점용허가 신청을 하였다 하더라도 행정청이 그 기부자에 대하여 투자액과 점용료가 상계되는 연한에 이를 때까지의 기간 동안 도로점용의 허가를 하여야 할 법령상의 의무를 부담하는 것은 아니라고 판시하고 있는 바, 이 역시 기부채납 받은 지하도상가 무상사용기간연장신청에 대한 거부처분의 항고소송 대상성을 전제로 한 것으로 보인다.

(4) 租稅 過·誤納金 還給

국세기본법 제51조 및 제52조에 의한 국세환급금 및 국세환급가산금 결정에 관한 규정은 이미 납세의무자의 환급청구권이 확정되어 있는 국세환급금 및 가산금에 대하여 내부적 사무처리절차로서 과세관청의 환급절차를 규정한 것에 지나지 않고 그 규정에 의한 국세환급금(가산금포함)결정에 의하여 비로소 환급청구권이 확정되는 것은 아니므로, 국세환급금결정이나 이 결정을 구하는 신청에 대한 환급거부결정 등은 납세의무자가 갖는 환급청구권의 존부나 범위에 구체적이고 직접적인 영향을 미치는 처분이 아니어서 항고소송의 대상이 되는 처분이라고 볼 수 없다.26)

조세의 과·오납이 부당이득이 되기 위해서는 납세 또는 조세의 징수가 실체법적으로나 절차법적으로 전혀 법률상의 근거가 없거나 과세처분의 하자가 중대하고 명백하여 당연무효이어야 하고, 과세처분의 하자가 단지 취소할 수 있는 정도에 불과할 때에는 과세관청이 이를 스스로 취소하거나 항고소송절차에 의하여 취소되지 않는 한 그로 인한 조세의 납부가 부당이득이 된다고 할 수 없다. 행정처분이 아무리 위법하다 하여도 그 하자가 중대하고 명백하여 당연 무효라고 보아야 할 사유가 있는 경우를 제외하고는 아무도 그 하자를 이유로 무단히 그 효과를 부정하지 못하는 것으로, 이러한 행정행위의 공정력은 판결의 기판력과 같은 효력은 아니지만 그 공정력의 객관적 범위에 속하는 행정행위의 하자가 취소사유에 불과한 때에는 그 처분이 취소되지 않는 한 처분의 효력을 부정하여 그로 인한 이득을 법률상 원인 없는 이득이라고 말할 수 없다.27)

조세과오납금환급청구권이 공권인지 여부에 대하여는 논란이 있으나 조세부과처분이 당연 무효임을 전제로 하여 이미 납부한 세금의 반환을 청구하는 것은 사경제적 견지에서 인정되는 형평을 기하기 위한 제도인 민사상의 부당이득반환청구권에 기한 것이라 할 것이므로 이는 사권(私權)으로 보아야 할 것이고, 이 경우 납세자는 부당이득의 법리에 따라 민사소송으로써 국가를 상대로 환급금반환청구의 소를 제기하여야 한다.

또한 국세징수법 제21조에 규정된 가산금은 과세권의 행사와 조세채권의 실현을 용이하게 하기 위하여 세법에 규정된 의무를 정당한 이유 없이 위반한 납세자에게 부과하는

---

26) 同旨, 대법원 1990. 2. 13. 선고 88누6610 판결 : 대법원 1997. 10. 10. 선고 97다264 판결 : 대법원 2001. 10. 26. 선고 2000두7520 판결.
27) 대법원 1994. 11. 11. 선고 94다28000 판결.

일종의 행정상 제재로, 국세를 납부기한까지 납부하지 않으면 과세관청의 확정 절차 없이 당연히 발생하고 그 액수도 확정되는 것이어서 과세관청이 납세고지를 하면서 납기일까지 납부하지 아니하면 납기일 후에는 가산금 얼마를 징수하게 된다는 취지를 고지하는 것만으로는 항고소송의 대상인 어떤 처분이 있다고 할 수 없다. 다만 납부기한 이후 과세관청이 독촉장에 의하여 납부를 독촉함으로써 징수절차에 나아갔을 경우 가산금 납부독촉은 징수처분으로서 항고소송의 대상이 된다.[28)]

일반적으로 국세징수법에 의하면 조세 채권이 확정된 경우 이를 실현하기 위한 모든 행위를 광의의 징수처분이라고 하는데 여기에는 납세고지, 독촉 및 체납처분 등이 포함된다. 國稅徵收法上의 督促은 이행지체에 빠져있는 조세채무의 이행을 촉구하는 협의의 징수처분으로 그 자체가 하나의 독립된 처분이다. 하지만 독촉이 체납처분의 전제가 되는 징수처분이 아닌 경우에는 이미 발생한 납세의무를 전제로 한 민법상의 최고에 불과하여 국민의 권리의무에 직접 영향을 미치는 것이 아니므로 처분성을 인정할 수 없게 된다. 이와 같은 취지에서 대법원은 "구 의료보험법(1994. 1. 7. 법률 제4728호로 전문 개정되기 전의 것, 이 법은 2001. 5. 24. 법률 제6474호 의료급여법으로 전면 개정되었음) 제45조, 제55조, 제55조의2의 각 규정에 의하면, 보험자 또는 보험자단체가 사기 기타 부정한 방법으로 보험급여비용을 받은 의료기관에게 그 급여비용에 상당하는 금액을 부당이득으로 징수할 수 있고, 그 의료기관이 납부고지에서 지정된 납부기한까지 징수금을 납부하지 아니한 경우 국세체납절차에 의하여 강제 징수 할 수 있는바, 보험자 또는 보험자단체가 부당이득금 또는 가산금의 납부를 독촉한 후 다시 동일한 내용의 독촉을 하는 경우 최초의 독촉만이 징수처분으로서 항고소송의 대상이 되는 행정처분이 되고 그 후에 한 동일한 내용의 독촉은 체납처분의 전제요건인 징수처분으로서 소멸시효 중단사유가 되는 독촉이 아니라 민법상의 단순한 최고에 불과하여 국민의 권리의무나 법률상의 지위에 직접적으로 영향을 미치는 것이 아니므로 항고소송의 대상이 되는 행정처분이라 할 수 없다."[29)]고 판시한 바 있다.

(5) 還買權行使

환매권이란 공익사업 또는 공공사업 기타 공공목적으로 수용, 징발매수, 협의매수 등의 방법에 의해 공익사업 주체 등에 의해 취득된 토지 등이 당해 사업의 폐지, 변경, 기타의 사유로 불필요하게 되거나 또는 원래의 공익목적에 공용되지 아니한 경우에 원래의 피수용자 등 원토지소유자가 일정한 요건아래 그 소유권을 다시 회복할 수 있는 권리를 말한다. 還買權의 性質에 관해 學說[30)]은 公權說과 私權說의 對立이 있다. 私權說은 환

---

28) 대법원 1996. 4. 26. 선고 96누1627 판결.
29) 대법원 1999. 7. 13. 선고 7누119 판결.

매는 행정청이 수용을 해제하는 것이 아니고 전적으로 환매권자의 이익을 위하여 수용
목적물을 다시 취득하는 권리이므로 사권이라는 것이다. 이에 반해 公權說은 환매제도
는 공법상 원인에 의하여 야기된 법적 상태를 원상으로 회복하는 수단이므로 공권이라
는 것이다.

이에 대해 판례[31]는 환매권은 원소유자가 환매권의 행사에 의하여 일방적으로 사법상
매매를 성립시키고 공용수용 해제처분을 요하지 아니하므로 사권으로 보고 있다.

공권인지 사권인지 여부는 그 발생 원인에 의해 판단해서는 안 되고 그 실질이 무엇이
냐에 따라 결정하여야 할 것이므로, 환매권은 환매권자의 이익을 위해 일방적 의사표시
에 의해 성립하는 매매의 실질을 가지는 것으로서 사권이라고 보아야 할 것이다. 이 문
제는 환매권의 인정근거[32]로 보통 거론되고 있는 원토지소유자의 특별한 가치감정에
대한 구제조치나 공평의 원칙에서 보거나, 설사 환매권을 "헌법상 재산권보장으로부터
도출되는 것으로서 헌법이 보장하는 재산권의 내용에 포함되는 권리"[33]라고 보더라도
그 결과는 마찬가지라고 하겠다. 따라서 환매권행사를 둘러싼 법적분쟁은 항고소송의
대상이 되지 않는다고 하겠다.

Ⅲ. 公法上 契約 · 公法上 合同行爲

公法上契約[34]은 학문상의 개념으로 공법적 효과의 발생을 목적으로 복수당사자 사이
에 반대방향의 의사표시의 합치로써 성립하는 공법행위이다. 이와 같은 公法上契約은
당사자간 반대방향의 의사표시의 합치에 의하여 법률효과가 발생하고, 그 효과가 당사
자 쌍방에 대하여 반대적 의미를 가지게 된다. 이에 반하여 公法上合法行爲는 같은 방향
의 의사표시의 합치에 의하여 법률효과가 발생하고, 그 효과도 당사자에 대하여 같은 의
미를 가진다.

이러한 公法上契約이나 公法上合同行爲는 공권력의 일방적인 행사작용인 행정처분과는
달리 당사자간 대등한 입장에서 합의가 이루어지는 것으로 항고소송의 대상이 되지 않
는다.

따라서 公法上契約이나 公法上合同行爲에 관한 다툼은 '공법상의 법률관계에 관한 소

---

30) 金裕煥, 「還買權의 法理 : 判例理論의 分析과 檢討」(人權과正義 제251호, 1997. 7), 97∼110쪽.
31) 대법원 1987. 4. 14. 선고 86다324판결 ; 대법원 1992. 4. 24. 선고 92다4673 판결.
32) 木村 實, 「買受權」(行政法の爭點), 272∼273面.
33) 헌법재판소 1995. 10. 26. 선고 95헌바22 결정.
34) 公法上契約과 私法上契約의 上位槪念이며 包括的인 槪念인 行政契約의 개념을 주장하는 학자들도
    있으나(金東熙, 前揭書(Ⅰ), 205쪽 ; 朴鈗炘, 前揭書, 535쪽 ; 千柄泰, 前揭書(總論), 398쪽 ;
    朴圭河, 「行政契約理論과 公法上 契約理論」(考試研究, 1993. 4), 62쪽 ; 李光潤, 「行政契約論」
    (『行政法理論』, 성균관대학교 출판부, 2000), 139쪽), 여기서는 論外로 하고 公法上契約에 한정
    하기로 한다.

송' 즉 當事者訴訟에 의하여 解決하여야 할 것이다.[35] 대법원도 "서울특별시립무용단원의 위촉은 공법상 계약이고, 해촉에 대하여는 공법상 당사자소송으로 무효확인을 청구할 수 있다."[36]고 하고 있다.

第3節 法的 效果性과 그 對象

Ⅰ. 序言

행정처분의 가장 중요한 개념적 요소는 法的 效果性이다. 이는 개인의 권리의무를 형성하거나 그 범위를 확정하는 행위이다. 따라서 ① 이러한 법적 효과를 갖지 아니하는 단순한 사실행위, ② 법적 효과는 갖지만 그것이 단순히 내부적인 것, ③ 외부적인 법적효과를 갖지만 권리의무를 형성하거나 그 범위를 확정하는 정도에 이르지 아니한 것(주의 또는 계고의 조치) 등은 행정처분이 아니다. 따라서 항고소송의 대상인 처분이라고 하기 위해서는 그 처분이 개인의 법률상 지위 내지 권리관계에 대하여 직접적으로 어떠한 영향을 미치는 것이 아니면 아니 된다고 하겠다. 이처럼 항고소송은 국민의 권리·이익에 대한 침해의 구제를 위한 소송이므로 국민의 권리·의무에 영향이 없는 단순한 행정청의 내부적 행위나 법적효과를 발생하지 않는 의견, 질의 답변 등은 항고소송의 대상이 될 수 없다.

Ⅱ. 行政上의 事實行爲

1. 非權力的 事實行爲

憲法裁判所는 權力的 事實行爲와 非權力的 事實行爲에 대한 區別基準을 設定하고 있는 바, "일반적으로 어떤 행정상 사실행위가 권력적 사실행위에 해당하는지 여부는 당해 행정주체와 상대방과의 관계, 그 사실행위에 대한 상대방의 의사·관여정도·태도, 그 사실행위의 목적·경위, 법령에 의한 명령·강제수단의 발동가부 등 그 행위가 행하여질 당시의 구체적 사정을 종합적으로 고려하여 개별적으로 판단하여야 한다."[37]고 판시하고 있다.

대법원 1993. 12. 10. 선고 93누12619 판결은 處分性의 判斷基準에 대하여 "행정청의 어떤 행위를 행정처분으로 볼 것이냐의 문제는 추상적·일반적으로 결정할 수 없고, 구체적인 경우 행정처분을 행정청이 공권력의 주체로서 행하는 구체적 사실에 관한 법

---

35) 朴鈗炘, 前揭書, 543쪽 ; 洪井善, 前揭書, 408쪽.
36) 대법원 1995. 12. 22. 선고 95누4638 판결 ; 대법원 2001. 12. 11. 선고 2001두7794 판결.
37) 헌법재판소 1994. 5. 6. 선고 89헌마35 결정.

집행으로서 국민의 권리의무에 직접 영향을 미치는 행위라는 점을 고려하고, 행정처분이 그 주체·내용·절차·형식에 있어서 어느 정도 성립 내지 효력요건을 충족하느냐에 따라 개별적으로 결정하여야 하며, 행정청의 어떤 행위가 법적 근거도 없이 객관적으로 국민에게 불이익을 주는 행정처분과 같은 외형을 갖추고 있고, 그 행위의 상대방이 이를 행정처분으로 인식할 정도라면 그로 인하여 파생되는 국민의 불이익 내지 불안감을 제거시켜 주기 위한 구제수단이 필요한 점에 비추어 볼 때 행정청의 행위로 인하여 그 상대방이 입는 불이익 내지 불안이 있는지 여부도 그 당시에 있어서의 법치행정의 정도와 국민의 권리의식 수준 등은 물론 행위에 관련한 당해 행정청의 태도 등도 고려하여 판단하여야 한다"고 판시하면서도 대법원 1993. 10. 26. 선고 93누6331 판결(급수공사비 등 부과처분취소)은 구체적으로 事實行爲의 處分性과 관련하여 "항고소송의 대상이 되는 행정처분이라 함은 행정청의 공법상의 행위로서 특정 사항에 대하여 법규에 의한 권리의 설정 또는 의무의 부담을 명하며 기타 법률상의 효과를 발생케 하는 등 국민의 구체적인 권리의무에 직접적 변동을 초래하는 행위를 말하는 것이고, 행정권 내부에서의 행위나 알선, 권유, 사실상의 통지 등과 같이 상대방 또는 기타 관계자들의 법률상 지위에 직접적인 법률적 변동을 일으키지 아니하는 행위는 항고소송의 대상이 될 수 없다고 해석하여야 할 것이다."라고 판시하고 있다.[38]

대법원은 이처럼 非權力的 事實行爲의 處分性에 대하여, 消極的 立場을 취하고 있다. 그 구체적인 예를 들어보면, ① 동장이 담장공사신청서 첨부서류 보완 시까지 담장공사를 중지해 달라는 권고를 한 취지의 담장공사중지공문(대법원 1974. 12. 26. 선고 74두5 판결), ② 해운관청이 선박 소유자에게 선원법 제109조에 의하여 진정서 처리결과 통보라는 형식으로 그 소속 선원들이 선원법 제52조 소정 사유가 아닌 퇴직의 경우에도 선원법 제128조에 의하여 준용되는 근로기준법 제28조에 의거하여 퇴직금을 지급할 것을 지시한 행위(대법원 1980. 10. 14. 선고 78누379 판결), ③ 구청장이 도시재개발구역 내 건물소유자에게 보낸 건물자진철거 요청의 지장물철거촉구공문(대법원 1989. 9. 12. 선고 88누8883 판결), ④ 세무당국이 소외 회사에 대하여 원고와의 주류 거래를 일정기간 중지하여 줄 것을 요청한 행위(대법원 1980. 10. 27. 선고 80누395 판결), ⑤ 행정청이 택시운송사업자에게 증차를 수반하는 자동차운송사업계획의 변경인가신청을 권유하는 내용의 결정 통보(대법원 1993. 9. 24. 선고 93누11999 판결), ⑥ 수도사업자가 급수공사 신청자에 대하여 급수공사비 내역과 이를 지정기일 내에 선납하라는

---

38) 대법원 1995. 11. 21. 선고 95누9088 판결 ; 대법원 1993. 7. 13. 선고 93누36 판결(공동주택지공급배정처분취소) ; 대법원 1993. 5. 11. 선고 92누15987 판결(택시운송사업면허신청반려처분취소등) ; 대법원 1990. 2. 27. 선고 88누1837 판결(특별소비세등부과처분취소) ; 대법원 1988. 3. 8. 선고 87누156 판결(부가가치세부과처분취소).

취지로 한 납부통지(대법원 1993. 10. 26. 선고 93누6331 판결), ⑦ 행정청의 建築法 제69조 제2항에 의한 위법건축물에 대한 단전 및 전화통화 단절조치요청행위(대법원 1996. 3. 22. 선고 96누433 판결 ; 대법원 1995. 11. 21. 선고 95누9099 판결),39) ⑧ 행정청이 식품접객영업허가에 붙여진 영업시간을 준수할 것을 재차 촉구하는 행위 (대법원 1982. 12. 28. 선고 82누366 판결), ⑨ 공무원에 대하여 징계에 이르지 않고 단순히 서면 경고하는 행위(대법원 1991. 11. 12. 선고 91누2700 판결), ⑩ 근로기준법 제91조, 제92조에 의하여 노동부장관이나 노동위원회가 근로기준법상의 재해보상에 관한 사항에 관하여 심사·중재하는 행위(대법원 1982. 12. 14. 선고 82누448 판결), ⑪ 택지개발사업촉진법상 사업시행자가 한 택지공급방법결정 통보행위(대법원 1993. 7. 13. 선고 93누36 판결), ⑫ 국립공원지정처분에 따라 공원관리청이 행한 경계측량 및 표지설치(대법원 1992. 10. 13. 선고 92누2325 판결) ⑬ 구 식품위생법시행규칙 제28조 소정의 영업허가증교부(대법원 1984. 6. 12. 선고 84누21 판결), ⑭ 상훈대상자를 결정할 권한이 없는 국가보훈처장이 기포상자에게 훈격(勳格) 재심사계획이 없다는 회신(대법원 1989. 1. 24. 선고 88누3116 판결), ⑮ 신고납부하는 취득세 및 등록세의 수납행위(대법원 1990. 3. 27. 선고 88누4591 판결), ⑯ 취득세의 자진납부신고서나 자납용고지서교부행위(대법원 1993. 8. 24. 선고 93누2117 판결), ⑰ 취득세를 과세관청이 수납하는 행위(대법원 2000. 11. 14. 선고 2000두6350 판결) 등에 대해 대법원은 권고적 성격의 행위에 불과한 것으로 법률상 지위에 직접적인변동을 가져오는 것이 아니므로 항고소송의 되는 행정처분이라고 볼 수 없다고 한다.

설사 사실행위가 처분성이 인정된다고 할지라도 행정상 사실행위에 대한 취소소송을 제기하기 위해서는 특히 협의의 소의 이익 내지 권리보호필요성이 있어야 한다. 行政訴訟法 제12조 후단에서 "처분 등의 효과가 기간의 경과, 처분 등의 집행, 그 밖의 사유로 인하여 소멸된 뒤에도 그 처분 등의 취소로 인하여 회복되는 법률상이익이 있는 자의 경우에도 또한 같다."고 규정하고 있어 이론적으로는 행정상 사실행위가 종료된 경우라도 행정상 사실행위의 취소로 인하여 회복될 수 있는 법률상이익이 있는 경우에는 취소소송을 제기할 수 있다. 그러나 대법원 1979. 11. 13. 선고 79누242 판결은 "행정처분의 시행이 사실행위로서 완료된 이후에 있어서는 그 처분에 대한 위법사유가 있음을 이유로 하여 손해배상이나 원상회복을 구함은 모르되, 그 처분의 취소나 무효확인을 구할 실익이 없다."고 판시하면서 집행이 종료된 사실행위의 경우에 협의의 소의 이익 내지 권리보호필요성을 구비하지 않은 것으로 파악하고 있다. 아울러 동일한 취지에서 대법원

---

39) 이에 대해 朴均省 教授는 第3者效行政指導라고 하면서 建築法 제69조 제3항은 위와 같은 요청을 받은 자는 특별한 이유가 없는 한 이에 응하여야 한다고 규정하고 있으므로 당해 요청행위의 처분성을 인정하는 것이 타당하다고 한다(前揭書, 284쪽).

1993. 6. 8. 선고 93누6164 판결은 대집행계고처분취소청구사건에서 "계고처분이 위법하더라도 대집행의 실행이 완료된 후에는 그 행위가 위법한 것이라는 이유로 손해배상이나 원상회복 등을 청구하는 것은 별론으로 하고, 처분의 취소를 구할 법률상이익이 없다."고 판시하고 있다.

繼續的 事實行爲의 處分性의 인정은 일본의 입법례(日本 行政不服審査法 제2조 제1항)처럼 명문의 규정을 두는 경우에는 모르되 앞서 본대로 이는 권리보호의 필요성의 문제이고 처분성의 문제는 아니라고 할 것이다.

앞서 살펴 본 바와 같이 현행 행정소송법의 체계는 행정행위 중심으로 구성되어 있으므로 행정상 사실행위에 대하여는 행정쟁송법적인 구제수단이 제대로 마련되어 있지 않은 실정이다. 행정상 사실행위와 관련하여 보다 실효적인 구제수단으로는 행정청의 사실행위로 인하여 타인의 권리·이익을 침해할 우려가 있을 경우 이를 사전에 예방하기 위한 소송형태, 豫防的不作爲請求訴訟을 인정해야 할 것이다. 이는 행정청의 사실행위로 인하여 타인의 권리·이익을 침해할 우려가 있을 경우 이를 사전에 예방하기 위한 소송형태이다. 이론적으로 행정상 사실행위에 대한 부작위청구소송은 원고가 자신의 법적 지위로부터 부작위청구권을 갖고, 행정상 사실행위를 수인할 의무가 없을 때 허용된다. 그러나 대법원 1987. 3. 24. 선고 86누182 판결은 "신축건물의 준공처분을 하여서는 아니 된다는 내용의 부작위를 구하는 원고의 예비적 청구는 행정소송에서 허용되지 아니하는 것이므로 부적법하다."고 하여 소극적인 입장을 견지하고 있다. 행정상 사실행위의 현실적 존재에도 불구하고 쟁송법상의 구제의 미비는 입법이 제대로 마련되지 않아 생긴 문제인바, 행정상 사실행위를 처분개념에 포함시켜 취소소송이 가능하도록 문제를 해결하는 것보다는 독일의 경우처럼 행정소송법에 사실행위에 대한 일반적 이행소송을 명문화하여 사실행위에 대한 실효적인 권리구제수단을 제도화하는 것이 시급히 요청된다고 할 것이다.40) 왜냐하면 행정상 사실행위에 대한 처분성의 확대해석을 통한 취소쟁송의 인정은 여러 가지 복잡한 법률문제가 야기될 수 있기 때문이다.

2. 行政指導

일반적인 지도·감독권에 기한 행정지도는 법률에 근거를 둔 경우에도 비권력적 사실행위에 불과하여 원칙적으로 항고소송의 대상이 될 수 없다고 보는 것이 일반적이다.

이하에서는 우리나라 대법원이 행정지도를 어떻게 법적 구성하고 있는지 살펴보기로 한다.

우리나라의 판례 중 행정지도에 관한 것이 상당수 있으나 행정지도의 처분성을 직접 인

---

40) 金容燮, 「行政上 事實行爲의 法的問題」, 153쪽.

정한 것은 없는 것 같고, 행정지도의 처분성을 인정하지 않는 것이 지배적이다.

 이중 최근 10여 년 동안의 사례를 구체적으로 살펴보면, ① 구청장이 도시재개발구역내의 건물소유자에게 건물의 자진철거를 요청하는 내용의 公文을 보냈다고 하더라도 그 공문의 제목이 지장물 철거촉구로 되어있어서 철거명령이 아님이 분명하고 행위의 주체면에서 구청장은 재개발구역 내 지장물의 철거를 요구할 아무런 법적 근거가 없으며, 공문의 내용도 재개발사업에의 협조를 요청함과 아울러 자발적으로 협조하지 아니하면 법에 따른 강제집행이 행하여짐으로써 건물소유자가 입을지도 모를 불이익에 대한 안내로 되어 있고, 구청장이 위 공문을 발송한 후 건물소유자로부터 취소요청을 받고 위 공문이 구 도시재개발법 제36조의 지장물 이전요구나 같은 법 제35조 제2항에 따르는 행정대집행법상의 강제철거지시가 아니고 자진철거의 협조를 요청한 것이라고 회신한 바 있다면, 이러한 회신내용과 법치행정의 현실 및 일반적인 법의식수준에 비추어 볼 때 외형상 행정처분으로 오인될 염려가 있는 행정청의 행위가 존재함으로써 상대방이 입게 될 불이익 내지 법적 불안도 존재하지 않는다고 볼 것이므로 이를 행정소송의 대상이 되는 처분이라고 볼 수 없다고 한 사례.41) ② 공무원이 소속 장관으로부터 받은 "직상급자와 다투고 폭언하는 행위 등에 대하여 엄중 경고하니 차후 이러한 사례가 없도록 각별히 유념하기 바람"이라는 내용의 서면 경고는 근무충실에 관한 권고 행위 내지 지도행위로서 그 때문에 공무원으로서의 신분에 불이익을 초래하는 법률상의 효과가 발생하는 것도 아니므로 국가공무원법상의 징계처분이나 행정소송의 대상이 되는 행정처분이라고 할 수 없다고 본 사례.42) ③ 행정청이 택시운송사업자에 대하여 사업용 자동차를 증차 배정한 조치는 구 자동차운수사업법에 따라 당해 자동차운송사업자에 대하여 증차를 수반하는 자동차운송사업계획의 변경인가 신청을 권유하는 내용을 결정 통보한 것에 지나지 않고, 이로써 운송 사업자의 권리 의무나 기타 법률상 효과에 직접적인 변동을 가져오는 것이라고 볼 수 없어 행정처분이라고 할 수 없다고 한 사례.43) ④의료보험연합회의 요양기관 지정취소에 갈음하는 금전대체부담금 납부안내라는 공문은 비록 행정청의 행위라 해도 그것이 아무런 법적 근거가 없어 국민의 권리 의무에 직접 어떤 영향을 미치는 행정처분으로서의 효력을 발생할 수 없고, 그 내용도 상대방에게 공법상 어떤 의무를 부과하는 것으로 보이지 아니하며, 그것을 행정처분으로 볼 수 있느냐 하는 문제에 대한 불안도 존재하지 아니한다고 볼 것이므로 이를 행정소송의 대상이 되는 처분이라고 볼 수 없다고 한 사례.44) ⑤위법 건축물에 대한 단전 및 전화통화단절조치요청행위에 대하여 "항고소송의

41) 대법원 1989. 9. 12. 선고 88누8883 판결.
42) 대법원 1991. 11. 12. 선고 93누11999 판결.
43) 대법원 1993. 9. 24. 선고 93누11999 판결.
44) 대법원 1993. 12. 10. 선고 93누12619 판결.

대상이 되는 행정처분이라 함은 행정청의 공법상의 행위로서 특정사항에 대하여 법규에 의한 권리의 설정 또는 의무의 부담을 명하거나 기타 법률상 효과를 발생하게 하는 등 국민의 권리의무에 직접 관계가 있는 행위를 가리키는 것이고, 행정권 내부에서의 알선, 권유, 사실상의 통지 등과 같이 상대방 또는 기타 관계자들의 법률상 지위에 직접적인 법률적 변동을 일으키지 아니하는 행위 등은 항고소송의 대상이 되는 행정처분이 아니라고 할 것인바, 建築法 제69조 제2항, 제3항의 규정에 비추어보면 행정청이 위법건축물에 대한 시정명령을 하고 나서 위반자가 이를 이행하지 아니하여 전기·전화의 공급자에게 그 위법건축물에 대한 전기·전화공급을 하지 말아 줄 것을 요청한 행위는 권고적 성격의 행위에 불과한 것으로서 전기·전화 공급자나 특정인의 법률상 지위에 직접적인 변동을 가져오는 것은 아니므로 이를 항고소송의 대상이 되는 행정처분이라고 볼 수 없다."45)고 한 사례 등이 있다.

Ⅲ. 內部的 行爲

1. 行政機關의 內部的 行爲

행정기관의 결정이 오로지 행정기관의 내부적 사무처리절차인 경우 또는 행정기관의 공권력행사가 아직 외부에 표시되지 않고 내부적인 의사결정의 단계에 머무르고 있는 경우에는 원칙적으로 사인의 권리의무에 직접 영향을 주지 않기 때문에 행정처분이라 할 수 없고, 따라서 항고소송의 대상이 되지 아니한다.

이하 판례에 나타난 행정처분을 하기 위한 내부적 절차에 지나지 않아 행정처분이 아니기 때문에 항고소송의 대상이 되지 아니하는 사례를 살펴보면, ① 도로교통법시행규칙의 운전면허행정처분기준에 따른 벌점부과 및 사고기록처분(대법원 1994. 8. 12. 선고 94누2190 판결 ; 대법원 1994. 9. 13. 선고 94누6611 판결), ② 주택개량재개발사업과 관련하여 관리처분계획인가를 위하여 시에서 하는 토지 등 가격평가(서울고등법원 1994. 8. 19. 선고 93구24027 판결), ③ 예컨대, 소득세 부과처분에 앞선 소득금액변동통지(대법원 1991. 2. 26. 선고 90누4631 판결 ; 대법원 1993. 6. 8. 선고 92누12483 판결), 법인세법에 의한 益金加算處分, 認定賞與決定과 그에 따른 所得金額變動通知(대법원 1984. 6. 26. 선고 83누589 판결 ; 대법원 1987. 1. 20. 선고 86누419

---

45) 대법원 1996. 3. 22. 선고 96누433판결(시정명령처분등취소) : 대법원 1995. 11. 21. 선고 95누9099 판결(전기공급불가처분취소).
   이에 대해 朴均省 敎授는 第3者效行政指導라고 하면서 建築法 제69조 제3항은 위와 같은 요청을 받은 자는 특별한 이유가 없는 한 이에 응하여야 한다고 규정하고 있으므로, 당해 요청행위의 처분성을 인정하는 것이 타당하다고 한다(前揭書, 284쪽). 그리고 판례는 지방자치단체에 의한 단수처분을 행정처분으로 보고 있다(대법원 1979. 12. 28. 선고 79누218 판결).

판결 ; 대법원 1989. 7. 25. 선고 87누902 판결 ; 대법원 1991. 2. 26. 선고 90누
4631 판결 ; 대법원 1993. 6. 8. 선고 92누12483 판결 ; 대법원 1994. 4. 12. 선고
94누552 판결), 과세관청의 내부적인 상속세액의 감액경정결정(대법원 1992. 12. 22.
선고 92누5508 판결) 등과 같은 課稅處分의 先行的 節次로서 행하는 課稅標準의 決定,
④ 제2차 납세의무자 지정통지·지정처분(대법원 1983. 5. 10. 선고 83누95 판결 ; 대
법원 1995. 9. 15. 선고 95누6632 판결), ⑤ 국세환급금 및 국세가산금 결정(대법원
1989. 6. 15. 선고 88누6436 전원합의체판결), ⑥ 성업공사(현재 자산관리공사)의 공
매결정(대법원 1998. 6. 26. 선고 96누12030 판결) 등이 있다.

2. 行政機關 相互間의 行爲

항고소송의 대상이 되는 행정처분은 행정청의 공법상의 행위로서 특정사항에 대하여
법규에 의한 권리의 설정 또는 의무의 부담을 명하거나 기타 법률상의 효과를 직접 발생
하게 하는 등 국민의 구체적인 권리의무에 직접 관계가 있는 행위를 말하는 바, 상급행
정기관의 하급행정기관에 대한 승인, 동의, 지시 등은 행정기관 상호간의 내부행위로서
국민의 권리의무에 직접 영향을 미치는 것이 아니므로 항고소송의 대상이 되는 행정처
분에 해당한다고 볼 수 없다.[46]
행정기관 상호간의 행위, 즉 행정기관상호간의 협의·동의(예컨대, 시장·군수 등의
건축허가에 대한 소방서장의 소방법 제8조에 의한 동의)·촉탁(예컨대, 행정청의 등기
관청에 대한 등기의 촉탁), 상급행정기관의 하급행정기관에 대한 동의·승인·지시·통
달, 하급행정기관의 상급행정기관에 대한 진달(進達; 행정처분의 신청을 경유청을 거쳐
서 할 때에 경유청이 처분청에 의견을 붙여서 신청서를 이송하는 것)·신청·보고 등의
각 행위는 내부행위로서 국민의 권리의무에 법률적 영향을 미치지 아니하므로 취소소송
의 대상이 되지 않고, 이에 기하여 외부에 대하여 행하여진 구체적인 행위를 다투어야
한다.
이처럼 행정기관 상호간의 인가, 승인, 동의, 지시, 촉탁, 통지 등의 행위는 국민에 대하
여 행하여지는 것이 아니어서 행정소송의 대상이 되지 않는다.[47]

---

46) 대법원 1997. 9. 26 선고 97누8540 판결.
47) 대법원1980. 9. 9. 선고 80누308 판결(영농권지정처분무효확인)
　　오늘날 많이 논의되고 있는 情報公開와 관련하여 일본의 경우 예컨대 어떤 행정기관 A가 행정기
　　관 B에 제출한 문서에 대하여 B가 시민에게 개시(開示) 결정한 경우에 A가 그의 취소를 구하는
　　소송을 제기함에 대하여 재판소는 여기서의 분쟁은 행정기관 상호간의 행정 내부적 분쟁이고, 재
　　판소가 해결해야 할 법률상 쟁송에 해당하지 않는다고 판시하고 있다(那覇地方裁判所 1995(平成
　　7). 3. 28. 行集 46卷 2·3號, 346面 ; 福岡高等裁判所那覇支院 1996(平成 8). 9. 24. 行集 47
　　卷 9號, 808面).

 행정청의 내부적 행위로서 항고소송의 대상이 되는 행정처분이라고 할 수 없다고 하여 판례상 인정된 행정기관 상호간의 행위 사례는 다음과 같다. 즉 ① 행정기관 상호간의 협의·동의·촉탁의 예로, 과학기술처장관의 주무부장관에 대한 국산신기술제품 보호기 간에 관한 요청(대법원 1989. 9. 12. 선고 88누12028 판결), 외환은행장이 수입허가 유효기간 연장승인을 하고자 할 때에 하는 상공부장관과의 협의(대법원 1971. 9. 14. 선고 71누99 판결), ② 상급행정기관의 하급행정기관에 대한 동의·승인·지시·통달 의 예로, 경제기획원장관이 정부투자기관관리기본법 제21조에 의한 예산편성지침 통보 (대법원 1993. 4. 12. 선고 93두2 결정 ; 대법원 1993. 9. 14. 선고 93누9163 판결),48) 교육부장관이 내신성적 산정기준의 통일을 기하기 위해 대학입시기본계획의 내용 에서 내신성적 산정기준에 관한 시행지침을 마련하여 시·도 교육감에게 통보한 행위 (대법원 1994. 9. 10. 선고 94두33 결정),49) 독점규제및공정거래에관한법률 제71조 에 의한 공정거래위원회의 고발 조치(대법원 1995. 5. 12. 선고 94누13794판결), 구 토지구획정리사업법[현행 도시개발법] 제7조 제1항 소정의 건설교통부장관의 지방자치 단체 등에 대한 토지구획정리사업의 시행명령(대법원 1996. 12. 23. 선고 95누17700 판결), ③ 하급행정기관의 상급행정기관에 대한 진달·신청·통보의 예로, 교육공무원 법상 총학장의 대학교원임용제청과 철회(대법원 1989. 6. 27. 선고 88누9640 판결 ; 대법원 1991. 6. 25. 선고 91다1134 판결 ; 대법원 1993. 7. 27. 선고 93누2209 판 결 ; 대법원 1993. 7. 27. 선고 93누2315 판결)50) 등이 있다.

---

48) 政府投資機關管理基本法 제21조의 규정에 따른 경제기획원 장관의 정부투자기관에 대한 예산편 성지침통보는 정보투자기관의 경영합리화와 정부투자의 효율적 관리를 도모하기 위한 것으로서 그에 대한 감독작용에 해당할 뿐 그 자체만으로는 직접적으로 국민의 권리, 의무가 설정, 변경, 박탈되거나 그 범위가 확정되는 등 기존의 권리상태에 어떤 변동을 가져오는 것이 아니므로 이를 행정소송의 대상이 되는 행정처분이라고 할 수 없다.

49) 교육부장관이 내신성적 산정기준의 통일을 기하기 위해 대학입시기준계획의 내용에서 내신성적 산정기준에 관한 시행지침을 마련하여 시·도교육감에게 통보한 것은 행정조직 내부에서 내신성 적 평가에 관한 내부적 심사기준을 시달한 것에 불과하며, 각 고등학교에서 위 지침에 일률적으 로 기속되어 내신성적을 산정할 수밖에 없고 또 대학에서도 이를 내신성적으로 인정하여 입학생 을 선발할 수밖에 없는 관계로 장차 일부 수험생들이 위 지침으로 인해 어떤 불이익을 입을 개연 성이 없지는 아니하나, 그러한 사정만으로서 위 지침에 의하여 곧바로 개별적이고 구체적인 권리 의 침해를 받은 것으로서는 도저히 인정할 수 없으므로, 이를 항고소송의 대상이 되는 행정처분 으로 볼 수 없다.

50) 교육공무원법 제25조 제1항에 의하면 교수, 부교수는 총장, 학장의 제청으로 문교부장관을 거쳐 대통령이 임명하고, 조교수는 총장, 학장의 제청으로 문교부장관이 임용하도록 규정되어 있는데, 이 규정에 따라 총장, 학장이 임용절차에 대하여 하는 임용제청이나 그 철회는 행정기관 상호간의 내부적인 의사결정 과정의 하나일 뿐, 그 자체만으로는 직접적으로 국민의 권리·의무가 설정, 변 경, 박탈되거나 그 범위가 확정되는 등 기존의 권리상태에 어떤 변동을 가져오는 것이 아니므로 이를 행정소송의 대상이 되는 행정처분이라고 할 수는 없다. 구 교육법상 대학교수 등에게는 고도 의 전문적인 학식과 교수능력 및 인격 등을 갖춘 것을 요구하고 있어서 임용기간이 만료되면 임용

3. 特別權力關係에서의 行爲

종래 특별권력관계상의 행위는 원칙적으로 처분이 아니라고 하였으나, 오늘날에는 소의 이익이 인정되는 한 특별권력관계라는 이유만으로 처분성이 부인되지 않는다는 것이 다수견해이다.[51] 즉, 소의 이익이 인정되는 한 어떤 행위가 특별권력관계에서의 행위라는 이유만으로 사법심사로부터 제외될 수 없다는 것이다.

다만 특별권력관계가 제대로 기능을 수행할 수 있게 하기 위한 범위에서 사법심사의 통제 강도를 완화 내지 감소시킬 필요성은 인정해야 할 것이라고 주장하는 학자들도 있다.[52]

일본에서는 지방의회, 국립대학의 경우와 같이 자율적인 법규범을 갖는 부분사회가 있다고 하면서 부분적 질서의 행위라 할지라도 인권의 제약은 당해 관계의 목적에 필요한 한도에 그쳐야 한다고 하고 , 그것이 일반 시민법적 질서와 직접적인 관계를 가지는 때(예컨대, 학생의 退學처분)에는 사법심사의 대상이 된다고 한다(소위 部分社會論).[53]

우리나라의 판례도 처음엔 특별권력관계상의 행위에 대하여 행정소송의 대상성을 부인하였으나,[54] 나중에 내부행위와 외부행위의 구별 없이 위법한 특별권력관계상의 행위를 포괄적으로 행정소송사항으로 인정하고 있다.

즉, 대법원은 "특별권력관계에 있어서도 위법・부당한 특별권력(구청장의 동장 면직)의 발동으로 말미암아 권리를 침해당한 자는 行政訴訟法 제1조에 따라 그 위법・부당한 처분의 취소를 구할 수 있다."[55]고 판시한 외에 "농지개량조합과 그 직원과의 관계는 사법상의 근로계약관계가 아닌 공법상의 특별권력관계이고, 그 조합의 직원에 대한 징계처분의 취소를 구하는 소송은 행정소송사항에 속한다."[56]고 판시하고 있다.

우리 憲法은 제27조 제1항에서 국민의 기본권으로서 재판청구권을 보장하고 行政訴訟

권자는 이와 같은 여러 가지 사정을 참작하여 재임용 여부를 결정할 수 있어야 할 필요성도 있다 할 것이므로 대학교수 등의 임용에 관한 위 규정들이 반드시 학문의 자유를 규정한 헌법 제22조에 위반되는 것이라고도 할 수 없다.

51) 金南辰, 前揭書, 128쪽 ; 朴圭河, 前揭書 152쪽 ; 李鳴九, 前揭書, 138~139쪽 ; 李尙圭, 前揭書 (上), 226쪽 ; 洪井善, 前揭書, 145쪽 ; 趙龍鎬, 前揭論文, 135쪽.
다만 朴鈗炘 敎授는, 특별권력관계에서의 행위에 대한 사법심사의 범위는 외부관계와 내부관계를 구별하여 외부관계의 행위에만 미치고 내부관계에서의 행위에는 미치지 않는다고 본다(前揭書, 190쪽).
52) 姜求哲, 前揭書, 181쪽 ; 金香基, 前揭書, 128쪽 ; 石琮顯, 前揭書, 133쪽.
53) 藤田宙靖, 前揭書, 74面 ; 大橋洋一, 前揭書, 40~42面 ; 塩野 宏, 前揭書, 86面.最高裁判所, 1974(昭和 49). 7. 19. 判決(民集 28卷 5號 790面, 평석은 塩野 宏 等編, 『行政判例百選 I』, 40~41面 참조). 最高裁判所, 1954(昭和 29). 7. 30. 判決(民集 8卷 7號 1501面, 평석은 前揭 書, 50~51面 참조).
54) 대법원 1952. 9. 23. 선고 4285행상3 판결.
55) 대법원 1982. 7. 27. 선고 80누86 판결.
56) 대법원 1995. 6. 9. 선고 94누10870 판결.

法은 제19조에서 모든 공법상의 권리관계에 관한 분쟁을 개괄적으로 행정소송사항으로 인정하고 있는 점에 비추어 볼 때 특별권력관계상의 행위도 전면적으로 항고소송의 대상이 된다고 함이 타당하다하겠다.

그리하여 오늘날에는 특별권력관계라는 용어 대신에 그 본질을 법 관계로 파악하여 특별법관계, 행정법상 특별관계, 또는 특별행정법관계로 표현하여야 한다는 견해도 있으나,57) 이 역시 전통적 특별권력관계론이 다른 이름을 가지고 다시 살아날 위험만 초래시킬 뿐이라는 지적도 있다고 하면서 행정청은 법규명령의 발령근거규정에 의해 그 범위 안에서만 법규명령을 발령할 수 있으므로 소위 特別命令(Sonderverordnung)도 이에 부합하면 법규명령인 것으로 특별명령은 허용될 수 없다고 한다.58)

Ⅳ. 行政規則

1. 行政規則의 槪念

먼저 行政規則의 槪念定立을 살펴보기로 한다.

종래 通說的 見解에 의하면, 행정규칙은 행정조직 내부 또는 특별권력관계내부와 같은 행정내부관계에서 그 조직과 활동을 규율하는 일반·추상적 규정으로 정의되고 있다.59) 이 의미의 행정규칙에는 특별권력관계에서의 특별권력주체와 그 구성원 사이의 관계를 규율하는 규범과 행정조직 내부에서의 그 조직, 활동을 규율하는 규범이 포함되어 있다. 하지만 양자 모두 행정의 내부관계를 규율한다는 점에서는 공통점이 있으나, 전자는 특별권력관계의 구성원으로서의 사람을 그 수범자로 하는 점에서, 행정조직 내부에서의 조직이나 업무처리의 절차, 기준 등에 관한 규정과는 그 성질을 달리하므로 오늘날 보통 이를 特別法規(特別命令)라고 하여 행정규칙의 범주에서 제외하는 것이 지배적이다. 2000. 2. 16. 법률 제6266호로 개정된 국회법은 제98조의 2에서 "중앙행정기관의 장은 법률에서 위임한 사항이나 법률을 집행하기 위하여 필요한 사항을 규정한 대통령령·총리령·부령·훈령·예규·고시 등이 행정규칙이 제정·개정 또는 폐지된 때에는 7일 이내에 이를 국회에 제출하여야 한다."라고 하여 실정법상 '行政規則'이라는 용어가 사용되긴 하였으나, 행정규칙은 근본적으로 실정법상의 개념이 아니고 강학상의 개념으로, 행정규칙의 정의는 학자 간에 표현상 차이가 있다.

最近 학자들은 行政規則의 槪念을 多樣하게 定立하고 있는바 이를 분류하면 다음과 같다. 첫째, 법규성 여부를 징표로 하여 행정규칙이란 행정기관이 법조의 형식으로 정립하

---

57) 金道昶, 前揭書, 264쪽 ; 柳至泰, 前揭書, 55쪽 ; 朴鈗炘, 前揭書, 184쪽 ; 朴鍾局, 前揭書, 197쪽 ; 李鳴九, 前揭書, 132쪽 ; 洪井善, 前揭書, 143~144쪽.
58) H. Maurer, a.a.O. §8 Rn.31, S.169.
59) 金道昶, 前揭書, 324쪽 ; 尹世昌·李虎乘, 前揭書, 173쪽.

는 일반적·추상적 규범으로서 내부효과만을 가질 뿐 대외적 구속력을 가지는 법규로서의 성질을 가지지 아니하는 행정입법이라고 하고,[60] 둘째, 위임여부를 징표로 행정기관이 하급행정기관에 대하여 법률의 수권 없이 그의 권한의 범위 내에서 발하는 일반적·추상적 규율이라고 하며,[61] 셋째로 행정조직 내부에서 상급행정기관이 하급행정기관에 대하여 그 조직이나 업무처리의 절차, 기준 등에 관하여 발하는 일반·추상적 규정이라고 정의내리고 있다.[62] 넷째로 법규성 여부와 위임여부를 동시에 징표로 행정기관이 법률의 수권 없이 자신의 권한 범위 내에서 발하는 비법규적 성질을 가진 일반·추상적 규율로서의 내부법이라고 정의 내리는가 하면,[63] 다섯째로 행정규칙을 행정기관 내부에 있어서 조직과 활동을 규율하기 위하여 행정권이 공법상 특별권력에 의하여 발하는 일반적·추상적 규정 또는 개별적·구체적 명령이라고 개념지기도 한다.[64]

2. 行政規則의 處分性

행정규칙의 처분성을 논하기 전에 행정규칙의 법규성을 잠깐 살펴보기로 한다.

行政規則의 內部的 效果에 관해서는 논란의 여지가 없다. 왜냐하면, 원래 행정규칙은 행정조직 내부에서 그 수명자(受命者)인 하급행정기관과 공무원을 구속하며 그 조직과 활동을 규율하는 것이기 때문이다. 한편, 전통적 견해에 의하면 법규성 유무에 따라 법규명령과 행정규칙을 구별하여 행정규칙의 효력은 내부적 효과에 국한하고 外部的 效果(一般的 拘束力), 즉 국민의 권리의무관계에서는 그 효력을 미치지 못하고 법원을 구속하는 재판규범성을 갖지 않는다고 보아왔다. 이에 따라 일반적으로 행정규칙은 법규성이 없으므로 행정기관이 사인에 대해 규칙위반의 불이익처분을 하여도 사인은 규칙위반을 이유로 다툴 수 없다고 이해되어 왔다. 따라서 행정 내부적인 규율로서의 행정규칙은 사인의 권리와 의무를 발생시키는 것이 아니기 때문에 행정주체와 사인간의 법적 분쟁에 대한 재판에 있어서도 직접적으로 별 의미를 가지고 있지 아니하였다.

하지만 오늘날 내부관계와 외부관계의 준별론도 상대화되고 있고 특별권력관계론이 수정받고 있으며 법률유보의 이론도 역사적 산물이 되었다. 더군다나 현대복지국가에서

---

60) 金鐵容, 前揭書, 128쪽 ; 李鳴九, 前揭書, 188쪽 ; 趙淵泓, 前揭書, 326쪽 ; 南 博方 等編, 前揭書(1), 166面.
61) 金南辰, 前揭書, 182~183쪽 ; 金性洙, 前揭書, 343쪽 ; 朴鈗炘, 前揭書, 234쪽 ; 朴鍾局, 前揭書, 245쪽 ; 石琮顯, 前揭書, 398쪽. 다만 특별권력관계내부도 포함시키는 학자들도 있다(金香基, 前揭書, 153쪽 ; 柳至泰, 前揭書, 207쪽).
62) 金東熙, 前揭書, 139쪽 ; 朴均省, 前揭書(總論), 165쪽 ; 洪井善, 前揭書, 225쪽 ; 洪準亨, 前揭書(總論), 307쪽.
63) 姜求哲, 前揭書, 225쪽 ; 金東建, 「大法院 判例에 비추어 본 法規命令과 行政規則」(考試界, 1998. 11), 42쪽.
64) 卞在玉, 前揭書, 205쪽 ; 韓堅愚, 前揭書, 446쪽.

는 급부행정의 확대에 따라 법규개념도 확대 변화하였고 이러한 법규개념의 변화는 행정규칙의 외부적 효과의 면에서 잘 나타나고 있다.[65]

이에 따라 오늘날에는 일정유형의 행정규칙에 대해 법규성을 인정하여야 한다는 견해가 유력시되고 있다. 여기서 법규의 성질을 갖는다는 의미는 법률과 마찬가지로 법규범으로서 대외적 구속력이 있어 법원과 국민을 구속하는 기준이 된다는 의미이다.

우리 대법원도 원칙적으로 전통적 견해에 입각해서 行政規則의 法規性을 否認하고 있고,[66] 法規命令形式의 行政規則,[67] 즉 소위 裁量準則에 대하여 그 法規性을 한결같이 否認하고 있다.[68]

---

65) 行政規則의 外部的 效果의 根據에 대해서는, 金容燮, 「行政規則의 對外的拘束力」(法曹 통권 534호, 2001. 3), 164~178쪽 ; 金香基, 「行政規則의 外部效果」(現代公法理論의 展開, 1993. 12), 142~154쪽 각 참조.

66) 대법원 1994. 1. 28. 선고 92구498 판결 ; 대법원 1990. 10. 16. 선고 90누4297 판결 ; 대법원 1983. 6. 14. 선고 83누54 판결.

67) 행정규칙은 보통 고시・훈령・예규 등의 형식으로 정립되나, 때로는 大統領令, 總理令, 部令 등 法規命令의 形式으로 定立되는 境遇가 있는데 이 行政規則이 法規로서의 性質을 가지는가에 관하여 학설이 對立되고 있는데, 積極說(金道昶, 前揭書, 325쪽 ; 金東熙 前揭書, 150쪽 ; 朴圭河, 前揭書, 198쪽 ; 朴均省, 前揭書, 170쪽 ; 朴鈗炘, 前揭書, 246쪽 ; 卞在玉, 前揭書, 215쪽 ; 李尙圭, 前揭書, 310쪽 ; 洪準亨, 前揭書, 316쪽 ; 金元主, 「行政規則의 性質과 效力」(考試界, 1988. 6), 53쪽 ; 金裕煥, 「法規命令과 行政規則의 區別基準」, 26쪽 ; 崔世英, 「行政規則의 法規性 認定與否」(判例月報 178號, 1985. 7), 62쪽)은 당해 행정규칙은 법규로 되어 국민이나 법원을 구속한다는 것이고, 消極說(姜求哲, 前揭書, 239쪽 ; 金鐵容, 前揭書, 131~132쪽 ; 柳至泰, 前揭書, 208~209쪽 ; 徐元宇, 前揭書, 349쪽 ; 李鳴九, 前揭書, 192~193쪽 ; 韓堅愚, 前揭書, 459쪽. 韓堅愚 敎授는 법규명령의 형식으로 된 행정규칙의 내용이 실질적으로 일반국민을 구속하는 것인지 여부에 따라서 법규명령 또는 행정규칙으로 보는 것이 타당하다고 하여 또 다른 절충설의 유형으로 분류할 수도 있겠으나 여기서는 소극설로 분류키로 한다)은 행정규칙이 법규의 형식으로 제정되어도 행정규칙으로서의 성질이 변하는 것은 아니어서 일반국민이나 법원을 구속할 수는 없다고 보는 입장이며, 折衷說(金南辰, 前揭書, 187~188쪽 ; 金香基, 前揭書, 160쪽 ; 石琮顯, 前揭書, 181~182쪽 ; 洪井善, 前揭書, 227~228쪽)은 문제된 규범의 법률의 수권존재여부를 구별하여 위임의 근거가 있는 경우에는 법규명령으로서의 성질을 인정하고 위임의 근거가 없는 경우에는 행정규칙으로서의 성질을 인정하여야 한다고 본다.

68) ① 石油事業法 제13조 제3항에 기한 석유판매업 등록의 취소나 그 사업의 정지를 명하는 행정처분의 기준을 정한 舊 石油事業法 施行規則(1988. 9. 10. 동력자원부령 제101호로 개정되기 전의 것) 제9조의 2 제1항 별표[1] 行政處分基準(대법원 1990. 4. 10. 선고, 90누271 판결 ; 대법원 1991. 4. 9. 선고 91누339 판결). ② 舊 買入價格疎明時期에관한開發利益還收에 관한法律 施行規則 제4조(대법원 1993. 5. 11. 선고 92누13677 전원합의체판결 ; 대법원 1994. 4. 12. 선고 92누10562 판결). ③ 1989. 4. 20. 건설교통부령 제905호인 舊 自動車運輸事業法 제31조 등의 규정에 의한 사업면허의 취소 등의 처분에 관한 규칙(대법원 1996. 9. 6. 선고 96누914 판결 ; 대법원 1991. 11. 8. 선고 91누4973 판결 ; 대법원 1988. 6. 14. 선고 88누3420 판결). ④ 舊 公衆衛生法[1999. 2. 8. 법률 제5839호로 공중위생관리법이 제정되면서 이 법은 폐지되었다] 제23조 제1항에 기한 처분의 기준을 설정한 보건복지부령인 舊 公衆衛生法 施行規則 제41조 별표[7] 行政處分基準(대법원 1991. 3. 8. 선고 90누6545 판결 ; 대법원 1992. 12. 8. 선고 92누

　다만 法令 補充的인 行政規則의 境遇에는 對外的拘束力이 認定된다는 것이다. 즉 ① 상
위 법령에 구체적 범위를 정한 위임이 있을 것, ② 근거 법령의 내용을 실질적으로 보충
하는 기능을 가질 것을 요건으로 상위법령의 결합에 기초하여 대외적구속력이 인정된다
고 한다. 법률의 내용이 지나치게 추상적·일반적이어서 그 보충 또는 구체화의 과정이
필요한 경우 이를 보충·구체화한 규칙에 한하여 대외적구속력을 갖는 법규성을 인정하
자는 것으로 이해된다.

　행정규칙은 그 형식의 여하에 불구하고 구체적인 규정의 내용 및 취지를 실질적으로 음
미하여 행정규칙사항이 법규명령에 규정되어 있더라도(소위 法規命令形式의 行政規則)
그 실질적인 성질에 있어 행정규칙에 불과한 경우에는 그 법규성을 부인하고, 훈령 등
행정규칙의 형식으로 규정되어 있더라도 그 내용이 법규사항이면(소위 行政規則形式의
法規命令) 법규명령으로서의 효력을 인정한다는 취지로 이해할 수 있겠다. 그리고 행정
규칙의 형식을 취했더라도 그 내용이 국민의 권리의무에 관계되는 실체적 법규사항이고
법령의 위임을 받았으면 법규명령 중 위임명령으로 파악하고, 법령의 위임은 없지만 그
내용이 국민의 권리 의무에 영향을 미치는 절차적 법규사항인 경우에는 법규명령 중 집
행명령으로 파악하는 것 같다.

14199 판결), ⑤ 食品衛生法 제58조 제1항에 기한 식품위생법시행규칙 제53조 소정의 별표[15]
行政處分基準(대법원 1991. 5. 14. 선고 90누9780 판결 ; 대법원 1991. 9. 24. 선고 91누5112
판결 ; 대법원 1992. 3. 31. 선고 91누5785 판결 ; 대법원 1993. 6. 29. 선고 93누5635 판결 ;
대법원 1997. 11. 28. 선고 97누12952 판결), ⑥ 風俗營業의規制에관한法律 施行規則 제8조 제
1항 별표[3] 行政處分基準(대법원 1994. 4. 12. 선고 94누651 판결), ⑦ 醫療法 제53조의 3,
제53조 제1항에 따라 의사면허자격정지처분의 세부적인 기준을 정한 보건복지부령(대법원
1996. 2. 23. 선고 95누16318 판결), ⑧ 道路交通法 제78조(1990. 8. 1. 법률 제4243호로 개
정되기 전의 것)에 기한 道路交通法 施行規則 제53조 제1항 소정의 별표[16] 운전면허행정처분
기준(대법원 1991. 6. 11. 선고 91누2083 판결 ; 대법원 1991. 5. 10. 선고 91누1417 판결 ;
대법원 1991. 1. 15. 선고 90누7630 판결 ; 대법원 1990. 11. 13. 선고 90누7517 판결 ; 대법
원 1990. 10. 16. 선고 90누4297 판결 ; 대법원 1989. 11. 24. 선고 89누4055 판결 ; 대법원
1991. 2. 26. 선고 90누9186 판결 ; 대법원 1993. 2. 9. 선고 92누15253 판결), ⑨ 建築士法
施行規則 제22조의 건축사업무정지처분 등 기준(대법원 1992. 4. 28. 선고 91누11940 판결),
⑩ 契約事務處理規則 제68조의 2 제1항 별표 부정당업자의 입찰참가제한기준(대법원 1991. 11.
22. 선고 91누551 판결), ⑪ 사실상 사도의 평가기준을 정한 舊 公共用地의取得및損失補償에관
한特例法 施行規則(1995. 1. 7. 건설교통부령 제3호로 개정되기 전의 것) 제6조의 2(대법원
1996. 8. 23. 선고 95누14718 판결), ⑫ 재요양의 인정요건을 정한 産業災害補償保險法 施行規
則 제15조(대법원 1997. 3. 28. 선고 96누18755 판결) 등 거의 같은 내용의 처분기준을 설정하
고 있는 部令에 대하여 대법원은 "규정형식상 부령인 시행규칙, 또는 지방자치단체의 규칙으로 정
한 행정처분의 기준은 행정처분 등에 관한 사무처리기준과 처분절차 등 행정청 내의 사무처리준
칙을 규정한 것에 불과하므로 대외적으로 국민이나 법원을 구속하는 힘이 없고, 그 처분이 위 규
칙에 위배되는 것이라 하더라도 위법의 문제는 생기지 아니하고, 또 위 규칙에 정한 기준에 적합
하다 하여 바로 그 처분이 적법한 것이라고도 할 수 없다"(대법원 1995. 10. 17. 선고 94누
14148 전원합의체판결)고 판시하고 있다.

앞서 본 대로 행정규칙은 내부법규로서 행정 내부에서 효력이 인정되는데 그치므로 원칙적으로는 비법규적이다. 그러나 예외적으로 예컨대, 자기구속의 법리를 바탕으로 평등원칙 등을 매개로 하여 간접적으로 대외적 효력이 발생하는 경우와69) 중간 형태로 상위법령과 결합하여 대외적구속력이 인정되는 경우,70) 나아가 상위법령과 무관하게 수익적 행정영역에서 법규적 성질을 가지기 때문에 직접적으로 대외적구속력이 인정되는 경우에는71) 법규적 성격을 띤다고 하여야 할 것이다.

---

69) 행정규칙이 법령의 규정에 의하여 행정관청에 법령의 구체적 내용을 보충할 권한을 부여한 경우, 또는 재량권행사의 준칙인 규칙이 그 정한 바에 따라 되풀이 시행되어 행정관행이 이룩되게 되면, 평등의 원칙이나 신뢰보호의 원칙에 따라 행정기관은 그 상대방에 대한 관계에서 그 규칙에 따라야 할 자기구속을 당하게 되고, 그러한 경우에는 대외적인 구속력을 가지게 된다 할 것이다. 그러나 이 사건 전라남도 교육위원회 인사관리원칙은 중등학교 교원 등에 대한 임용권을 적정하게 행사하기 위하여 그 기준을 일반적·추상적 형태로 제정한 조직 내부의 사무지침에 불과하므로, 그 변경으로 말미암아 청구인의 기본권이나 법적 이익이 침해당한 것은 아니다(헌법재판소 1990. 9. 3. 선고 90헌마13 결정).

70) 법령의 직접적인 위임에 따라 위임행정기관이 그 법령을 시행하는데 필요한 구체적 사항을 정한 것이면, 그 제정형식은 비록 법규명령이 아닌 고시, 훈령, 예규 등과 같은 행정규칙이더라도 그것이 상위법령의 위임한계를 벗어나지 아니하는 한, 상위법령과 결합하여 대외적인 구속력을 갖는 법규명령으로서 기능하게 된다(헌법재판소 1992. 6. 26. 선고 91헌마25 결정). 상급행정기관이 하급행정기관에 대하여 업무처리지침이나 법령의 해석적용에 관한 기준을 정하여 발하는 이른바 행정규칙은 일반적으로 행정조직 내부에서만 효력을 가질 뿐 대외적인 구속력을 갖는 것은 아니지만, 법령의 규정이 특정행정기관에게 그 법령내용의 구체적 사항을 정할 수 있는 권한을 부여하면서 그 권한행사의 절차나 방법을 특정하고 있지 아니한 관계로 수임행정기관이 행정규칙의 형식으로 그 법령의 내용이 될 사항을 구체적으로 정하고 있는 경우, 그와 같은 행정규칙, 규정은 위에서 본 행정규칙이 갖는 일반적 효력으로서가 아니라, 행정기관에 법령의 구체적 내용을 보충할 권한을 부여한 법령규정의 효력에 의하여 그 내용을 보충하는 기능을 갖게 된다할 것이고, 따라서 이와 같은 행정규칙·규정은 당해 법령의 위임한계를 벗어나지 아니하는 한, 그것들과 결합하여 대외적인 구속력이 있는 법규명령으로서의 효력을 갖게 된다(대법원 1998. 6. 9. 선고 97누19915 판결 ; 대법원 1995. 5. 23. 선고 94도2502 판결). 일반적으로 행정각부의 장이 정하는 고시라 하더라도 그것이 특히 법령의 규정에서 특정행정기관에게 법령내용의 구체적 사항을 정할 수 있는 권한을 부여함으로써 그 법령내용을 보충하는 기능을 가질 경우에는 그 형식과 상관없이 근거법령 규정과 결합하여 대외적으로 구속력이 있는 법규명령으로서의 효력을 가지는 것이나 이는 어디까지나 법령의 위임에 따라 그 법령규정을 보충하는 기능을 가지는 점에 근거하여 예외적으로 인정되는 효력이므로 특정고시가 비록 법령에 근거를 둔 것이라고 하더라도 그 규정내용이 법령의 위임범위를 벗어난 것일 경우에는 위와 같은 법규명령으로서의 대외적 구속력을 인정할 여지는 없다(대법원 1999. 11. 26. 선고 97누13474 판결 ; 대법원 1999. 7. 23. 선고 97누6261 판결 ; 대법원 1999. 6. 22. 선고 98두17807 판결).

71) 이 사건 생계보호기준은 舊 生活保護法(이 법은 1999. 9. 7. 법률 제6024호로 국민기초생활보장법이 제정되면서 폐지됨) 제5조 제2항의 위임에 따라 보건복지부장관이 보호의 종류별로 정한 보호의 기준으로서 일단 보호대상자로 지정이 되면 그 구분(거택보호대상자, 시설보호대상자 및 자활보호대상자)에 따른 각 그 보호기준에 따라 일정한 생계보호를 받게 된다는 점에서 직접 대외적 효력을 가지며, 공무원의 생계보호급여 지급이라는 집행행위는 위 생계보호기준에 따른 단순한 사실적 집행행위에 불과하므로, 위 생계보호기준은 그 지급대상자인 청구인들에 대하여 직접

더 나아가 현대 행정에서 행정규칙이 수행하고 있는 기능의 중요성과 개인의 권리보호 측면에서 행정규칙에 대한 사법적 통제를 등한시 할 수 없다고 보여 지는 바, 행정규칙 그 자체를 직접 다투지 않고서는 도저히 구제를 받을 수 없는 특별한 사정이 있는 경우에는 행정규칙에 대해 직접 다툴 수 있도록 그 법규성을 인정함이 옳다고 본다.

日本의 境遇 行政規則은 재판규범이 되지 않는다는 전통적 이론이 전기를 맞고 있다고 전제하면서 行政의 自己拘束論에 根據하여 行政規則의 裁判規範性을 承認하는 立場도 있다.72)

위에서 본 바와 같이 종래 판례는 행정규칙은 법규성의 결여로 재판의 기준이 될 수 없을 뿐더러 행정규칙 그 자체는 처분성의 결여로 행정소송의 대상이 아니라고 하였다.

즉 "행정소송의 대상이 될 수 있는 것은 구체적인 권리·의무에 관한 분쟁이어야 하고 일반추상적인 법령 또는 내부적 사무처리의 내규 또는 내부적 사업계획 등은 그 자체로서 국민의 구체적인 권리의무에 직접적인 변동을 초래케 하는 것이 아니므로 아직 소송의 대상이 될 수 없다."73)고 한다.

이처럼 위법한 행정규칙이 발하여져 사실상 국민의 불이익을 입었다 하더라도 국민은 직접 위법한 행정규칙을 대상으로 행정소송을 제기할 수 없으나, 위법한 행정규칙에 따라 행정기관이 국민에 대하여 일정한 처분을 하였을 경우 그 상대방은 당해처분 에 대해서만 행정소송을 제기할 수 있고 이를 다투는 행정소송에서 행정규칙의 위법을 주장할 수 있을 뿐이었다.74) 이에 대법원도 "항고소송의 대상이 되는 행정처분이라 함은 원칙적으로 행정청의 공법상 행위로서 특정 사항에 대하여 법규에 의한 권리의 설정 또는 의무의 부담을 명하거나 기타 법률상 효과를 발생하게 하는 등으로 일반 국민의 권리 의무에 직접 영향을 미치는 행위를 가리키는 것이지만, 어떠한 처분의 근거나 법적인 효과가 행정규칙에 규정되어있다고 하더라도, 그 처분이 행정규칙의 내부적 구속력에 의하여 상대방에게 권리의 설정 또는 의무의 부담을 명하거나 기타 법적인 효과를 발생하게 하는 등으로 그 상대방의 권리 의무에 직접 영향을 미치는 행위라면, 이 경우에도 항고소송의 대상이 되는 행정처분에 해당한다."고 판시하고 있다.75)

적인 효력을 갖는 규정이다(헌법재판소 1997. 5. 29. 선고 94헌마33 결정).
72) 大橋洋一, 前揭書, 288面.
73) 대법원 1994. 9. 10. 고지 94두33 결정(대합입시기본계획철회처분효력정지).
74) 金鐵容, 前揭書, 139쪽 : 金香基, 前揭書, 164쪽 : 石琮顯, 前揭書, 193쪽.
75) 대법원 2002. 7. 26. 선고 2001두3532 판결(행정규칙에 의한 '불문경고조치'가 비록 법률상의 징계처분은 아니지만 위 처분을 받지 아니하였다면 차후 다른 징계처분이나 경고를 받게 될 경우 징계감경사유로 사용될 수 있었던 표창공적의 사용가능성을 소멸시키는 효과와 1년 동안 인사기록카드에 등재됨으로써 그 동안은 장관표창이나 도지사표창 대상자에서 제외시키는 효과 등이 있다는 이유로 항고소송의 대상이 되는 행정처분에 해당한다고 한 사례) : 대법원 2004. 11. 26. 선고 2003두10251, 10268 판결(정부 간 항공노선의 개설에 관한 잠정협정 및 비밀양해각서와

그러나 행정규칙자체가 국민의 권리·의무와 직접 관련되는 사항을 규정하고, 또한 그러한 규칙에 의거 국민의 권익이 침해되고, 국민이 행정규칙 그 자체를 다투지 아니하고는 도저히 구제를 받을 수 없는 특별한 사정이 있는 경우에는 행정규칙의 처분성을 인정하여 그것을 직접 다투는 행정쟁송을 제기할 수 있다고 하겠다.[76]

V. 行政行爲의 附款

1. 附款의 意義

行政行爲의 附款(Nebenbestimmung des Verwaltungsaktes)의 경우 그 概念的定義, 可能性, 附款에 대한 獨立的인 行政訴訟의 提起可能性 등 여러 측면에서 學說과 判例가 見解의 差異를 보이고 있다.

먼저 附款의 槪念[77]부터 살펴보기로 한다.

전통적인 從來의 學說에 의하면, 행정행위의 부관은 행정행위의 일반적 효력 또는 효과를 제한하기 위하여 주된 의사표시에 부가된 종된 의사표시라고 정의하고 있다.[78] 이처럼 부관이 주된 의사표시에 부과된 종된 '의사표시'임을 강조하는 이유는 행정행위에 의사표시를 요소로 하는 법률행위적행정행위와 의사표시를 요소로 하지 아니하는 준법률행위적행정행위가 있는 가운데, 전자에만 부관을 붙일 수 있음을 강조하기 위한 것이다. 즉, 준법률행위적행정행위는 행정청의 의사표시 이외의 정신작용의 표시에 대하여 법령 스스로가 일정한 법률효과를 부여하는 것으로 행정청의 의사로써 그 법률효과를 제한할 수 없을 뿐만 아니라 종된 의사표시인 부관이 부가될 주된 의사표시가 존재하지 아니하기 때문이라고 그 논거를 제시하고 있다.[79]

대법원도 "행정행위의 부관은 행정행위의 일반적인 효력이나 효과를 제한하기 위하여 의사표시의 주된 내용에 부가되는 종된 의사표시이지 그 자체로서 직접 법적 효과를 발

건설교통부 내부지침에 의한 항공노선에 대한 운수권배분처분이 항고소송의 대상이 되는 행정처분에 해당한다고 한 사례).

76) 姜求哲, 前揭書, 246쪽 ; 朴均省, 前揭書, 184쪽 ; 朴鈗炘, 前揭書, 263쪽 ; 卞在玉, 前揭書, 212쪽 ; 趙淵泓, 前揭書, 347쪽 ; 千炳泰, 前揭書(總論), 239쪽. 趙敎授는 행정규칙자체의 구체적 처분성이 인정되는 경우를 ① 행정규칙 자체가 직접 국민의 권익을 침해하는 경우, ② 위법한 행정규칙에 의거하여 행정행위가 행해진 경우, ③ 행정규칙을 위반한 행정행위가 평등원칙 등에 위배되는 경우로 나누어 설명하고 있다.

77) 趙淵泓 敎授는, 附款을 狹義의 附款, 廣義의 附款, 最廣義의 附款으로 나눠 설명하면서 새로운 개념을 가지고 전통적 개념을 변경시키려는 작업을 하지 말고 각각의 개념을 그대로 유지·발전시켜야 한다고 주장하고 있다(前揭書, 476쪽).

78) 金道昶, 前揭書, 420쪽 ; 卞在玉, 前揭書, 304쪽 ; 李尙圭, 前揭書(爭訟法), 320쪽 ; 韓堅愚, 前揭書, 300쪽 ; 田中二郎, 前揭書, 127面.

79) 李尙圭, 前揭書(上), 385쪽.

생하는 독립된 처분이 아니므로 ……"80)라고 판시함으로써 통설과 같은 입장이다.

 하지만 요즘은, 준법률행위적행정행위는 의사표시를 요소로 하지 아니하는데도 부관을 붙일 수 있는 경우(예컨대, 확인, 공증 등에 종기 같은 기한이 붙여지는 경우)가 있기 때문에 주된 의사표시라든가 종된 의사표시라는 용어가 부적절하며 그 대신 주된 규율 내지 종된 규율이 적절하다고 지적하면서 부관의 개념정의는 효과의 제한에 국한할 것이 아니라 요건의 보충을 포함하는 개념방식이 부담의 부관성, 부관의 한계문제와 관련하여 적절하다는 有力說이 대두되고 있다. 즉, "부관은 행정행위의 효과를 제한, 또는 보충하기 위하여 행정기관에 의하여 주된 행정행위에 부가된 종된 규율"이라고 정의하는 견해가 등장하였다.81)

 이러한 유력설에 대하여 金東熙 敎授는 의사표시를 규율로 바꾸는 것은 수긍하면서도 규율의 내용을 보충하는 것을 부관의 정의에 넣을 수는 없다고 한다. 그 이유는 부관이 검토의 관점에 따라 달리 파악될 수 있다는 데에서 출발한다. 즉 행정청의 관점에서는 규율내용을 보충하여 줄 수 있는 반면에 시민의 입장에서는 어느 경우에나 수익적인 효과를 제한하거나 내용을 제한하는 속성이 있다고 파악하면서 유력설이 관점상의 상이점을 혼용하고 있어 그 정의방식은 관념의 명확성의 측면에서 문제가 많다고 설명하고 있다.82) 그러면서 행정행위의 부관을, 행정행위의 효과를 제한하기 위하여 행정행위의 주된 내용에 부가하는 부대적 규율(附帶的 規律)을 말한다고 개념정의하고 있다.83)

 한편, 洪井善 敎授는 "부관은 준법률행위적 행정행위에도 가능하다는 점에서, 그리고 그 기능이 효과의 제한에만 있는 것은 아니라는 점에서 행정행위의 부관을 '행정행위의 효력범위를 보다 자세히 정하기 위하여 주된 행정행위에 부가된 규율'로 정의하고 있다.84)

 그리고 朴均省 敎授는, 부관의 기능 내지 목적에 관한 규정은 부관의 정의에 포함시키지 않는 것이 타당하다고 보면서 행정행위의 부관을 "행정청에 의해 주된 행정행위에 부가된 종된 규율"로 개념지우고 있다.85)

 생각건대, 오늘날 급부국가 내지 행정국가로의 국가형태의 변화와 더불어 전통적인 침해행정 내지 질서행정에서 급부행정 내지 유도행정(誘導行政)에로의 행정법의 중심이동이 이루어졌고, 이와 관련하여 특히 급부행정 내지 경제행정영역에서 부관이 매우 중요

---

80) 대법원 1992. 1. 21. 선고 91누1264 판결.
81) 姜求哲, 前揭書, 383쪽 ; 金性洙, 前揭書, 240쪽 ; 金鐵容, 前揭書, 176쪽 ; 金香基, 前揭書, 205쪽 ; 柳至泰, 前揭書, 136쪽 ; 朴鈗炘, 前揭書, 378쪽 ; 石琮顯, 前揭書, 292쪽; 李鳴九, 前揭書, 278쪽 ; 洪準亨, 前揭書, 198쪽.
82) 金東熙, 「行政行爲의 附款에 관한 考察」(법학 제36권 제1호, 서울대학교 법학연구소, 1995. 5), 62쪽 이하.
83) 金東熙, 前揭書, 270쪽.
84) 洪井善, 前揭書, 377쪽.
85) 朴均省, 前揭書, 248쪽.

한 행정활동의 수단이 될 뿐만 아니라 불가결한 법적 장치로서 기능하고 있는바, 오늘날 부관의 유형이 다양한데다가 이러한 다양한 부관의 종류를 모두 포괄하는 단일의 개념형성은 곤란하다고 보여 진다. 다만 부관의 최소한도의 전제조건은 부종성이므로 부관은 본체인 주된 행정행위에 그 성립과 효력이 의존되는 부수적 규율이라고 이해할 수 있을 것이다.[86]

그리고 附款의 種類로는 條件, 期限, 負擔, 撤回權의 留保, 法律效果의 一部排除, 負擔留保(負擔의 事後附加·變更 또는 補充의 留保의 약칭) 등이 일반적으로 열거되고 있다.[87]

다음으로 附款의 限界와 관련하여 논의되어왔던 어떠한 행정행위에 부관을 붙일 수 있는가하는 附款의 許容性(可能性) 問題를 간단히 짚어보기로 한다.

종래에는 법률행위적행정행위 및 자유재량행위에만 부관을 붙일 수 있고, 준법률행위적행정행위나 기속행위 또는 기속재량행위에는 부관을 붙일 수 없다는 것이 다수설이었다.[88]

그리고 대법원의 판례경향도 대법원 1988. 4. 27. 선고 87누1106 판결 이래 기속행위나 기속적재량행위에는 부관을 붙일 수 없고 가사 부관을 붙였다 하더라도 이는 무효라고 되풀이하고 있다.[89] 하지만 대법원 1993. 7. 27. 선고 92누13998 판결은 "기속행위에 대하여는 법령상 특별한 근거가 없는 한 부관을 붙일 수 없다."고 하여 종전의 입장을 유지하면서도 법령에 부관을 붙이는 것이 허용되는 경우에는 부관을 붙일 수 있다고 한다.

그러나 준법률행위적 행정행위나 기속행위도 경우에 따라서는 부관을 붙일 수 있다고 보는 입장이 상당수 있다.[90]

이들의 주장을 요약하면, ① 법률규정상 부관을 붙이는 것이 허용된 경우(예컨대, 食品

---

86) 金容燮, 「行政行爲의 附款에 관한 法理」(행정법연구 제2호, 1998. 4), 187쪽.
87) 다만 法律效果의 一部排除에 대하여 附款의 종류로 보지 않는 견해와(尹世昌·李虎乘, 前揭書, 243쪽 ; 徐元宇, 「行政行爲의 附款論에 대한 再檢討」, 前揭書(理論), 666~671쪽 ; 塩野 宏, 前揭書(Ⅰ), 149面 ; 兼子 仁, 『行政法學』(岩波書店, 1997), 136~137面 ; 金容燮, 前揭論文, 188쪽), 附款의 한 종류로 보는 입장에서도 관계법령에 명시적 근거(예컨대, 구 자동차운수사업법 제5조 제3항)가 있는 경우에 한한다는 견해가 있다(姜求哲, 前揭書, 389~390쪽 ; 金南辰, 前揭書, 278쪽 ; 金道昶, 前揭書, 423쪽 ; 金東熙, 前揭書, 274쪽 ; 金香基, 前揭書, 208쪽 ; 柳至泰, 前揭書, 143쪽 ; 朴圭河, 前揭書, 269쪽 ; 朴均省, 前揭書, 250쪽 ; 朴鈗炘, 前揭書, 383쪽 ; 石琮顯, 前揭書, 299쪽 ; 愼保晟, 前揭書, 162쪽 ; 千炳泰, 前揭書, 300쪽 ; 韓堅愚, 前揭書, 309쪽). 그리고 負擔留保(Auflagenvorbehalt)는 獨逸 行政節次法 제36조 제2항 제5호에 명문화되어 있다.
88) 金道昶, 前揭書, 424~425쪽 ; 李尙圭, 前揭書, 386쪽 ; 韓堅愚, 前揭書, 311쪽.
89) 대법원 1995. 6. 13. 선고 94다56883 판결.
90) 姜求哲, 前揭書, 392쪽 ; 金南辰, 前揭書, 281~283쪽 ; 金東熙, 前揭書, 275쪽 ; 金性洙, 前揭書, 245~247쪽 ; 金鐵容, 前揭書, 182쪽 ; 柳至泰, 前揭書, 144쪽 ; 朴圭河, 前揭書, 270~271쪽 ; 朴均省, 前揭書, 257~258쪽 ; 朴鈗炘, 前揭書, 385쪽 ; 石琮顯, 前揭書, 301~302쪽 ; 千炳泰, 前揭書, 302쪽 ; 洪井善, 前揭書, 385쪽 ; 洪準亨, 前揭書, 205쪽.

衛生法 제22조 제3항, 旅券法 施行令 제6조 제1항), ② 행정행위의 법정요건이 부관에 의하여 충족되는 때에는 행정행위의 요건을 보충하기 위한 부관(소위 法律要件充足的附款)을 붙일 수 있다는 것이다.

종래의 입장은, 행정행위의 부관을 행정행위의 효과를 제한하는 것으로 보기 때문에 법령이 부여한 행정행위의 효과를 행정청이 근거 없이 제한한다는 것은 허용되지 않는다고 보는 것이다. 즉, 부관의 본질적 기능을 행정행위의 효과의 제한에서 찾으려는 것이다.

오늘날 부담을 포함하여 附款의 本質的機能을, 행정행위의 효과를 보충하려는 데 있다고 보는 견해가 유력해지고 있다. 즉 행정행위의 부관은 그 부관이 붙여진 행정행위가 그의 목적 내지는 법적 효과를 보다 잘 달성할 수 있도록 여러모로 돕는 구실을 하는 것으로서 결코 효과의 제한 그 자체가 목적이 아니라는 것이다.

어떤 행정행위가 기속행위라고 함은, 재량행위에 있어서와 같이 그것을 할 수도 안 할 수도 있는 행위가 아니라, 반드시 해야 하는 행위를 의미하며, 그 기속행위성 여부도 관련법규에 의거하여 판단되어야 할 것이고, 오늘날 재량은 자유재량과 기속재량으로 구분하는 것이 의미가 없고 모순된 것이라는 반론도 만만찮은 점, 대법원 판례도 왜 기속행위에는 부관을 붙일 수 없는 것인가에 대한 구체적 이유 설명이 없는 점을 고려할 때 부관의 가능성은 폭넓게 인정되어야 할 것이다. 이렇게 볼 때 부관의 가능성문제는 행정행위의 성질, 부관의 종류와 기능에 따라 개별적으로 검토되어야 할 것이다.[91]

2. 附款의 獨立爭訟 可能性[92]

(1) 序言

행정행위의 부관이 법적 한계를 일탈하여 위법하고 이로 인하여 국민의 권익을 침해하는 경우 부관부 행정처분(附款附 行政處分)을 받은 상대방은 어떻게 쟁송을 하여야 하는가 하는 문제가 제기된다. 즉, 위법한 부관만을 본체인 행정행위에서 떼어 독립적으로 행정쟁송의 대상으로 삼을 수 있는지, 아니면 부관부 행정처분 전체를 쟁송의 대상으로 하여야 하는지가 문제이다.

위법한 행정행위의 부관에 대한 사법적심사와 관련하여 위법한 부관에 대한 獨立爭訟

---

91) 獨逸 行政節次法 제36조와 관련하여 부관의 가능성에 대한 자세한 내용은, 朴鍾局, 「附款의 可能性에 관한 考察」(韓日法學研究 9輯, 한일법학회, 1990. 6), 39쪽 이하 참조.
　　獨逸 行政節次法 제36조 제1항은 기속행위에는 원칙적으로 부관을 붙일 수 없게 하되, 예외적으로 ① 법규에서 허용하고 있는 경우와, ② 부관을 붙임으로써 행정행위의 법률상 요건이 충족될 수 있는 경우(法律要件充足附款)에는 붙일 수 있게 하였다.
92) 違法한 附款에 대한 獨立爭訟可能性에 대한 獨逸의 學說槪觀은, 金載鎬, 「違法한 行政行爲의 附款에 대한 司法的審査」(判例月報 275號, 1993. 8), 38~41쪽 및 鄭夏重, 「附款에 대한 行政訴訟」(저스티스 第34卷 第2號, 한국법학원), 11~21쪽 참조.

可能性과 함께 獨立取消可能性이 구별하여 논의되고 있으나(즉, 附款의 獨立爭訟可能性
이란 어떠한 부관을 본체인 행정행위로부터 독립하여 일부취소소송으로 다툴 수 있느냐
하는 문제, 다시 말해 어떠한 부관에 대하여 취소소송을 허용할 것인가 하는 취소소송의
허용성에 관한 문제인데 대하여 附款의 獨立取消可能性란 어떠한 부관이 일부취소판결
에 의하여 본체인 행정행위와는 상관없이 독립적으로 취소될 수 있는가 하는 취소소송
의 이유유무에 관한 문제라는 것이다. 이와 같이 이론적으로 부관의 독립쟁송가능성은
소송요건이라는 절차법상의 문제이며, 독립취소가능성은 이유의 유무라고 하는 실체법
상의 문제이므로 이점에서 양자를 구별해서 논해야 할 필요성이 있다는 것이다) 여기서
는 절차법상의 문제인 부관의 독립쟁송가능성만 논하기로 한다.

　결국 부관의 독립쟁송가능성의 문제는 부관의 처분성 인정여부의 문제에 해당한다. 따
라서 부관의 처분성 인정 여부에 관한 학설과 판례를 검토하기로 한다.

(2) 學說

　1) 負擔·其他附款區分說 (負擔獨立爭訟說)93)

　이는 부관을 부담과 기타의 부관으로 구분한 후, 먼저 부담은 그 존속이 주된 행정행위
의 존재에 종속되지만 그 자체로서 하나의 행정행위이므로 독립하여 행정쟁송의 대상이
될 수 있는데 반하여, 기타의 부관은 그 자체로서 하나의 독립된 행정행위로 볼 수 없으
므로 독립하여 행정쟁송의 대상이 되지 않는다고 본다. 즉, 부담은 다른 부관과는 달리
본체인 행정행위와 불가분적 관계에 있는 것이 아니고 그 존속이 본체인 행정행위의 존
재를 전제로 하는 것일 뿐 그 자체로서 독립된 하나의 행정행위가 되는 것이기 때문에
직접 행정소송의 대상이 될 수 있는 반면, 그 밖의 부관은 행정행위의 주된 의사표시부
분에 종속된 의사표시로서 양자는 각각 별개의 행정행위를 이루는 것이 아니라 양자가
합하여 하나의 행정행위를 이루는 것이므로 부관만을 따로 떼어 독립적인 쟁송의 대상
으로 삼을 수는 없는 것이고 부관의 위법을 이유로 하는 경우에도 당해 부관부 행정행위
전체를 한 개의 행정행위로 보아 쟁송을 제기할 수밖에 없다고 한다.

　金東熙 教授도 부관의 독립쟁송가능성과 관련하여 부담기타부관구분설에 입각하여, ①
부관은 행정행위의 주된 내용에 부가된 부수적 규율이라는 점에서 일반적으로 부관 그
자체를 행정쟁송의 대상으로 할 수는 없는 것이므로 위법한 부관을 쟁송으로 다투기 위
해서는 부관부 행정행위를 쟁송의 대상으로 할 수밖에 없다, ② 일반적으로 부관은 그

---

93) 姜儀中, 『行政法講義』(教學研究社, 1999), 206쪽 ; 金道昶, 前揭書, 427쪽 ; 朴均省, 前揭書,
　　260쪽 ; 卞在玉, 前揭書, 311쪽 ; 石琮顯, 前揭書, 305~306쪽 ; 李尙圭, 前揭書(爭訟法), 320
　　쪽 ; 趙淵泓, 前揭書, 488쪽 ; 千炳泰, 前揭書, 306쪽. 그런데 石琮顯 教授의 견해는 부담·기타
　　부관 구분설과 아래의 전면적 독립쟁송가능설 중 어느 입장인지 명확히 파악하기 어렵다.

자체로서는 쟁송의 대상이 되지 않는 것이나, 부담의 경우는 형식적으로는 본체인 행정행위에 부관되어 있으면서도, 그 자체 독자적 규율성·처분성이 인정되어 그 자체로 행정쟁송의 대상이 될 수 있다고 보는 것이 학설·판례의 입장인바, 부담은 이처럼 그 자체를 독자적인 취소소송의 대상으로 할 수 있다는 점에서, 다른 부관에 대한 취소소송을 不眞正一部取消訴訟이라고 하는데 대하여, 부담에 대한 취소소송은 眞正一部取消訴訟이라고 한다.[94]

2) 全面的 獨立爭訟可能說
① 訴益關聯說

이 견해는 訴의 利益이 있는 한 부담이든 조건이든 가리지 않고 모든 附款이 그 자체로서 독립하여 行政訴訟의 對象이 된다고 하는 입장이다.

金南辰 敎授는 "다시 한 번 모든 부관의 가쟁성을 인정하는 바이며, 可爭性과 取消可能性을 구별할 필요가 있음을 강조하고 싶다. '부담만의 취소가 가능하다', '본체와 분리할수 있는 부관만 취소쟁송의 대상이 된다', '부관이 없었다면 주된 행위를 하지 않았을 것이라고 인정되는 경우에는 부관부행정행위 전체가 취소의 대상이 된다' 등의 주장은 다같이 '취소가능성'과 관계되는 것이지 '가쟁성'과는 무관하다고 말할 수 있다. 부관이란본래 본체인 행정행위에 부가시킨 것이므로, '분리할 수 없는 부관'이란 존재하지 않으며, '처분의 일부취소'가 가능한 만큼 모든 부관이 일단 쟁송의 대상이 될 수 있다."고 보면서 이런 논리전개의 근거로서 "마치 취소소송의 원고적격의 문제와 관련하여, 소의 제기 단계에 있어서는 침해의 가능성만 있으면 요건을 충족하는 것이며, 그에 대한 본격적인 심사는 본안의 심리단계에서 행해지는 것과 동일한 이치"임을 제시하고 있다.[95]

이는 주된 행정행위로부터의 부관의 분리가능성 여부는 쟁송을 이유 있게 하는 것(Begründetheit), 즉 附款의 獨立取消可能性(Aufhebbarkeit)과 관련된 것이지 쟁송의 許容性(Zulässigkeit), 즉 附款의 獨立爭訟可能性(Anfechtbarkeit)의 문제와 관계되는 것은 아니라는 이유에서 모든 부관에 대한 독립쟁송가능성을 인정하는 견해이다.

그런데 소익관련설을 취하는 金南辰 敎授는 흠있는 부관만의 취소 등을 구하고자 하는 경우에 관한 학설로 부담만의 獨立可爭性說, 不眞正一部取消請求可能性說, 모든 부관에 대한 可爭性(取消 등 請求可能性)을 認定하는 立場, 制限的 取消可能性說 등 네 가지를 구분하고 있는바,[96] 이 견해는 부관의 독립취소가능성은 부관의 독립쟁송가능성을 전제로 하고 있다는 것을 간과하였다는 점에서 근본적인 잘못이 있고, 독립쟁송가능성의

---

94) 金東熙, 前揭書, 278~279쪽.
95) 金南辰, 前揭書, 289쪽.
96) 金南辰, 前揭書, 287~288쪽.

문제와 독립취소가능성의 문제를 구분하지 않고 함께 논의함으로써 문제의 본질을 흐리게 한다는 비판을 받을 여지가 있다. 첫 번째, 두 번째 학설은 독립쟁송가능성에 관한 학설이고(쟁송의 형태를 포함), 세 번째의 학설은 양자에 함께 관련된 것이며, 마지막의 학설은 순전히 독립취소가능성의 문제에 한정되는 견해에 해당되기 때문이다.

② 訴訟要件說

이 견해는 위법한 부관을 독립하여 취소할 수 있는가 하는 취소가능성의 문제는 본안에서의 이유유무의 문제라 할 것이므로 소송요건인 독립쟁송가능성의 문제와는 관계가 없다는 전제하에, 모든 위법한 부관은 일단 독립하여 행정쟁송(특히 取消訴訟)의 대상이 될 수 있다고 보는 입장이다.

朴鈗炘 敎授는 "위법한 부관을 독립하여 취소할 수 있는가 하는 취소가능성의 문제는 본안에서의 이유 유무의 문제라 할 것이며, 따라서 소송요건인 독립쟁송가능성의 문제와는 관계가 없다고 할 것이다. 그리하여 모든 위법한 부관은 일단 독립하여 취소소송의 대상이 될 수 있다고 할 것이다.",97) 鄭夏重 敎授는 "근래 유력한 학설에서는 독일의 학설의 영향을 받아 附款에 대한 取消訴訟의 提起可能性(可爭性 ; Anfechtbarkeit)과 附款의 取消可能性(Aufhebbarkeit)을 구분하여 모든 위법한 부관에 대하여 취소소송 제기의 가능성을 인정함과 동시에 어떠한 부관이 취소가능한가는 본안의 문제로서 주된 행정행위와 부관의 종류에 따라 구분하고 있다.",98) 李日世 敎授는 "취소소송의 정의를 내리고 있는 行政訴訟法 제4조 제1호의 해석상 처분의 일부에 하자가 있는 경우에는 일부취소소송을 제기할 수 있다는 데에는 이론(異論)이 없는바, 주된 행정행위의 효력을 제한 또는 보충하기 위해 부가되는 부관도 행정행위의 일부를 구성하는 것이므로 처분의 일부로서의 부관의 취소를 구하는 소위 不眞正一部取消訴訟의 경우 특별히 처분성이 문제될 여지는 없다고 할 것이다. 이러한 점에서 부관부 행정행위 중 부관부분만의 취소를 구하는 소송에 대하여 처분성의 결여를 이유로 각하판결을 내리는 판례의 태도는 납득하기 어렵다."99)라고 각 주장하고 있다.

이는 요건판단의 문제인 소의 대상성 판단에 있어서 부관은 그것이 부담이든 조건이든 관계없이 모두 행정쟁송의 대상이 된다고 보는 견해이다. 이 설은 앞의 소익관련설이 부관의 분리가능성과 관련하여 독립쟁송가능성을 논하는 점에서의 차이를 제외하고는 두 견해가 모두 모든 부관을 쟁송대상으로 한다는 점에서 유사한 입장이라고 할 수 있다.

---

97) 朴鈗炘, 前揭書, 392쪽 ; 朴鐘局, 前揭書, 402쪽.
98) 鄭夏重, 前揭書, 164쪽.
99) 李日世, 「行政行爲의 附款과 行政訴訟」(公法學의 現代的 地平), 654쪽.

3) 可分離性基準說

이 견해는 당사자가 쟁송을 통하여 하자있는 부관만을 독립하여 다툴 수 있는가의 여부는, 법원의 본안심리를 통하여 당해 부관의 취소가 인정되는 경우에 주된 행정행위가 여전히 그 자체로서 존속할 수 있는가의 여부와 밀접한 관련을 갖는 것이므로, 이때에는 당해 부관의 독자적인 처분성 인정 여부가 중요한 것이 아니라 당해 부관이 주된(本體인) 행정행위와 분리하여 독자적으로 다툴 수 있는 정도의 분리가능성을 가지고 있는가 하는 것을 중요한 기준으로 파악한다. 따라서 이 견해는 부관의 독립쟁송가능성 여부의 문제를 법원에 의한 부관의 독자적인 취소가능성 문제의 전제조건으로서의 성격을 갖는다고 보면서, 부관만의 독립취소가 법원에 의하여 인정될 정도의 독자성, 즉 주된 행정행위와의 분리가능성을 갖는 부관이라면 '그 처분성 인정여부와 무관하게' 행정쟁송을 통하여 독자적으로 다툴 수 있다고 본다.

徐元宇 敎授는 "부관이 본체로부터 가분의 경우에는(행정행위의 일부취소소송의 형식에 의하여 부관만의 취소를 구하는 것도 가능하다 …… 부관이 본체와 불가분인 경우에는 이론상으로는 불이익적 부관이 없는 행정행위를 청구하는 의무이행소송이 가능하겠지만 보다 일반적으로는 부관부행정행위전체의 취소를 구하는 취소소송을 제기하게 될 것이다.",100) 金性洙 敎授는 "우리나라의 경우에는 위법한 부관에 대한 쟁송문제에 있어서 부담뿐 아니라 다른 부관의 경우에도 주된 행정행위와의 '사실상의 분리 가능성'만이 존재하면 부관의 처분성에 얽매이지 말고 독립적 쟁송의 가능성을 부여해야 한다(모든 附款에 대한 眞正一部取消)",101) 柳至泰 敎授는 "부관의 독립쟁송가능성 여부의 문제는 법원에 의한 부관의 독자적인 취소가능성 문제의 전제조건으로서의 성격을 갖는다고 볼 것이므로, 부관만의 독립취소가 법원에 의하여 인정될 정도의 독자성(즉, 主된 行政行爲와의 分離可能性)을 갖는 부관이라면 그 처분성 인정 여부와 무관하게 행정쟁송을 통하여 독자적으로 다툴 수 있다고 보아야 할 것이다.",102) 洪井善 敎授는 "판례는 조건·기한의 경우에 독립쟁송·독립취소를 부인한다. 그러나 침익적 부관의 독립쟁송·독립취소의 문제는 조건과 부담의 대립적인 구분방식이 아니라 '부관이 폐지될 때에 남는 부분만으로 행정행위가 여전히 존속할 수 있는가'의 방식에 따라 주된 행위로부터 침익적인 부관의 분리가능성을 판단하여야 한다는 주장이 타당하다고 본다. 따라서 조건·기한도 경우에 따라 독립쟁송·독립 취소의 대상이 될 수 있다고 볼 것이다.",103) 姜求哲 敎授는, "부관이란 주된 행정행위와 결합하여 전체로서 하나의 행정행위를 구성한다고

---

100) 徐元宇, 前揭論文, 674쪽.
101) 金性洙, 前揭書, 259쪽.
102) 柳至泰, 前揭書, 153쪽.
103) 洪井善, 前揭書, 390쪽.

본다면 부관 그 자체는 독립된 행정행위로서의 처분성이 인정되지 않는다고 할 것이다. 따라서 부관의 하자를 다투는 경우에도 소송대상은 전체로서 부관부행정행위이어야 할 것이다. 다만, 처분성을 갖는 부관(특히 負擔)으로서 주된 행정행위와 분리하여 주장 가능한 경우에는 당해 부관만을 취소소송의 대상으로 할 수 있을 것이다."104)라고 설명하고 있다.

金鐵容 敎授는 "본체인 행정행위로부터 분리 가능한 부관에 하자가 있는 경우에는, 부관이 본체인 행정행위의 본질적 요소가 아닌 한(이 경우에는 부관부 행정행위 전체를 대상으로 취소쟁송 내지 무효확인쟁송을 제기하여야 한다), 부관만을 대상으로 하여 취소쟁송 내지 무효확인쟁송을 제기할 수 있다."고 하면서 부담·기타부관구분설에 대하여 "독립하여 쟁송의 대상이 될 수 있는 부관은 부담이냐 부담 외의 부관이냐에 있는 것이 아니라 본체인 행정행위로부터 분리 가능한 것이냐의 여부(즉 獨立된 處分이냐의 與否)에 있다는 것을 간과한 점에 근본적인 잘못이 있다."고 비판하고 있다.105) 이 견해도 본질적 요소인지 여부의 점을 제외하고는 앞의 다른 견해와 유사하다고 할 수 있다.

그런데 여기서 '그 처분성 인정여부와 무관하게' 독립쟁송이 가능하다는 것이 곧 분리가능성이 인정되는 부관이면 모두 바로 독립쟁송이 가능하다는 것인지 아니면 분리가능성이 인정된 후 다시 행정쟁송의 대상이 되기 위하여 요구되는 처분성 인정여부에 대한 검토를 거쳐야 하는 것을 요구하는지 그 문면 상으로는 정확한 취지를 알기 어렵다. 다만, 다수설을 비판하는 다른 부분에서의 논급태도에 비추어보면, 처분성의 존재여부와는 전혀 관계없이 단지 분리가능성만 있으면 바로 행정쟁송이 가능하다는 입장으로 이해된다. 그러나 이 견해는 쟁송형태의 단계에 이르러 부관의 처분성을 별도로 요구하고 있다.

4) 獨立爭訟否定說

이 견해는 부관은 행정행위의 주된 내용에 부가된 부수적 규율이라는 점에서 행정행위의 일부이기 때문에 부관만을 독립하여 쟁송수단으로 다툴 수 없으며, 행정행위의 주된 내용과 부관을 전체 행정행위로서 하나의 소송물로 보아야 한다는 입장이다.106)

즉, 위법한 부관으로 인하여 권리, 이익이 침해되는 경우에 부관이 중대하여 주된 행정처분의 중요한 부분을 차지하는 때에는 주된 행정처분자체를 행정소송의 대상으로 하여야 하고, 부관의 위법성이 주된 행정처분에 아무런 영향을 주지 않을 정도의 그다지 중요하지 않은 부관인 경우에도 부관은 주된 행정처분과 독립한 독자적인 처분으로 볼 수 없기 때문에 부관만을 분리해서 쟁송을 제기할 수 없고, 부관을 포함한 전체의 행정처분을

104) 姜求哲, 前揭書, 396쪽.
105) 金鐵容, 前揭書, 185쪽.
106) 尹世昌·李虎乘, 前揭書, 246~247쪽.

행정쟁송의 대상으로 하면서 '일부취소'의 변경판결로서 구제되어야 할 것이라고 한다.

이는 부관이라는 것이 종된 행정행위이지만 주된 행정행위와 결합하여 전체로서 하나의 행정행위를 구성한다고 볼 것이고(곧 附款은 行政行爲의 一部分을 意味), 동시에 부관의 의미는 부담이든 기타의 부관이든 관계없이 주된 행정행위와의 관련 속에서 진정한 의미를 갖는 것으로 이해한다. 따라서 부관만을 독립하여 쟁송의 대상으로 삼을 것인가의 여부는 형식적인 관점에서의 접근일 뿐 실질적인 관점에서의 접근은 아니라는 점에서, 부관의 하자를 다투는 경우에도 소송의 대상은 전체로서의 부관부 행정행위이어야 한다고 본다.

(3) 判例의 態度

대법원 판례는 원칙적으로 負擔·其他附款 區分說의 立場을 견지하면서 행정행위의 부관 중 행정행위에 부수하여 그 상대방에게 일정한 의무를 부과하는 행정청의 의사표시인 부담의 경우에는 그 자체만으로 행정쟁송의 대상이 될 수 있다고 판시하고 있다.

즉 대법원은 "행정행위의 부관은 부담의 경우를 제외하고는 독립하여 행정소송의 대상이 될 수 없다.",107) "행정행위의 부관은 행정행위의 일반적인 효력이나 효과를 제한하기 위하여 의사표시의 주된 내용에 부가되는 종된 의사표시이지 그 자체로서 직접 법적 효과를 발생하는 독립된 처분이 아니므로 현행 행정쟁송제도 아래서는 부관 그 자체만을 독립된 쟁송의 대상으로 할 수 없는 것이 원칙이나, 행정행위의 부관 중에서도 행정행위에 부수하여 그 행정행위의 상대방에게 일정한 의무를 부과하는 행정청의 의사표시인 부담의 경우에는 다른 부관과는 달리 행정행위의 불가분적인 요소가 아니고 그 존속이 본체인 행정행위의 존재를 전제로 하는 것일 뿐이므로 부담 그 자체로서 행정쟁송의 대상이 될 수 있다."108)는 것이다.

그리고 어떠한 행정행위의 부관인 부담에 정해진 바에 따라 당해 행정청이 아닌 다른 행정청이 그 부담상의 의무이행을 요구하는 의사표시를 하였을 경우 이러한 행위가 당연히 또는 무조건으로 행정소송법상 항고소송의 대상이 되는 처분에 해당한다고 할 수는 없다. 예컨대 건설부 장관이 공유수면매립면허를 함에 있어 그 면허를 받은 자에게 당해 공유수면에 이미 토사를 투기한 지방해운항만청장에게 그 대가를 지급하도록 한 부관에 따라 지방해운항만청장이 한 수토대금의 납부고지행위는 행정처분에 해당하지 않는다는 것이다.

---

107) 대법원 1991. 12. 13. 선고 90누8503 판결(공유수면매립빈지국유화처분취소) ; 대법원 1993. 10. 8. 선고 93누2032 판결(공유수면매립공사준공인가처분취소) ; 대법원 2000. 2. 11. 선고 98누7527 판결 ; 대법원 2001. 6. 15. 선고 99두509 판결.
108) 대법원 1992. 1. 21. 선고 91누1264 판결(수토대금부과처분취소).

이러한 이제까지의 대법원의 판례태도를 보면, 부담과 기타의 부관을 구분하여 기타의 부관과 달리 부담에 대하여는 독립쟁송가능성을 긍정하는 입장을 취하고 있음을 알 수 있다. 즉 이러한 판례의 경향은 학설상 부담·기타부관구분설을 견지하고 있는 것으로 볼 수 있다.

3. 所見

다시 말해 우리나라 판례는, 부관은 본체인 행정행위와 합하여 하나의 행정행위를 이루는 것이어서 본체인 행정행위에 중요한 요소인 부관인지 여부를 불문하고 부관만을 떼어 독립적인 쟁송의 대상으로 삼을 수 없고 당해 행정행위 전체의 취소 등을 구하여야 한다고 한다. 즉, 부관은 본체인 행정처분의 일부분으로 그 자체로서 직접 법적 효과를 발생하는 독립된 행정처분이 아니므로 부관 그 자체만을 독립된 쟁송의 대상으로 삼을 수 없고 전체로서의 부관부행정처분을 쟁송의 대상으로 삼아야 한다는 것이다.

우리나라 판례는, 그 문맥을 보면, 부담 그 자체로서 행정쟁송의 대상이 될 수 있다고 직접적으로 표현하거나,109) 부담의 경우를 제외하고는 독립하여 행정소송의 대상이 될 수 없다고 간접적으로 표현하여110) 결국 부담의 독립쟁송가능성을 인정하고 있다.

종래 행정행위의 효과 제한만이 부관의 기능으로 보았으나 오늘날에는 효과의 보충 또는 행정의 탄력적 대응의 가능성을 열어주는 것111) 등 다양한 기능을 수행하고 있다고 볼 때 부담 역시 부관으로서 행정행위의 일부분이지 그 자체의 독립한 행정행위가 아니기 때문에 다른 모든 부관과 함께 취소소송의 대상이 된다고 하겠다.

오늘날 증가일로에 있는 수익적 행정행위에 있어 본체인 행정행위의 효과를 그대로 향유하면서 흠 있는 부관에 대해서만 불복하여 그 효력을 다투고자 하는 경우가 많을 터인바, 이에 대한 제도적 뒷받침이 필요하다고 하겠다. 한편 행정행위의 취소를 논하는 경우 그 취소는 행정행위의 '전부취소'뿐만 아니라 '부분취소'도 의미함은 주지의 사실인 바112) 그 부분취소가 빛을 발하는 곳이 바로 부관의 취소라고 하겠다.

우리나라 법원의 실무를 보면, 항고소송의 대상인 처분성 여하가 소의 이익 내지 원고적격보다 먼저 논의되는 있으며, 소의 이익을 논하기 전에 처분성이 없다는 이유만으로 부적법 각하판결을 내리고 있다.

이에 비추어 볼 때, 분리가능성의 문제는 이유유무의 문제로서 본안에서 판단하여야 할 실체적 사항임에도 불구하고 이를 독립쟁송가능성의 단계에서 처분성 요건보다 먼저 고

---

109) 대법원 1992. 1. 21. 선고 91누1264 판결.
110) 대법원 1991. 12. 13. 선고 90누8503 판결.
111) 塩野 宏, 前揭書, 149面.
112) H. Maurer, a.a.O. §12 Rn.23, S.325.

려하여야 한다든가, 처분성, 소의 이익이 인정된 뒤 쟁송가능성이 있는 경우에 비로소
본안 심리가 진행되어 법원이 분리가능성이 없으면 일부 취소판결을 할 수 없어 기각판
결을 내려야 하는데도 각하 판결을 하여야 한다는 등의 주장은 수긍하기 어렵다.

Ⅵ. 準法律行爲的 行政行爲113)

 준법률행위적행정행위가 모두 행정처분에 해당되는 것은 아니다. 準法律行爲的行政行
爲 중에는 아무런 법률적 효과를 발생하지 아니하는 것, 법률적 효과가 발생하더라도 단
순히 내부적이거나 권리의무의 형성 또는 그 범위를 확정하는 정도에 이르지 아니하는
것이 있는바, 이 경우에는 행정처분성을 인정할 수 없다.

1. 通知

 通知는 特定人 또는 不特定 多數人에게 特定事實을 알리는 行爲이다. 통지행위 중 법률
의 규정에 의한 통지로 일정한 법적 효과가 부가되는 경우에는 행정처분으로서의 성질
을 가진다.
 판례가 行政處分으로 본 通知行爲에는, 代執行의 戒告處分(대법원 1966. 10. 31. 선고
66누25 판결),114) 대집행영장의 통지(대법원 1996. 2. 9. 선고 95누12507 판결),115)
都市計劃法에 의하여 고시된 도시계획결정(대법원 1982. 3. 9. 선고 80누105 판결),
자산양도차익과 세액의 예정결정통지(대법원 1989. 10. 13. 선고 88누2519 판결),116)

---

113) 행정행위의 내용에 따른 法律行爲的行政行爲와 準法律行爲的行政行爲의 구별은 사법상의 법률
　　 행위 개념을 유추하여 분류한 것으로 행정행위와 사법상의 법률행위는 성질상 이질성을 가지고
　　 있다는 점에서 양자의 구별을 비판하는 견해(金南辰, 前揭書, 223쪽 ; 金性洙, 前揭書,
　　 171~172쪽 ; 朴均省, 前揭書, 211~212쪽 ; 石琮顯, 前揭書, 210쪽 ; 洪準亨, 前揭書, 147
　　 쪽)가 있으나 여기서는 통설적 견해에 따르기로 한다.
114) 戒告를 대부분 학자들이 準法律行爲的行政行爲인 通知行爲로 보나 金南辰 敎授는 작위의무를 부
　　 과하는 下命으로 본다(前揭書, 501쪽).
　　 일본의 경우 학설상으로는 계고가 독자적인 항고소송의 대상이 된다고 하는 것이 통설(田中二
　　 郎, 前揭書, 124面 ; 塩野 宏, 前揭書, 193面 ; 芝池義一, 前揭書(總論), 199面 ; 兼子 仁, 前揭
　　 書(總論), 235面 ; 藤田宙靖, 前揭書, 317面)이나, 아직 이점에 관한 최고재판소 판례는 보이지
　　 않는다.
115) 이에 대해 대집행의 영장이 행정행위이고 그 통지는 행정행위의 효력발생요건이라고 보기도 한
　　 다(金容燮,「行政代執行과 그에 대한 權利救濟」(考試界, 1998. 4), 81쪽).
116) 그 판결의 내용을 보면, "자산의 양도차익에 대한 소득세는 과세표준이 되는 금액이 발생한 달
　　 즉 자산의 양도일이 속하는 달의 말일에 그 납세의무가 추상적으로 성립하는 것으로서, 자산양
　　 도자의 주소지관할 세무서장은 자산양도차익 예정신고 또는 자산양도차익예정신고 자진납부를
　　 한 자에 대하여는 그 신고 또는 자진납부가 있는 날로부터 1개월 이내에, 자산양도차익예정신고
　　 를 하지 아니한 자에 대하여는 즉시, 그 양도차익과 세액을 결정하고 소득세법시행령 제183조의
　　 규정을 준용하여 과세표준과 세율, 세액 기타 필요한 사항을 납세고지서에 기재하여 당해 거주

관할구청장이 주택개량재개발사업시행구역내 세입자에 대하여 영구임대아파트의 입주권 부여 대상자가 아니라고 한 통보(대법원 1993. 2. 23. 선고 92누5966 판결), 구 농지법(2002. 1. 14. 법률 제6597호로 개정되기 전의 것)제10조 제1항 제7호, 제2항, 제11조에 의한 농지처분의무통지(대법원 2003. 11. 14. 선고 2001두8742 판결)[117] 등이 있다.

그러나 법적 효과가 발생하지 아니하는 단순한 사실의 통지·통고·독촉·경고 등은 행정처분이 아니다. 판례도 행정권 내부에서의 행위나 알선, 권유, 사실상의 통지 등과 같이 상대방 기타 관계자들의 법률상 지위에 직접적인 변동을 일으키지 아니하는 행위는 항고소송의 대상이 되지 아니한다고 하여,[118] 사실의 통지·관념의 통지·사무적 행위 등에 대하여 통지로서의 행정처분성을 인정하지 않고 있다.

통지행위가 행정처분인지 아닌지를 판단함에 있어서는 개별적으로 고찰하여야 할 뿐만 아니라 통지행위가 객관적으로 국민에게 불이익을 주는 행정처분과 같은 외형을 갖추고 있고 그 행위의 상대방이 이를 행정처분으로 인식할 수 있는 것이면 그로 인하여 파생되는 국민의 불이익 내지 불안감을 제거시켜 주기 위한 구제수단으로 행정소송의 제기를 허용함이 타당하다 할 것이어서 그 처분성을 인정하여야 할 것이다.

자에게 통지함으로써 납세의무가 구체적으로 확정되는 것으로 해석되므로, 과세관청이 소득세법 제99조, 제94조 및 같은 법 시행령 제146조 제1항, 제142조 제3항에 따라 자산양도차익과 세액을 예정 결정하여 당해 자산양도자에게 통지한 경우에는, 납세의무자가 그 통지를 과세처분으로 보아 그 취소를 청구하는 항고소송을 제기할 수 있다."이다.
자산양도차익예정신고납부와 예납세액의 결정통지의 법률적 성격을 어떻게 파악할 것인지에 대하여 課稅處分說과 節次處分說이 나뉘는바, 전자에 의하면 항고소송을 제기할 수 있고 후자에 의하면 항고소송을 제기할 수 없게 된다. 이에 대하여는 의문을 제기하는 사람이 있다(姜仁崖, 「資産讓渡差益과 稅額의 豫定決定通知의 法律的 性格」(判例月報 238號, 1990. 7), 42쪽 이하 참조).

117) 구 농지법(2002. 1. 14. 법률 제6597호로 개정되기 전의 것)제10조 제1항 제7호, 제2항, 제11조에 의하면, 농지의 소유자가 정당한 사유 없이 같은 법 제 8조 제2항의 규정에 의한 농업경영계획서의 내용을 이행하지 아니하였다고 시장 등이 인정한 때에는 그 사유가 발생한 날부터 1년 이내에 당해 농지를 처분하여야 하고, 시장 등은 농지의 처분의무가 생긴 농지의 소유자에게 농림부령이 정하는 바에 의하여 처분대상 농지·처분의무기간 등을 명시하여 해당 농지를 처분하여야 함을 통지하여야 하며, 위 통지에서 정한 처분의무기간 내에 처분대상농지를 처분하지 아니한 농지의 소유자에 대하여는 6개월 이내에 당해 농지를 처분할 것을 명할 수 있는바, 시장 등 행정청은 위 제7호에 정한 사유의 유무, 즉 농지의 소유자가 위 농업경영계획서의 내용을 이행하였는지 여부 및 그 불이행에 정당한 사유가 있는지 여부를 판단하여 그 사유를 인정한 때에는 반드시 농지처분의무통지를 하여야 하는 점, 위 통지를 전제로 농지처분명령, 같은 법 제65조에 의한 이행강제금부과 등의 일련의 절차가 진행되는 점 등을 종합하여 보면, 농지처분의무통지는 단순한 관념의 통지에 불과하다고 볼 수는 없고, 상대방인 농지소유자의 의무에 직접 관계되는 독립한 행정처분으로서 항고소송의 대상이 된다.
118) 대법원 1993. 10. 26. 선고 93누6331 판결 ; 대법원 1998. 7. 10. 선고 96누6202 판결 ; 대법원 2000. 9. 8. 선고 99두1113 판결.

(1) 事實의 通知

사실의 통지로 보아 행정처분성을 인정하지 아니한 경우로는 ① 자동차대여사업등록실효통지(대법원 1996. 6. 14. 선고 96누3661 판결), ② 학원의 수강료나 시설·설비의 변경에 관한 회시(대법원 1997. 5. 16. 선고 97누3163 판결), ③ 형성적재결의 결과를 통보하면서 공장설립변경신고수리시 발급한 확인서를 반납하도록 요구한 행위(대법원 1997. 5. 30. 선고 96누14678 판결), ④ 형성재결 후 당해처분을 취소한 경우(대법원 1998. 4. 24. 선고 97누17131판결),[119] ⑤ 수도사업자의 급수공사신청자에 대한 급수공사비납부통지(대법원 1993. 10. 26. 선고 93누6331 판결), ⑥ 산업재해보상보험법령에 의하여 노동부장관이 보험가입대상사업주에 대하여 하는 보험관계성립통지(대법원 1989. 2. 14. 선고 87누672 판결), ⑦ 성업공사[현 한국자산관리공사]의 국세징수법 제68조의 규정에 따른 체납자·납세담보물소유자와 그 채권상에 전세권·질권·저당권·기타의 권리를 가진 자에 대한 공매의 통지(대법원 1998. 6. 26. 선고 96누12030 판결)[120], ⑧주택건설사업이 양도되었으나 그 변경승인을 받기 이전에 행정청이 양수인에 대하여 양도인에 대한 사업계획승인을 취소하였다는 사실을 통지한 경우(대법원 2000. 9. 26. 선고 99두646 판결),[121] ⑨ 대집행의 계고와 관련하여 계고기일의 연기통보(대법원 1983. 7. 26. 선고 82누1 판결), ⑩ 제2차, 제3차 계고처분(대법원 1991. 1. 25. 선고 90누5962 판결 ; 대법원 1992. 3. 13. 선고 91누5372 판결

---

119) 이 판결에 대한 평석은, 『대법원판례해설』통권 제30호.

120) 이에 대해 권은민 판사는 공매결정으로 인하여 압류재산을 환가하는 절차로 나아가는 것이고, 그 결과 압류재산의 이해관계인에게 그 권리를 제한하는 등의 효과가 발생하게 되는 것이며, 공매통지도 공매절차의 한 과정으로서 법률에 그 근거를 두고 있을 뿐만 아니라 그 통지내용인 매각예정가격의 결정 또는 매각대상 등에 대하여 이해관계인으로서는 위법사유를 주장함으로써 권리를 구제받을 필요가 있으므로 단순히 대부행위 또는 중간처분으로서 국민의 권리나 의무와 무관한 것이라고 단정할 수 없을 것이고 공매대행통지 및 공매통지는 모두 그 주체가 행정청 또는 그로부터 위임을 받은 성업공사가 하는 공권력의 행사에 관한 것이고, 그 내용이 압류재산의 소유권 등에 관한 것으로서 그 재산의 소유자 등에 대한 권리의무와 관계되는 것인바 공매결정, 공매통지를 행정청의 공권력 행사로서 처분이라고 보는 것이 타당하다고 한다(「공매결정·통지의 처분성 및 소송상 문제점」(人權과 正義, 통권 제280호, 대한변호사협회, 1999. 12), 114~130쪽).

121) 그 이유에 대해, 대법원은, "舊 住宅建設促進法 제33조 제1항, 舊 같은 법 시행규칙(1996. 2. 13. 건설교통부령 제54호로 개정되기 전의 것) 제20조의 각 규정에 의한 주택건설사업계획에 있어서 사업주체변경의 승인은 그로인하여 사업주체의 변경이라는 공법상의 효과가 발생하는 것이므로, 사실상 내지 사법상으로 주택건설사업 등이 양도·양수되었을지라도 아직 변경승인을 받기 이전에는 그 사업계획의 피승인자는 여전히 종전의 사업주체인 양도인이고 양수인이 아니라 할 것이어서 사업계획승인취소처분 등의 사유가 있는지의 여부와 취소사유가 있다고 하여 행하는 취소처분은 피승인자인 양도인을 기준으로 판단하여 그 양도인에 대하여 행하여져야 할 것이다."라고 판시하고 있다(이 판결에 대한 평석은 『대법원판례해설』통권 제35호, 558~571쪽 참조).

: 대법원 1994. 10. 28. 선고 94누5144 판결) ⑪ 재개발조합이 조합원들에게 '조합원 동·호수 추첨결과 통보 및 분양계약체결 안내'라는 제목으로 계약의 지연 등으로 인한 개인적 불이익을 당하지 않도록 유념해달라는 내용의 통지를 한 경우(대법원 2002. 12. 10. 선고 2001두6333 판결) 등이 있다.

(2) 觀念의 通知

"단순히 접수한 서면에 대한 회신의 형식으로 그 서면상의 사항에 대한 인식을 위한 관념의 통지에 불과하고 법적인 규제를 하려는 성질의 것이 아닌 이상 이를 행정처분이라고 할 수 없다."122)는 것이 판례의 입장이다.

이런 이유에서 대법원은, 진정을 거부하는 국가기관의 민원회신이라는 통지(대법원 1991. 8. 9. 선고 91누4195 판결), 행정 각 부처의 장 등이 일반국민의 소관법령의 해석에 관한 질의에 대하여 하는 회신(대법원 1992. 10. 13. 선고 91누2441 판결), 지방세법소정의 사유에 해당하는 경우에 당연히 면제되는 취득세 및 등록세의 면제신청을 거부하는 취지의 회신(대법원 1990. 3. 27. 선고 88누4591 판결), 국가공무원법 제69조의 규정에 의한 당연퇴직처분(대법원 1995. 11. 14. 선고 95누2036 판결), 주한미군에 근무하면서 특수업무를 수행하는 한국인 군무원에 대한 주한 미군 측의 고용해제 통보 후 국방부장관이 행한 직권면직의 인사발령(대법원 1997. 10. 24. 선고 97누1686 판결), 개별토지가격합동조사지침(1991. 3. 29. 국무총리훈령 제248호로 개정된 것) 제12조의 3 소정의 개별공시지가 경정결정신청에 대한 행정청의 정정불가 결정통지(대법원 2002. 2. 5. 선고 2000두5043 판결), 공무원연금관리공단이 공무원연금법령의 개정 사실과 퇴직연금 수급자가 퇴직연금 중 일부 금액의 지급정지 대상자가 되었다는 사실을 통보한 경우(대법원 2004. 12. 24. 선고 2003두15195 판결) 등을 관념의 통지라고 하여 행정처분성을 부인하였다.

(3) 事務的 行爲

행정사무집행상의 편의나 사실증명의 자료를 삼기 위하여 공부에 등재하는 행위나 그 등재된 사항을 변경하는 행위는 그 자체만으로 국민에게 구체적으로 어떠한 권리를 제한하거나 의무를 명하는 등 법률적 효과를 발생시키는 것이 아니므로 원칙적으로 항고소송의 대상이 되지 아니한다. 토지대장(대법원 1993. 6. 11 선고 93누3745판결 ; 대법원 1995. 12. 5. 선고 94누4295 판결), 임야대장(대법원 1987. 3. 10. 선고 86누7672 판결), 지적도(대법원 1990. 5. 8. 선고, 90누554 판결)123), 측량성과도(대법원

---

122) 대법원 1966. 10. 25. 선고 65누23 판결.
123) 同旨, 대법원 2002. 4. 26. 선고 2000두7612 판결(지적공부에 기재된 일정한 사항을 변경하

1993. 12. 14. 선고 93누555 판결), 건축허가대장(대법원 1979. 10. 30. 선고 79누 190 판결 ; 대법원 1989. 12. 12. 선고 89누5348 판결), 하천대장(대법원 1982. 7. 13. 선고, 81누129 판결), 공무원연금카드(대법원 1980. 2. 12. 선고 79누121 판결), 육군병원의 입원기록(대법원 1992. 2. 11. 선고 91누4126 판결), 자동차운전면허대장 (대법원 1991. 9. 24. 선고 91누1400 판결), 운전면허행정처분처리대장(대법원 1994. 8. 12. 선고 94누2190 판결), 온천관리대장에 온천발견자의 명의를 등재·등록 또는 말소하는 행위(대법원 2000. 9. 8. 선고 98두13072 판결 ; 대법원 2002. 2. 26. 선고 2001다53622 판결)) 등의 기재행위는 항고소송의 대상인 행정처분이 아니다.

그러나 대법원은 토지분할신청에 대한 거부처분(대법원 1992. 12. 8. 선고 92누7542 판결 ; 대법원 1993. 3. 23. 선고 91누8968 판결), 건축주명의변경신청거부처분(대법원 1992. 3. 31. 선고 91누4911 판결), 지적도열람 및 등본교부신청거부행위(대법원 1992. 5. 26. 선고 91누5952 판결)에 대하여는 처분성을 인정하고 있다.

일반적으로 행정주체가 공적 장부에 기재하는 행위는 공적권위에 의하여 특정행위의 증거력을 부여하는 행위로 보아 강학상 公證行爲라고 불린다. 즉, 공증은 특정의 사실이나 법률관계의 존부를 공적으로 증명하여 공적증거력을 부여하는 행위이다. 대다수의 학자들은 특별한 논거 없이 공증의 행정행위성을 인정하고 있으나 공증행위가 실체적 권리 관계를 그 대상으로 하고 실제에 있어서 공적장부에 대한 공신력이 인정되고 있지

는 행위는 행정사무집행의 편의와 사실증명의 자료로 삼기위한 것으로, 이로 인하여 당해 토지에 대한 실체상의 권리관계에 변동을 가져오는 것이 아니고, 토지 소유권의 범위가 지적공부의 기재만에 의하여 증명되는 것도 아니므로, 지적도의 경계를 현재의 도로경계선에 따라 정정해 달라는 지적정리 요청을 거부하는 내용의 회신은 항고소송의 대상이 되는 행정처분이라고 할 수 없다.). 이에 반하여 헌법재판소는 지적법 제38조 제2항에 의하면 토지소유자에게는 지적공부의 등록사항에 대한 정정신청의 권리가 부여되어 있고, 이에 대응하여 소관청은 소유자의 정정신청이 있으면 등록사항에 오류가 있는지를 조사한 다음 오류가 있을 경우에는 등록사항을 정정하여야 할 의무가 있는바, 피청구인의 반려행위는 지적관리업무를 담당하고 있는 행정청의 지위에서 청구인의 등록사항정정신청을 확정적으로 거부하는 의사를 밝힌 것으로서 공권력의 행사인 거부처분이라 할 것이므로 헌법재판소법 제68조 제1항 소정의 '공권력의 행사'에 해당"한다고 보았으며, "지목은 토지에 대한 공법상의 규제, 공시지가의 산정, 손실보상가액의 산정 등 각종 토지행정의 기초로서 공법상의 법률관계에 법률상·사실상의 영향을 미치고 있으며, 토지소유자는 지목을 토대로 한 각종 토지행정으로 인하여 토지의 사용·수익·처분에 일정한 제한을 받게 되므로, 지목은 단순히 토지에 관한 사실적·경제적 이해관계에만 영향을 미치는 것이 아니라 토지의 사용·수익·처분을 내용으로 하는 토지소유권을 제대로 행사하기 위한 전제요건으로서 토지소유자의 실체적 권리관계에 밀접히 관련되어 있다고 할 것이고, 따라서 지목에 관한 등록이나 등록변경 또는 등록의 정정은 단순히 토지행정의 편의나 사실증명의 자료로 삼기 위한 것에 그치는 것이 아니라, 해당 토지소유자의 재산권에 크건 작건 영향을 미친다고 볼 것이며, 정당한 지목을 등록함으로써 토지소유자가 누리게 될 이익은 국가가 헌법 제23조에 따라 보장하여 주어야할 재산권의 한 내포로 봄이 상당하다."고 했다(헌법재판소 1999. 6. 24. 97헌마315 결정).

않으며 이러한 장부에의 등재행위나 변경행위에 있어서 담당공무원에게 실질적 심사권이 인정되지 않는 경우에는 바로 법적관계의 변동을 발생하지 못한다고 할 것이어서 판례의 입장이 타당하다고 본다.

2. 申告受理의 拒否

(1) 序言

행정법상 申告는 상대방인 私人이 行政廳에 대하여 일정한 事實이나 法律關係를 通知함으로서 公法上의 效果를 發生하는 私人의 公法行爲를 말한다.

일반적으로 신고는 형식적 요건을 갖추고 있는 한 신고서가 접수기관에 도달한 때에 그의 효력을 발생하므로 행정청의 수리를 필요로 하지 않는다. 行政節次法 제40조에서 전형적인 자기 완결적인 의미의 신고형태에 관하여 규정을 두고 있다. 즉 동 규정상의 규율대상이 되는 신고는 "법령 등에서 행정청에 대하여 일정한 사항을 통지함으로써 의무가 끝나는 신고"에 한정하고 있다. 행정법상 신고에는 이와 같은 典型的인 申告(受理를 요하지 아니하는 申告, 自己完結的 申告, 自足的 申告, 또는 自體完成的 申告라고 불리기도 한다)이외에 受理를 要하는 變形的 申告가 있다. 신고와 구별하여야 할 개념으로 申請이 있는데, 신고와 신청 모두 사인이 행정기관에 대하여 행하는 행위이지만 신청의 경우에는 처분에 대한 응답의무가 있는 반면 신고의 경우에는 원칙적으로 응답이 예정되어 있지 않다.124) 또한 신고의 경우에는 원칙적으로 형식적 요건에 대한 심사에 그치는 반면 신청의 경우에는 형식적 요건의 심사뿐만 아니라 실질적 요건의 심사를 할 수 있다는 점에서 차이가 있다.125)

앞서 본대로 典型的인 申告에 있어서는 수리행위가 필요하지 않고, 행정청은 수리여부의 결정에 있어 형식적 요건을 심사할 수 있을 뿐 실질적 심사를 할 수 없다고 하고 있다. 變形的 申告의 경우에는 그 수리여부에 관하여 행정청에 형식적 심사권뿐만 아니라 실체적 심사권이 허용된다.126) 따라서 양자의 판별기준은 관계법령의 규정내용(예컨대, 명문으로 수리규정을 두고 있는 경우, 행정청의 실체적 심사권을 인정하고 있는 경우에는 수리를 요하는 신고라고 할 것이다)과 신고행위의 성질을 고려하여 결정하여야 할 것이고 이에 의해서도 불분명한 경우에는 국민의 권익보호차원에서 자기완결적 신고로 판단하는 것이 타당하다고 하겠다.

(2) 申告受理의 處分性

---

124) 金香基, 「行政法上 申請」, 91쪽.
125) 芝池義一, 「行政手續法における申請・届出に關する一考察」(法學論叢, 139卷6號, 1996), 18面.
126) 金容燮, 「行政法上 申告와 受理」(判例月報 352호, 2000. 1), 41쪽.

신고의 수리관념을 인정하지 아니하는 입장에서는 수리는 사실행위에 불과하다. 반면에 신고수리의 관념을 인정하는 입장에서는 그 법적 성질을 둘러싸고 논란이 있을 수도 있겠으나 일반적으로는 신고의 수리는 타인의 행위를 유효한 행위로 판단하고 법령에 의하여 처리할 의사로서 이를 수령하는 수동적 행위로서 준법률행위적행정행위로 파악하고 있다. 전형적인 신고의 경우 신고수리는 단순한 접수 또는 도달을 의미하는 사실행위에 불과하다. 전형적 신고의 경우에는 앞서 본대로 그 자체로서 신고서가 행정청에 도달한 경우에 효력이 발생하고 수리를 필요로 하지 않는다. 즉 수리라는 관념이 개재될 여지가 없고, 설사 수리라는 개념을 인정하더라도 신고가 적법하게 도달하였다는 것을 확인하는 의미밖에 없다.

앞서 본 自己完結的 申告와 受理를 要하는 申告의 區別實益은, 먼저 수리개념을 인정할 것인가와 관련된다. 自己完結的 申告의 경우에는 접수적 의미를 가지므로 처분으로서의 신고수리가 되는 것은 아니다. 따라서 신고수리를 거부하였다 하더라도 그 신고서가 행정청에 제출되는 순간 그 효력이 발생하므로 당사자의 권리·의무에 아무런 영향을 미치지 않는 바, 이는 사실행위에 불과하고 처분성이 없어 취소소송의 대상이 되지 않는다고 보는 것이 통설적 입장이다.127) 이에 대하여 受理를 要하는 申告의 경우에는 신고수리도 처분성이 인정되어 제3자가 이를 다툴 수 있을 뿐더러 신고수리거부도 당사자의 법적이익에 영향을 미치기 때문에 처분성이 인정되는데 있다.128)

우리의 대법원 판례도 신고수리 개념을 배제하지 아니하고 자기완결적인 신고의 경우에는 수리의 처분성을 부인하는 한편 변형된 신고의 경우에는 신고수리의 처분성을 인정하고 있다.

1) 典型的 申告

대법원 판례상 나타난 경우로 自己完結的·典型的 申告로서 取消訴訟의 對象이 되는 處分性이 否認된 例의 類型을 살펴보면 다음과 같다.

---

127) 이에 대해 自己完結的 申告의 경우에도 행정행위의 성질을 갖는다고 하면서 당연히 취소소송의 대상이 된다는 유력한 견해도 제기되고 있다. 그 논거로, 행정청의 절차행위에 불과한 수리와는 달리 수리거부는 법적효과(예방적 금지의 해제)의 발생을 직접적으로 저지하는 점에서 법적 행위라는 것이며, 허가유보부 예방적 금지의 경우 그 허가거부는 예방적·잠정적 금지를 종국시키는 것과 마찬가지로 신고유보부 예방적 금지에서의 신고의 수리거부 또한 예방적·잠정적 금지를 종국화시킨다는 의미에서 일종의 금지하명에 해당된다고 주장하고 있다(金南辰,「건축신고반려조치의 법적 성질」(법률신문 제2942호, 2000. 12. 28) ; 金重權,「建築法上의 建築申告의 問題點에 관한 小考」(저스티스 第34卷 第3號, 韓國法學院, 162~163쪽 ;「行政法上의 申告와 관련한 判例의 問題點에 관한 小考」(人權과正義 제307호, 2002. 3), 116쪽). 金重權교수는 신고를 금지해제적 신고와 정보제공적 신고로 틀을 구축하여야 한다고 한다.
128) 柳至泰, 前揭書, 95쪽 ; 洪井善, 前揭書, 201쪽.

① 申告함으로써 단순히 義務가 終結되는 境遇

신고에 의하여 곧바로 법령에 정한 효과가 발생하는 경우, 예컨대 ① 醫院의 開設이나 移轉申告,129) ② 體育施設 利用料 申告,130) ③ 遊船業 經營申告와 그 變更申告,131) ④ 溫泉發見者 名義變更132) 등은 행정청의 수리행위가 있다고 해도 그것은 행정사무의 편의를 위한 것으로 이해된다. 따라서 행정청이 신고를 거부하더라도 그 신고서가 행정청에 제출되는 순간 그 효력이 발생하므로 당사자의 권리의무에 아무런 영향을 미치지 않기 때문에 항고소송의 대상이 되지 아니한다고 하겠다. 설령 신고서를 수리한 행정청이 소정의 신고필증을 교부하도록 되어 있다하더라도 이는 신고사실의 확인행위로서 그와

---

129) 의료법에서 종합병원이나 병원과는 달리 의원, 치과의원, 한의원 등을 개설하거나 이를 이전 또는 그 개설에 관한 신고사항을 변경하고자 할 때에는 보건사회부령이 정하는 바에 의하여 도지사에게 신고하면 족한 것으로 규정하고 있으므로, 의원의 개설이나 그 개설 장소를 이전하는 신고를 받은 행정청이 그 신고를 실질적으로 심사하여 수리여부를 결정할 수 있는 규정이 없는 이상 행정청은 당연히 그 신고를 수리하여야 한다(대법원 1984. 12. 11. 선고 84도2108 판결 ; 대법원 1985. 4. 23. 선고 84도2953 판결).

130) 행정청에 대한 신고는 일정한 법률사실 또는 법률관계에 관하여 관계행정청에 일방적으로 통고를 하는 것을 뜻하는 것으로서 법에 별도의 규정이 있거나 다른 특별한 사정이 없는 한 행정청에 대한 통고로서 그치는 것이고 그에 대한 행정청의 반사적 결정을 기다릴 필요가 없는 것이므로, 舊 體育施設의設置·利用에관한法律 제18조(1994. 1. 7. 전문 개정되면서 이에 관한 신고제도가 없어졌음)에 의한 변경신고서는 그 신고자체가 위법하거나 그 신고에 무효사유가 없는 한 이것이 도지사에게 제출하여 접수된 때에 신고가 있었다고 볼 것이고, 도지사의 수리행위가 있어야만 신고가 있었다고 볼 것은 아니다(대법원 1993. 7. 6. 선고 93마635 결정).

131) 舊 遊船및渡船業法(1980. 1. 4. 법률 제3225호, 1993. 12. 27. 법률 제4610호 遊船및導船士業法으로 전문 개정되기 전의 것) 제3조 제1항, 제5항, 같은 법 시행령(1982. 11. 3. 大統領令 제10944호로 개정된 것) 제3조 제2항에 의하면 유선장의 경영신고와 그 신고사항의 변경신고는 모두 강학상 이른바 사인의 공법행위로서의 신고에 해당하고 그 신고를 받는 행정청은 위 법과 그 시행령 소정의 형식적(절차적)요건에 하자가 없는 한 이를 수리해야 한다(대법원 1988. 8. 9. 선고 86누889 판결 ; 대법원 1992. 5. 8. 선고 91누5655 판결).

132) 舊 溫泉法(1999. 1. 18. 법률 제5627호로 개정되기 전의 것) 제17조 제1항, 제2항, 제18조의 규정내용을 종합하면 온천지구 또는 온천공보호구역이 아닌 지역에서 온천을 발견한 자는 관할 시장·군수에게 이를 신고하여야 하고, 시장·군수가 수온·수량·수질 등을 검사한 결과 당해 온천이 개발·이용될 가능성이 있어 온천발견신고를 수리한 자에 대하여 토지의 굴착이나 온천의 이용을 우선하여 허가하거나 온천이용시설의 설치비용 중 일부를 보조 또는 융자 알선하는 등의 혜택을 부여할 수 있는바, 온천법령이 온천발견자의 지위승계나 명의변경에 관하여 아무런 규정을 두고 있지 아니할 뿐 아니라 온천의 탐사를 유인할 목적에서 舊 溫泉法 제17조 제2항의 규정에 의하여 당초의 온천발견신고가 수리된 자에게 부여되는 위 혜택의 성질상 발견된 온천공에 대한 권리의 양도 등에 수반하여 당연히 이전되는 것은 아니라고 해석되며, 온천관리대장에 온천발견자의 성명을 등재하는 행위는 행정사무집행상의 편의를 위한 것에 불과하여 이로써 당초 온천발견자의 온천발견신고에 대한 수리를 취소하고 새로운 온천발견신고를 수리하는 것과 같은 법률효과를 발생한다고 할 수 없으니 온천발견자 명의변경을 항고소송의 대상이 되는 공권력의 행사 또는 이에 준하는 행정작용으로 볼 수 없다 할 것이다(대법원 2000. 9. 8. 선고 98두13072 판결-온천발견신고자명의변경신고수리불가처분취소).

같은 신고필증의 교부가 없다하여 신고의 효력을 부정할 수는 없다 할 것이다.[133]

② 申告留保附 豫防的禁止의 境遇

建築法上 신고를 함으로써 건축허가를 받은 것으로 간주되는 경우,[134] 舊 住宅建設促進法 제38조 제2항 단서, 共同住宅管理令 제6조 제1항 및 제2항 共同住宅管理規則 제4조 및 제4조의 2의 각 규정들에 의하면, 공동주택 및 부대시설·복리시설의 소유자·입주자·사용자 및 관리주체가 건설부령이 정하는 경미한 사항으로서 신고대상인 건축물의 건축행위[135] 또는 용도변경[136]을 하고자 할 경우에는 관계법령에 정해진 적법한 요건을 갖춘 신고만을 하면 그와 같은 건축행위를 할 수 있고, 행정청의 수리처분 등 별단의

---

133) 洪井善, 前揭書, 199~200쪽.
134) 舊 建築法(1996. 12. 30. 법률 제5230호로 개정되기 전의 것) 제9조 제1항에 의하여 신고를 함으로써 건축허가를 받은 것으로 간주되는 경우에는 건축을 하고자 하는 자가 적법한 요건을 갖춘 신고만 하면 행정청의 수리행위 등 별다른 조치를 기다릴 필요 없이 건축을 할 수 있는 것이므로, 행정청이 위 신고를 수리한 행위가 건축주는 물론이고 제3자인 인근 토지소유자나 주민들의 구체적인 권리의무에 직접 변동을 초래하는 행정처분이라 할 수 없다(대법원 1999. 10. 22. 선고 98두18435 판결-증축신고수리처분취소 ; 대법원 1995. 3. 14. 선고 94누9962 판결).
135) 舊 住宅建設促進法 제38조 제2항 단서, 共同住宅管理令 제6조 제1항 및 제2항 共同住宅管理規則 제4조 및 제4조의 2의 각 규정들에 의하면, 공동주택 및 부대시설·복리시설의 소유자·입주자·사용자 및 관리주체가 건설부령이 정하는 경미한 사항으로서 신고대상인 건축물의 건축행위를 하고자 할 경우에는 그 관계법령에 정해진 적법한 요건을 갖춘 신고만을 하면 그와 같은 건축행위를 할 수 있고, 행정청의 수리처분 등 별단의 조처를 기다릴 필요가 없다고 할 것이며, 또한 이와 같은 신고를 받은 행정청으로서는 그 신고가 같은 법 및 그 시행령 등 관계법령에 신고만으로 건축할 수 있는 경우에 해당하는 여부 및 그 구비서류 등이 갖추어져 있는지 여부 등을 심사하여 그것이 법규정에 부합하는 이상 이를 수리하여야 하고, 같은 법규정에 정하지 아니한 사유를 심사하여 이를 이유로 신고수리를 거부할 수는 없다(대법원 1999. 4. 27. 선고 97누6780 판결).
136) 舊 住宅建設促進法 제38조 제2항 단서 제1호, 舊 共同住宅管理令(1996. 6. 29. 大統領令 제15096호로 개정되기 전의 것)제6조 제1항 및 제2항〔별표2〕, 공동주택관리규칙 제4조의 각 규정들에 따르니, 그 「별표2」에서 말하는 공동주택의 입주자 공유시설인 복리시설을 당초 사업계획에 다른 용도 이외의 용도에 사용하기 위하여 입주인 2/3이상의 동의를 받아 관할 행정관청에 신고하여야 하는 용도변경이라 함은 舊 住宅建設基準등에관한規程(1996. 6. 8. 大統領令 제15021호로 개정되기 전의 것)에 적합한 범위 안에서 복리시설인 어린이놀이터, 의료시설, 유치원, 주민운동시설, 노인정 등을 상호간에 용도 변경하는 것을 말하지 동일한 주민운동시설의 범위에 속하는 특정운동시설을 다른 종목의 운동시설로 바꾸는 것과 같은 사항은 이에 해당하지 아니한다. 따라서 공동주택입주민의 옥외운동시설에 속하는 테니스장을 역시 옥외운동시설에 속하는 배드민턴장으로 바꾸고 그 변동사실을 신고하여 관할시장이 그 신고를 수리한 경우, 그 용도변경은 구 주택건설촉진법상 신고를 요하는 입주자 공유인 복리시설의 용도변경에 해당하지 아니하므로 그 변동 사실은 신고할 사항이 아니고 관할시장이 그 신고를 수리하였다 하더라도 그 수리는 공동주택 입주민의 구체적인 권리의무에 아무런 변동을 초래하지 않는다고 할 것이어서 항고소송의 대상이 되는 행정처분이라고 볼 수 없다(대법원 2000. 12. 22. 선고 99두455 판결-용도변경허가처분취소).

조처를 기다릴 필요가 없다고 할 것이며, 설사 행정청이 위 신고를 수리하였다 하더라도 건축주는 물론이고 제3자인 인근 토지소유자나 주민들의 구체적인 권리의무에 직접 변동을 초래하는 행정처분이라 할 수 없고 건축신고에 대한 행정청의 반려조치137) 역시 국민의 구체적인 권리의무에 직접 변동을 초래하는 것을 내용으로 하는 행정처분이라고 볼 수 없다.

이처럼 건축 관련법상의 신고는 통상적인 신고로서 행정청에 대한 사인의 일방적인 통지행위로서의 성질을 갖는다. 신고사항에 관하여는 건축을 하고자 하는 자가 적법한 요건을 갖춘 신고만 하면 건축을 할 수 있는 것이고, 행정청의 수리처분 등 별도의 조처를 기다릴 필요가 없는 것이고, 관계법상 행정청의 수리의무를 정한 규정이 없으므로 이는 사인의 행정청에 대한 일정한 사실·관념의 통지에 의하여 공법적 효과가 발생하는 행위를 의미하는 사인의 공법행위 중 自己完結的 公法行爲에 해당한다는 것이다.

따라서 신고수리행위에 대하여 다툴 수 없으나 만일 이와 같은 신고를 수리한 행위가 항고소송의 대상이 되는 행정처분이라고 하여 취소소송을 제기하여 오는 경우 법원으로서는 본안에 들어가 판단할 것이 아니라 부적합한 소로 각하하면 될 것이다. 다만 수리반려(거부) 처분은 예방적금지의 해제라는 법적 효과가 발생하지 않기 때문에 그 권리구제를 위하여 그 취소소송의 제기를 허용하여 그 본안에서 적법여부를 심사하여야 할 것이다.

③ 申告納付方式의 租稅에 있어서 申告와 附加價値稅法上의 事業者登錄

대법원은, "관세법 제17조 제2항은 1993. 12. 31. 법률 제4674호로 개정되기 전의 조항과는 달리, 세관장이 제1항의 규정에 의한 납세신고를 받은 때에는 수입신고서상의 기재사항과 그 법의 규정에 의한 확인사항 등을 심사한다고만 규정하였을 뿐 기재사항 등의 심사 후 납세의무자에게 신고 납부서를 교부한다는 부분을 삭제하였는바, 위 개정 조항은 관세의 원칙적인 부과·징수를 순수한 신고납세방식으로 전환한 것으로 보아야 할 것이므로, 그 시행일인 1994. 1. 1. 이후 납세의무자가 수입신고와 동시에 관세를 스스로 신고·납부한 경우에는 이를 개정 전의 경우와 같이 세관장의 부과처분에 기한 것이라고는 볼 수 없게 되었고, 이와 같은 신고납세방식의 조세에 있어서 관세관청이 납세의무자의 신고에 따라 세액을 수령하는 것은 사실행위에 불과할 뿐 이를 확인적 부과

---

137) 建築法 제9조 제1항 제5호, 같은 법 시행령 제11조 제2항 제1호의 규정에 의한 소규모건축물을 건축하고자 하는 자는 적법한 요건을 갖춘 신고만 하면 행정청의 수리처분 등 별단의 조치를 기다릴 필요 없이 건축을 할 수 있으므로, 위 건축신고에 대한 행정청의 반려조치는 국민의 구체적인 권리의무에 직접 변동을 초래하는 것을 내용으로 하는 행정처분이라고 볼 수 없다(대법원 2000. 9. 5. 선고 99두6800판결).

처분으로 볼 수 없다."138)고 판시하여 납세자가 조세를 자진 신고 납부하는 경우 과세관청이 자진신고세액을 수납하는 행위는 단순한 사무적 행위이거나 사실행위로 보아 행정소송의 대상이 되지 않는다고 하여 소위 確認的 賦課處分의 理論139)을 채용하고 있지 않다.

이러한 입장이 세법학의 통설이나, 고지납부와 신고납부의 통일적인 이론구성을 위해 신고납부에도 행정청의 묵시적인 확인적 의사표시를 인정할 필요가 있다고 주장하는 학자도 있다.140)

부가가치세법상의 사업자등록은 과세관청으로 하여금 부가가치세의 납세의무자를 파악하고 그 과세자료를 확보하게 하려는데 입법취지가 있는 것으로서, 이는 단순한 사업사실의 신고로서 사업자가 소관 세무서장에게 소정의 사업자등록신청서를 제출함으로서 성립되는 것이고, 사업자등록증의 교부는 이와 같은 등록사실을 증명하는 증서의 교부행위에 불과한 것이며, 부가가치세법 제5조 제5항에 의하면 사업자가 폐업하거나 신규로 사업을 개시하고자 하여 사업개시일 전에 등록한 후 사실상 사업을 개시하지 아니하게 된 때에는 과세관청이 직원으로 이를 말소하도록 하고 있는데, 사업자등록의 말소 또한 폐업사실의 기재일 뿐 그에 의하여 사업자로서의 지위에 변동을 가져오는 것이 아니라는 점에서 과세관청의 사업자등록 직권말소행위는 불복의 대상이 되는 행정처분으로 볼 수가 없다.141)

2) 變形的 申告

이러한 의미의 신고는 수리됨으로써 신고의 대상이 되는 행위에 대하여 일정한 지위가 허용되거나 영업행위 등을 할 수 있는 것을 말한다. 그리고 대법원이 受理를 要하는 變形的申告라고 하여 그 處分性을 認定한 類型은 다음과 같다.

① 地位承繼의 申告

허가는 허가권자가 허가신청자에게 경찰상 금지를 해제하는 행위이고 그 효과로서 피

---

138) 대법원 1996. 12. 6. 선고 95누11184 판결.
139) 이는 대법원 1970. 8. 31. 선고 70다1195 판결에서 처음 채용된 것으로, 납세의무자는 조세를 자진신고·납부하였고 과세관청은 납세의무자가 자진신고·납부한 조세를 수령만 하였을 뿐 별도로 납세고지서에 의한 통지를 한 일이 없음에도 불구하고 조세를 수령한 때에 과세처분이 있었다고 보는 이론인 데, 대법원 1990. 4. 13. 선고 87누642 판결 이후 여러 차례 판결에서 확인적 부과처분의 존재를 부인함으로써 종전의 판례를 실질적으로 변경하였다.
140) 洪井善, 「私人의 公法行爲로서 申告」(法政考試, 1996. 7), 38쪽 이하.
141) 대법원 2000. 12. 22. 선고 99두6903 판결(사업자등록말소처분취소) ; 대법원 2000. 2. 11. 선고 98두2119 판결 ; 대법원 1993. 12. 10. 선고 93누17355 판결 ; 대법원 1988. 3. 8. 선고 87누156 판결.

허가자는 허가영업을 경영할 수 있는 지위를 갖게 된다. 그리고 사인사이에 허가영업을 양도할 때에는 양도인이 갖는 피허가자로서의 지위는 당연히 양수인에게 승계되는 것이 아니다. 양도인이 갖는 피허가자로서의 지위가 양수인에게 승계되기 위해서는 허가청의 개입이 필요한 데, 그 개입수단으로 許可廳의 承認 또는 許可廳에의 申告가 있다.

營業者 地位承繼와 관련하여 대법원 판결들의 취지[142]는 地位承繼의 신고에 있어서 申告의 受理가 讓渡人에 대한 事業許可의 取消處分과 讓受人에 대한 새로운 免許權設定行爲 또는 許可處分的 性格을 지닌다는 것이다. 영업자지위승계신고를 받은 허가청은 양수인도 허가요건을 계속 구비하고 있는가를 검토하여야 하므로, 영업자지위승계신고는 수리를 요하는 사인의 공법행위이다. 따라서 허가청이 영업자지위승계신고를 수리하면 영업허가의 효과가 양수인에게 이전된다는 법률효과가 발생한다.

이에 대하여 李尚圭 辯護士는, 사업자 등의 지위를 승계한 사실을 허가관청에 신고하는 것은 사업자지위승계를 전제로 그러한 승계사실을 허가관청에 알리는 통지행위인 사인의 공법행위라 할 것인바, 사업자 등의 지위의 승계, 즉 변경은 사업의 양수·양도 등에 대하여 법이 직접 부여한 법률효과인 것이지 허가관청의 일정한 행정행위, 즉 지위승계신고수리의 효과로서 인정되는 것은 아니라고 비판하고 있다.[143] 즉 대법원 판례와 같이 신고의 수리가 양도자의 사업허가를 취소하고 새로이 양수자에게 적법하게 사업을 할 수 있는 법규상의 권리를 설정해 주는 행위라고 이해한다면 그것은 강학상 특허를 의미하는 것으로 실질적으로 사업양도행위가 있은 경우에도 허가관청의 지위승계신고수리

---

142) 食品衛生法 제25조 제3항에 의한 영업양도에 따른 지위승계신고를 수리하는 허가관청의 행위는 단순히 양도, 양수인 사이에 이미 발행한 사법상의 영업양도의 법률효과에 의하여 양수인이 그 영업을 승계 하였다는 사실의 신고를 접수하는 행위에 그치는 것이 아니라, 영업허가자의 변경이라는 법률효과를 발생시키는 행위라고 할 것이다. 따라서 일반유흥음식점의 영업이 사실상 양도, 양수되었지만 아직 승계신고 및 그 수리처분이 있기 이전에는 여전히 종전의 영업자인 양도인이 영업허가자이고, 양수인은 영업허가자가 되지 못한다고 할 것이어서 행정제재처분의 사유가 있는지 여부 및 그 사유가 있다고 하여 행하는 행정제재처분은 영업허가자인 양도인을 기준으로 판단하여 그 양도인에 대하여 행하여야 할 것이고, 한편 위와 같은 경우 양도인이 그의 의사에 따라 양수인에게 영업을 양도하면서 양수인으로 하여금 영업을 하도록 허락하였다면 그 양수인의 영업 중 발생한 위반행위에 대한 행정적인 책임은 영업허가자인 양도인에게 귀속된다고 보아야 할 것이다(대법원 1995. 2. 24. 선고 94누9146 판결), 舊 液化石油가스의安全및事業管理法 제7조 제2항에 의한 사업양수에 의한 지위승계신고를 수리하는 허가관청의 행위는 단순히 양도, 양수자 사이에 발생한 사법상의 사업양도의 법률효과에 의하여 양수자가 사업을 승계 하였다는 사실의 신고를 접수하는 행위에 그치는 것이 아니라 실질에 있어서 양도자의 사업허가를 취소함과 아울러 양수자에게 적법히 사업을 할 수 있는 법규상 권리를 설정하여 주는 행위로서 사업허가자의 변경이라는 법률효과를 발생시키는 행위이므로 허가관청이 같은 법 제7조 제2항에 의한 사업양수에 의한 지위승계신고를 수리하는 행위는 행정처분에 해당한다(대법원 1993. 6. 8. 선고 91누11544 판결)고 판시한 예가 있다.

143) 李尚圭, 「申告의 性質과 基本行爲의 無效를 原因으로 한 申告受理無效確認訴訟」(判例月報 281號, 1994. 2), 28~29쪽.

행위가 있을 때까지는 지위승계가 인정되지 아니하는 것이 되어 법령의 명문의 규정과 상치되고, 법에 의한 사업자지위승계의 신고수리는 수동적으로 상대방의 당해 행정청에 대한 일정한 통지행위를 적법한 것으로 수령하는데 지나지 않는다는 것이다.

그러나 이 견해에 의하더라도 신고의 바탕인 양도행위(기본행위)의 무효를 원인으로 하여 직접 그 신고수리행위의 무효확인을 구하는 데는 찬성하는 바, 그 신고수리의 행정행위성을 부인하는 것은 아니므로, 수리거부의 처분성을 인정하는 데는 결론을 같이 한다.144)

위와 같은 입장에 설 경우 사업의 양도행위가 무효라고 주장하는 양도자는 먼저 민사소송으로 양도양수의 무효확인을 구할 필요 없이 막 바로 行政訴訟으로 申告受理의 無效나 取消를 구할 수 있다고 하겠다.145)

② 緩和된 許可로서의 申告

예컨대, 외국환거래법 제18조 소정의 자본거래의 신고, 식품위생법 제22조 소정의 영업신고, 농지법 제37조 소정의 농지전용신고와 같이 申告證(申告畢證)이 發給을 前提로 하는 禁止의 境遇에는 受理에 의하여 私人의 不作爲 義務의 解除라는 公法的 效果가 發生하는 경우 즉, 申告에 따른 行政廳의 受理에 의하여 사인이 당해 행위를 적법하게 할 수 있게 되는 경우에는 신고제는 許可制와 類似한 意味를 가진다 할 것이다.146)

신고의 수리를 내포하는 신고제의 경우, 이를 명령적 행정행위를 의미하는 금지해제로 이해할 것이 아니라 일정한 지위를 설정하는 형성적 내용의 허가로 보아 기본적으로 신고영업이 영업규제수단으로서 緩和된 許可制로서의 機能을 한다고 하겠다.

③ 登錄的 性格의 申告

建築物管理臺帳의 建築主 名義變更申告147)와 溫泉法 제17조 소정의 溫泉發見者의 申

---

144) 金東熙 敎授는 이 판례의 입장을 緩和된 許可制의 의미로 해석하고 있다(前揭書, 120쪽).

145) 이에 대해서는 영업양도에 따른 지위승계의 신고를 정보제공적 신고라고 하면서 사업의 양도행위가 무효라고 주장하는 양도자는 민사소송으로 양도행위의 무효를 구함이 타당하다고 하는 견해도 있다(金重權, 前揭論文, 121쪽).

146) 金東熙, 前揭書, 270쪽.

147) 건축주명의변경신고에 관한 舊 建築法 施行規則(1992. 6. 1. 건설부령 제504호로 개정되기 전의 것) 제3조의 2의 규정은 단순히 행정관청의 사무집행의 편의를 위한 것에 지나지 않는 것이 아니라, 許可대상건축물의 양수인에게 건축주의 명의변경을 신고할 수 있는 공법상의 권리를 인정함과 아울러 행정관청에게는 그 신고를 수리할 의무를 지게 한 것으로 봄이 상당하므로, 許可대상건축물의 양수인이 위 규칙에 규정되어 있는 형식적 요건을 갖추어 시장 군수에게 적법하게 건축주의 명의변경을 신고한 때에는 시장 군수는 그 신고를 수리하여야지, 실체적인 이유를 내세워 그 신고의 수리를 거부할 수 없다. 건축주명의 변경신고 수리 거부 행위는 행정청이 허가 대상 건축물 양수인의 건축주 명의 변경 신고라는 구체적 사실에 관한 법집행으로서 그 신고를 수리하여야 할 법령상의 의무를 지고 있음에도 불구하고 그 신고의 수리를 거부함으로써, 양수

告, 漁業의 申告148) 등의 경우는 營業規制的 性格을 지니기 때문에 登錄的 性格을 갖는 申告라고 하겠다.149)

　먼저 建築法을 보면, 건축 중인 건축물의 양수인이 건축공사를 진행함에 있어 장차 건축주의 명의로 허가에 갈음하는 신고나 중간검사의 신청 등을 할 필요가 있는 경우도 있고, 건축공사를 완료한 날로부터 7일 이내에 준공신고를 하여야 함은 물론, 어떤 경우에는 처벌까지 받게 되어 있는 바, 허가대상 건물의 양수인이 자기 이름으로 위와 같은 신고를 하는 경우 시장·군수가 건축주의 명의가 다르다는 이유로 받아들이지 않게 되면 양수인은 건축공사를 계속하기 어렵게 되는 불이익을 입게 될 뿐만 아니라, 부동산등기법 제131조 제1호에 의하면 건축물관리대장 등본에 의하여 자기 또는 피상속인이 건축물관리대장에 등록되어 있는 것을 증명하는 자가 미등기건물의 소유권보존등기를 신청할 수 있도록 규정되어 있는데, 건축물관리대장은 준공검사를 한 후 건축허가관계서류를 근거로 작성되는 것이므로 양수인이 그의 명의로 소유권보존등기를 신청하려면 건축물관리대장에 기재된 건축주의 명의를 양수인명의로 변경할 필요가 있게 된다. 이처럼 건축주 명의변경 신고는 영업 규제적 성격을 지니기 때문에 등록적 성격을 갖는 신고라 할 것이어서 그 거부처분은 당연히 항고소송의 대상이 된다고 하겠다.

　그리고 水産業法 제44조에 의하면, 신고어업의 경우 금지해제의 효과가 신고와 동시에 생겨나는 것이 아니라 신고수리한 날부터 발생한다. 즉 신고시점부터 수리시점까지 이른바 독일의 州建築法에서 볼 수 있는 대기기간을 둔 셈이다. 그리고 관할관청이 어업신고를 수리하면서 신고유효기간의 단축이나 공유수면매립구역에서의 조업구역제외 등을 할 수 있기 때문에 어업신고는 수리를 요하는 신고에 해당한다고 할 수 있다.150)

　　인이 건축공사를 계속하기 위하여 또는 건축 공사를 완료한 후 자신의 명의로 소유권보존등기를 하기 위하여 가지는 구체적인 법적 이익을 침해하는 결과가 되었다고 할 것이므로, 비록 건축허가가 대물적 허가로서 그 허가의 효과가 허가 대상건축물에 대한 권리변동에 수반하여 이전된다고 하더라도, 양수인의 권리의무에 직접 영향을 미치는 것으로서 취소소송의 대상이 되는 처분이라고 하지 않을 수 없다(대법원 1992. 3. 31. 선고 91누4911 판결).

148) 어업의 신고에 관하여 유효기간을 설정하면서 그 기산점을 '수리한 날'로 규정하고, 나아가 필요한 경우에는 그 유효기간을 단축할 수 있도록 하고 있는 수산업법 제44조 제2항의 규정 취지 및 어업의 신고를 한 자가 공익상의 필요에 의하여 한 행정청의 조치에 위반한 경우에 어업의 신고를 수리한 때에 교부한 어업신고필증을 회수하도록 하고 있는 舊 水産業法 施行令(1996. 12. 31. 大統領令 제15241호로 개정되기 전의 것) 제33조 제1항의 규정 취지에 비추어 보면, 수산업법 제44조 소정의 어업의 신고는 행정청의 수리에 의하여 비로소 그 효과가 발생하는 이른바 '수리를 요하는 신고'라고 할 것이다(대법원 2000. 5. 26. 선고 99다37382판결).

149) 朴均省, 前揭書(救濟法), 292쪽 ; 「行政法上 申告」(考試研究, 1999. 11), 30쪽.

150) 이 입장에서는 이런 경우를 부관으로 이해할 수 있겠으나, 금지해제를 저지하는 것으로 보아 어업금지하명으로 파악하는 견해도 있다(金重權, 前揭論文, 121쪽).

④ 體育施設의設置・利用에관한法律 所定의 體育施設業申告

體育施設의設置・利用에관한法律에 의하면 체육시설업은 등록체육시설업과 신고체육시설업으로 나누어지고, 신고체육시설업을 하고자 하는 자는 체육시설업의 종류별로 같은 법 시행규칙이 정하는 해당시설을 갖추어 소정의 양식에 따라 신고서를 제출하는 방식으로 시・도지사에 신고하도록 규정하고 있으므로, 당구장업과 같은 체육시설업의 신고는 自己完結的 申告로 보아야 한다는 견해도 있다.151)

그리고 學校保健法 소정의 정화구역 내에서 당구장업설치신고는 체육시설에 대한 신고서가 행정청에 제출되어 접수되더라도 곧바로 體育施設의設置・利用에관한法律이 정한 법적 효과가 발생하지 않고, 별도로 학교보건법이 규정한 대로 행정청의 승인이 있어야 비로소 그 법적 효과가 발생하는 바, 이때의 승인행위는 실정법이 원칙적으로 유해적 행위를 금지한 것을 예외적인 경우에 이를 허용하는 것으로, 강학상 例外的承認에 해당한다고 보아야 할 것이라고도 한다.152)

우선 學校保健法과 體育施設의設置・利用에관한法律과의 관계를 보기로 한다. 물론 위 양 법률은 그 입법목적을 달리 하므로 법률의 충돌이 생긴다.153) 體育施設의設置・利用에관한法律에 의하면 당구장업과 같은 신고체육시설업의 경우 學校保健法의 준수를 신고요건으로 규정하고 있지도 않다. 더군다나 헌법재판소는 "學校保健法 제6조 제1항 제13호 '당구장'부분 중 구 교육법 제81조에 규정한 대학, 교육대학, 사범대학, 전문대학, 방송통신대학, 개방대학, 기술대학, 유치원 및 이와 유사한 교육기관에 관한 부분은 헌법에 위반된다."154)고 판시하였고, 이어 1998. 12. 31. 법률 제5618호로 學校保健法 제6조 제1항 12,13호를 개정하기에 이르렀다.

---

151) 朴均省, 前揭書, 291쪽 ; 洪井善, 『行政法演習』(新潮社, 2001), 161쪽. 朴均省 敎授는 신고체육시설이 학교보건법 제6조 소정의 학교환경위생정화구역 내에 속하는 경우 학교보건법 제6조에 의한 별도의 신청에 의해 금지해제를 받아야 한다고 한다.

152) 李在華, 『行政法의 爭點』(文英社, 2000), 72쪽.

153) 學校保健法과 體育施設의設置・利用에관한法律은 그 입법목적, 규정사항, 적용범위 등을 서로 달리하고 있어서 당구장의 설치에 관하여 體育施設의設置・利用에관한法律이 學校保健法에 우선하여 배타적으로 적용되는 관계에 있다고는 해석되지 아니하므로 體育施設의設置・利用에관한法律에 따른 당구장업의 신고요건을 갖춘 자 할지라도 學校保健法 제5조 소정의 학교환경위생정화구역 내에서는 같은 법 제6조에 의한 별도 요건을 충족하지 아니하는 한 적법한 신고를 할 수 없다고 보아야 한다(대법원 1991. 7. 12. 선고 90누8350 판결 ; 同旨 建築法과 體育施設의設置・利用에관한法律은 입법목적, 규정사항, 적용범위 등을 서로 달리하고 있어서 볼링장의 설치에 관하여 體育施設의設置・利用에관한法律이 建築法에 우선하여 배타적으로 적용되는 관계에 있다고는 해석되지 아니하므로, 體育施設의設置・利用에관한法律에 따른 볼링장의 신고요건을 갖춘 자라고 할지라도 그 볼링장을 설치하려고 하는 건물이 建築法 소정의 허가를 받지 아니하여 建築法을 위배하여 건축된 무허가건물이라면 적법한 신고를 할 수 없다고 보아야 할 것이다-대법원 1993. 11. 9. 선고 93누13483 판결).

154) 헌법재판소 1997. 3. 27 선고 94헌마196,225결정.

대법원은 당구장업소에 대한 체육시설업신고거부처분취소소송에서 같은 조건하에 있는 다른 당구장업소에 대하여 체육시설업신고가 수리된 적이 있다는 진술만 가지고 바로 취소소송의 대상인 거부처분이 재량권의 한계를 넘은 것이라는 주장으로 보기는 어렵다[155]고 판시하고 있는가 하면, 피고의 이 사건 체육시설업(볼링장업)거부처분은 항고소송의 대상이 되는 행정처분이다[156]라고 판시하고 있는 것 등에 비추어보면, 신고체육시설업의 경우 신고수리거부는 취소소송의 대상이 된다고 하겠다. 더 나아가 대법원은 "體育施設의設置·利用에관한法律 제10조, 제11조, 제22조, 같은 법 시행규칙 제8조 및 제25조의 각 규정에 의하면 체육시설업은 등록체육시설업과 신고체육시설업으로 나누어지고, 당구장업과 같은 신고체육시설업을 하고자 하는 자는 체육시설업의 종류별로 같은 법 시행규칙이 정하는 해당시설을 갖추어 소정의 양식에 따라 신고서를 제출하는 방식으로 시·도지사에 신고하도록 규정하고 있으므로, 소정의 시설을 갖추지 못한 체육시설업의 신고는 부적법한 것으로 그 수리가 거부될 수밖에 없고, 그러한 상태에서 신고체육시설업의 영업행위를 계속하는 것은 무신고행위에 해당할 것이지만, 이에 반하여 적법한 요건을 갖춘 신고의 경우에는 행정청의 수리처분 등 별단의 조처를 기다릴 필요 없이 그 접수시에 신고로서의 효력이 발생하는 것이므로 그 수리가 거부되었다고 하여 무신고영업이 되는 것은 아니다."[157]라는 취지로 판시하고 있지만 이로써 신고체육시설업이 자기완결적신고로 대법원이 판단하고 있다고 속단할 수는 없다.

體育施設의設置·利用에관한法律 제11조 제1항, 제27조, 제35조 제2항, 제42조 제2항 등 관련규정을 종합할 때 체육시설업신고의 성질을 자기완결적 신고와는 달리 일종의 신청으로서의 성질을 지니고 있다고 보아야 할 것이고, 이 경우 행정청의 의사가 필요하고 행정청은 응답의무가 있어 수리라는 확인적 성격의 수동적인 처분을 통하여 비로소 체육시설업의 영업이 가능하다고 보아야 할 것이다.[158]

하지만 신고수리의 거부의 경우에는 법적효과가 발생하지 않아 행정행위의 성질을 갖는다고 할 것이고, 물론 신고수리의 거부가 행정소송법 제2조 제1호상의 공권력행사의 거부에는 해당하지는 않을지라도 최소한 '그 밖에 이에 준하는 행정작용'에는 해당한다고 볼 수 있어 그 거부에 대하여는 항고소송의 제기를 허용하여야 할 것이다.

따라서 체육시설업의 신고도 그 신고가 거부된 경우에는 그 처분성을 인정하여야 할 것이다. 다만 적법한 신고여부는 거부처분취소소송에서 법원이 판단할 문제라고 본다.

---

155) 대법원 1991. 7. 12. 선고 90누8350 판결.
156) 대법원 1996. 2. 27. 선고 94누6062 판결.
157) 대법원 1998. 4. 24. 선고 97도3121판결 (체육시설의설치·이용에관한법률위반) ; 대법원 1993. 4. 27. 선고 93누1374 (골프연습장신고반려처분취소).
158) 金容燮, 前揭論文, 49쪽 ; 金香基, 前揭論文, 91쪽.

(3) 所見

행정청이 신고의 형식적 요건에 흠결이 있다고 하여 수리를 거부하는 경우, 이에 대한 항고소송의 제기가능 여부가 문제 될 수 있다.

이에 대하여, 수리 개념이 불필요하다는 입장에서 권리구제를 신고의 존재 또는 부존재를 전제로 한 소송형식, 구체적으로는 신고의무이행확인을 구하는 공법상 당사자소송이나 무명항고소송으로서의 확인소송의 제기를 통하여 해결 할 수 있다는 견해도 있을 수 있으나,159) 행정청이 신고의 수리를 거부 또는 반려하는 행위는 거부처분의 성질을 가진다고 할 것인바160) 앞에서 본 거부처분에 대한 취소소송의 형식으로 소를 제기하여야 할 것이다. 즉, 우리나라의 경우 신고서에 형식상의 흠결이 있을 때에는 지체 없이 보완을 요구할 수 있고, 신고인이 보완요구에 응하지 않을 경우 그 이유를 명시하여 신고서를 반려한다는 규정이 있으므로 이는 신고에 대한 거부처분으로 보아 그 취소를 구하는 항고소송을 제기할 수 있다고 할 것이다.161)

자기 완결적인 신고의 경우 통설은 처분성을 부인하고 있지만, 자기 완결적 신고의 경우에도 신고접수거부에 의하여 당사자의 법적 지위를 불안정하게 하고 당사자의 권익침해가 발생할 수 있으므로 수리(접수)거부의 처분성을 인정하여야 한다는 견해도 있다.162)

적법한 신고를 하였음에도 행정청이 의도적으로 접수를 거부하거나 반려하는 경우에는 당사자의 권익구제차원에서 자기완결적 신고에 있어서도 그 수리(접수)거부의 처분성을 인정하는 것이 타당하다고 하겠다.

第4節 紛爭成熟性과 그 對象

행정소송법은 개괄주의를 채택하고 있으나 사법의 본질상의 한계로서 구체적 사건성, 사건의 성숙성 등이 요구된다. 여기서는 성숙성과 관련하여 중간단계의 행위, 다단계 행정행위, 최근에 중요한 행정작용으로 거론되고 있는 행정계획에 대하여 논의하고자 한다.

I. 中間段階의 行爲 (一連의 節次를 構成하는 行政廳의 行爲)

일련의 절차를 구성하는 행정청의 행위와 관련하여 그 소의 이익을 第4章 第2節 2. 請求의 重複에서 검토한 바와 같고, 이런 관점에서 일련의 절차를 구성하는 행정청의 행위

---

159) 塩野 宏, 前揭書, 262面.
160) 金東熙, 前揭書, 363쪽.
161) 柳至泰 前揭書, 95쪽 : 蔡羽勇, 「行政節次法에 있어서의 申告」(考試界, 1997. 7), 78쪽.
162) 金容燮, 前揭論文, 48쪽 : 金重權, 「建築法上의 建築申告의 問題點에 관한 小考」, 162~163쪽.

를 중간단계의 행위로 보아 독자적으로 항고소송의 대상이 되지 않는다고 하여 그 處分性을 否認한 判例에 나타난 事例를 살펴보면 다음과 같다.

노동부장관의 임시대의원회 소집권자지명처분(대법원 1987. 11. 24. 선고 87누761 판결)은 임시대의원회를 개최하기 위한 일련의 절차 중의 하나라는 이유에서, 행정관청이 노동조합원들의 회의소집권자 지명을 요구하는 행위(대법원 1989. 11. 28. 선고 89누3892 판결)는 회의를 개최하기 위한 일련의 절차 중의 하나를 이루는 것에 불과하다는 이유에서 각 행정소송의 대상이 되는 行政處分이 아니라고 한다. 산업재해보상보험법령에 의하여 노동부장관이 보험가입대상 사업주에 대하여 하는 보험관계성립통지(대법원 1989. 2. 14. 선고 87누672 판결)는 보험가입자의 개산보험료(概算保險料) 납부의무를 확정시키기 위한 예비적 조치 내지 선행적 절차로서 사실상의 통지행위에 불과하고, 그 후속절차인 개산보험료 또는 차액의 납부에 관한 징수통지가 행정처분의 성질을 가져 항고소송의 대상이 된다고 하고, 구 국가유공자예우등에관한법률〔현행 국가유공자등예우및지원에관한법률〕시행령 제15조 소정의 재심 신체검사시 행하는 등외판정(等外判定)(대법원 1993. 5. 11. 선고 91누9206 판결)은, 구 국가유공자예우등에관한법률의 적용대상여부를 결정하기 위한 일련의 절차 중의 하나를 이루는 것에 불과하고 상이등급의 판정을 받지 못한 것으로 국가유공자등록신청에 대한 종국적처분인 등록신청기각처분의 취소를 구해야 한다고 한다. 그 밖에도 ① 병역처분의 자료로 군의관이 하는 징병검사시의 신체등위판정(대법원 1993. 8. 27. 선고 93누3356 판결), ② 근로복지공단이 산업재해보험료부과처분에 앞서 한 보험료산정기준사업 변경처분(대법원 1995. 7. 28. 선고 94누8853 판결), ③ 징계처분과정중의 징계위원회의 결정(대법원 1983. 2. 8. 선고 81누314 판결), ④ 국가보훈처 보훈심사위원회의 의결(대법원 1989. 1. 24. 선고 88누3116 판결), ⑤ 국가유공자의 부상 여부 및 정도를 판정하는 신체검사판정(대법원 1995. 5. 11. 선고 91투9206 판결), ⑥ 전공사상자처리규정에 의한 전공상확인신청에 대한 戰公傷 非該當決定(대법원 1995. 10. 12. 선고 95누7505 판결), ⑦ 지적측량성과도 검사처분(대법원 1997. 3. 28. 선고 96누19000 판결), ⑧ 해난심판원의 재결 중 사고원인규명의 재결(대법원 1996. 11. 8. 선고 96추77 판결, ⑨ 의료보험연합회가 진료비청구명세서에 대한 심사결과를 통지하는 행위(대법원 1999. 6. 25. 선고 98두1586 판결) 등은 독립적으로 항고소송의 대상이 될 수 없다고 한다.

다만, 선행행위 또는 중간적 행위 그 자체가 고유한 불이익처분으로서의 효과를 수반하는 경우에는 그 중간단계의 행위에 대한 항고소송의 제기가 가능하다고 하겠는데, 이에 대하여는 소의 이익에서 본 바와 같다.

여기서는 항고소송의 대상과 관련 있는 行政行爲의 瑕疵에 관한 종래의 理論과 새롭게 등장한 이론을 살펴보기로 한다.

둘 이상의 행정행위가 연속적으로 행하여지는 경우 先行政行爲가 불가쟁력을 발생한때 後行政行爲의 단계에서 선행정행위에 하자(흠)가 있음을 이유로 후행정행위의 취소를 구하는 소송에서 주장할 수 있는지 여부에 관하여 견해가 갈리고 있다. 즉 통설, 판례의 입장인 行政行爲의 瑕疵承繼論과 先行處分의 後行處分에 대한 拘束力論 또는 行政行爲의 規準力論이 그것이다.

어떤 행정목적을 달성하기 위하여 두개 이상의 행정행위가 연속적으로 행하여지는 경우 선행행위에 하자가 있으면 후행행위에는 하자가 없더라도 그 선행행위의 하자가 후행행위에 승계되어 후행행위도 위법한 것으로 되고, 따라서 선행행위의 위법을 이유로 후행행위의 취소를 구할 수 있느냐는 것이 '행정행위의 하자의 승계' 문제이다. 선행행위가 부존재하거나 무효인 경우에는 그 하자는 당연히 후행행위에 승계되어 후행행위도 무효로 되기 때문에 하자의 승계여부가 특별히 문제가 되지는 않는다. 따라서 행정행위의 하자승계문제는 취소사유에 해당하는 하자가 있는 선행행위가 쟁송제기기간의 도과 등으로 형식적으로 확정되어 불가쟁력이 발생함으로써 더 이상 그 선행행위자체의 효력을 다툴 수 없게 된 경우에, 그 선행행위의 하자를 이유로 그 자체에는 하자가 없는 후행행위의 효력을 다투어 권리구제를 받을 수 있다는 데 그 논의의 실익이 있다고 할 것이다.

종래 위와 같은 문제를 행정행위의 하자승계문제로 다루어 왔지만[163] 최근에는 先行行政行爲(先行處分)의 後行行政行爲(後行處分)에 대한 拘束力이란 觀點에서 考察하는 見解가 유력하게 擡頭되고 있다.

전자의 내용은, 두 개 이상의 행정처분이 연속적으로 행하여지는 경우 선행처분과 후행처분이 서로 결합하여 1개의 법률효과를 완성하는 때(예컨대, 租稅滯納處分에 있어서의 독촉·압류·매각·충당의 각 행위, 행정대집행에 있어서의 계고·대집행영장에 의한 통지·대집행실행·비용징수의 각 행위 사이)에는 선행처분에 하자가 있으면 그 하자는 후행처분에 승계 되므로 선행처분이 불가쟁력이 생겨 그 효력을 다툴 수 없게 된 경우에도 선행처분의 하자를 이유로 후행처분의 효력을 다툴 수 있는 반면, 선행처분과 후행처분이 서로 독립하여 별개의 법률효과를 목적으로 하는 때(예컨대, 대집행의 계고, 대집행영장에 의한 통지, 대집행의 실행, 대집행에 의한 비용의 납부명령 등은 타인이 대신하여 행할 수 있는 행정의무의 이행을 의무자의 비용부담아래 확보하고자 하는, 동일한

---

163) 둘 이상의 행정행위가 서로 결합하여 한 개의 법률효과를 완성하는 경우에는 하나(後行行爲)는 종국행정행위이고, 다른 하나(先行行爲)는 종국행정행위의 성립을 위한 절차로 이해할 수 있고 두개의 독립된 행정행위의 관계가 아니기 때문에 하자의 승계문제가 아니라는 견해도 있다(韓堅愚, 前揭書, 390쪽).

행정목적을 달성하기 위하여 단계적인 일련의 절차로 연속하여 행해지는 것으로서, 서로 결합하여 하나의 법률효과를 발생시키는 것이므로, 戒告處分과 代執行令狀發付通報處分 사이)에는 선행처분에 불가쟁력이 생겨 그 효력을 다툴 수 없게 된 경우에는 선행처분의 하자가 중대하고 명백하여 당연 무효인 경우를 제외하고는 선행처분의 하자를 이유로 후행처분의 효력을 다툴 수 없는 것이 원칙이라는 것이다.

즉 원칙적으로 선행행위와 후행행위가 서로 독립하여 별개의 효과를 목적으로 하는 경우에는 하자의 승계가 인정되지 아니하여 선행행위가 당연 무효가 아닌 이상 선행행위의 하자를 이유로 후행행위의 위법을 주장할 수 없는 반면, 선행행위와 후행행위가 서로 결합하여 동일한 하나의 효과를 완성하는 경우에는 하자의 승계가 인정되어 후행행위의 취소를 구하는 소송에서 선행행위의 위법을 주장할 수 있다고 보는 것으로 다수설이다.[164]

위와 같은 내용의 전통적 이론으로서의 瑕疵承繼論을 反映한 判例는 많이 있다. 즉, 대법원도 "두개 이상의 행정처분이 연속적으로 행하여지는 경우 선행처분과 후행처분이 서로 결합하여 1개의 법률효과를 완성하는 때에는 선행처분에 하자가 있으면 그 하자는 후행처분에 승계되므로 선행처분에 불가쟁력이 생겨 그 효력을 다툴 수 없게 된 경우에도 선행처분의 하자를 이유로 후행처분의 효력을 다툴 수 있는 반면, 선행처분과 후행처분이 서로 독립하여 별개의 법률효과를 목적으로 하는 때에는 선행처분에 불가쟁력이 생겨 그 효력을 다툴 수 없게 된 경우에는 선행처분의 하자가 중대하고 명백하여 당연 무효인 경우를 제외하고는 선행처분의 하자를 이유로 후행처분과 후행처분이 서로 독립하여 별개의 효과를 목적으로 하는 경우에도 先行處分의 不可爭力이나 拘束力이 그로 인하여 불이익을 입게 되는 자에게 수인한도를 넘는 가혹함을 가져오며, 그 결과가 당사자에게 예측 가능한 것이 아닌 경우에는 국민의 재판 받을 권리를 보장하고 있는 헌법의 이념에 비추어 선행처분의 후행처분에 대한 구속력은 인정될 수 없다."[165]고 한다.

그리하여, 課稅處分과 滯納處分(대법원 1988. 6. 28. 선고 87누1009 판결), 都市計劃

---

164) 金道昶, 前揭書, 481쪽 ; 金東熙, 前揭書, 308쪽 ; 柳至泰, 前揭書, 178쪽 ; 朴均省, 前揭書(總論), 290~291쪽 ; 徐元宇, 前揭書(上), 470쪽 ; 尹世昌・李虎乘, 前揭書, 280쪽 ; 李尙圭, 前揭書, 329~330쪽 ; 洪井善, 前揭書, 265~266쪽 ; 洪準亨, 前揭書, 250~252쪽 ; 田中二郎, 前揭書, 327~328面.
   다만, 朴鈗炘 敎授는, 선・후 행정행위가 「하나」의 효과의 발생을 목적으로 하는 경우뿐만 아니라 선・후행정행위가 「별개」의 효과의 발생을 목적으로 하는 경우에도 승계를 인정하여야 한다고 한다(前揭書, 416쪽). 한편, 洪準亨 敎授는 종래 하자의 승계로서 다루어져 온 문제영역을 행정행위의 規準力(拘束力)이 미치는 범위와 관련하여 논하는 것은 정당하다고 하고(前揭書, 251~252쪽), 柳至泰 敎授는 하자승계론은 법률효과의 동일성 여부라는 형식적 기준에 의존함으로써 불합리한 결과가 도출될 수도 있으므로 개별적인 경우 타당성을 확보하기 위해서는 보충적인 기준이 필요하다고 한다(前揭書, 176쪽).
165) 대법원 1998. 9. 8. 선고 97누20502 판결 ; 대법원 1996. 6. 25. 선고 93누17935 판결 ; 대법원 1994. 1. 25. 선고 93누8542 판결.

決定과 收用裁決(1990. 1. 23. 선고 87누947 판결), 事業認定과 土地收用裁決(1992.
3. 13. 선고 91누4324 판결 ; 대법원 1993. 6. 29. 선고 91누2342판결),166) 宅地開
發豫定地區의 指定과 宅地開發計劃의 承認(대법원1996. 3. 22. 선고 95누10075판결),
宅地開發計劃의 承認과 收用裁決處分(대법원 1996. 4. 26. 선고 95누13241 판결), 宅
地開發豫定地區의 指定, 宅地開發計劃의 承認, 收用 裁決(대법원 2000. 10. 13. 선고
99두 653판결), 都市計劃施設變更 및 地籍承認告示處分과 事業計劃承認處分(대법원
2000. 9. 5. 선고 99두9889 판결), 建物撤去命令과 代執行戒告處分(1982. 7. 27. 선
고 81누293 판결), 屋外廣告物設置許可期間延長拒否處分과 그 廣告物撤去戒告處分
(1993. 9. 14. 선고 93누3929 판결), 漁場利用開發計劃承認取消處分과 養殖業免許拒
否處分(대법원 1994. 4. 15. 선고 93누23954 판결), 液化石油가스販賣事業許可處分과
事業開始申告返戻處分(대법원 1991. 4. 23. 선고 90누8756 판결), 舊 警察公務員法
제50조 제1항에 의한 職位解除處分과 같은 법 제3항에 의한 免職處分(대법원 1984. 9.
11. 선고 84누191 판결), 受講拒否處分과 修了處分(대법원 1994. 12. 23. 선고 94누
477 판결), 병역법상 보충역편입처분과 공익근무요원소집처분(대법원 2002. 12. 10.
선고 2001두5422 판결167))에 대하여 하자의 승계를 인정치 아니하고, 限地醫師資格試
驗應試資格認定과 限地醫師免許處分(대법원 1975. 12. 9. 선고 75누123 판결), 眼鏡師
國家試驗合格無效處分과 眼鏡師免許取消處分(대법원 1993. 2. 9. 선고 92누4567 판
결),168) 代執行의 戒告處分과 代執行令狀發付通報處分(대법원 1996. 2. 9. 선고 95누

---

166) 그러나 학자들은 토지수용법 등에 의한 사업인정과 수용재결은 모두 토지수용이라는 동일한 법
　　 률효과를 발생시키기 위하여 연속적으로 행해지는 일련의 절차라는 점을 강조하여 사업인정처
　　 분에 존재하는 하자는 수용재결처분에 승계된다고 본다(姜昌雄,『行政法演習』(博英社, 1988),
　　 266쪽 ; 朴鈗炘, 前揭書, 435쪽 ; 徐元宇, 前揭書, 470쪽 ; 阿部泰隆「違法性의 承繼」(行政判
　　 例百選Ⅰ, 有斐閣, 1993), 174~175面).
167) 구 병역법(1999. 12. 28. 법률 제6058호로 개정되기 전의 것) 제2조 제1항 제2호, 제9호, 제5
　　 조, 제11조, 제12조, 제14조, 제26조, 제29조, 제55조, 제56조의 각 규정에 의하면, 보충역편
　　 입처분 등의 병역처분은 구체적인 병역의무부과를 위한 전제로서 징병검사 결과 신체등위와 학
　　 력·연령 등 자질을 감안하여 역종을 부과하는 처분임에 반하여, 공익근무요원소집처분은 보충
　　 역편입처분을 받은 공익근무요원소집대상자에게 기초적 군사훈련과 구체적인 복무기관 및 복무
　　 분야를 정한 공익근무요원으로서의 복무를 명하는 구체적인 행정처분이므로, 위 두 처분은 후자
　　 의 처분이 전자의 처분을 전제로 하는 것이기는 하나 각각 단계적으로 별개의 법률효과를 발생
　　 하는 독립된 행정처분이라고 할 것이므로, 따라서 보충역편입처분의 기초가 되는 신체등위 판정
　　 에 잘못이 있다는 이유로 이를 다투기 위하여는 신체등위 판정을 기초로 한 보충역편입처분에
　　 대하여 쟁송을 제기하여야 할 것이며, 그 처분을 다투지 아니하여 이미 불가쟁력이 생겨 그 효력
　　 을 다툴 수 없게 된 경우에는, 병역처분변경신청에 의하는 경우는 별론으로 하고, 보충역편입처
　　 분에 하자가 있다고 할지라도 그것이 당연무효라고 볼만한 특단의 사정이 없는 한 그 위법을 이
　　 유로 공익근무요원소집처분의 효력을 다툴 수 없다.
168) 이 판결에 대한 평석은 洪準亨, 行政法(判例), 533~551쪽 참조.

12507 판결),169) 建物撤去戒告處分과 代執行費用納付命令(대법원 1993. 11. 9. 선고 93누14271 판결), 基準地價告示處分과 土地收用處分(대법원 1979. 4. 24. 선고 78누 227 판결), 國稅滯納에 따른 督促과 加算金·重加算金徵收處分(대법원 1986. 10. 28. 선고 86누147 판결)에 대하여는 하자의 승계를 인정하고 있다.170)

다음, 이른바 先行政行爲拘束論 또는 規準力理論을 살펴보기로 하자. 여기서는 하자승계론의 주장과는 반대로, 불가쟁력이 발생한 선행행위와 후행행위가 결합하여 하나의 효과를 완성하는 것인 경우에는 하자가 승계 되지 않는다. 바꾸어 말하면, 둘 이상의 행정행위가 동일한 목적을 추구하고 법적 효과에 있어서도 동일한 경우에는 불가쟁적 선행행위의 규준력이 후행정행위에 미침으로써 일단 선행정행위의 흠(違法性)을 이유로 후행정행위의 취소청구 등을 구할 수 없고, 반대로 불가쟁력을 발생한 선행행위와 후행행위가 서로 독립하여 별개의 효과를 발생하는 것인 경우에는 선행행위의 구속력 또는 규준력이 후행행위에 미치지 않으므로 선행행위의 위법성을 이유로 후행행위의 취소를 구할 수 있다는 취지의 주장을 한다.171)

즉, 둘 이상의 행정행위가 동일한 법적 효과를 추구하는 경우에 불가쟁력이 생긴 선행행위는 후행행위에 대하여 일정한 범위에서 이른바 規準力(Massgeblichkeit),172) 旣決力(präjudizielle Wirkung)으로 불리는 拘束力을 갖는다고 하면서 그 구속력이 미치는 범위 안에서는 선행행위의 효과(內容的 拘束力)와 다른 주장을 할 수 없게 된다고 한다.

그리고 그 구속력이 어느 범위까지 미치는가에 관하여는, ① 선행행위와 후행행위가 동일한 목적을 추구하고 그 법적 효과가 궁극적으로 일치하여야 구속력이 미치고(事物的, 客觀的 限界), ② 구속력은 양행정행위의 수범자가 일치하는 한도에서만 미치며 (對人的 主觀的 限界), ③ 선행행위의 사실 및 법상태가 유지되는 한도 내에서만 미친다(時間的 限界)고 하면서, ④ 나아가 선행행위의 후행행위에 대한 구속력을 인정하는 경우 그

---

169) 이 판결에 대한 평석은 『대법원판례해설』 통권 제26호 344~354쪽 참조.

170) 위 하자승계론과 관련된 대법원 판례의 분석과 평가는 金容燮, 「行政行爲의 瑕疵承繼論의 再檢討(下)」(判例月報 331號, 1998. 4), 33~42쪽.

171) 姜求哲, 前揭書, 449~450쪽 ; 金南辰, 前揭書, 343~344쪽 ; 朴鍾局, 前揭書, 473~488쪽 ; 卞在玉, 前揭書, 355쪽 ; 愼保晟, 前揭書, 230~240쪽 ; 鄭夏重, 前揭書, 439쪽 ; 金南辰, 「行政行爲의 瑕疵承繼論과 規準力理論」(행정법연구 제2호, 1998. 4), 129~142쪽 ; 金性洙, 「行政行爲의 存續力(下)」(月刊考試, 1990. 8), 141~142쪽 ; 孟長燮, 「行政行爲의 拘束力」(考試界, 1989. 7), 122쪽 이하 ; 朴圭河, 「行政行爲의 흠의 承繼」(考試研究, 1997. 9), 25쪽 이하 ; 朴鍾局, 「先行行政行爲의 後行行政行爲에 대한 拘束力」(公法硏究 제24집 제2호, 1996. 6), 159쪽 ; 洪井善, 「行政行爲의 瑕疵의 承繼論의 論理構造」(考試界, 1995. 5), 79쪽.

172) '行政行爲의 規準力'이라 함은 행정행위로 정한 내용 또는 효과가 상대방 기타 관계자를 기속함으로써 후일에 이것과 대립되는 주장이나 판단을 할 수 없는 행정행위의 구속력을 말한다(金南辰, 「行政行爲의 規準力과 旣決力」(行政法의 基本問題), 283쪽).

로 인하여 불이익을 입게 되는 자에게 수인한도(受忍限度)를 넘어 지나치게 가혹한 결
과를 가져 올 뿐 아니라 그 결과를 당사자가 예측하기 불가능한 때에는 후행행위에 대한
구속력은 인정되지 않는다고 한다.173)

瑕疵의 承繼論과 先行行政行爲의 後行行政行爲에 대한 拘束力論은 모두 多段階行政節
次, 즉 先行行政行爲와 後行行政行爲라고 하는 段階的 決定과 各 段階的 決定이 獨立的
處分일 것을 前提로 하여 當事者의 權益保護에 主眼点이 놓여진다는 점에서 공통점을
발견할 수 있다. 그러나 하자의 승계론은 선행행정행위의 위법성을 논의의 대상으로 하
는데 반하여 선행행정행위의 후행행정행위에 대한 구속력론은 선행행정행위의 유효성을
논의의 대상으로 한다는 점에서 기본적인 차이가 있다. 그리고 하자의 승계론은 불가쟁
력을 전제로 하고 있어 보통 부담적 행정행위의 경우가 주로 논의 대상이 되는데 반하
여, 선행행정행위의 후행행정행위에 대한 구속력론은 주로 수익적 행정행위와 관련하여
행정청이 이를 변경할 수 있는가의 문제로 귀착된다.

한편, 하자승계론으로 다루어지는 문제는 결국 당사자의 관점에서는 후행행정행위를
다투는 소송에서 선행행정행위의 하자를 주장할 수 있는가의 문제이고, 법원의 관점에
서는 후행행정행위를 다투는 소송의 단계에서 선행행정행위의 위법성을 심리할 수 있는
가의 문제가 되므로 선결문제의 논의와 관련된다고 하면서 행정절차에 있어서의 排除
效, 내지 遮斷效의 문제와 밀접한 관련성이 있다고 주장하는 학자가 있다.174)

즉, 행정법관계의 조기확정의 필요성의 요청, 행정쟁송법에서 불가쟁력을 마련한 제도
의 취지를 존중한다는 차원에서 선행행정행위에 존재하고 있는 위법성 내지 하자는 승
계되지 않을 뿐만 아니라 원칙적으로 주장될 수도 없다고 한다. 다만 예외적으로 ① 법
령에 명시적인 규정을 둔 경우, ② 기초가 되는 선행행정행위의 적법성이 후행처분의 전
제가 되는 경우, ③ 선행행정작용에 대한 쟁송수단이 없거나 출소기간 내에 다투는 것이
현실적으로 곤란한 경우, ④ 일반적 척도로서의 예측가능성과 기대가능성이 없을 경우
에는 하자를 주장할 수 있다고 한다.

이 견해는 최근 독일에서 활발하게 논의되고 있는 遮斷效의 槪念175)을 도입하여 瑕疵
承繼論과 先行行政行爲의 後行行政行爲에 대한 拘束力論 사이의 對立을 解消하고자 제3
자의 길을 모색한다는 차원에서 주장하는 듯 하나 이 책에서는 아직 정립된 것이 아니기
에 소개하는데 그치기로 한다.

생각건대, 행정행위의 공정력이라는 것도 오늘날은 취소소송제도의 배타적관할에서 우
러나온 반사적 효과에 지나지 않는다는 것이고176) 행정의 적법성확보와 국민의 권리구

---

173) 金南辰, 前揭書, 344~345쪽.
174) 金容燮, 前揭論文, 43~46쪽.
175) 遮斷效(Präklusionswirkung)에 대해서는 H. Mauer, a.a.O. §19 Rn. 7a, S.453.

제라는 항고소송의 기능 내지 역할을 강조한다면 하자의 승계를 넓게 인정하여야 할 것이다.

II. 多段階 行政行爲 (複合行爲)

1. 序言

행정행위를 분류할 때, 행정과정 전체에 비추어 그 종국적인 효력이 바로 나타나는가, 아니면 단계적인 과정을 거친 다음에 비로소 종국적인 효력이 나타나고 현재로서는 전체과정과 관련하여 잠정적인 효력만이 인정되는가가 일단 기준이 되기도 한다.

여기서는 후자의 경우를 중심으로 행정과정 속에서 행정행위가 그에 선행하는 동의·의결·승인 등 행위의 복합으로 이루어지는 경우에 그 행위를 어떻게 이해할 것인가가 문제이다.

골프장·스키장 같은 체육시설, 원자력발전소·공업단지와 같은 산업시설, 공항건설과 같은 대규모시설을 건설하는 데는 수년이 걸리고 그 과정에서 행정청과 사업자 사이의 공적·사적인 교섭은 여러 종류·형태일 것이고 이 경우에 최종단계에 가서야 그의 법적 하자를 논하게 되면 법적 안정성이나 행정합목성에 비추어 여러 문제가 야기될 것이다.

이러한 多段階行政行爲(mehrstufiger Verwaltungsakt) 내지 複合行爲에 대하여 종래는 最終行爲만이 處分性을 가지고 선행행위들은 행정 내부적인 것으로 보는 것이 일반적이었다.177)

학자에 따라서는 多段階行政行爲를 確約, 假行政行爲와 豫備決定(事前決定)·部分許可 (一部許可) 등으로 나누어 고찰하기도 한다.178)

이 책에서는 多段階行政行爲의 문제로 事前決定·部分許可와 다른 行政廳의 協力을 要하는 行政行爲 및 確約으로 항을 나눠 구체적으로 검토하기로 하되, 먼저 오늘날 다단계 행정절차의 도구로 활용되고 있는 事前決定과 部分許可制度179)부터 간략히 살펴보기로 한다.

---

176) 심지어 행정권에 대한 국민의 권리·이익의 보호를 강화하기 위해서는 공정력의 개념을 사용하지 않는 쪽이 문제해결에 유용하다는 견해도 제시되고 있다(宮崎 良夫, 前揭書(行政爭訟と行政法學), 321面).

177) 金道昶, 前揭書, 371쪽.

178) 柳至泰, 前揭書, 125~135쪽 ; 愼保晟, 前揭書, 299~308쪽 ; 洪井善, 前揭書(上), 276~278쪽, 395~400쪽 ; 洪準亨, 前揭書(總論), 190~198쪽 ; 金海龍, 「段階的行政決定에 관한 法理」(考試界, 1994. 4), 93쪽 이하.

179) 事前決定과 部分許可에 대한 자세한 내용은, 鄭夏重, 「多段階行政節次에 있어서 事前決定과 部分許可의 意味」(저스티스 第32卷 第1號, 한국법학원, 1999. 3), 131쪽 이하 참조.

2. 事前決定과 部分許可

(1) 事前決定(Vorbescheid)이란 시설의 설치 및 운영을 許可함이 없이 단지 부지의 적합성과 같은 개개의 승인요건의 충족여부에 대하여 미리 결정을 내리는 것, 즉 전체사 안을 대상으로 하는 종국적인 행정처분을 하기 이전에 문제되는 개별요건의 충족 여부 를 미리 결정하는 행위를 의미한다. 따라서 이러한 사전결정으로 신청자의 어떠한 특정 한 행위가 허가되는 것이 아니라 시설허가에 관련된 부분적인 법적 문제가 구속적으로 확인될 뿐이다. 사전결정은 단순한 敎示나 장래에 일정한 행정행위를 발급할 것을 약속 하는 確約과 달리 허가요건의 일부에 대한 종국적 규율로서 拘束力이 있는 確認的 行政 行爲의 성질을 가진다.180)

반면에 部分許可(Teilgenehmigung)는 순수한 허가에 해당하며 완전허가와는 그의 내 용적 제한을 통하여 구별된다. 이에 따라 부분허가는 신청자에게 특히 전체시설의 특정 한 부분의 설치나 운영을 시작하는 것을 허가하며 당해시설의 특정부분에 관련된 한 종 국적인 결정에 해당된다. 따라서 부분허가는 항고소송의 대상이 되는 행정처분이다.181)

(2) 한국의 원자로시설의 사전부지승인의 경우에도 환경영향평가서, 부지조사보고서, 부지에 관한 예비안정성분석보고서 등을 제출하도록 하는 것을 미루어 보면 전체사업에 대한 행정청의 잠정적 긍정적 판단을 전제로 하고 있음을 알 수 있다.

原子力法 제11조 제3항 소정의 敷地事前承認制度는 원자로 및 관계시설을 건설하고자 하는 자가 그 계획 중인 건설부지가 원자력법에 의하여 원자로 및 관계시설의 부지로 적 법한지 여부와 동시에 원자력법 제11조 4항에 의하여 일정한 범위의 공사(해당지점의 굴착 및 그 지점의 암반보호를 무근콘크리트공사)를 허가하는 제도이기 때문에 事前決 定과 部分許可로서의 性格을 갖는다.182) 발전용 원자로 및 관계시설을 건설하고자 하는 자가 부지에 관한 승인을 얻어 建築法 제2조 제2호의 규정에 의한 건축물을 건축하고자 하는 경우에는 같은 법 제8조 제2항의 규정에 의한 기본설계도서를 관계행정기관의 장 에게 제출한 때에 같은 법 제8조의 규정에 의한 건축허가를 받은 것으로 본다(즉 소위 集中效 發生). 즉 원자력발전소는 그 부지에 대한 사전승인과 시설물의 건설허가를 통 해 건설되는데, 사전부지승인이 있으면 제한공사승인이 있는 것으로 간주되게 된다. 이 러한 사전결정이나 부분허가는 완전결정에 대해 행정청에게 권한이 부여되는 한 특별한 법적 규율이 없는 경우에도 허용된다는 것이 일반적인 견해이다.

대법원은 원자로 건설사업에 대한 부지사전승인제도와 그에 대한 사법심사문제와 관련

---

180) 朴均省, 前揭書, 315쪽 ; M. Kloepfer, a.a.O. §5 Rn.105, S.247.
181) 石琮顯, 前揭書, 238~239쪽.
182) 朴均省, 前揭書(救濟法), 287쪽 ; 石琮顯, 『行政法演習』(三英社, 1999), 76쪽.

하여, "舊 原子力法(1996. 12. 30. 법률 제5233호로 개정되어 1997. 7. 1.부터 시행되기 전의 것) 제11조 제3항에 근거한 원자로 및 관계시설의 부지사전승인처분은 원자로 등 건설예정지로 계획 중인 부지가 원자력법의 관계규정에 비추어 적법성을 구비한 것인지 여부를 심사하여 행하는 사전적 부분 건설허가처분의 성격을 가지고 있는 것이므로, 원자력법 제12조 제2호, 제3호로 규정한 원자로 및 관계시설의 허가기준에 관한 사항은 건설허가처분의 기준이 됨은 물론 부지사전승인처분의 기준으로 된다. 원자력법 제12조 제2호의 취지는 '원자로건설사업'이 방사성물질 및 그에 의하여 오염된 물질에 의한 인체·물체·공공의 재해를 발생시키지 아니하는 방법으로 시행되도록 함으로써 방사성물질 등에 의한 생명·건강상의 위해를 받지 아니할 이익을 일반적 공익으로서 보호하려는 데 그치는 것이 아니라 방사성물질에 의하여 보다 직접적이고 중대한 피해를 입으리라고 예상되는 지역 내의 주민들의 위와 같은 이익을 직접적·구체적 이익으로서도 보호하려는 데 있다 할 것이므로, 위와 같은 지역 내의 주민들에게는 방사성물질 등에 의한 생명·신체의 안전침해를 이유로 이 사건 부지사전승인처분의 취소를 구할 원고적격이 있다. 원자력법 제12조 제3호의 취지와 원자력법 제11조의 규정에 의한 원자로 및 관계시설의 건설사업을 환경영향평가대상사업으로 규정하고 있는 舊 環境影響評價法 제4조, 舊 環境影響評價法 施行令 제2조 제2항 및 환경영향평가서의 작성, 주민의 의견 수렴, 평가서작성에 관한 관계기관과의 협의, 협의내용을 사업계획에 반영한 여부에 대한 확인·통보 등을 규정하고 있는 같은 법 제8조, 제9조 1항, 제16조 제1항, 제19조 제1항 규정의 내용을 종합하여 볼 때, 이들 환경영향평가의 관계 법률들은 환경영향평가대상지역 안의 주민들이 방사성물질 이외의 원인에 의한 환경침해를 받지 아니하고 생활할 수 있는 이익도 직접적·구체적 이익으로서 그 보호대상으로 삼고 있다고 보이므로, 위 환경영향평가대상지역 안의 주민에게는 방사성물질 이외에 원전냉각수 순환시 발생되는 온배수로 인한 환경침해를 이유로 부지사전승인처분이 취소를 구할 원고적격이 있다. 원자력법 제11조 제3항 소정의 부지사전승인제도는 원자로 및 관계시설을 건설하고자 하는 자가 그 계획 중인 건설부지가 원자력법에 의하여 원자로 및 관계시설의 부지로 적법한지 여부 및 굴착공사 등 일정한 범위의 공사(이하 '사전공사'라 한다)를 할 수 있는지 여부에 대하여 건설허가 전에 미리 승인을 받는 제도로서, 원자로 및 관계시설의 건설에는 장기간의 준비·공사가 필요하기 때문에 필요한 모든 준비를 갖추어 건설허가신청을 하였다가 부지의 부적법성을 이유로 불허가될 경우 그 불이익이 매우 크고 또한 원자로 및 관계시설건설의 이와 같은 특성상 미리 사전공사의 허용여부에 대한 승인을 받을 수 있게 함으로써 그의 경제적·시간적 부담을 덜어주고 유효적절한 건설공사를 행할 수 있도록 배려하는데 그 취지가 있다고 할 것이므로, 원자로 및 관계시설의 부지사전승인처분은 그 자체로서 건설 부지를 확정하고 사전공사를 허용하는 법률효과를 지닌 독립한 행정처분이기는 하지만, 건설허가 전에 신청자의 편의를 위하여 미리 그 건설허가의 일부 요건을 심사하여 행하는 사전적 부분건설허가처분의 성격을 갖고 있는 것이어서 나중에 건설허가처분이 있게 되면 그 건설허가처분에 흡수되어 독립된 존재가치를 상실함으로써 그 건설허가처분만이 쟁송의 대상이 되는 것이므로, 부지사전승인처분의 취소를 구하는 소는 소의 이익을 잃게 되고, 따라서 부지사전승인처분의 '위법성'은 나중에 내려진 건설허가처분의 취소를 구하는 소송에서 이를 다투면 된다."183)라고 판시한바 있다.

위 판결은 방사성물질에 의한 생명·신체의 침해, 그리고 원전냉각수 순환시 발생하는 온배수로 인한 환경침해를 이유로 부지사전승인처분의 취소를 구할 원고적격을 인정하였다. 그러나 권리보호의 필요성 여부에 대하여는 부지사전승인은 나중에 건설허가처분이 있게 되면 그 건설허가처분에 흡수되어 독립된 존재가치를 상실함으로써 그 건설허가처분만이 쟁송의 대상이 되기 때문에 부지사전승인처분의 취소를 구하는 소는 소의 이익을 잃게 된다고 하고 있다. 이는 事前決定, 部分許可에 대한 우리 大法院의 最初의 見解라고 할 수 있는데, 오늘날 주목받고 있는 多段階行政節次의 本質과 機能을 看過한 結論이라고 할 수 있다. 왜냐하면, 사전부지승인과 건설허가는 선행행위와 후행행위의 관계에 있고, 사전부지승인은 그 자체가 독립된 행정행위이므로 후행 건설허가처분이 있다고 하여 그 행위의 효력이 소멸되는 것은 아니고, 오히려 사전부지승인처분이 취소되면 후행 건설허가처분은 그 한도 내에서 효력을 상실하게 되며 건설허가처분에 의한 원자력발전소의 건설은 위법하게 되기 때문이다.

3. 다른 行政廳의 協力을 要하는 行政行爲

(1) 意義

법령상 직무권한에 관한 규정을 두면서도 이에 따른 행정결정을 내리는 주된 행정청이 독자적으로 결정할 것이 아니라 다른 행정청의 협력 아래 일정한 행정처분을 할 것이 요구되는 경우가 있다.184) 이 경우 주된 행정청은 다른 行政廳의 同意, 協議, 認可 등의 協力行爲가 있은 후에 비로소 행정행위를 발하게 된다. 이처럼 다른 행정청의 동의나 협의 등을 必要로 하는 行政行爲도 통상 多段階行政行爲라고 한다.

(2) 協力行爲의 法的 性質 및 處分性

---

183) 대법원 1998. 9. 4. 선고 97누19588 판결.
184) 예컨대, 공유수면매립법 제4조 제2항, 농어촌도로정비법 제9조 제2항, 하천법 제25조 제5항, 수도법 제12조, 자연공원법 제23조 제3항, 예산회계법 제3조, 군사시설보호법 제7조, 한국가스공사사업법 제16조의 2 제2항 등.

協力行爲의 法的 性質을 논하는 實益은 협력행위가 독자적인 행정행위로 볼 것인가의 문제, 즉 독자적인 行政訴訟 對象性과 結付된다. 이 협력행위의 법적 성질은 협력의 형태 내지 법규범의 성질에 따라 파악할 수도 있겠으나 일반적으로는 다른 행정청의 협력행위가 독자적인 행정행위가 되기보다는 행정 내부적 설명에 그칠 뿐 직접적으로 대외적 효력을 갖지 아니한다. 즉 주된 행정결정만이 대외적으로 발해지고 협력행위는 대외관계에서 아무런 영향을 미치지 아니하는 행정 내부의 법적 행위이기 때문에 그 처분성이 부인된다. 이처럼 협력행위는 협력행위 그 자체가 원칙적으로 관계자에게 부담이 되는 어떠한 직접적으로 작용하는 규율도 아니고 외부효과도 결여되어 있기 때문에 그 처분성이 부인되는 것이다.

다만 예외적으로 협력행위가 직접적·법적 효력을 미칠 때에는 하나의 행정행위로 파악되어야 할 것이다. 결정행정청에 의하여 계획된 행정처분의 발령에 있어서 협력행정청의 협의 및 동의의 설명이나 거절이 만약 관계인의 법률관계와 관련되면서 대외적으로 직접적·법적 효력을 나타낼 때에는 단순한 행정 내부적 협력행위라고 볼 것이 아니라 독자적인 행정행위로 보아야 한다. 이 경우에는 협력행위를 독립하여 취소 청구할 수도 있고, 동의 내지 협의의 거절에 대하여 행정결정의 상대방은 물론 동의 내지 협의의 의견 표명에 대하여 제3자는 이를 처분으로 보아 취소소송을 통한 사법적 통제를 할 수 있다고 하겠다.

(3) 다른 行政廳의 必要的 協力을 缺한 行政行爲의 效力과 訴訟의 對象

먼저 그 효력을 논하기에 앞서 주된 행정청이 결정을 함에 있어 협력행위로 제시된 동의나 협의의 내용에 기속되는지 여부가 문제된다. 이는 결정을 내리는 主된 行政廳이 협력권한이 있는 다른 行政廳의 協力行爲에 羈束되는 境遇와 단순히 助言을 듣는데 不過한 境遇로 나눠 볼 수 있겠다.

기속적인 경우로는 다른 행정청의 동의 내지 협의 등이 있고, 단순한 조언을 듣는데 불과한 경우로는 자문 또는 의견의 청취 등185)이 있다. 여기서 다른 행정청의 의견청취를 구하거나 자문기관의 자문을 구할 것인가는 전적으로 주된 행정청, 즉 결정관청의 의사에 좌우되고, 제시된 의견이나 자문의 결과에 따르지 아니한 채, 행정처분을 다른 객관적인 이유를 대고 독자적으로 발령할 수 있다고 본다.

---

185) 대법원도 "구 택지개발촉진법(1999. 1. 25. 법률 제5688호로 개정되기 전의 것) 제3조에서 건설부 장관이 택지개발예정지구를 지정함에 있어 미리 관계중앙행정기관의 장과 협의를 하라고 규정한 의미는 그의 자문을 구하라는 것이지 그 의견에 따라 처분을 하라는 의미는 아니라 할 것이므로 이러한 협의를 거치지 아니하였다고 하더라도 이는 위 지정처분을 취소할 수 있는 원인이 되는 하자 정도에 불과하고 위 지정처분이 당연 무효가 되는 하자에 해당하는 것은 아니다." (대법원 2000. 10. 13. 선고 99두653 판결)라고 판시한 바 있다.

다른 行政廳의 必要的 協力을 缺한 行政行爲의 效力에 관하여 대부분의 학자186)들은 行政行爲의 成立要件 중 主體에 관한 흠의 문제로 파악하면서 국민의 권익보호, 행위의 적법타당성의 사전보장, 다른 기관의 관장사무와의 관련성유지 등을 위한 것으로, 이 경우에는 법령상 단독으로 행하는 것을 인정하지 않는 취지로 볼 것이므로, 협력을 결한 행위는 원칙적으로 무효라고 본다. 이에 대하여 다른 행정청의 협의를 거치지 아니하고 행한 행위는 절차규범을 위반한 절차하자의 위법한 처분으로 취소할 수 있는 행정처분에 해당된다는 입장도 있다.187)

법령이 일정한 행위를 할 수 있는 권한을 어떤 행정기관에 부여하되, 그 행위를 하는 데에는 다른 기관의 협의를 받도록 한 경우(예컨대, 河川法 제25조 제5항에 의하여 공작물의 신축, 개축, 변경 또는 제거허가를 함에 있어서의 수산청장과의 協議, 公有水面埋立法 제4조 제2항에 의한 공유수면매립허가를 함에 있어서의 관계부처장관과의 協議, 自然公園法 제23조 제3항에 의한 각종 점용 및 사용허가를 함에 있어서의 관계행정기관과의 協議, 軍事施設保護法 제10조에 의한 각종 허가를 함에 있어서의 국방부장관 또는 관할부대장과의 協議188) 등)처럼 법령이 일정한 행정행위를 함에 있어서 타기관의 협력을 받도록 한 것은 국민 또는 주민의 권익을 보호한다거나 행정행위의 적법·타당성을 보장하기 위하여, 또는 하나의 행정행위가 다른 기관의 관장사무와 밀접하게 관련되기 때문에 그 기관의 의사를 반영할 수 있도록 하기 위한 것이라고 할 수 있는바, 법령이 필요적으로 요구한 타기관의 협력을 받지 아니하고 한 행정행위는 원칙적으로 무효라고 하여야 할 것이다.189)

여기서는 판례상 많이 등장하고 있는 여객자동차운수사업법 시행규칙상의 협의관련규정의 법적 성질을 살펴보기로 한다.

여객자동차운수사업법 시행규칙 제5조 제1항의 규정에 의하면, 노선여객자동차운송사업을 관할하는 시·도지사는 노선이 2이상의 시·도에 걸치는 경우 노선신설 또는 변경이나 노선과 관련되는 사업계획변경의 인가·등록 또는 사업개선명령을 하고자 하는 때에는 관계 시·도지사와 미리 협의하여야 한다고 규정하고 있고, 같은 조 제4,5항에

---

186) 朴圭河, 前揭書, 294쪽 : 朴鈗炘, 前揭書, 425~426쪽 ; 李尙圭, 前揭書(上), 437쪽 ; 洪準亨, 前揭書, 242쪽.

187) 洪井善, 前揭書, 351쪽 ; 金容燮, 「다른 行政廳의 協力을 缺한 行政行爲의 效力(上)」(判例月報 316號, 1997. 1), 23쪽.

188) 군사시설보호법상 '협의'절차의 법적 성격과 관련하여, 대법원은 군사시설보호구역 안에서 가옥 기타 축조물의 신축 또는 증축, 입목의 벌채 등을 허가하고자 할 때에는 미리 관할 부대장과 협의를 하도록 규정한 취지는 관할 군부대의 '동의'를 얻어야 하는 것으로 해석하고 있다(대법원 1995. 3. 10. 선고 94누12739 판결).

189) 白潤基, 「法規的內容의 行政規則과 法規命令形式의 行政規則」(裁判과 判例 第4輯, 大邱判例研究會, 1995. 8), 654~655쪽.

서 협의요청을 받은 시·도지사는 회신을 하도록 하고 협의가 성립되지 아니한 때에는 건설교통부장관에게 조정의 신청을 하도록 규정하고 있다.

위와 거의 같은 내용으로 규정하고 있던 구 자동차운수사업법시행규칙상의 협의관련 규정과 관련하여 대법원은 행정명령적 성질을 지니는 규율로 보고 있다.190) 즉 判例는 舊 自動車運輸事業法 施行規則上 협의를 거치도록 한 취지가 관계 행정청사이의 권한분쟁방지, 자동차운수사업질서문란방지, 지휘감독권확보 등 행정편의 내지 행정내부사항에 관한 것이지, 이해관계인의 이익보호 또는 이해조절을 위하여 필요 불가결한 절차는 아니라는 점과 위 협의에 관한 규정들의 근거가 상위법인 구 자동차운수사업법이나 시행령에는 규정되어 있지 아니하다는 점을 들어 協議에 관한 規定의 法的 性質을 행정규칙적 내용에 불과한 것이 法規命令인 部令의 形式으로 규정된 것이라고 보았다. 학자에 따라서는 이를 법규명령의 일종인 집행명령으로 이해하는 입장,191) 상위법의 위임근거가 없기 때문에 행정명령으로 보는 입장192)이 있다.

생각건대, 협의절차는 올바른 결정을 담보하기 위한 제도로서 부령에 규정되어 반드시 준수하도록 한 경우에는 이를 따라야 하며, 이로써 관계행정청의 협력을 도모함은 물론 관계자의 이익을 반영하게 되기 때문에 단순한 행정청 내부의 사무처리기준으로 볼 것은 아니다. 대법원 판결은 협의에 관한 규정을 둔 구 자동차운수사업법시행규칙의 관계 규정이 위임근거조항이 없을 뿐만 아니라 권한위임기관의 내부절차에 관한 규정으로서 권한을 위임 받은 행정청 내부의 사무처리준칙을 규정한 행정명령의 성격을 지니는 규정으로 이를 위반하더라도 위법이 되지 않는다는 논리 위에서 특정 행정청이 다른 행정청의 협력을 결한 채 행정행위를 발령한 경우 그 법적 효과를 적법한 행정행위로 파악하

---

190) 구 자동차운수사업법시행규칙 중 협의에 관한 규정들(제2조 제3항, 제4조 제1항 내지 제3항, 제5조 제1항, 제8조 등)은 형식은 부령으로 되어있으나 상위 법령인 구 자동차운수사업법 및 같은 법시행령에 그 위임의 근거조항이 없을 뿐만 아니라, 이들 규정들은 구 자동차운수사업법상 건설교통부장관의 권한이 서울특별시장, 광역시장 또는 도지사에게 위임됨에 따라 서울특별시, 광역시 또는 도 사이에 걸치는 노선업종에 관한 노선의 신설이나 변경, 노선과 관련되는 사업계획변경의 면허나 인가 또는 사업개선명령을 함에 있어서 이들 행정처분은 인접한 기관의 관장사무와 밀접하게 관련되어 있어 그 기관의 의사를 반영할 수 있도록 하여, 관계 행정청 사이에 권한분쟁이 생기거나 지역 간의 원활한 수송이 저해되고 나아가 자동차운송사업에 관한 질서가 문란하여지는 것을 방지하고, 지휘감독권을 확보, 행사하는 등 행정의 능률화와 합리화를 도모하기 위한 권한위임기관의 내부절차에 관한 규정으로서, 건설교통부장관으로부터 권한을 위임받은 행정청 내부의 사무처리준칙을 규정한 것에 불과한 것이므로 이는 행정명령의 성격을 지닐 뿐 대외적으로 국민이나 법원을 구속하는 효력은 없다고 할 것이므로, 처분이 이에 위반되는 것이라고 하더라도 위법의 문제는 생기지 않는다(대법원 1992. 3. 31. 선고 91누4928 판결 : 대법원 1992. 3. 27. 선고 91누5143 판결).

191) 白潤基, 「美國行政訴訟法上의 嚴格審査原理에 관한 硏究」(서울대학교 박사학위논문, 1995), 196쪽.

192) 金南辰, 「部令이 정한 聽聞을 缺한 處分의 效力」(行政法의 基本問題), 1032~1036쪽.

고 있다.193) 협의에 관하여 상위법의 명시적인 위임이 없다는 이유로 부령에 규정된 협의에 관한 조항들이 법규명령이 아니라 행정규칙사항에 불과하다고 판시한 것은 잘못이다. 법규명령에는 위임명령 외에도 집행명령도 있을 수 있으므로, 위 협의조항은 시도지사가 사업개선명령을 하기 위하여 필요한 집행명령으로 못 볼 바 아니고 따라서 법규명령의 형식으로 제정된 이상 법규로서의 효력을 지닌다고 봄이 타당하다.

대법원 1996. 4. 12. 선고 95누10396 판결194)에서 보는 바와 같이 수권여부는 그 규범의 법규성을 가늠할 수 있는 결정적인 표준이 되지 않는다고 할 것이다. 따라서 위 시행규칙상의 협의규정이 비록 직접 대국민을 향한 대외적인 효력을 지니지는 못한다고 할지라도 그 규정에 근거한 협력행정청의 협의는 주된 행정청의 결정을 기속한다는 점에서 상위법의 위임근거가 없기 때문에 행정명령이라는 견해도 타당하지 않다.

다시 말하면 협의에 관한 규정은 절차적인 규범으로서 행정청은 행정 행위를 함에 있어 이를 준수하여야 한다. 무릇 주된 행정청의 결정에 앞서 관계 시·도지사와의 협의를 거치도록 하는 이유는 다른 시·도의 교통량, 운행사정, 업자의 이해관계 등 제반 전문적인 능력을 지니는 관계 협력행정청의 의견을 행정결정과정에서 반영하도록 함에 있다. 주된 행정청은 다른 시·도의 노선구역으로 버스노선을 확장하는 경우에는 다른 시·도의 시내버스운송사업자 등 제3자의 이익을 고려하여 결정하여야 할 것인 바, 다른 지역의 시·도지사의 적법한 협의를 통하여 주된 행정청은 효과적으로 제3자의 이익을 고려하면서 적정한 결정을 내릴 수 있기 때문이다. 따라서 제3자의 이익보호 관점에서도 결정에 있어서 협의를 거쳐야 하고 협의를 거치지 아니한 경우에는 하자 있는 결정으로 보아야 할 것이다.195)

한편 독일 行政節次法 제44조 제3항 제3호 및 제4호의 규정에 의하면, 행정행위의 발

---

193) 대법원은 협의를 거치지 않은 처분에 대하여 위법하다고 하더라도 당연무효는 아니라는 입장을 취하고 있다(대법원 1995. 11. 7. 선고 95누9730 판결-자동차운송사업계획변경(기점연장)인가처분과 자동차운송사업계획변경(노선 및 운행시간)인가처분을 함에 있어서 그 내용이 2이상의 시·도에 걸치는 노선업종에 있어서의 노선신설이나 변경 또는 노선과 관련되는 사업계획변경의 인가 등에 관한 사항이므로 미리 관계 도지사와 협의하여야 함에도 불구하고 이를 하지 아니한 하자가 있으나, 그와 같은 사정만으로는 자동차운송사업계획변경(기점연장)인가처분과 자동차운송사업계획변경(노선 및 운행시간)인가처분이 당연 무효의 처분이라고 할 수 없다).

194) 도로교통법시행규칙 제53조 제1항이 정하고 있는 〔별표 16〕운전면허행정처분기준은 관할 행정청이 운전면허의 취소 및 운전면허의 효력정지 등의 사무처리를 함에 있어서 처리기준과 방법 등의 세부사항을 규정한 행정기관 내부의 처리지침에 불과한 것으로서 대외적으로 국민이나 법원을 기속하는 것은 아니므로, 자동차운전면허취소처분의 적법여부는 위 운전면허 행정처분기준이 상위법령에 근거가 있는지 여부 등에 의하여 판단할 것이 아니라 도로교통법의 규정 내용과 취지에 따라 판단하여야 하고, 따라서 위 운전면허행정처분기준이 상위 법령에 근거가 없다 하여 자동차운전면허취소처분이 위법한 것이라고 단정할 수는 없다.

195) 金容燮, 「다른 行政廳의 協力을 缺한 行政行爲의 效力(下)」(判例月報 317號, 1997. 2), 37쪽 ; 芝池義一, 「行政決定と 第三者利益の 考慮」(法學論叢, 1992), 104面.

령에 앞서 법령상 요구되는 위원회의 의결을 거치지 아니하거나 다른 관청의 필요적인 협력을 거치지 아니한 경우에는 무효가 되지 않는다고 명시하고 있다. 이처럼 절차적인 하자는 설사 그것이 필요적인 협력의 경우라고 할지라도 행정 내부적인 협력행위에 그치는 한 이를 거치지 아니하고 행정행위를 발령하였다고 할지라도 무효인 행정행위가 아니라 취소할 수 있는 행정행위가 된다. 따라서 다른 행정청의 협력이 당초에는 없었으나 차후에 행정심판의 종결 내지 행정소송의 제기 이전에 협력행위가 존재할 경우에는 그 하자는 치유될 수 있다고 할 것이다.

4. 確約

(1) 槪念

강학상(講學上) 確約(Zusicherung)은 실무상 보통 內認可라고 불리고 있다. 여기서 確約이라 함은, 行政廳이 국민에 대한 관계에서 自己拘束을 할 意圖로서 將來에 향하여 일정한 作爲 또는 不作爲를 約束하는 意思表示를 말한다. 행정청이 장래의 행위를 예시한다는 점에서는 敎示와 유사하나, 교시는 당해 행정청이 장래 행할 행위에 관한 견해 표명으로 구속적 의사를 수반하지 않는다는 점에서 이 확약과 다르다. 즉 確約과 敎示는 自己拘束性의 有無에 따라 區別된다.

이 확약은 종래 독일의 학설·판례에 의하여 논의되어 오던 것으로, 현재 독일의 경우 行政節次法 제38조는 일정한 행정행위의 발급 또는 불발급에 대한 확언만을 확약으로 인정하고 서면의 형식을 취할 것을 효력발생요건으로 정함으로써 종래 학설 및 판례에 의하여 논의되던 確言(Zusage)보다 그 개념을 좁혔다.[196]

일본의 경우 확약의 개념을 적극적으로 도입해야 한다는 견해도 있지만[197] 일본최고재판소는 확약의 개념을 사용하지 않고 신뢰보호원칙의 적용에 의해 처리하고 있을 뿐만 아니라 준비절차로서 이루어지는 사실상의 행위, 즉 의견의 표시에 지나지 않는다고 하여 독립한 법적 효과를 인정하지 않는다.[198]

우리나라의 경우, 1987. 7. 7. 입법 예고되었던 行政節次法案 제25조 제1항에서 확약을 "행정청이 어떠한 행정처분을 하거나 하지 아니할 것을 약속하는 행위"라고 규정한 바 있었으나 명문으로 입법화되지는 못하였다.

---

196) 確言과 確約을 구별할 필요가 있다는 견해가 있다(金南辰, 前揭書, 369쪽 ; 愼保晟, 「行政上의 確約」(月刊考試, 1991. 7), 93쪽).
197) 菊井康郎, 『行政行爲の存在法』(有斐閣, 1982), 132面 ; 「西ドイッにおける行政法上の確約」(公法の理論, 下, I), 1813~1818面 ; 乙部哲郞, 『行政上の確約の法理』(日本評論社, 1988), 258面
198) 最高裁判所 1981(昭和 56). 1. 27. 民集 35卷 1號, 35面 ; 最高裁判所 1982(昭和 57). 5. 27. 民集 36卷 5號, 777面.

하지만 행정관련 법규에서 그 실무 예를 찾아보면, 자동차관리법시행규칙 제111조 소정의 자동차관리사업의 등록신청을 들 수 있을 것 같다. 이 경우 관계행정청은 위 신청이 적합하다고 인정되는 때에는 시설 및 인력의 확보기간을 정하여 관계서류를 제출 할 것을 신청인에게 통지하여야 하고(제2항), 위 통지를 받은 자가 정당한 사유 없이 기간 내에 시설을 갖추지 아니한 때에는 위 통지를 취소하여야 하며(제4항), 그 기간 내에 시설 및 정비요원을 갖추고 제2항 소정의 서류를 제출한 때에는 자동차관리사업등록대장에 등록사항을 등록하고 사업 개시일을 정하여 자동차관리사업등록증을 신청인에게 교부하게 되어 있는바(제5항), 여기서 통지를 실무상 內認可라고 부르고 있으나 그 성질은 確約이라 할 것이다.

(2) 法的 性質

確約의 法的 性質에 관하여 확약의 獨自的 行爲形式性을 인정하는 견해[199]도 있으나, 우리나라에서는 확약을 行政行爲의 一種으로 보는 견해[200]가 일반적이다. 더 나아가 확약은 후에 있을 본 처분의 내용과 관련하여 행정의 자기구속의 법리 및 신뢰보호의 원칙에 기하여 행정청에 대하여 장래에 이행·불이행을 의무 지우는 효과를 발생시킨다는 점에서 행정행위로서의 성질을 가진다고 하면서, 법적 이유에서든 사실적 이유에서든 어떤 문제에 대하여 즉시 규율할 수 없는 사정이 있을 때에 하는 것이며, 또한 그것은 본처분과도 별개의 것이므로 행정법상의 독자적 행위형식성을 부여하여야 한다고 하기도 한다.[201]

判例는 처음에 "내인가의 법적 성질이 행정행위의 일종으로 볼 수 있든 아니든 ……"[202]이라고 판시하여 확약의 법적 성질에 대한 판단을 유보하고 있다.

(3) 確約의 拘束性

---

199) 姜求哲, 前揭書, 479쪽 ; 姜儀中, 前揭書, 272쪽 ; 金南辰, 前揭書, 370쪽 ; 朴圭河, 前揭書, 323쪽 ; 愼保晟, 前揭書, 304쪽 ; 李鳴九, 前揭書, 292쪽 ; 鄭夏重, 前揭書, 193쪽 ; 趙淵泓, 前揭書, 491쪽 ; 韓堅愚, 前揭書, 544쪽 ; 洪準亨, 前揭書, 192쪽 ; H. Maurer, a.a.O. §9 Rn.60, S.211~212.

200) 金道昶, 前揭書, 429쪽 ; 金東熙, 前揭書, 212쪽 ; 劉尙炫, 前揭書, 304쪽 ; 柳至泰, 前揭書, 132쪽 ; 朴鈗炘, 前揭書, 394쪽 ; 尹世昌·李虎乘, 前揭書, 248쪽 ; 李尙圭, 前揭書, 393쪽 ; 洪井善, 前揭書, 397쪽 ; 金海龍, 前揭論文, 100쪽 ; 菊井康郎, 前揭論文, 1805面.
다만, 朴鍾局 敎授는 확약의 법적 성질은 개별적, 구체적으로 파악해야 한다면서(소위 多元說), 확약은 행정행위의 성격을 갖는 것도 있고 사실행위로서의 성격밖에 갖지 않는 것도 있다 한다 (前揭書, 493~494쪽).

201) 石琮顯, 前揭書(上), 225쪽.

202) 대법원 1991. 6. 28. 선고 90누4402 판결.

확약에 관한 법률문제의 핵심은 행정기관이 이미 발표한 확약의 내용에 반하는 결정을 후에 할 수 없다는, 즉 확약의 구속성에 있다.

이 같은 확약의 허용성의 이론적 근거와 관련하여 신의성실의 원칙에서 찾는 입장203)과 확약의 권한이 본처분의 확약에 포함되어 있다고 보는 입장(소위 本處分權限內在說)204)으로 나뉜다.

생각건대, 확약은 본래 본 처분과 별개의 범주에 속하는 행위가 아니라 본처분에 수반되는 사전처리작용의 성격을 가진다고 할 것이므로 법이 행정청에게 일정한 권한을 부여하고 있는 경우 반대규정이 없는 한 본처분에 관한 확약의 권한도 아울러 부여하고 있다고 보아야 할 것이다.

신뢰보호원칙은 현실적으로 행해진 확약의 이행과 관련된 것으로 보아야 하지 그 허용성과 관련지어 볼 수는 없다고 하겠다.

확약이 일단 효력을 발생하게 되면 그의 취소, 철회에 있어 상대방의 신뢰보호의 관점에서 그 제한을 받게 된다. 독일행정절차법 제38조 제2항은 행정행위의 무효에 관한 규정, 위법한 행정행위의 취소에 관한 규정을 확약에 준용하고 있고 우리나라의 경우 행정절차법 초안 제25조 제4항에서 "행정청은 불가항력 기타 사유로 확약의 내용을 이행할 수 없을 정도로 사실상태 또는 법률상태가 변경된 경우를 제외하고는 그 확약에 기속 된다"고 규정하면서 확약의 취소 또는 철회에 대하여 행정행위의 취소, 철회 규정을 준용한다고 규정한 바 있다.

이처럼 확약의 취소 제한 근거, 즉 확약의 구속성은 신뢰보호의 원칙에서 찾아야 할 것이다.

(4) 確約의 處分性

確約의 處分性과 관련하여 먼저 學說을 보면 肯定說과 否定說205)이 나뉘고 있는 데, 전자는 확약자체로서 행정청에 대하여 확약된 행정행위의 내용에 따라 장래의 이행 또는 불이행을 의무지우는 효과가 인정된다는 점을 논거로 확약의 구속적 성격에 착안하여 행정행위의 규율성이 있는 것으로 보며, 후자는 행정청이 어떤 행정행위에 대한 확약을 한 경우 그에 관한 종국적인 규율은 약속된 행정행위를 통해서 행해지는 것이지 확약

---

203) 주고 비과세관행의 성립과 관련된 신뢰보호원칙의 성립요건에 관한 판례들이다(대법원 1982. 10. 26. 선고 81누69 판결 ; 1984. 6. 12. 선고 84누53 판결 ; 1984. 12. 26. 선고 81누2666판결 ; 대법원 1985. 4. 23. 선고 84누593 판결 ; 대법원 1992. 5. 26. 선고 91누10091 판결 ; 대법원 1993. 9. 10. 선고 93누5731 판결).

204) 金南辰, 前揭書, 372쪽 ; 金東熙, 前揭書, 215쪽 ; 朴鈗炘, 前揭書, 395쪽 ; 石琮顯, 前揭書, 226쪽 ; 洪井善, 前揭書, 398쪽 ; 이상철, 前揭論文, 51쪽.

205) 李在華, 『行政法演習』(文英社, 2001), 26~27쪽.

그 자체에서 행하여지는 것이 아니므로 확약단계에서는 개별적인 사항에 대한 법적 규율성을 인정할 수 없다고 한다.

대법원은, 처음에 "자동차운송사업양도양수계약에 기한 양도양수인가신청에 대하여 피고 시장이 내인가를 한 후 위 내인가에 기한 본인가 신청이 있었으나 자동차운송사업 양도양수인가신청서가 합의에 의한 정당한 신청서라고 할 수 없다는 이유로 위 내인가를 취소한 경우, 위 내인가의 법적 성질이 행정행위의 일종으로 볼 수 있든 아니든 그것이 행정청의 상대방에 대한 의사표시임이 분명하고, 피고가 위 내인가를 취소함으로써 다시 본인가에 대하여 따로 인가여부의 처분을 한다는 사정이 보이지 않는다면 위 내인가 취소를 인가신청을 거부하는 처분으로 보아야 할 것이다."[206)라고 하여 내인가의 처분성에 대해 그 입장을 분명히 하지 않았으나, 하급심판결이긴 하나 내인가를 행정소송의 대상이 되는 행정처분이라고 판시한 예가 있다.

즉, "개별화물자동차운송사업면허발급신청에 대하여 행정청이 신청인에게 자동차등록원부상 차량등록명의자의 양도확인서 사본 및 차고공동사용계약서 등 소정서류를 첨부하여 운송시설확인신청을 하면 이를 확인하여 그 면허를 발급하여 준다는 내용으로 한 면허 내인가는 신청인이 위 내인가에서 정한 면허의 요건으로서 지입차량과 차고지를 확보한다고 하여 곧바로 운송사업면허의 효력이 발생하는 것은 아니고 다시 행정청으로부터 운송사업면허를 받아야 하는 것이기는 하나 행정청은 신청인이 지입차량과 차고지를 확보하는 등 소정요건을 갖추어 운송사업면허를 신청할 경우 특별한 사정이 없는 한 위 내인가의 내용에 구속되어 면허를 발급하여야 할 법적 의무를 지고 신청인으로서는 그에 대응하는 권리를 갖게 되므로 이는 행정소송의 대상이 되는 행정처분이라 할 것이고 위 내인가가 아무런 공법상의 효력이 없는 행정관청내부의 심사판단결과 또는 그 결과의 통지에 지나지 아니하는 것으로 볼 수 없다."[207)고 판시한 바 있다.

하지만 우리나라 大法院은 그 뒤 앞서 본대로 확약에 대하여 공정력과 불가쟁력을 부인하면서 確約의 處分性을 否認하고 있다.

즉, "어업권면허에 선행하는 우선순위결정은 행정청이 우선권자로 결정된 자의 신청이 있으면 어업권면허처분을 하겠다는 것을 약속하는 행위로서, 강학상 확약에 불과하고 행정처분은 아니므로, 공정력이나 불가쟁력과 같은 효력은 인정되지 아니하며, 따라서 우선순위결정이 잘못되었다는 이유로 종전의 어업면허 처분이 취소되면 행정청은 종전의 우선순위결정을 무시하고 다시 우선순위를 결정한 다음 새로운 우선순위결정에 기하여

---

206) 대법원 1991. 6. 28. 선고 90누4402 판결.
207) 서울고등법원 1990. 2. 28. 선고 89구1737 판결.
　　이 판결은 대법원에서 1990. 7. 13. 상고기각 확정되었다(대법원 1990. 7. 13. 선고 90누2918 판결).

새로운 어업면허를 할 수 있다고 할 것이다."208)라고 하고, 구 주택건설촉진법에 사전결정 제도가 도입되기 전에 舊 建築法 제7조에 의한 사전결정을 받고 주택건설사업계획의 승인을 신청하였다가, 9개월 후 도시계획의 변경으로 승인을 해 줄 수 없다는 거부처분을 한 사건에서도, "건축법상의 사전결정을 하였다 하여 행정청이 그 사전결정에 기속되어 주택건설사업계획을 반드시 승인하여야 하는 것은 아니"209)라고 하였으며, 그 뒤 주택건설사업계획 사전결정의 구속력과 관련하여 "사전결정 및 사업계획승인은 수익적 행정처분으로서 행정청의 재량행위에 속하는 것으로, 사전결정이 있었다 하더라도 사업승인단계에서 그 사전결정에 기속되지 않고 다시 사익과 공익을 비교 형량하여 그 승인여부를 결정할 수 있다."210)라고 판시한 바 있다.

한편, 대법원은, "행정청이 상대방에게 장차 어떤 처분을 하겠다고 확약 또는 공적인 의사표명을 하였다고 하더라도, ……확약 또는 공적인 의사표명이 있은 후에 사실적·법적 상태가 변경되었다면, 그와 같은 확약 또는 공적인 의사표명은 행정청의 별다른 의사표시를 기다리지 않고 실효 된다."211)고 한다.

따라서 판례에 의하면 확약은 행정처분이 아니므로 그 법적 규율성이 완결적·종국적인 것이 아니어서 확약 그 자체를 대상으로 다툴 수 없고, 確約에 反하는 處分에 대해 信賴保護原則 違反을 理由로 抗告訴訟을 提起하여야 할 것이다.

일단 확약이 행해지면 당해 행정청은 확약한 내용을 이행할 자기구속의 의무가 있고 그 상대방은 확약 받은 내용의 이행을 청구할 수 있다고 할 것이므로 행정청이 확약을 이행하지 아니할 때 확약의 상대방 또는 이해관계인은 확약을 쟁송의 대상으로 삼아 義務履行審判이나 不作爲違法確認訴訟 등의 행정쟁송을 통해 그 의무이행을 구할 수 있다고 할 것이다.

다시 말해 확약은 행정처분을 대상으로 하는 것이므로 행정청의 확약의 불이행에 대해 의무이행심판을 통해 직접의무의 이행을 청구할 수도 있고, 부작위위법확인소송을 통해서 간접적으로 의무이행을 촉구할 수 있다고 할 것이다.212)

한편, "부가가치세의 면세대상사업이라는 종전의 국세청장의 회신에 반하여 과세처분을 행한 것은, 신의성실의 원칙에 위배되는 것이다"213)라는 판례는 시사하는 바가 크다.

---

208) 대법원 1995. 1. 20. 선고 94누6529 판결.
209) 대법원 1996. 8. 20. 선고 95누10877 판결.
210) 대법원 1999. 5. 25. 선고 99두1052 판결.
211) 대법원 1996. 8. 20. 선고 95누10877 판결.
212) 金南辰, 前揭書, 375쪽 ; 金東熙, 前揭書, 216쪽 ; 柳至泰, 前揭書, 134쪽 ; 朴圭河, 前揭書, 327쪽 ; 朴鈗炘, 前揭書, 397쪽 ; 朴鍾局, 前揭書, 499쪽 ; 石琮顯, 前揭書, 230쪽 ; 李鳴九, 前揭書, 296쪽 ; 趙淵泓, 前揭書, 494쪽 ; 千炳泰, 前揭書, 426쪽 ; 韓堅愚, 前揭書, 548쪽 ; 洪井善, 前揭書, 399쪽 ; 金海龍, 前揭論文, 104쪽.
213) 대법원 1994. 3. 22. 선고 93누22517 판결.

Ⅲ. 行政計劃

1. 意義

 행정계획이라는 행정작용은, 현대행정의 여러 분야에서 다양한 형식으로 존재하고 있기 때문에 이를 행정법관련 저서에서 정의함에 있어 학자들마다 다양하다. 즉, 어떤 학자들은 행정계획이라는 행정작용을 하나의 활동기준으로, 또 다른 학자들은 그 행위에 중점을 두어 각각 정의를 내리고 있다.

 그와 같은 다양한 정의에서 공통분모를 추출하면, 行政計劃이란 현대 행정의 여러 분야에 걸쳐 행정주체가 일정한 행정활동을 위한 목표를 설정하고 서로 관련되는 행정수단의 종합·조정을 통하여 목표로 설정된 장래의 일정한 시점에 있어서의 일정한 질서를 실현하기 위한 활동기준 또는 그 설정행위라고 일단 정의할 수 있겠다. 그러므로 행정계획은 이를 설정하는 過程으로서의 計劃行政(Planning)과 그 結果로서의 行政計劃(Plan)을 포함하는 바 行政計劃의 本質的 要素로는 ① 목적적 요소로 목표설정(目的프로그램), ② 도구적 요소로 행정수단의 조정·종합화를 들 수 있다.214)

 行政計劃은 여러 기준에 의하여 分類할 수 있겠으나, 여기서는 行政計劃의 法的 拘束力의 有無에 따라서만 살펴보기로 한다. 대부분의 행정계획은 행정청의 구상 또는 행정의 지침에 불과하여 대내적으로 행정청뿐만 아니라 대외적으로 국민에 대해서도 법적 구속력을 갖지 않는 非拘束的 行政計劃이다. 이에 대하여 행정청에 있어서만 법적 구속력을 가지는 경우215)와 국민에 대해서도 법적 구속력을 가지는 경우216)가 있는데 이를 拘束的 行政計劃이라고 한다.

2. 行政計劃의 法的 性質

 행정계획의 법적 성질에 관한 논의는 사법심사의 대상인 處分性의 인정여부와 관련하여 문제된다. 행정계획의 법적 성질을 논하는 실익은 현행 행정소송법이 행정쟁송의 대상을 '처분 등'으로 규정하고 있어 쟁송을 통한 구제의 허부(許否)는 당해 행정계획의 법적 성질과 직결된다는데 있다고 할 수 있다.

 행정계획의 법적 성질217)에 관하여는 서독에서 주로 건축세부계획을 중심으로 논의되어

---

214) 일본의 見上崇洋는, 目標設定性과 手段의 總合性의 2개 요소가 行政計劃의 特質이라고 한다(『行政計劃の法的統制』(信山社, 1996), 26面).
215) 상위계획으로서의 종합계획(기본계획, 전체계획) 또는 장·중기 계획에 따라 하위계획으로서의 특정계획(실행계획, 부문별계획) 또는 연도별계획을 수립·집행하는 경우가 그 예이다.
216) 국토이용관리법상의 국토이용계획, 도시계획법상의 도시계획.
217) 行政計劃의 法的性質에 대한 자세한 내용은, 姜儀中, 「行政計劃의 法的形式」(考試研究, 1989. 5), 79~86쪽 참조.

왔다. 이하 行政計劃의 法的 性質에 관한 學說을 살펴보면, 立法行爲說(法規行爲說 또는 法規命令說이라고도 하는데 행정계획의 일반적·추상적 법규범성을 인정하여 일반적 구속력을 가지는 입법행위로 파악하는 견해), 行政行爲說(행정계획, 특히 拘束的 行政計劃의 본질적 속성이 국민의 법관계의 변동을 가져온다는 점에서 行政行爲, 특히 一般處分 또는 物的 行政行爲의 성격을 갖는다는 견해),218) 複數性質說(행정계획은 법규 명령적인 것도 있고 행정행위적인 것도 있고 단순한 사실행위인 것도 있을 수 있다는 견해),219) 獨自性說(행정계획자체를 법규범도 아니고 행정행위도 아닌 독특한 행위형식 또는 異物 (aliud)로 파악하는 견해)220) 등이 있다.

생각건대, 천태만상인 행정계획의 법적 성질을 일률적으로 판단할 수는 없다고 하겠다. 따라서 원래 行政計劃은 行政規則적인 것(예: 국토건설종합계획), 行政指導적인 것(예: 체육진흥계획), 국민에 대한 법적 효과나 행정쟁송을 통한 권리구제측면을 고려할 때 行政行爲로 파악할 수 있는 것(拘束的 行政計劃의 경우) 등 그 근거법규와 관련하여 개별적으로 판단하여야 할 것이다.

判例는 都市計劃의 法的 性質을 行政行爲로 보고 있다. 즉, "都市計劃法 제12조 소정의 도시계획결정이 고시되면 도시계획구역 안의 토지나 건물소유자의 토지형질변경, 건축물의 신축·개축 또는 증축 등 일정한 제한을 받게 되는 바 이러한 점에서 볼 때 고시된 도시계획결정은 특정개인의 권리 내지 법률상의 이익을 개별적이고 구체적으로 규제하는 효과를 가져오게 하는 행정청의 처분이라 할 것이고 이는 행정소송의 대상이 되는 것이라고 할 것이다.",221) "도시계획은 도시정책상의 전문적·기술적 판단에 기초하여 도시의 건설·정비·개량 등과 같은 특정한 행정목표를 달성하기 위하여 서로 관련되는 행정수단을 종합·조정함으로써 장래의 일정한 시점에 있어서 일정한 질서를 실현하기 위한 활동기준을 설정하는 것으로서 재량행위라 할 것이다."222)라고 판시하고 있다. 이

---

218) 柳至泰, 前揭書, 251쪽 ; 愼保晟, 前揭書, 790쪽.
219) 姜求哲, 前揭書, 509쪽 ; 姜儀中, 前揭書, 304쪽 ; 金南辰, 前揭書, 381쪽 ; 金道昶, 前揭書, 339쪽 ; 金東熙, 前揭書, 172쪽 ; 金性洙, 前揭書, 373쪽 ; 金香基, 前揭書, 285쪽 ; 朴鈗炘, 前揭書, 276쪽 ; 朴鍾局, 前揭書, 275쪽 ; 卞在玉, 前揭書, 229쪽 ; 石琮顯, 前揭書, 377쪽 ; 愼保晟, 前揭書, 790쪽 ; 李尙圭, 前揭書, 493쪽 ; 趙淵泓, 前揭書, 354쪽 ; 洪井善, 前揭書, 247쪽 ; 洪準亨, 前揭書, 331쪽.
   洪井善 教授는 이런 입장을 個別檢討說이라 부르고 있다.
220) 朴均省, 前揭書(總論), 189쪽 ; 尹世昌·李虎乘, 前揭書, 390쪽 ; 韓堅愚, 前揭書, 472~473쪽.
   일본에서는 행정계획의 법적성질과 관련하여 입법행위도 행정행위도 아닌 고유한 성질을 가진 제3의 국가행위의 유형이라고 고찰하는 견해가 유력하다(藤田宙靖, 前揭書, 310面).
221) 대법원 1982. 3. 9. 선고 80누105 판결(도시계획변경처분취소) ; 대법원 1986. 8. 19. 선고 86누256 판결.
222) 대법원 1998. 4. 24. 선고 97누1501 판결(주택건설사업계획사전결정불허가처분취소 등) ; 대

는 "行政計劃이라 함은 행정에 관한 전문적·기술적 판단을 기초로 하여 도시의 건설·정비·개량 등과 같은 특정한 행정목표를 달성하기 위하여 서로 관련되는 행정수단을 종합·조정함으로써 장래의 일정한 시점에 있어서 일정한 질서를 실현하기 위한 활동기준으로 설정된 것이다."라고 하면서 "도시계획법 등 관계법령에는 추상적인 행정목표와 절차만이 규정되어 있을 뿐 행정계획의 내용에 대하여는 별다른 규정을 두고 있지 아니하므로 행정주체는 구체적인 행정계획을 입안·결정함에 있어서 비교적 광범위한 형성의 자유를 가진다."223)고 한 것과 일맥상통한다고 하겠다.

3. 行政計劃의 處分性

여기서는 拘束的行政計劃에 局限하여 行政計劃에 대한 取消訴訟의 對象인 處分性을 檢討하여 보기로 한다.

(1) 學說

1) 消極說224)

行政計劃은 고도의 행정적·기술적재량에 의해 일반적·추상적 또는 입법 정책적으로 결정되는 이른바 사업의 청사진에 불과하여 국민의 권리·의무에 직접적인 영향이 없으며(靑寫眞論), 행정계획에 의해 일정한 법적 효과 예컨대, 건축행위금지나 토지형질변경금지가 나타나더라도 그것은 법률이 부여한 부수적, 추상적인 효과에 불과한 것이고 그 계획은 법규를 보충하는 입법행위의 성격을 가지는 것으로 항고소송의 대상이 될 수 없다고 한다(附隨的 效果說).

그리고 행정계획에 따른 구체적 처분이 행해진 단계에서 구제수단을 인정하면 되는 것이지 구체적인 권리변동이 발생하지 아니한 사업계획의 공포단계에서는 이론상 事件의 成熟性 또는 具體的 事件性을 缺如하였다고 보이므로 소의 제기를 인정할 필요성이 없다고 한다(爭訟未成熟說).

2) 積極說225)

법원 1997. 9. 26. 선고 96누10096 판결(택지개발예정지구지정처분취소 등).
223) 대법원 1996. 11. 29. 선고 96누8567 판결(도시계획시설결정처분무효확인등) ; 대법원 2000. 3. 23. 선고 98두2768 판결(도시계획결정취소).
224) 芝池義一, 前揭書, 231面.
225) 金南辰, 前揭書, 388쪽 ; 金香基, 前揭書, 291쪽 ; 柳至泰, 前揭書, 254쪽 ; 朴圭河, 前揭書, 332쪽 ; 朴均省, 前揭書, 205쪽 ; 朴鈗炘, 前揭書, 284쪽 ; 朴鍾局, 前揭書, 281쪽 ; 卞在玉, 前揭書, 229쪽, 233쪽 ; 石琮顯, 前揭書, 382쪽 ; 尹世昌·李虎乘, 前揭書, 396쪽 ; 韓堅愚, 前揭書, 480쪽 ; 洪井善, 前揭書, 253쪽 ; 洪準亨, 前揭書, 338쪽.

行政計劃의 공고에 의해 국민의 권리행사가 직접적으로 제한되는 경우, 그것이 법률의 부수적 효과라 해도 계획에 의해 위법하게 국민의 권익이 침해되는 한 당해 계획의 처분성을 인정하지 않을 수 없다고 한다.

또한 항고소송의 대상인 처분성의 유무는 권리침해가능성이 추상적이냐, 개별적이냐에 따라 판단하여야할 것이므로 사업계획이 구체적인 처분인 이상(處分的 計劃) 항고소송의 제기를 부인할 수 없다는 것이다.

(2) 判例

대법원은 그동안 "행정청의 어떤 행위를 행정처분으로 볼 것이냐의 문제는 추상적·일반적으로 결정할 수 없고, 구체적인 경우 행정처분은 행정청이 공권력의 주체로서 행하는 구체적 사실에 관한 법집행으로서 국민의 권리의무에 직접영향을 미치는 행위라는 점을 고려하고 행정처분이 그 주체, 내용, 절차, 형식에 있어서 어느 정도 성립 내지 효력요건을 충족하느냐에 따라 개별적으로 결정하여야 한다."는 입장을 견지하고 있어, 단순한 행정내부적 지침에 불과한 행정계획 또는 법률에서 권리이익침해의 추상적 가능성만 규정된 행정계획에 대하여는 행정소송의 대상이 되는 처분성이 결여된 것으로 보고 있다. 이런 논리 아래 宅地開發促進法 제18조, 제20조에 따른 宅地開發事業施行者의 宅地供給方法決定(대법원 1993. 7. 13. 선고 93누36 판결)226), 農漁村道路基本計劃(대법원 2000. 9. 5. 선고 99두974 판결)227), 구 하수도법(1997. 3. 7. 법률 제5300호로 개정되기 전의 것) 제5조의 2에 의하여 기존의 하수도정비기본계획을 변경하여 광역하수종말처리시설을 설치하는 등의 내용으로 수립한 하수도정비기본계획(대법원 2002. 5. 17. 선고 2001두10578 판결) 등에 대해 처분성을 부인하고 있다.

항고소송의 대상이 되는 행정청의 처분이라 함은 원칙적으로 행정청의 공법상의 행위로서 특정사항에 대하여 법규에 의한 권리의 설정 또는 의무부담을 명하거나 기타 법률상의 효과를 직접 발생하게 하는 등 국민의 권리의무에 직접 관계가 있는 행위를 말하므

---

226) 宅地開發促進法 제18조, 제20조의 규정에 따라 택지개발사업시행자가 건설부장관으로부터 승인을 받아 택지의 공급방법을 결정하였더라도 그 공급방법의 결정은 내부적인 행정계획에 불과하여 그것만으로 택지공급희망자의 권리나 법률상이익에 개별적이고 구체적인 영향을 미치는 것은 아니므로, 택지개발사업 시행자가 그 공급방법을 결정하여 통보한 것은 분양계약을 위한 사전준비절차로서의 사실행위에 불과하고 항고소송의 대상이 되는 행정처분으로 볼 수 없다.
227) 舊 農漁村道路整備法(1997. 12. 13. 법률 제5454호로 개정되기 전의 것) 제6조에 의한 농어촌도로 기본계획은 군수가 시도·군도 이상의 도로를 기간으로 관할구역 안의 도로에 대한 장기개발방향의 지침을 정하기 위하여 내무부장관의 승인을 받아 고시하는 계획으로서 그에 후속되는 농어촌도로정비계획의 근거가 되는 것일 뿐 그 자체로 국민의 권리의무를 개별적 구체적으로 규제하는 효과를 가지는 것은 아니므로 이는 항고소송의 대상이 되는 행정처분에 해당한다고 할 수 없다.

로, 행정청의 내부적인 의사결정 등과 같이 상대방 또는 관계자들의 법률상 지위에 직접적인 법률적 변동을 일으키지 아니하는 행위는 그에 해당하지 아니한다.

예컨대, 구 토지구획정리사업법 제57조, 제62조 등의 규정에 의한 환지예정지지정이나 환지처분은 그에 의하여 직접 토지소유자 등의 권리의무가 변동되므로 이를 항고소송의 대상이 되는 처분이라고 볼 수 있으나, 換地計劃은 위와 같은 환지예정지지정이나 환지처분의 근거가 될 뿐 그 자체가 직접 토지소유자 등의 법률상의 지위를 변동시키거나 또는 환지예정지지정이나 환지처분과는 다른 고유한 법률효과를 수반하는 것이 아니어서 이를 항고소송의 대상이 되는 처분에 해당한다고 할 수가 없다는 것이다.[228]

일본의 경우도 구속적 계획인 토지구획정리사업계획에 대하여 그 처분성을 부정하고 있다.[229] 그 논거로 그 계획이 공공사업의 청사진에 불과하여 그 계획 자체를 다투는 것은 쟁송의 성숙성 또는 구체적 사건성을 결하였다는 점을 제시하고 있다.

하지만, 개인의 권리나 이익을 직접 구체적으로 침해하는 법적 효과를 발생하는 행정계획, 예컨대 도시계획·국토이용계획·토지구획정리사업계획 등과 같이 그것이 공고되면 법률의 규정에 의하여 각종의 권리제한의 효과가 발생하게 되는 경우(소위 관리처분계획)에는 그것이 종전의 권리상태에 변동을 가져오고, 또 직접적이고 구체적인 권익침해의 효과를 발생하게 되므로 그 처분성을 인정하여야 한다고 한다. 즉 대법원은"都市計劃法 제12조 소정의 도시계획결정이 고시되면 도시계획 구역 안의 토지나 건물 소유자의 토지형질변경, 건축물의 신축·개축 또는 증축 등 권리행사가 일정한 제한을 받게 되는 바, 이런 점에서 볼 때 고시된 도시계획결정은 특정 개인의 권리 내지 법률상의 이익을 개별적이고 구체적으로 규제하는 효과를 나타내는 행정청의 처분이라 할 것이고, 이는 행정소송의 대상이 되는 것이라 할 것이다."[230], "도시재개발법에 의한 재개발조합은 조합원에 대한 법률관계에서 적어도 특수한 존립목적을 부여받은 특수한 행정주체로서 국가의 감독하에 그 존립 목적인 특정한 공공사무를 행하고 있다고 볼 수 있는 범위 내에서는 공법상의 권리의무 관계에 서있는 것이므로 분양신청 후에 정하여진 관리처분계획의 내용에 관하여 다툼이 있는 경우에는 그 관리처분계획은 토지 등의 소유자에게 구체적이고 결정적인 영향을 미치는 것으로서 조합이 행한 처분에 해당하므로 항고소송의 방법으로 그 무효확인이나 취소를 구할 수 있다."[231]고 판시하여 그 처분성을 인정하고

---

228) 대법원 1999. 8. 20. 선고 97누6889 판결 ; 대법원 1999. 6. 25. 선고 98두15863 판결 ; 대법원 1998. 7. 10. 선고 96누6202 판결 ; 대법원 1996. 3. 22. 선고 96누433 판결.
229) 最高裁判所, 1992(平成 4). 10. 6.判決, 判例時報 1439號, 116面 ; 最高裁判所, 1966(昭和 41). 2. 23. 判決, 民集 20卷, 2號, 271面(이 판결에 대한 평석은 『行政判例百選 II』, 400~401面 참조).
230) 대법원 1982. 3. 9. 선고 80누105 판결 ; 대법원 1994. 3. 8. 선고 92누1728 판결.
231) 대법원 2002. 12. 10. 선고 2001두6333 판결.

있다.

이 판결은 도시계획결정의 처분성을 인정한 대표적인 사례로 주민이 도시계획결정을 직접 행정소송으로 다툴 수 있는 길을 열어놓았다는데 그 의의가 있다.[232]

그밖에도 대법원은 都市計劃法에서의 細目公告(대법원 1971. 3. 31. 선고 71누10 판결), 綠地地域指定(대법원 1978. 12. 26. 선고 78누281 판결), 都市計劃施設(신설초등학교부지)決定(대법원 1984. 9. 25. 선고 83누500 판결), 都市再開發法에 의한 都市再開發區域의 指定 및 變更 또는 都市再開發事業計劃의 決定 및 變更(대법원 1985. 7. 23. 선고 83누727 판결), 都市計劃施設(道路)決定(대법원 1996. 11. 29. 선고 96누8567 판결), 開發制限區域指定(대법원 1997. 6. 24. 선고 96누1313 판결),[233] 宅地開發豫定地區指定(대법원 1997. 9. 26. 선고 96누10096 판결)[234] 등에 대하여 명시적으로 행정처분에 해당한다고 판시하지는 않았지만 行政訴訟의 對象인 處分임을 前提로 하여 判斷하고 있다.[235]

(3) 所見

예컨대, 도시계획결정이 고시되면 그 구역 내의 토지소유자에게는 현상유지의무가 부여되고, 또한 도시계획의 내용에 따라 국민의 권리의무에 구체적·개별적으로 영향이 미치게 된다. 이처럼 행정계획의 공포에 의해 국민의 권리 행사가 제한되는 경우 항고소송의 대상을 계획자체가 아닌 추후 그 계획에 기한 구체적 처분으로 하는 경우 설사 구

---

232) 하지만 이에 대하여는 대법원이 도시계획결정을 개별·구체적 규율로 본 것은 문제가 있다는 비판도 있다. 즉 설혹 도시계획 가운데 처분의 성질을 가지는 것이 있더라도 그것은 일반·구체적 규율로서의 一般處分 또는 對物的 行政行爲로서의 성질을 가진다고 한다(金南辰, 「都市再開發事業計劃의 取消와 計劃載量」(行政法의 基本問題), 923∼924쪽).

233) 개발제한구역지정처분은 건설부장관이 법령의 범위 내에서 도시의 무질서한 확산방지 등을 목적으로 도시정책상의 전문적·기술적 판단에 기초하여 행하는 일종의 행정계획으로서 그 입안·결정에 관하여 광범위한 형성의 자유를 가지는 계획재량처분이므로, 그 지정에 관련된 공익과 사익을 전혀 비교교량하지 아니하였거나 비교교량을 하였더라도 그 정당성과 객관성이 결여되어 비례의 원칙에 위반되었다고 볼만한 사정이 없는 이상, 그 개발제한 구역지정처분은 재량권을 일탈·남용한 위법한 것이라고 할 수 없다.

234) 개발제한구역지정처분은 건설부장관이 법령의 범위 내에서 도시의 무질서한 확산방지 등을 목적으로 도시정책상의 전문적·기술적 판단에 기초하여 행하는 일종의 행정계획으로서 그 입안·결정에 관하여 광범위한 형성의 자유를 가지는 계획재량처분이므로, 그 지정에 관련된 공익과 사익을 전혀 비교교량하지 아니하였거나 비교교량을 하였더라도 그 정당성과 객관성이 결여되어 비례의 원칙에 위반되었다고 볼만한 사정이 없는 이상, 그 개발제한 구역지정처분은 재량권을 일탈·남용한 위법한 것이라고 할 수 없다.

235) 日本判例는 都市計劃法上 用途地域의 指定(最高裁判所 1982(昭和 57). 4. 22. 判決, 民集 36卷 4號 705面), 地區計劃(最高裁判所 1994(平成 6). 4. 22. 判決, 判例時報 1499號 63面) 등에 대해 일반 추상적 효과성을 이유로 그 처분성을 부정하고 있다.

체적 처분시에 그 효력을 다툰다고 하더라도 대부분의 경우 구제의 실효성을 거둘 수 없기 때문에 앞서 본 구속적 행정계획의 경우에는 그 처분성을 인정하여 항고소송의 대상으로 삼아야 할 것이다.[236] 그리고 행정계획의 근거법령에 구제절차가 마련되어 있는 경우에는 중간적 성질을 가진 계획이라도 처분성을 인정하여야 할 것이다.[237]

우리 헌법재판소는 "비구속적 행정계획안이나 행정지침이라도 국민의 기본권에 직접적으로 영향을 끼치고, 앞으로 법령의 뒷받침에 의하여 그대로 실시될 것이 틀림없을 것이 예상될 수 있을 때에는, 공권력행위로서 예외적으로 헌법소원의 대상이 된다고 할 것이다."[238]고 결정한바 있는데, 拘束的 行政計劃이든 非拘束的 行政計劃이든 國民의 權益救濟側面에서 넓게 그 處分性을 認定함이 妥當할 듯하다.

즉 구속적 행정계획인가 비구속적 행정계획인가의 형식적 분류에 구애될 필요 없이 행정계획과 국민의 권리이익과의 관계를 구체적으로 검토함으로써 행정계획의 처분성 유무를 판단하는 것이 옳다고 하겠다.[239]

구속적 행정계획의 처분성을 인정하는 경우에도 행정청은 행정계획을 책정함에 있어 광범한 계획재량을 가지기 때문에 취소소송을 제기하더라도 승소하기 어렵고, 행정계획의 확정은 보통 '완성된 사실'로서의 권익침해를 의미하기 때문에 구제의 실효성을 거둘 수 없다는 문제점을 내포하고 있다.[240]

어쨌든 行政計劃에 있어서 行政廳이 광범한 計劃裁量(Planungsermessen)[241] 또는 計劃上 形成의 自由(Planerische Gestaltungsfreiheit)를 가진다하더라도 正當한 衡量의 原理는 법치국가의 원리에 따라 모든 計劃에 適用되어야 할 것이다. 계획재량이란 계획의 수립·변경 등에 관하여 행정청에게 부여된 계획상 형성의 자유를 말한다. 계획재량의 이론은 본래 독일에서 연방건설법 제1조에 의한 건설기본계획의 결정 또는 기타 공간관련부문계획의 수립에 있어 행정이 가지는 계획고권의 행사와 관련하여 재량통제를 가능하게 하기 위한 이론으로 성립·발전하여 온 것이다. 이에 따르면 계획재량이 인정되어 있는 경우에도 관계 제 이익의 정당한 형량여부가 그 계획규범적용의 적법여부의 기준이 된다고 한다.

---

236) 芝池義一, 前揭書(救濟法), 31面.
237) 小高 剛, 前揭書, 47~48面. 最高裁判所(1986(昭和 61). 2. 13. 判決, 民集 40卷 1號 1面)는 土地改良法에 기한 토지개량조합의 사업시행인가에 대해 처분성을 인정하였다.
238) 헌법재판소 2000. 6. 1. 선고 99헌마538 결정.
239) 室井 力編, 前揭書, 85~86面.
240) 姜求哲, 前揭書, 516쪽 : 유종락, 「抗告訴訟의 對象에 관한 硏究」(全南大博士學位論文, 1994), 44쪽.
241) 計劃裁量에 대한 이론적 검토는, 朴鍾局, 「計劃裁量에 관한 考察」(安岩法學 vol. 7, 안암법학회, 1998), 45~46쪽 : 辛奉起, 「計劃裁量 및 衡量命令理論에 대한 再檢討」(考試研究, 1989. 12), 174~190쪽 각 참조.

우리나라 대법원 판례도 행정계획에 있어서 행정청에게 광범한 재량권을 내용으로 하는 형성의 자유가 있다고 보고 이러한 형성의 자유에 대한 통제의 법리로서 소위 衡量命令의 原則 내지 正當한 衡量의 原理를 적용하고 있다.

즉, "行政計劃이라 함은 행정에 관한 전문적·기술적 판단을 필요로 하여 도시의 건설·정비·개량 등과 같은 특정한 행정목표를 달성하기 위하여 서로 관련되는 행정수단을 종합·조정함으로써 장래의 일정한 시점에 있어서 일정한 질서를 실현하기 위한 활동기준으로 설정된 것으로서, 도시계획법 등 관계법령에는 추상적인 행정목표와 절차만 규정되어 있을 뿐 행정계획의 내용에 대하여는 별다른 규정을 두고 있지 아니하므로 행정주체는 구체적인 행정계획을 입안·결정함에 있어서 비교적 광범위한 형성의 자유를 가진다고 할 것이지만, 행정주체가 가지는 이와 같은 형성의 자유는 무제한적인 것이 아니라 그 행정계획에 관련되는 자들의 이익을 공익과 사익 사이에서는 물론이고 공익 상호간과 사익 상호간에도 정당하게 비교형량 하여야 한다는 제한이 있는 것이고, 따라서 행정주체가 행정계획을 입안·결정함에 있어서 이익형량을 전혀 행하지 아니하거나 이익형량의 고려대상에 마땅히 포함시켜야 할 사항을 누락한 경우 또는 이익형량을 하였으나 정당성·객관성이 결여된 경우에는 그 행정계획결정은 재량권을 일탈·남용한 것으로서 위법한 것으로 보아야 할 것이다."242)라고 판시한 바 있다.

위 판결은 그동안 학설을 통해서만 논의되던 행정계획의 개념과 본질, 계획재량의 법적 한계, 계획 확정 절차상의 고려사항과 사법심사의 가능성 등을 소상하게 논의하였다는 점에서 큰 의미를 갖는다고 하겠다.

이처럼 ① 형량을 전혀 행하지 않는 경우(衡量의 脫落·懈怠), ② 형량의 대상에 마땅히 포함시켜야 할 사항을 빠뜨리고 형량을 행하는 경우(衡量의 欠缺·不全), ③ 여러 이익간의 형량을 행하기는 하였으나 그것이 정당성·객관성·비례성을 결하는 경우(誤衡量)에는 衡量의 瑕疵로서 違法하게 된다.243)

4. 計劃保障請求權의 問題

한편 행정계획에 있어서 공익적 견지에서 계획의 변경이나 폐지가 요구되는 경우도 생기는데, 이때 계획의 존속을 신뢰한 사인의 이해관계에 중대한 영향을 미치게 되는바, 행정계획의 변경, 폐지 등으로 인한 권익침해에 대하여 적절한 구제방법을 강구해야 할 것이다. 여기서 신뢰보호의 원칙244)상 당해 행정계획의 계속적인 존속을 요구할 수 있

---

242) 대법원 1996. 11. 29. 선고 96누8567 판결(도시계획시설결정처분무효확인등) ; 대법원 1997. 9. 26. 선고 96누10096 판결(택지개발예정지구지정처분취소등) ; 대법원 2000. 3. 23. 선고 98두2768 판결(도시계획결정취소).

243) 金南辰, 前揭書, 387쪽 ; 金東熙, 前揭書, 176쪽 ; 洪井善, 前揭書, 255쪽.

는 계획보장청구권245)이라는 권리가 인정되는가 하는 문제가 제기된다.

 우리나라 대법원은 도시계획변경신청을 불허한 처분에 대한 취소소송에서, 도시계획법상 주민이 도시계획 및 그 변경에 대하여 어떤 신청을 할 수 있음에 관한 규정이 없을 뿐만 아니라 도시계획과 같이 장기성·종합성이 요구되는 행정계획에 있어서는 그 계획이 일단 확정된 후에 어떤 사정의 변동이 있다고 하여 지역주민이나 이해관계인에게 일일이 그 도시계획의 변경·폐지를 청구할 권리가 없다고 여러 차례 확인한바 있다.246)

---

244) 대법원은 信賴保護의 原則의 적용요건으로 "일반적으로 행정상의 법을 일반적으로 행정상의 법률관계에 있어서 행정청의 행위에 대하여 信賴保護의 原則이 적용되기 위하여는, 첫째 행정청이 개인에 대하여 신뢰의 대상이 되는 공적인 견해표명을 하여야 하고, 둘째 행정청의 견해표명이 정당하다고 신뢰한 데에 대하여 그 개인에게 귀책사유가 없어야 하며, 셋째 그 개인이 그 견해표명을 신뢰하고 이에 어떠한 행위를 하였어야 하고, 넷째 행정청이 위 견해표명에 반하는 처분을 함으로써 그 견해표명을 신뢰한 개인의 이익이 침해되는 결과가 초래되어야 하며, 어떠한 행정처분이 이러한 요건을 충족할 때에는, 공익 또는 제3자의 정당한 이익을 현저히 해할 우려가 있는 경우가 아닌 한, 信賴保護의 原則에 반하는 행위로서 위법하게 된다."(대법원 2001. 11. 9. 선고 2001두7251 판결 ; 대법원 2000. 8. 18. 선고 98두2713 판결 ; 대법원 1999. 5. 25. 선고 99두1052 판결 ; 대법원 1999. 3. 9. 선고 98두19070 판결 ; 대법원 1998. 11. 13. 선고 98두7343 판결 ; 대법원 1998. 5. 8. 선고 98두6494 판결 ; 대법원 1998. 5. 8. 선고 98두4061 판결)고 판시하고 있다.
  信賴保護原則에 대한 자세한 것은, 이상철, 「行政法上의 信賴保護原則」(金南辰教授停年紀念論文集『現代公法學의 再照明』, 고려대학교법학연구소, 1997), 1∼55쪽 참조.

245) 계획보장청구권을 손실보상청구권의 의미로만 사용하는 학자도 있으나(洪井善, 前揭書, 258쪽). 여기서는 계획존속청구권, 손실보상청구권 등의 상위개념으로 사용하기로 한다(同旨, 金東熙, 前揭書, 177∼179쪽 ; 石琮顯, 前揭書, 384쪽).

246) 대법원 1984. 10. 23. 선고 84누227 판결(도시계획시설결정의변경신청불허) ; 대법원 1994. 1. 28. 선고 93누22029 판결(도시계획시설폐지및변경신청거부) ; 대법원 1994. 12. 9. 선고 94누8433 판결(도시계획시설변경결정신청거부) ; 대법원 1995. 4. 28. 선고 95누627 판결-국토이용계획변경승인신청반려처분취소(舊 國土利用管理法(1993. 8. 5. 법률 제4572호로 개정되기 전의 것) 제6조, 제7조, 제8조, 같은 법 시행령 제4조, 제5조에 의하면, 국토이용계획에는 도시지역, 준도시지역, 농림지역, 준농림지역의 지정에 관한 계획을 정하여야 하고, 국토이용계획은 건설부장관이 입안하며 그때에는 건설부장관은 大統領令이 정하는 바에 따라 관계도지사, 시장, 군수, 구청장, 영림서장의 의견을 들은 후 관계행정기관의 장과 협의를 하여야 하되, 관계행정기관의 장이 국토이용계획상 용도지역의 지정 또는 변경을 요청하고자 할 때에는 大統領令이 정하는 바에 따라 당해 지역에 관한 토지이용계획을 작성하여 제출하여야 하고, 이와 같이 입안된 국토이용계획은 국토이용계획심의회의 심의를 거쳐 건설부장관이 고시함으로써 결정되며 결정된 국토이용계획을 변경하고자 할 때에도 또한 같다고 규정하고 있어, 국토이용계획의 결정과 그 변경은 건설부장관이 관계행정기관의 장으로부터 그 의견을 듣거나 그 지정 또는 변경요청을 받아 이를 입안 또는 변경하여 국토이용계획심의회의 심의를 거쳐 고시하도록 규정되어 있을 뿐, 국토이용관리법상 주민이 국토이용계획의 변경에 대하여 신청을 할 수 있다는 규정이 없을 뿐만 아니라, 국토건설종합계획의 효율적인 추진과 국토이용질서를 확립하기 위한 국토이용계획은 장기성, 종합성이 요구되는 행정계획에 있어서는 그 계획이 일단 확정된 후에 어떤 사정의 변동이 있다고 하여 지역주민이나 일반 이해관계인에게 일일이 그 계획의 변경을 청구할 권리를 인정하여 줄 수도 없는 것이라고 할 것이므로, 이 사건 임야의 국토이용계획상의 용도지역을 사

이에 대하여는, 예컨대 도시계획 사업수행 상 필요하지 않은 토지로서 도시계획결정에 따른 건축제한을 받아 영구히 토지를 사용·수익할 수 없다면 토지 소유자의 권리를 불필요하게 장기간 제한하게 되고 행정계획으로 인하여 권리 내지 이익이 침해되고 있는 국민은 행정청에 대하여 항고소송으로서 그 행정계획의 전부 또는 일부의 취소 또는 변경을 청구할 수 있다고 보는 것이 일반적인 점에 비추어 볼 때 행정계획이 장기성·종합성을 요구한다는 이유만으로 그 계획이 확정된 이후 특별한 사정변경이 있는 경우까지도 그 계획의 변경 또는 취소를 청구할 조리상 권리를 부정할 이유가 없다는 반론247)도 있다.

계획작용은 변경가능성과 그에 따른 관계자의 신뢰에 대한 침해 가능성을 갖기 때문에 계획보장과 관련하여 신뢰보호의 요구가 중요한 문제영역이 된다. 이처럼 행정계획은 안정성과 신축성 사이의 긴장관계에 서있다고 할 수 있고, 여기서 관건은 계획의 취소·변경 또는 불준수에 있어 계획의 주체와 그 상대방(계획수범자) 사이의 위험을 배분하는 데 적절한 구제방법을 강구하여야 할 필요성이 생기는 것이다.248)

계획의 실현과 계획의 변경가능성(가변성)이라는 두 가지 상충요소를 어떻게 조화시킬 것인가 하는 문제가 제기되는데, 여기서 계획보장은 청구권의 내용에 따라, 행정계획의 형식상의 차이 또는 행정계획의 법적구속력의 차이에 따라 계획보장의 여러 가지 모습을 나눠볼 수 있다.

먼저 그 내용에 따라 구체적인 계획의 변경이나 폐지시에 계획의 존속을 청구할 수 있는 계획존속청구권,249) 기존계획의 변경을 청구할 수 있는 계획변경청구권, 기존계획과 상이한 방향으로 계획이 집행되는 경우에 기존의 계획을 따를 것을 요구할 수 있는 계획준수청구권, 책정만하고 집행하지 않는 계획을 집행할 것을 요구할 수 있는 계획집행청구권 등을 생각해 볼 수 있다. 계획의 존속에 따른 개인적 이익보다는 계획의 변경에 따른 공익이 크기 때문에 일반적인 계획존속청구권은 인정되지 않는다. 그러나 위법한 계획의 경우에는 그 계획에 의해 자신의 법률상 이익이 침해되는 자는 계획의 변경, 즉 적법한 계획을 마련해 줄 것을 청구할 수 있는 권리를 가진다고 하겠다.

행정계획은, 법적구속력의 차이에 따라 정보제공적 계획(홍보적 계획), 명령적 계획

설묘지를 설치할 수 있는 용도지역으로 변경하는 것을 허가하여 달라는 원고의 이 사건 신청을 피고가 거부 내지 반려하였다고 하여 그 거부 내지 반려한 행위를 가지고 항고소송의 대상이 되는 행정처분이라고 볼 수는 없다고 할 것이다.)

247) 李鴻薰, 「都市計劃과 行政拒否處分」(判例月報 178號, 1985. 7), 67쪽, 71쪽 ; 白潤基, 「拒否處分의 處分性認定要件으로서의 申請權」, 225쪽.

248) H. Maurer, a.a.O. §16 Rn.26, S.414,415.

249) 일반적인 계획존속청구권은 존재하지 아니한다고 한다(H. Maurer, a.a.O. §16 Rn.29, S.416).

(규범적 계획), 영향적 계획(유도적 계획)으로 분류할 수 있는데,250) 정보제공 계획의 경우는 법적구속력이 없는 사실행위에 지나지 않아 계획보장이 문제되지 않으나, 명령적 계획에 있어서는 국민이 계획의 존속을 강하게 신뢰하게 되어 신뢰보호원칙에 따라 손실보상청구권 등 계획보장청구권이 널리 인정되어야 할 것이고, 영향적 계획의 경우에는 계획의 사전적 적응조치로써 계획변경의 예고, 과도기간의 설정 등으로 계획보장이 강구되어야 한다.

행정계획의 형식상의 차이에 따라 법규명령의 성질을 가질 때에는 구체적 규범통제가 가능할 것이며, 행정규칙의 성질을 가질 때에는 행정의 자기구속의 법리가 적용될 것이고 행정행위의 성질을 가진다면 행정행위의 취소 또는 철회에 관한 제한원칙이 적용된다고 하겠다.

우리나라 판례는 앞서 보았듯이 계획보장청구권의 법리를 부정하고 있고, 독일이나 우리나라의 경우 아직 학문적으로 미흡한 영역인바, 계획보장청구권의 인정 여하는 일괄적으로 판단될 수 없고, 각각의 문제된 계획의 법형식과 내용에 따라 달라질 수밖에 없을 것이므로 앞으로 많은 법적이론 구성이 필요하다고 하겠다.251) 1987년에 입법 예고된 행정절차법안 제58조에서는 행정계획을 확정·변경 또는 폐지하고자 할 때에는 국민의 재산상의 손실을 방지하기 위한 시설의 설치 기타 필요한 예방대책을 취하여야 하며, 그러한 예방조치에도 불구하고 국민의 재산상의 손실이 있을 때에는 법률이 정하는 바에 의하여 손실보상 기타 필요한 구제조치를 하여야 한다고 규정하고 있었는바, 현행 행정절차법에서도 위와 같은 규정을 두지 않았다 하더라도 그러한 취지가 존중되어야 할 것이다.

따라서 신뢰보호의 원칙, 비례의 원칙, 과잉금지의 원칙, 사회국가원칙, 위험배분의 사고 및 계약유사적 방안 등의 논거를 동원하여 계획손실에 대한 독자적인 청구권기초를 발전시키고 개별사안에 따라 차별화된 기준을 적용함으로써 구체적 타당성을 기하려는 시도가 이루어지고 있다.252)

第5節　小結

처분성이라는 것은 행정소송법 제2조에서 정한 '처분 등'에 해당하느냐하는 문제, 즉 취소소송의 대상문제이다.

---

250) H. Maurer, a.a.O. §16 Rn.15~17, S.410.
251) 洪準亨, 前揭書, 622쪽.
252) H. Maurer, a.a.O. §28 Rn.37, S.759.

대법원의 처분성과 관련된 판례들을 종합하여 보면, "항고소송의 대상이 되는 행정청의 처분은 행정청의 공법상의 행위로서 특정사항에 대하여 법규에 의한 권리의 설정 또는 의무의 부담을 명하거나 기타 법률상 효과를 발생하게 하는 등 국민의 권리의무에 직접 관계가 있는 행위를 가리키는 것이고, 상대방 또는 기타 관계자들의 법률상 지위에 직접적인 법률적 변동을 일으키지 아니하는 행위 등은 항고소송의 대상이 되는 행정처분이 아니다."라고 판시한 것과 같은 취지의 판례가 다수 있는 것으로 보아, 우리나라 대법원은 원칙적으로는 구체적 사실에 관한 공권력행사로서의 국민의 권리의무에 직접 영향을 미치는 행위를 항고소송의 대상인 '處分'으로 정형화하고 있는 듯하다.

이에 따라 行政處分의 槪念的 要素를 ① 공권력의 발동으로서의 행위일 것(公權力性), ② 국민에 대하여 직접 법적 효과를 발생시키는 행위일 것(法的效果性), ③ 행정의사를 구체화하기 위한 일련의 행정과정을 구성하는 행위 가운데 최종적으로 직접적 효과를 발생하는 행위단계일 것(紛爭成熟性)으로 분석할 수 있다.

이와 같은 처분성 인정기준에 따라 항고소송의 대상여부를 살펴보면, 우선 공권력성과 관련하여 私法行爲 및 管理行爲, 즉 公法上契約이나 公法上合同行爲는 여기서 말하는 공권력행사가 아니기 때문에 行政處分이 아니다. 하지만 공권력의 행사라는 것도 법기술적 개념으로 정형적으로 처분성을 판단해서는 안될 것이다.

다음으로 행정처분의 가장 중요한 개념적 요소는 法的 效果性인데, 이는 개인의 권리의무를 형성하거나 그 범위를 확정하는 행위가 아니면 항고소송의 대상이 될 수 없다는 것이다. 따라서 이러한 법적 효과를 갖지 아니하는 단순한 사실행위, 법적 효과는 갖지만 그것이 단순히 내부적인 것, 외부적인 법적효과를 갖지만 권리의무를 형성하거나 그 범위를 확정하는 정도에 이르지 아니한 것(주의 또는 계고의 조치) 등은 행정처분이 아니다. 이 역시 행정소송제도가 국민의 권리구제와 행정통제를 위한 제도라는 점을 감안한다면, 위와 같은 경우에도 사인에게 불리한 행정과정이 진행되었음에도 이를 다툴 적절한 구제방법이 없는 경우에는 그 처분성을 인정하여야 할 것이다.

끝으로 분쟁의 성숙성 내지 사건의 구체성 문제로서 행정의사를 구체화하기 위한 일련의 행정과정을 구성하는 행위 가운데 최종적으로 직접적 효과를 발생하는 행위단계일 것이 요구된다. 이와 같은 분쟁의 성숙성과 관련하여 중간단계의 행위, 다단계 행정행위, 행정계획 등이 문제되고 있다. 취소소송의 유지기능(留止機能)이 기대되는 분야의 경우에는 분쟁의 쟁점이 어느 정도 특정할 수 있기 때문에 처분성을 인정하여야 할 필요성이 있다. 성숙성을 기다리다 제소기간이 도과되는 폐해가 발생할 수 있기 때문에 권리구제의 충실이라는 측면에서 처분성을 인정함에 있어 탄력성이 요구된다고 하겠다.

第7章　結論

第7章 結論

1. 행정법의 대상으로서의 행정이라는 관념은 프랑스혁명 이후 삼권분립제도를 채택한 근대헌법 아래에서 비로소 등장하게 되었다. 이처럼 행정법의 탄생은 근대국가의 등장과 시기를 같이하고 있는데 그 당시 관심은 국가권력의 개입으로부터 시민적 자유의 확보였다. 따라서 국가는 사회공공의 질서를 유지한다는 의미에서 야경국가(夜警國家)였고, 행정은 규제행정 내지 질서유지행정이 그 중심을 이루었다. 그러나 현대 복지국가에서는 헌법이념의 전환과 행정내용의 변화에 따라 현대행정이 담당하는 역할도 크게 변화하게 되었다. 즉 건강하고도 문화적인 최저한의 생활환경을 형성하기 위하여 질서유지행정 이외에 국민의 복지를 위한 급부행정에 더욱 관심을 갖게 되었다. 현대행정의 궁극적 목표는 국민을 위한 공공역무제공에 있다고 할 것이고 권력분립, 국민주권 등 헌법이념에 입각하여 국민의 다양한 행정수요에 대처하기 위해서는 국민에 의한 행정의 민주적 통제와 감시가 요구되는 것은 당연하다 할 것이다.

2. 일반적으로 소송요건을 충족하지 않는 한 원고의 청구는 그 내용의 적부에 대해 법원의 판단을 받을 수가 없게 된다. 즉 소송요건을 어떻게 정하느냐에 따라 취소소송의 대상(처분성), 원고적격, 협의의 소의 이익에 차이가 생기게 마련이다. 우리나라 대법원은 취소소송의 기능을 권리구제로 이해하여 처분성, 원고적격, 협의의 소의 이익을 좁게 해석하고 있으나, 권리구제의 충실뿐만 아니라 취소소송의 적법성 유지기능을 중시한다는 관점에서 이들 소송요건을 유연하게 탄력적으로 해석하여야 할 필요성이 제기된다. 따라서 환경행정, 소비자행정, 계획행정, 대규모 공공시설의 설치·운영 등으로부터 발생하는 현대형 행정분쟁의 경우, 헌법과의 관계에서 독립된 법 영역을 형성하고 있다고 보여지기 때문에 입법적으로 해결해 나가는 것이 타당할 것이다. 앞으로 행정소송법이 개정된다고 하니 차제에 입법적으로 이에 대한 적극적 수용을 기대해본다.

환경행정소송, 소비자소송, 계획행정소송 등과 같은 현대형 행정소송이 등장하고 있는 오늘날, 일반법으로서의 행정소송법 그 자체에 대해서 재검토의 필요성이 높아지고 있고, 개별의 행정영역에 대응한 새로운 소송적 통제제도를 도입할 것이 기대된다고 할 것이다. 앞으로 계획행정에 있어서 처분성의 인정 기준완화, 법정외 무명항고소송의 허용성 기준완화 등에 있어 판례의 전개에 기대하는 바 크다 할 것이고, 현대형 행정소송 등 개별행정 분야에서 원고적격의 판단기준을 일반 행정소송법에 의할 것이 아니고 원고적격의 판단기준을 개별행정 분야에 맞게 입법적 조치에 의해 해결하는 것이 타당하다고 생각되며, 행정영역에 따라서는 단체소송의 수용도 생각해 볼 수 있다.[1]

3. 이상에서 우리나라의 대법원판례 분석을 중심으로 抗告訴訟을 둘러싸고 행정법상 논의 되고 있는 소위 넓은 의미의 訴의 利益을 살펴보았다. 즉 항고소송의 대상으로서의 處分性과 原告適格 그리고 權利保護의 必要性이 그것이다.

取消訴訟은 항고소송의 한 종류이지만 행정사건 소송 전체 가운데 가장 중요한 소송 형태라고 말할 수 있겠다.

취소소송은 처분의 취소를 구하는 소송으로 행정소송법에서는 그 대상을 행정청이 행하는 구체적 사실에 관한 법집행으로서의 공권력의 행사 또는 그 거부와 그 밖에 이에 준하는 행정 작용 및 행정 심판에 대한 재결로 되어 있으나 그 구체적인 범위는 반드시 명확하지는 않다.

물론 행정기관의 행위가 모두 취소소송의 대상이 되는 것은 아니다. 판례에 의하면 항고소송의 대상이 되는 처분은 행정청의 공법상의 행위로서 특정사항에 대하여 법규에 의한 권리의 설정 또는 의무의 부담을 명하거나 기타 법률상 효과를 발생하게 하는 등 국민의 권리 의무에 직접 관계가 있는 행위를 가리키는 것이고, 상대방 또는 기타 관계자들의 법률상 지위에 직접적인 법률적 변동을 일으키지 아니하는 행위 등은 항고소송의 대상이 되는 행정 처분이 아니라고 판시하여 그 기준으로 공권력성, 법적 효과성, 분쟁 성숙성 등을 제시하고 있다. 이와 같이 취소소송의 대상이 되는 법적 성격을 소위 處分性이라고 부른다.

이에 따라 공권력의 발동으로서의 행위가 아닌 私法行爲, 公法上 契約, 公法上 合同行爲는 최소소송의 대상이 되지 않는다.

법적 효과와 관련하여 行政機關의 內部的 行爲와 같이 국민에 대하여 직접 법적 효과를 발생시키지 않는 행위 역시 취소소송의 대상이 되지 않는다. 하지만, 非權力的 事實行爲나 行政指導, 行政立法, 行政計劃 등도 그에 기하여 어느 정도 외부에 대하여 처분성이 예정되어 있는 경우에는 최소소송을 제기할 수 있다는 것이 오늘날의 경향이다.

분쟁 성숙성과 관련하여 행정 의사를 구체화하기 위한 一連의 行政過程을 構成하는 行爲 가운데 최종적으로 직접적 효과를 발생하는 행위 단계일 것을 요하므로 中間段階의 行爲, 多段階 行政行爲들이 문제되나 점차 분쟁의 조기 또는 유효한 해결을 위해 처분성을 인정하는 경향에 있다.

한편, 위법한 행정처분이 있다 해서 누구나 취소소송을 제기할 수 있는 것은 아니고,

---

1) 塩野 宏, 『法治主義の諸相』(有斐閣, 2001), 299~307面.

취소를 구하는데 법률상 이익을 가진 자만이 취소소송을 제기할 수 있다. 즉, 취소소송은 원고 본인의 권리를 보호하고 행정의 적법성 통제를 위한 소송인데, 여기서 취소소송을 제기할 수 있는 자격을 취소소송의 原告適格이라고 부른다.

原告適格의 判定基準과 관련하여 權利享受說, 法律上 保護되고 있는 利益救濟說, 保護할 價値있는 利益救濟說, 適法性保障說 등이 논의되고 있다. 법률상 보호되고 있는 이익구제설에 의하더라도 근거 법규가 명문으로 보호대상으로 하고 있지 않더라도 관련 법규에서 보호하고 있는 이익도 보호대상으로 하고 있어, 법률상 보호되고 있는 이익구제설과 보호할 가치 있는 이익구제설은 질적인 차이라기보다는 양적인 차이라고 할 수 있다. 오늘날 법률상 보호되고 있는 이익설에서 보호할 가치 있는 이익구제설로 이행되고 있으며, 원고적격을 보다 확대하여 헌법상 보장된 재판을 받을 권리의 실질을 보장하여야 할 것이다.

법률상 보호되고 있는 이익설의 보호할 가치 있는 이익구제설에의 접근은, 현대사회에 있어서 행정결정으로 발생하는 다양한 분쟁의 등장을 전제로 거기에 있어서 권리구제라는 이념과 행정의 적법성 보장이라는 이념에 보다 직접적으로 대응하려는 것이라고 하겠다.

4. 일반적으로 행정청의 행정처분은 공권력성을 가지고 있기 때문에 행정처분으로 인하여 직접적이고 구체적인 이익이 침해된 경우, 그 행정처분의 최소를 구하는 경우가 대부분이었다. 하지만 오늘날에는 '권리에서 법익으로'라는 말에서 알 수 있듯이 행정소송, 특히 취소소송에 있어서 사실상 이익 내지 반사적 이익을 축소하고, 처분의 직접 상대방이 아닌 일정한 제3자에게로 원고적격을 인정하는 등 날로 소의 이익을 인정하는 범위가 확대되고 있음은 각국의 공통된 현상이라 하겠다.

현대국가에 있어서는 행정활동의 다양화에 따라 국민이 입는 불이익은 그 종류, 성질 또는 그 정도에서 천차만별일 수밖에 없다. 쾌적한 환경의 형성·유지, 자연환경의 보존, 문화재의 보호, 원자력시설로부터의 안전 등 다수국민에게 공통된 집합적 이익의 새로운 등장을 둘러싸고 벌어지는 분쟁의 내용도 다극적이고 복잡한 양상을 띠기 때문에 행정소송의 기능도 종래 시민과 행정부간의 양극적 분쟁의 해결에서 여러 이해당사자들의 다극적 분쟁의 조정이라는 기능을 담당하지 않으면 안 되게 되었다.

이에 따라 오늘날 行政訴訟의 機能은 전통적인 '시민권방어 시스템'에서 '행정개입 청구 시스템'으로 작동해야만 한다. 즉 위법한 공권력에 의한 침해로부터 국민의 자유와 재산을 지킨다는 의미의 시민권 방어를 목표로 할 것이 아니라 행정권한의 적절한 규제를 행하게 함으로써 환경권, 소비자주권 등과 같이 시민생활을 옹호하려는 것으로 변하여야 할 것이다.

 따라서 이러한 행정소송의 기능변화에 따라 소제기의 요건인 원고적격, 소의 이익 등과 같은 소송요건의 심리에 있어 법원의 행정상 분쟁해결기관으로서의 책무를 다하기 위해서도 적극적인 자세 전환이 필요하고 그 대상인 각종 행정행위 형식의 처분성 인정에도 법원은 법규정의 결함을 보완하는 책임을 자각하여야 할 것이다. 특히 행정규칙에 의한 행정이라고 일컬어지는 우리나라 행정현실에서는 국민의 권익침해의 가능성이 확실 하다면 소의 이익을 인정하여 국민의 권익 구제를 도모하여야 할 것이다.

 취소소송의 주기능이 장래에 향하여 위법상태를 배제하여 권리 회복을 도모할 뿐만 아니라 위법 처분을 소급적으로 배제하여 과거의 위법상태를 전제로 하여 생긴 법적 효과를 전면적으로 제거하도록 작용하고 있지만, 현대적 의미의 항고소송은 장래 발생할 위험이 있는 침해의 방지나 현재 침해를 야기하고 있는 행위의 중지를 요구하는 것으로 변화하고 있고, 더 나아가 법치주의의 담보적 기능도 담당하고 있다고 하겠다. 따라서 우리 행정소송법상으로도 이와 같은 피해예방적인 현대형 행정소송의 제기에 대응하기 위하여 제소요건인 원고적격, 소의 이익 등을 탄력적으로 운용하여야 할 것이다. 새로운 행정 변화에 적응하기 위해서는 궁극적으로 행정소송법상의 항고소송제도가 아닌, 새로운 형식의 소송제기를 허용할 수 있도록 현행 행정소송체계의 재정비가 뒤따라야 할 것이다.

ABSTRACT

A Thesis on Judicial Review of administrative Action and the Standing.

Dr. Young-Kwang, Jin

1. Purpose of thesis.

 The purpose of this thesis is to re-establish the theory on the administrative order[disposition] as an object for judicial review, the standing of a litigant[the standing qualification and the interest to bring an action], searching for a linkage between administrative law and administrative judicial review procedure.

2. Method and range of study.

 This thesis deals with judicial review of administrative order, especially on petition for review of order[an action to quash proceedings], and standing of a litigant procedure in conjunction with cases rendered by the Supreme Court on Article 12 and Article 19 of the Administrative Procedure Act of the Republic of Korea(APA).

3. The structure and character of judical review for administrative order.

 APA which contains the main source of administrative procedure, was enacted on August 24, 1951, and was revised overall on October 1, 1985.
 Judicial review of administrative action serves not only for providing remedy but for supervision on administrative action.
Infringement of rights are not required in filing a petition for review of

order but only illegitimate order is sufficient in the filing In this respect, Korean system is different from that of Germany. Any illegitimate action of agency are object to judicial review. Thus the judicial review of administrative action belongs not only to subjective action(Suits based on rights and duties of citizen's interests) but to objective action(Suits which do not aim to protect the individual plaintiff's rights and interests but preserve the legal order).

Judicial review of administration action has certain limitation such as political questions or act of reign and discretionary action which originates from the fact that the action is a kind of judicial procedure. But such limitation does not preclude the judicial review of political questions or act of reign and discretionary action by the court, for the APA does not exclude judicial review on those actions.

4. Traditional object of petition for review of order.

A petition for review of order is to set aside illegitimate administrative order, which is the whole or a part of a final disposition, whether affirmative or negative, on of agency.

The order for review includes affirmative action, negative action or nonaction by agency. The action also includes non-legal action as well as legal action.

The administrative action was thought as the basis of recognizing disposition during the past. However, such a notion is not practical now because APA defines the concept of disposition to the broad meaning. Though there are disputes on the interpretation of 'dispositions' whether the concept of dispositions is that of substantial law's or that of litigation law's, those disputes can be only thought as an attempt to enlarge the range of remedies.

The question of defining the order has close relationship with the character of petition for review and other judicial procedures and standing issues.

Diverse formula of judicial procedure is urgently needed to provide sufficient remedy and to guarantee efficient supervision on administrative actions.

5. Standing and interest in petition for review of order.

For the broad meaning, the standing is generally accepted as the concept including the object of the judicial review of administrative action, the standing qualification of the plaintiff and the interest to bring an action[the need for right protection]. Among those, the standing qualification of the plaintiff and the interest to bring an action should be studied together because they are closely related.

APA requires plaintiff to have legal interests to file a petition. There are different theories concerning the meaning of legal interests. The legal interests needs to be expanded to include any interest worth while to be protected beyond the meaning of interest legally protected, in order to fulfill the purpose of the judicial review on administrative action aforesaid.

The standing should be expanded to satisfy the specific purpose of administration, such as environmental administration, consumer administration, planning administration. Also, new type of action such as class action should be enacted in APA as soon as possible.

6. The expansion on the object of petition for review of order.

The APA provides that the object of petition is 'order', but is not exclusive. The question on the object of petition has been suggested, and the question on object of petition includes; non-legal acts, administrative guidance, administrative rule making. Alternative procedure[a type of litigation not clearly provided for by statute] for petition for review of order is suggested to meet the need for requirement of providing efficient remedy. The alternative procedure is needed to enacted to solve the question of diverse legal issues opened in judicial review procedure.

7. Interpretation on 'order' at case law.

The Supreme Court is of the opinion that 'the order' to be petitionable should

① be based on administrative power

② have a direct legal effect

③ be a final decision of administrative agency.

In determining a certain order is the petitionable or not the Supreme Court requires consideration on the purpose of judicial review on administrative action on its function to protect civil rights together with on the nature of the order and its effect.

This thesis examines the nature of administrative power, legal effect and finality of decision in determining the petitionable order. The subjects examined in this thesis comprises of civil action, public action, non-legal action, administrative guidance, internal action, rules, conditions on order, semi-legal action such as notification, report, interlocutory action[chains of action], multi-step action and administrative plan.

8. Conclusion.

The role of petition for review of order as a remedy and supervision on administration, enlarges with the appearance of new type of judicial review such as environmental action, consumer protection action, planning administration action. The class action is required to be enacted to solve such newly developed types of petition for review of order.

• Key Word

Agency action : Judicial review of administrative action : Complaint actions : Complaint litigation : Appealability: Order : Administrative dispositions : Standing : Interest

■ 저자약력
한양대학교 법정대학 법학과 졸업
연세대학교 행정대학원 사법행정학과 졸업
서울대학교 사법발전연구과정 이수
연세대학교 특허법무대학원 고위자과정 이수
인하대학교 대학원 졸업 (법학박사)
(현) 한국가정법률상담소 부평지부 이사장
　　　법무법인 우리법률 대표변호사

■ 저서 · 논문
우리나라 항고소송의 대상으로서 처분성과 소의 이익에 관한 연구
민사문제 생활법률 (제일법규, 1997)
주택임대차의 생활법률 (제일법규, 1998)
삶의 뜨락 (선, 2000)
법은 밥이다 (법률시대, 2001)
법과 시민생활 (법률시대, 2003)
법과 사회 (도서출판 미산, 2004)
살아있는 법률 강의 (도서출판 미산, 2004)
행정법교실(1) (도서출판 미산, 2005) 외 다수.

抗告訴訟論 [ISBN 89-955190-4-5]
발행일　2005년 3월 15일 초판 제1쇄 발행
저　자　진 영 광
발행인　진 학 범
발행처　도서출판 미산
　　　　인천광역시 부평구 부평4동 373-26, 추인타워 301호
　　　　전화 (032) 517-5002
　　　　FAX (032) 529-2134
　　　　등록 2004. 4. 6. (2004-3)
　　　　E-mail : misan@wooreelaw.com
　　　　Homepage : http://misan.wooreelaw.com

판권
소유